Woldemar Hartmann Erinnerungen 1874 – 1962

Als Jurist in Russisch-Polen, in Estland und im Warthegau

Kommentiert und herausgegeben von Heinz von zur Mühlen

Woldemar Hartmann

Erinnerungen 1874 - 1962

Als Jurist in Russisch-Polen, in Estland und im Warthegau

Kommentiert und herausgegeben
von
Heinz von zur Mühlen

SCHRIFTENREIHE DER CARL-SCHIRREN-GESELLSCHAFT

Band 8

Die Deutsche Bibliothek – CIP Einheitsaufnahme

Woldemar Hartmann, Erinnerungen 1874-1962
Als Jurist in Russisch-Polen, in Estland und im Warthegau

Kommentiert und herausgegeben von Heinz von zur Mühlen
ISBN 3-923149-48-4

Layout, Gestaltung, Bildbearbeitung:
Hans-Gerhard Körner

Bilder aus dem Bestand der Familie Hartmann

Gedruckt mit der Unterstützung der
Karl Ernst v. Baer-Stiftung

Herstellung:
Books on Demand GmbH, 22848 Norderstedt

Gedruckt auf säure-, holz- und chlorfreiem Papier

Printed in Germany ISBN 3-923149-48-4

Inhaltsverzeichnis

Vorwort

Auf Woldemar Hartmanns Lebenserinnerungen bin ich durch einen Hinweis auf eine für den jungen estnischen Staat und insbesondere auch für die dort lebenden Deutschbalten äußerst tragische Episode aufmerksam geworden, die Hartmann als Beteiligter ausführlich schildert. Es handelt sich um seine diplomatische Mission im Auftrag des Ministerpräsidenten Konstantin Päts während des Freiheitskrieges 1919, die infolge einer Indiskretion scheiterte. Die Erinnerungen in vollem Umfang wurden mir von der Enkelin des Verfassers, Frau Brigitte Klepp geb. Schultz, freundlicherweise zur Kenntnisnahme übergeben mit der Erlaubnis, sie für eine eventuelle Veröffentlichung durch die Carl-Schirren-Gesellschaft einzusehen. Das Manuskript stieß denn auch dort auf großes Interesse. Doch zugleich wurde mir nahegelegt, die Bearbeitung für den Druck selbst zu übernehmen.

Woldemar Hartmann hat seine Erinnerungen für die nächsten Angehörigen geschrieben, nicht für die Öffentlichkeit. Das Familienleben, persönliche Beziehungen zu Verwandten, Freunden, Kollegen und Persönlichkeiten des öffentlichen Lebens, eigene Erlebnisse und Beobachtungen des politischen Geschehens stehen ihm jeweils in der Rückschau noch „lebendig vor dem geistigen Auge“. Die Erinnerungen enthalten vieles von allgemeinem Interesse, denn Hartmann beobachtet mit politischem Scharfblick und fundierten Kenntnissen der Geschichte, Kultur und Mentalität nicht nur seiner baltischen Umwelt, sondern auch der polnischen und russischen Verhältnisse und Denkungsart. Bemerkenswert ist seine positive Bewertung der Leistung maßgeblicher estnischer Persönlichkeiten vor dem Hintergrund der nationalen Gegensätze zwischen Esten und den ihrer Vormachtsstellung enthobenen Deutschbalten in dem neu gegründeten estnischen Staat. Doch fühlt sich der Herausgeber zu Kürzungen und Weglassungen mancher, vor allem familiärer Einzelheiten, sowie zu Ergänzungen und Erläuterungen veranlaßt, um gerade auch außerbaltische Leser ansprechen zu können. Was bleibt, ist im wesentlichen ein Beitrag zu Kultur und Lebensverhältnissen, zu Sozial- und Rechtszuständen in baltischen Landen. Es bleibt aber trotz Kürzungen Familien- und Personengeschichte; denn das Urteil des Menschen ist stets verankert in seiner Persönlichkeit, seiner Herkunft und Umwelt, die es hier in individueller Beleuchtung zu erfassen gilt.

Der in Ostrowo im „Reichsgau Wartheland“ 1943 niedergeschriebene Teil seiner „Erinnerungen aus meinem Leben“ umfaßt in der vorliegenden zweiten Fassung – außer einem Vorspann über die Herkunft der Hartmanns – die Zeit vom Studium in Warschau (1893) bis zur Umsiedlung aus Estland nach Posen (1939). Wegen der damaligen Verhältnisse im Warthegau hat Hartmann sich manche Beschränkungen auferlegt, „weil eine sehr ausgesprochene und mit den Anschauungen der Partei nicht übereinstimmende Kritik“ anderen und ihm selbst Unannehmlichkeiten hätte bringen können. Das hätte noch mehr für die Zeit von der Umsiedlung bis zum Kriegsende gegolten. Deswegen wurde der über die Zustände im besetzten Gebiet während des Krieges bis zum Zusammenbruch „ohne Reserve“ berichtende Teil, der auch die Flucht und Nachkriegszeit beinhaltet, erst in Bayern und Württemberg 1946/47 abgefaßt.

Über seine Kindheit und Jugend hat Hartmann ausführlich ebenfalls erst 1947 geschrieben.

Zum Schluß bleibt nur noch eine Danksagung an all diejenigen, die am Zustandekommen und an der Herausgabe dieses Buches beigetragen haben:

- in erster Linie die Enkelin des Verfassers, Frau Klepp, die das Manuskript zur Verfügung gestellt und sich mit der Herausgabe einverstanden erklärt hat;
- die Carl-Schirren-Gesellschaft und insbesondere der Vorsitzende, Herr Dr. Heinrich Wittram, für die Aufnahme der Hartmann-Erinnerungen in die Publikationsreihe der Gesellschaft;
- Herr Privatdozent Dr. Michael Garleff für seine Unterstützung und seinen kritischen Beistand;
- die Deutschbaltische Genealogische Gesellschaft für einzelne genealogische Details;
- Frau Claudia Hengstenberger aus dem Büro Zellentin & Partner für die bereitwillige und sorgfältige Schreibarbeit sowie Herr Dr. Rüdiger Zellentin persönlich.
- Herr Hans-Gerhard Körner für die Gestaltung, Bildbearbeitung, Layout und Druckaufbereitung;
- die Karl Ernst von Baer-Stiftung für die Unterstützung bei der Finanzierung der Druckkosten;

Neubiberg, April 2004

Heinz von zur Mühlen

Einführung des Herausgebers

Vorgeschichte und Umfeld

Hintergrund der Erinnerungen des Rechtsanwalts Woldemar Hartmann sind zunächst Geschichte und Lebensverhältnisse in den westlichen Randgebieten des Russischen Reiches: den Ostseeprovinzen Livland und Estland und Russisch-Polen, sowie anschließend in den selbständigen Staaten Estland und Lettland[1]. Die Umsiedlung in den Reichsgau Wartheland und das Flüchtlingsleben im Westen beschließen das lange, ereignis- und tatenreiche Leben des Verfassers.

Nur kurz soll auf die Familien des verwandtschaftlichen Umkreises des Verfassers eingegangen werden. Auf die väterliche Abkunft geht Hartmann am Anfang seiner Erinnerungen selbst ein. Im Rahmen der ständischen Gesellschaft der baltischen Deutschen waren die Vorfahren den Literaten, dem bürgerlich-akademischen Stande zuzurechnen. Die Familie der Mutter Nelly v. Moeller war seit dem 16. Jahrhundert auf Ösel, später auch im Kreis Werro in Livland ansässig und der Livländischen Ritterschaft zugehörig. Die mit den Moellers verschwägerte, im 16. Jahrhundert aus Pommern eingewanderte Familie der Großmutter, v. Glasenapp, war ebenfalls im Kreis Werro besitzlich. Mit beiden Familien, sowie auch mit den Hartmanns, waren die im 19. Jahrhundert bei der Ritterschaft immatrikulierten Nachkommen des Pastors J. P. v. Roth aus der Werroschen Umgebung versippt[2]. Dieser durch seine Hügel, Wälder und Gewässer landschaftlich reizvolle Kreis war 1783 durch Abtrennung vom Kreis Dorpat entstanden, die Kreisstadt 1784 von der Russischen Krone angelegt worden. Im 19. Jahrhundert gewann Werro eine gewisse Bedeutung durch die dortigen Lehranstalten, vor allem das Krümmersche Gymnasium[3].

---

[1] Weiterführende Literatur: Deutsche Geschichte im Osten Europas. Die Baltischen Länder. Hrsg. Gert von Pistohlkors. Berlin 1994. (608 S.); eine kurzgefaßte Geschichte: Heinz von zur Mühlen, Die baltischen Lande. Von der Aufsegelung bis zur Umsiedlung. (Kulturelle Arbeitshefte 15, Bund der Vertriebenen, Vereinigte Landsmannschaften), 4. Aufl. Bonn 1997 (16 S.); Zu Polen: Gotthold Rhode, Kleine Geschichte Polens. Darmstadt 1965 (543 S.), 2. und 3. Aufl.: Geschichte Polens. Ein Überblick. Darmstadt 1966 u. 1980.

[2] Genealogisches Handbuch der baltischen Ritterschaften. Estland 1-3; Livland 1, 2; Kurland 1. 2; Göttingen 1929-39; Ösel, Tartu 1935-39. (GHb.).

[3] Zu Werro sowie zu den einzelnen Ortschaften in Estland: Baltisches Historisches Ortslexikon, Teil I, Estland (mit Nord-Livland), Köln-Wien 1985. Zur territorialen Gliederung

Die Beziehungen zur Universitätsstadt Dorpat waren naturgemäß eng. Woldemar Hartmanns Frau Wanda entstammte als Tochter des Professors der Medizin L. Kessler einer Literatenfamilie. Ihre Mutter war eine Baronesse Rossillon und verwandt mit einem estländischen Zweig der Familie v. Wrangell.

Die Beziehungen zu der sehr zahlreichen Verwandtschaft haben die Kindheit und Jugend des Verfassers geprägt. Seine Erinnerungen gehen bis ins vierte Lebensjahr zurück. Was dieser Zeit vorausgegangen ist, was er über seine früheste Kindheit, seine Eltern und Großeltern und ihre Herkunft erfahren hat, wird hier nur in Kürze vorausgeschickt.

Die Familie Hartmann stammt aus Gotha, wo der Urgroßvater Carl Johann Gottfried (1770-1828) geboren wurde. Seit 1793 in Riga lebend, war er Angestellter, später Inhaber der bekannten Buchhandlung von Hartknoch[4].

Sein Sohn August Heinrich (1803-1862) war Landwirt und erwarb das Rittergut Weißensee im Kreis Werro. Er heiratete Johanna v. Roth vom Nachbargut Annenhof, verkaufte aber sein Gut und zog nach Rußland, wo er 1862 starb.

Dessen Sohn Julius (1838-1880), Woldemar Hartmanns Vater, erlebte seine Jugend in Rußland, besuchte aber in Werro das Krümmersche Gymnasium und studierte in Dorpat Medizin. 1871 heiratete er Nelly v. Moeller vom Rittergut Sommerpahlen bei Werro. Als Arzt war er zunächst in Russisch-Polen tätig, übernahm aber 1874 die Leitung eines Krankenhauses im Tambowschen Gouvernement, wo sein Bruder Gustav (1837 – 1894) große Besitzungen (Bolschoi Burtas) verwaltete. Woldemar Hartmann wurde am 23. September 1874 in Bolschoi Burtas geboren und verlebte seine früheste Kindheit in russischer Umgebung. Wegen des Lungenleidens des Vaters suchte die Familie Erholung in Torbole am Gardasee und auf den Gütern der Verwandten, Rauge (v. Samson Himmelstjerna) und Sommerpahlen (v. Moeller) bei Werro, zog aber bald ganz nach Dorpat. Die schöne Umgebung von Werro und die Stadt Dorpat wurden zur eigentlichen Heimat Woldemar

---

der Ostseeprovinzen und der Nachfolgestaaten ebenda, S. XII ff.; Kaspar Heinrich Krümmer (1796-1873) verlegte seine 1828 in Nord-Estland gegründete Erziehungsanstalt nach Werro. DBBL, S. 420.

[4] Über Carl Johann Gottfried Hartmann und den Rigaer Buchhändler Johann Friedrich Hartknoch s. DBBL, S. 299.

Hartmanns. In Dorpat erlag der Vater am 2. Januar 1880 einem Magenleiden.

Nach dem Tode des Vaters lebten die Söhne Alexander, genannt Sascha (1872 – 1947), und Woldemar ganz bei den Großeltern Moeller in Dorpat, betreut von der jüngsten Schwester der Mutter, Tante Alice v. Moeller (1852-1905). Die Mutter selbst war mehrfach im Ausland abwesend und heiratete 1889 in St. Petersburg den Inhaber eines großen Weinhauses, Gustav Adolf Stolle. Dieser Ehe entstammte Hartmanns Halbschwester Elisabeth (Lilli) Stolle, die 1914 Friedrich Baron von der Ropp heiratete.

Durch den frühen Tod des Vaters, der bei geduldig ertragenem Leiden dem Fünfjährigen stets als gütig, liebevoll und freundlich im Gedächtnis blieb, sind ihm keine nachhaltigen persönlichen Eindrücke in Erinnerung. Um so lebhafter wird uns in Hartmanns Lebensbericht das Bild des Großvaters Moeller[5] vor Augen geführt. Denn von dieser Zeit an, schreibt Hartmann, „sind meine Erinnerungen schon geordnet und fast lückenlos“.

Heinz von zur Mühlen

[5] Friedrich Otto von Moeller (1813-1886), auf Sommerpahlen (Sômerpalu) mit den Hoflagen (Vorwerken) Jerwen, Mustel, Petrimois, Lühnen, Schwartzhof, Karraski und dem Rittergut Rosenhof (Vana Roosa) im Kreis Werro. Verheir. mit Sophie v. Glasenapp (1820-1890). GHb. Ösel.

Kindheit im alten Livland

Die Großeltern bewohnten in Dorpat die untere Etage ihres in der Teichstraße gelegenen Hauses. Die Wohnung war geräumig und hell. Neben dem Vorhause lag Großpapas Schreibzimmer, in dem er auch schlief, und das sozusagen das Allerheiligste war.

Es folgt die Aufteilung der Wohnung mit „Saal", Eßzimmer, Schlafzimmern der Großmutter und der Tante Alice, genannt Tantalus, einem „Tschulan" (Kramkammer), „Leutezimmer" (der Dienstboten), zwei Schaffereien (Vorratskammern), einer sogenannten Anrichte, in deren Hintergrund eine Wanne stand, in der die Jungen gebadet wurden, einer „behäbigen" Küche. Die Bezeichnung „Vorhaus" für Vorzimmer mit dem „Paradeneingang" zur Wohnung war im Baltikum allgemein üblich.

Die Wohnung war nicht besonders herrschaftlich und prätentiös, aber sehr gemütlich, eher etwas altmodisch. An den Wänden hingen nur wirklich gute Gemälde, zum Teil von Onkel Reinhold Moeller. Im Eßzimmer stand die obligate englische Mahagoniuhr. Die Zimmer waren nicht sehr hoch. Doppelfenster und mächtige Kachelöfen sorgten für gleichmäßige Wärme in der ganzen Wohnung.

Aus dem Speisezimmer trat man in eine große Veranda, deren Fußboden mit Fliesen bedeckt war und von der drei Stufen in den kleinen nach Norden gelegenen Garten führten. Um den länglichen Hof, der nach Osten an den Garten stieß, lagen ein großer Holzschauer (Schuppen), eine Waschküche, vor der die Pumpe stand, und ein langes Gebäude, in dem der Pferdestall für vier Pferde, der recht große Wagenschauer, die Hauswächterswohnung[6] und zwei Studentenwohnungen mit je zwei Zimmern untergebracht waren. Alle Gebäude waren aus Holz, bloß das Fundament und die weitläufigen Keller unter dem Hauptgebäude waren aus Ziegel und Feldsteinen.

Großpapa war eher klein, aber gut proportioniert. Onkel Reinhold Moeller bezeichnete den kleinen Wuchs als ein Erbteil von Großpapas Mutter, einer Stackelberg; die Moellers der früheren Generationen seien groß gewesen. Unter einem mächtig gewölbten, fast haarlosen Schädel und hohen

---

[6] Der Hauswächter, estnisch kojamees, wurde in Estland allgemeine als „Hauskerl" bezeichnet (der Kirchendiener als Kirchenkerl).

Stirn lagen schöne tiefblaue Augen, die, wenn Großpapa erregt oder zornig war, schwarz wirkten. Er trug einen kurzgeschorenen grauen Vollbart. Großpapa, der auch in seinem Alter überaus lebhaft war, liebte es, in der Wohnung viel auf- und abzugehen. Von seiner Lebhaftigkeit zeugten auch die oft langen und temperamentvoll geführten Selbstgespräche, so daß man den Eindruck bekam, er unterhalte sich mit einem unsichtbaren Partner. Seine Bewegungen waren kurz und schnell. Im Umgang mit den Seinigen war er vollkommener Herrscher, und alle ohne Ausnahme ordneten sich ihm unter. Auf seinen vielen und zum Teil großen Gütern – Sommerpahlen, Karraski, Warbus, Rosenhof, Quellenhof u.a.[7] – soll Großpapa wie ein „Regierer" gewirkt haben. In alten Briefen und Briefentwürfen, die ich las, bezeichnete er die Bauern seines Gebietes als Untertanen. Er hat aber für sie auch wie ein richtiger und guter Herr gesorgt und nicht nur für ihr leibliches, sondern auch für ihr geistiges und sittliches Wohl.

Ich möchte hier eine kleine Begebenheit einschalten, die dafür bezeichnend ist, wie sehr Großpapa sich seiner Bauern annahm. In den sechziger Jahren war es zu einer scharfen Spannung zwischen der herrschenden Lutherischen Kirche und den Herrnhuter Brüdergemeinden gekommen. In der Sommerpahlenschen Hoflage Petrimois gab es unter den Esten recht viele Herrnhuter, die Großpapa wegen ihres Fleißes, ihrer Nüchternheit und Ehrlichkeit sehr schätzte. Er hatte ihnen für die warme Jahreszeit eine Tenne zu gottesdienstlichen Zwecken zur Verfügung gestellt. Eines Tages nun kam der Kannapähsche Propst Holst[8], der ein streitbarer und heftiger Herr war, zu einer Gebetsstunde der Herrnhuter und trieb sie auseinander. Er untersagte ihnen, weiter solche gottesdienstliche Versammlungen abzuhalten. Darauf

---

[7] Zu Sommerpahlen am Woo-Fluß, 3 km westlich Werro, gehörten ca. 3550 ha Hofland und 2344 ha Bauerland (vgl. BHO I, S. 558, vgl. auch S. XVIII f.), das nach der Auffassung der Zeit ebenfalls Eigentum des Gutsherrn war und erst seit der zweiten Hälfte des 19. Jahrhunderts von den Bauern käuflich erworben werden konnte. Bestandteile des Gutes waren die Hoflagen (Vorwerke) Annenhof, Lühnen, Mustel und Petrimois, die seit 1912 zusammen die Siedlung Heimtal für deutsche Bauern aus Wolhynien bildeten. Das große Gut Rosenhof mit 6150 bzw. 2750 ha war vorübergehend im Besitz der Familie v. Moeller.

[8] Von der Kaiserin 1743 verboten, wurde die Herrnhuter Brüdergemeine durch das Gnadenmanifest Kaiser Alexanders I wieder legalisiert. Sie erlebte eine zweite, bis zur Mitte des 19. Jahrhunderts andauernde Blütezeit, die indessen durch Spannungen mit der konfessionellen Richtung der Landeskirche gekennzeichnet war. Gert v. Pistohlkors in: Baltische Länder, S. 286. Georg von Holst (1824-1900), 1850-83 Pastor in Kannapäh (nicht Propst), 1881 bei einem Attentat verwundet. BBA.

schrieb Großpapa an Propst Holst folgenden Brief, dessen Konzept ich gelesen habe: „Mir ist von meinen Untertanen berichtet worden, daß Sie ihren Gottesdienst gestört haben. Ich habe meine Buschwächter angewiesen, Sie, wenn so etwas noch einmal passieren sollte, mit Gewalt über die Grenze meines Gebiets zu schaffen.“ Es passierte nicht mehr. [...]

Großmama muß in ihrer Jugend fast eine Schönheit gewesen sein, trotz der etwas fleischigen Nase. Im Alter war sie ziemlich rundlich. Ihr Hauptzug war große Güte und Freundlichkeit. In Sommerpahlen soll sie ihre Wirtschaft vorbildlich geleitet haben. Recht häufig war sie mit Tante Josis Art, den Haushalt zu führen, nicht ganz einverstanden, doch entschuldigte sie dies durch den Umstand, Tante Josi sei ja kein Kind vom Lande, sondern in Petersburg und Werro aufgewachsen[9].

Während Großpapa, ohne religionsfeindlich zu sein, nie in die Kirche ging, weil, wie er sagte, er dem Pastor nicht entgegnen könne, waren Großmama und Tante Alice[10] sehr kirchlich und streng gläubig.

Tante Alice, die an Stelle unserer meist abwesenden Mutter nicht weniger gut und liebevoll wie eine richtige Mutter für uns sorgte, sich wesentlich mehr als wir selbst für die Fortschritte in der Schule, unsere Manieren und unser Betragen interessierte, war auffallend klein, etwas rundlich und unendlich freundlich, konnte aber auch gelegentlich recht heftig und streng werden. Wir sagten dann frecherweise: „Klein aber giftig“. Sie war der Typus der echten baltischen Tante alten Schlages, der meines Wissens noch nie in der Literatur so ganz richtig geschildert worden ist, obwohl sie es reichlich verdient hätten[11]. Wieviel Mütterlichkeit lag nicht in ihrer Sorge um unser leibliches und geistiges Wohl und in ihrer Freude, wenn wir Erfolge hatten. Da [*...mein Bruder*] Sascha verhältnismäßig früh auf eignen Füßen stand, wurde ich der besondere Gegenstand ihrer Liebe und Fürsorge, was ich ihr nie vergessen werde. Zum Andenken an sie haben wir unsere älteste Tochter Alice genannt.

Hartmann berichtet in diesem Zusammenhang vom Kindergarten und von seinem vergeblichen Protest gegen die Neckereien seines älteren Bru-

---

9 Josephine v. Moeller geb. v. Tideböhl (1853-1894) verheir. mit Alexander v. Moeller (1840-1894), dem ältesten Bruder der Mutter.

10 Alice v. Moeller (1852-1906), jüngste Schwester der Mutter.

11 Über seine Tanten hat Siegfried v. Vegesack in seiner Romantrilogie, Die baltische Tragödie, geschrieben; vgl. auch ders.: Die Welt war voller Tanten. Heilbronn 1970.

ders Sascha und seine Titulierung als „Kindergärtner". – Der Großvater habe versucht, den Jungen Interesse für Kunstgeschichte zu vermitteln.

Damals wohnte in Dorpat ein älterer Bruder von Großmama, der Generaladjutant und Großadmiral Gottlieb (Bogdan) v. Glasenapp[12] mit seiner liebenswürdigen, aber fast immer kranken Frau, Tante Emili (die Betonung liegt auf der letzten Silbe), die eine Tochter des aus Ösel stammenden ehemaligen Marineministers Moeller[13] war. Dort sah ich zum ersten Mal einen nach großstädtischen Maßstäben geführten Haushalt mit einem gewissen Luxus und zahlreicher Dienerschaft. Glasenapps wohnten im Hause des Grafen Ungern neben der Universität. Onkel Bogdan, der damals schon über 70 Jahre alt war, hatte nur einmal in der Woche Dienst beim Kaiser in Petersburg, so daß er ganz nach dem ruhigeren Dorpat ziehen konnte und nur einmal wöchentlich für einen oder zwei Tage in dem ihm zur Verfügung gestellten Salonwagen nach Petersburg fuhr. Weil er in der Eisenbahn besonders gut schlief, waren diese häufigen Bahnfahrten für ihn keine Anstrengung.

Da Glasenapps keine eigenen Kinder hatten, waren ihnen mehrfach vom Kaiser die Kinder entthronter kaukasischer Herrscher, so zwei Söhne und eine Tochter des ehemaligen Herrschers von Daghestan, Tschawtschawadze, zur Erziehung anvertraut worden. Die Resultate waren nicht sehr gut, weil beide Pflegeeltern viel zu schwach und nachgiebig waren. Als letzten Zögling hatten sie einen sehr sympathischen Fürsten Konstantin, genannt Kostja, Zeretelli, der, als wir ihn kannten, das Seekadettenkorps besuchte und dessen Uniform und besonders breiter Pallasch mit einer „Blutrinne" in der Mitte der Schneide uns mächtig imponierten.

Übrigens bestand zwischen Großpapa und Onkel Bogdan keine besonders intime Freundschaft, da Großpapa alles ablehnte, was nicht in erster Linie solide und tüchtig war, und Onkel Bogdan in der Tat weniger dem Typus des Soldaten als dem des Hofmannes entsprach.

---

[12] Gottlieb (russ. Bogdan) Friedrich v. Glasenapp (1811-1892), 1852 der kaiserlichen Suite zugerechnet, 1869 Admiral. DBBL, S. 247.

[13] Berend Otto v. Moeller (1764-1848), Großonkel von Friedrich von Moeller, Schwiegervater von Gottlieb v. Glasenapp, 1829 Admiral, 1828-1836 Marineminister. GHb. Ösel; DBBL, S. 526.

Auch Großmamas zweitältester Bruder Woldemar[14] verbrachte sein Alter in Dorpat, betreut von einer der unverheirateten Töchter Roth, Tante Margot. Onkel Woldemar hatte als junger Admiral das Kommando des ersten russischen Schraubenschlachtschiffes „Archimedes“ bekommen. Bei Rügen war er das Opfer falsch gestellter Leuchttürme geworden, die die dortigen Bewohner in der Hoffnung auf Strandgut errichtet hatten. Er mußte seinen Abschied nehmen, war kurze Zeit Gouverneur von Archangelsk und gründete dann mit einem Vetter von Großpapa, Behaghel, und anderen Herren die Wolga-Transportgesellschaft „Samoljet“, deren Aktien viele Jahre hindurch bis 30 Prozent jährlich trugen und auch im Baltikum recht verbreitet waren. Etwa 15 Jahre nach ihrer Gründung machte die A/A Samoljet banquerott. Großpapa, der auch ein ziemlich großes Kapital in diesen Aktien investiert hatte, sagte, er habe nichts verloren, da er sich nicht durch die großen Einnahmen zu entsprechenden großen Ausgaben habe verleiten lassen, wie es die meisten Aktieninhaber getan hätten. Onkel Woldemar zahlte bis an sein Lebensende freiwillig die Hälfte seiner Admiralspension an die Liquidationskommission des Samoljet, der übrigens später wieder aufblühte. Im Gegensatz zu Onkel Bogdan, der ein auffallend schöner Mann war, war Onkel Woldemar häßlich. Er sprach nur wenig.

Die Großeltern machten nicht eigentlich „Haus“, doch kamen recht viele Verwandte und Bekannte zwanglos zu ihnen. Besonders deutlich erinnere ich mich an die beiden Onkel August und Gustav v. Roth, die, obschon leibliche Brüder, innerlich und äußerlich fast Gegensätze waren. Onkel August, der das schöne Gut Paulenhof im Kreise Werro besaß, war mit Großmamas Schwester, Tante Kathinka (Katherine) verheiratet. Beide waren sehr groß und breit und sprachen viel und laut. Nur war Onkel August ein etwas bäuerlicher Typ und wegen seiner nicht immer einwandfreien Praktiken und seines Privatlebens unbeliebt, während Onkel Gustav den ehemaligen Garde-Kürassier-Obersten auch im Zivil nicht verleugnete und ein Muster von Korrektheit und Pedanterie war und sich einer großen Achtung erfreute, wenn er auch manchmal etwas belächelt wurde. Onkel Gustav, der schon im Jahre 1854, wie man sagte, nicht aus Überschuß an Mut, zu Beginn des Krimkrieges seinen Abschied genommen hatte, siedelte endgültig nach Dorpat über. Mit seiner hohen Gestalt, seiner geraden Haltung und seiner weißen Kürassiermütze war er allmählich zu einer Erscheinung geworden,

---

[14] Woldemar v. Glasenapp (1812-1895), Bruder von Gottlieb, Vizeadmiral, Prof. der Astronomie und Direktor der Sternwarte in St. Petersburg. DBBL, S. 247.

die gewissermaßen zum Dorpater Stadtbilde gehörte. Oft besprach er mit Großpapa die Pläne zum Bau seines neuen Hauses in der Gartenstraße, da Großpapa sehr viel gebaut hatte und viel Erfahrung auf diesem Gebiet besaß. Auf seinen vielen und ausgedehnten Besitzungen hatte Großpapa gegen 150 Gebäude besessen, die er übrigens bei sich selbst versichert hatte, wodurch sich, da er die Einnahmen nicht verausgabt, sondern in zinstragenden Papieren angelegt hatte, ein beträchtliches Kapital ansammelte, das er sonst den Assekuranzgesellschaften bezahlt hätte.

Hartmann nennt weitere Hausgäste seines Großvaters und hebt kritisch manche vielsagende Eigenschaften hervor. Dann fährt er fort:

Verhältnismäßig selten besuchte uns Onkel Oskar Samson. Der Grund, den ich damals natürlich noch nicht verstehen konnte, soll hauptsächlich der Umstand gewesen sein, daß er und Großpapa in baltischen innerpolitischen Dingen, die damals die Gemüter sehr erregten, verschiedenen Richtungen angehörten. Während Großpapa ein Anhänger des sogenannten Nolckenschen oder konservativen Flügels der Ritterschaft war, hielt Onkel Oskar sich zu der liberalen oder Oettingenschen Partei, die der Geistlichkeit, den Bürgern und sogar den Bauern Anteil an der Leitung der Geschicke des Landes einräumen wollte, welche damals noch ausschließlich in den Händen der Livländischen Ritterschaft lag[15].

Hartmann geht sodann auf kindliche Erlebnisse mit seinem Bruder Sascha und anderen Jungen seines Alters ein, auf den wöchentlichen Speiseplan, zu dem, wie in den meisten baltischen Häusern, mittwochs und sonnabends Grütze in den verschiedensten Formen und danach Pfannkuchen oder „Löffelkuchen" mit Konfitüre („Säfte") von Erdbeeren, Himbeeren, Stachelbeeren usw. gehörten. Der Dorpater Markt lieferte Fische vom Embach oder aus dem Peipussee, Wandernde Händler boten Krebse und gele-

---

[15] Dazu Gert v. Pistohlkors, in: Baltische Länder, S. 382 ff. An anderer Stelle erzählt Hartmann aus der Studienzeit seines Vaters in Dorpat, daß in der Korporation Livonia, wie bekannt, ein Geheimbund bestand, der ungeachtet des Comments faktisch das Corps lenkte. Dem Geheimbund sollen Studenten aus liberalen Kreisen der Ritterschaft und der Literaten angehört haben. So hätten die politischen Gegensätze innerhalb der Ritterschaft sich bis in den Convent der Livonia ausgewirkt. Vgl. auch Wilhelm Lenz und Helmut Speer, Der Geheimbund, in: Beitr. zur Erinnerung an die Livonia Dorpati 1822-1962, Hamburg 1963, S. 14-16.

gentlich Flugwild oder Hasen an, die wohl von Wilddieben erworben worden waren.

Einen tiefen Eindruck machte auch auf uns Kinder im Frühjahr 1881 die Nachricht von der Ermordung des im Baltikum sehr verehrten Kaisers Alexander II. Onkel Bogdan, der den Kaiser von seiner frühesten Kindheit gut gekannt hatte und ihm als Generaladjutant nahe stand, ihn auch persönlich sehr liebte, erlitt damals seinen ersten Schlaganfall.

Im Winter 1881/82 besuchte Großmama ihr jüngster Bruder Paul, der General der Genietruppen[16] war. Onkel Paul hatte eine Russin, eine geborene Schirobokowa, geheiratet und war viel russischer wie seine Brüder. Er hatte sich viel mit innerrussischen Fragen befaßt, war nach der Bauernbefreiung 1864 im Gouvernement Twer[17], wo seine Frau ein Gut besaß, Friedensvermittler gewesen und war sogar, wegen seiner zu fortschrittlichen Gesinnung mit einem Fürsten Chilkow und einem Herrn v. Poltoratzki in die Peter-Paulsfestung gesetzt worden. Von da war er allerdings dank Onkel Bogdans Fürsprache recht bald wieder losgelassen worden. Bei diesem Besuch gerieten Onkel Paul und Großpapa scharf aneinander. Großpapa war empört darüber, daß eine gewisse Wera Sassulitsch, die ein übrigens mißlungenes Attentat auf den Petersburger Stadthauptmann Trepow verübt hatte, von dem in Rußland erst seit kurzem eingeführten Schwurgericht freigesprochen worden war, während Onkel Paul diesen Freispruch verteidigte[18]. Die Stimmen wurden immer lauter, die Stimmung immer erregter, bis Großpapa das Zimmer verließ und die Tür hinter sich zuwarf.

Im Herbst 1882 wurde ich zu meiner Freude nicht mehr in den Kindergarten geschickt, sondern dem sehr geschätzten Lehrer Maaß[19] übergeben,

---

[16] Genietruppen: Truppen des Ingenieurwesens.

[17] Nach Bekanntgabe des kaiserlichen Manifestes über die Bauernbefreiung (19. Februar 1861) kam es im Gouvernement Twer 1864 zur offenen Insubordination der mit der Durchführung der Reform beauftragten Friedensvermittler aus dem russischen Adel und zur Verhaftung und Bestrafung einiger von ihnen. G. Stökl, Russische Geschichte. Stuttgart 1990, S. 544 f.

[18] Vera Zasulič hatte durch ihre Tat die Öffentlichkeit auf rechtswidrige Methoden der Bestrafung politischer Gefangener aufmerksam machen wollen. Der Freispruch wurde von der Creme der Petersburger Gesellschaft als eine schonungslose Verurteilung des herrschenden Regimes mit Begeisterung aufgenommen. Stökl, S. 578 f.

[19] Vermutl. Otto Maaß (1886-1943), Prof. Dr. phil., Oberschulrat. Gedenkbuch, S. 266; BaBA.

der mich in die Anfangsgründe der Bildung einführte. Maaß trug einen blauen Uniformrock mit goldenen Knöpfen und wurde daher von mir vorerst für den Kaiser gehalten. Ich war sehr enttäuscht, als Tante Alice mich über meinen Irrtum aufklärte.

Nach einem Bericht über einen infolge von Unachtsamkeit ihm zugestoßenen Unfall im Garten des Handwerkervereins, der ihn fast das Leben gekostet hätte, fährt Hartmann fort:

Den nächsten Sommer verbrachten wir wieder in Sommerpahlen, das Sascha und mir wie ein Paradies vorkam. Das Herrenhaus war ein im italienischen Villenstil aus roten Ziegeln von Großpapa in den vierziger Jahren aufgeführter Bau. Im Erdgeschoß, an einem langen Korridor lagen die Waschküche, die große Leuteküche, mehrere Keller und Leutewohnungen. Über eine Wendeltreppe gelangte man in den zweiten Stock [nach baltischem Verständnis: Obergeschoß], wo sich die herrschaftliche Küche, Vorratsräume, das Buffetzimmer, ein Dienerzimmer, das Schreibzimmer, ein Speisesaal, der große, etwa 15 Meter lange und 12 Meter breite Saal, das Kaminzimmer und sechs Schlafzimmer – nach Süden – befanden. Im obersten Stock lagen noch sechs Schlaf- oder Fremdenzimmer und ein riesiger Boden. Die Einrichtung war schlicht, aber solid, wie alles, was Großpapa machte oder anschaffte. Viele große Bilder schmückten die Zimmer, von denen ein Porträt von Onkel Bogdan in Uniform vom bekannten Akademiker Moeller[20] und ein Porträt der berühmten Baronin Kruedener geb. Vietinghoff, der Freundin des Kaisers Alexander I., von Gerhard Kuegelgen, wohl die besten waren. Im Saal hingen zwei große Landschaften von Onkel Reinhold, Dover und Isartal. Großpapa hatte das Haus von 1844-1848 an der Stelle des ehemaligen, bei einem Feuerschaden vernichteten Herrenhause gebaut. Das Haus war eher repräsentativ als eigentlich gemütlich.

Onkel Sascha[21] war sehr beschäftigt, so daß wir ihn nicht viel sahen. Jedes zweite Jahr kam Onkel Reinhold auf mehrere Sommermonate in die Heimat. Er wohnte damals als Künstler in München. Er war viel gereist und

---

[20] Otto Friedrich v. Moeller (1812-1874), Sohn des Marineministers (s. Anm. 13), malte Porträts, Genrebilder, Altarbilder; sein Neffe Reinhold (1847-1918), Sohn von Friedrich, war hauptsächlich Landschaftsmaler. Zu beiden GHb. Ösel; DBBL, S. 527; Wilhelm Neumann, Baltische Maler und Bildhauer des XIX. Jahrhunderts, Riga 1902.

[21] Alexander v. Moeller, s. Anm. 9

erzählte lebhaft und sehr anschaulich. Im höchsten Grade war ihm die Gabe eigen, mit Kindern zu verkehren, sie anzuregen und sie auf die Schönheiten der Natur aufmerksam zu machen. Er zeigte uns, wie zweckmäßig in der Tier- und Pflanzenwelt alles eingerichtet ist. Er lehrte uns Schmetterlingen fangen, aufspannen und registrieren. Er hatte anfangs in Dorpat und München Zoologie studiert und war erst später Maler geworden.

Onkel Reinhold machte mit uns große Spaziergänge, führte uns in die Kunst des so aufregenden Krebsefanges ein. Die meisten Krebse waren in dem Woo-Fluß unweit des Herrenhauses oder im kleinen Ayabach im Nursischen Walde, an einem Ort, der den unheimlichen Namen Rööwlipallo führte, was auf Estnisch [Röövlipalu] „der Räuberwald" bedeutet. Der Fang wurde mit sogenannten Keschern, kleinen Netzen mit etwa 40 Zentimeter im Durchmesser, die in einem Ring aus dickem Draht gespannt waren, ausgeführt. In der Mitte des Netzes wurde der Köder, ein Stück möglichst schlecht riechenden Fleisches oder ein abgehäuteter Frosch, angebracht. Vom Ring aus führten drei Schnüre, die dann in eine übergingen, zu einem etwa anderthalb Meter langen Stock, der ins Ufer gesteckt wurde, während das Netz selbst in zwei bis drei Meter Tiefe unter dem Wasser flach am Boden lag. Höchst aufregend war es zu beobachten, wie die Krebse, oft Exemplare bis zu 20 Zentimeter Länge, sich langsam dem Netz näherten und manchmal zu sechsen und mehr am Köder hin- und herzerrten. Das Netz mußte mit einem plötzlichen Ruck herausgezogen werden, damit die Krebse sich nicht im letzten Moment wegschnellten. Damals gab es noch soviel Krebse, daß wir oft in wenigen Stunden 200 bis 300 Stück fingen, von denen ein Teil gleich an Ort und Stelle in einem kleinen Kessel gekocht und mit großem Appetit verzehrt wurden.

Die Krebsmahlzeiten waren nicht selten Veranlassung zu erbitterten Kämpfen mit Sascha, der sich manchmal plötzlich der mit Mühe reingemachten Scheren und Schwänze bemächtigte und dann so machte, als wolle er sie aufessen.

Onkel Sascha war ein guter und leidenschaftlicher Jäger, der oft Birkhühner, Morasthühner und Enten nach Hause brachte. Einmal im Spätherbst kehrte er sogar mit einem Luchs heim. Wir malten uns aus, wie schön es sein werde, wenn auch wir Flinten bekommen werden, und übten uns vorerst emsig mit Flitzbögen und selbstverfertigten Speeren, was weniger gefährlich war. [...] So verging dieser schöne Sommer.

Die Schulzeit in Dorpat, Schulferien auf dem Lande

Im Herbst [1883] sollte ich in die Vorbereitungsklasse des klassischen Privatgymnasiums von Direktor Kollmann[22] eintreten, das Sascha bereits besuchte. Mit mir zog auch Fritz Moeller[23] dort ein, der natürlich auch bei den Großeltern wohnte und von Tante Alice betreut und gehegt wurde. Leider war für Fritz das Leben in der Stadt und mit uns, jedenfalls in den ersten Jahren, kein dornenloses. Er war von Tante Josi [...] sehr verwöhnt und verzogen worden, so daß er ein richtiges Muttersöhnchen geworden war, das gar nicht in unseren etwas rauhen Kreis hineinpaßte. Er bezog fast täglich Prügel.

Es folgen ausführliche Berichte über Spiele und Knabenstreiche, wobei einmal unbeabsichtigt die geliebte Großmutter in eine Falle geriet. Bei der heimlichen Ernte von gelben Pflaumen jenseits des Zaunes zum Nachbargrundstück vom geliebten, aber strengen Großvater erwischt, wird dem Jungen befohlen:

„Du stiehlst. Jetzt leg mal die gestohlenen Pflaumen in einen Korb und bring sie Frau von Helmersen und vergiß nicht zu sagen, daß Du die Pflaumen gestohlen hast“. Da half nun nichts. Was Großpapa einmal befohlen hatte, das mußte geschehen. Die Sache fand ihren unmoralischen Abschluß damit, daß Frau von Helmersen mir die Pflaumen schenkte und ich sie mir dann doch sehr gut schmecken ließ.

Soviel ich mich entsinne, waren in der Klasse gegen 15 Knaben, mit denen wir uns bald vortrefflich verstanden. [*Hartmann nennt einige Jungen vom Lande, darunter Alf Ditmar aus Fennern, mit dem er später besonders nah befreundet war. Er erwähnt auch Erhard Schmidt*[24]*, der später ein bekannter Mathematiker und Rektor der Berliner Universität wurde.*] Das Lernen machte Fritz und mir keine Schwierigkeiten, und bald gehörten wir

---

22 Friedrich Kollmann war von 1881-1893 Leiter des Privatgymnasiums, das seit 1883 das Recht besaß, Abschlußprüfungen abzunehmen und Reifezeugnisse auszustellen, das ihm jedoch im Laufe der Russifizierungsreform wieder entzogen wurde. – Allan Liim, Unterricht, Erziehung, Bildung. Über deutsche Schulen in Dorpat. In: Zur Geschichte der Deutschen in Dorpat, hrsg. von Helmut Piirimäe und Claus Sommerhage, Tartu 1998, S. 181.

23 Onkel Saschas Sohn, s. Anm. 9 und 21

24 Erhard Schmidt (1876-1959). DBBL, S. 688 f.

zu den ersten Schülern. Besonders Fritz war immer sehr fleißig, übrigens auch gut begabt, während ich manchmal von Tantaleus'chen angefeuert werden mußte. An die Schuldisziplin hatten wir uns rasch gewöhnt und fanden vieles sehr anziehend.

In diesem Winter kaufte Onkel Sascha in Großpapas Auftrag für Onkel Otto[25] das große, ebenfalls im Kreis Werro gelegene Gut Rosenhof von einem Herrn von Aderkas. Rosenhof lag etwa 30 Kilometer von Sommerpahlen. [...] Da Onkel Sascha zu der Überzeugung kam, daß er Rosenhof überzahlt habe, wohl auch um Onkel Otto selbst in die Landwirtschaft einzuführen, übernahm er zunächst die Bewirtschaftung und zog für drei Jahre mit der Familie ganz dahin. Sommerpahlen verpachtete er einem Herrn v. Bergmann auf sechs Jahre, der auch Rauge in Pacht hatte.

So kam es, daß wir die nächsten Sommerferien in Rosenhof verbrachten, an das ich ebenfalls die schönsten Erinnerungen habe. Das Herrenhaus war ein langer einstöckiger Bau aus Holz mit großen und gemütlichen Zimmern und einem mir unendlich scheinenden langen und dunklen Korridor, an dem die vielen Schlafzimmer lagen. Vor dem Hause war ein breiter Rasenplatz, eingesäumt von uralten Linden, in deren Ästen Fritz und ich uns schattige Sitze gebaut hatten, auf denen wir stundenlang ungesehen und ungestört die schönsten Indianer- und Reisebücher lesen konnten. Der Blumengarten lag auf der anderen Seite des Hauses gegen Süden und fiel allmählich zur Niederung des Schwarzbaches ab, dessen Ufer ziemlich sumpfig waren, da der Fluß einen sehr trägen Lauf hatte. Im Garten wuchsen besonders schmackhafte sogenannte holländische Ananaserdbeeren.

Onkel Otto war fleißig in der Landwirtschaft tätig. Meist machte er seine Touren zu Pferde, wobei er einen schönen Kosaken ritt. Er war ebenfalls leidenschaftlicher Jäger und hielt in einer umzäunten Hürde über 20 Hasenhunde oder Bracken. Einmal war ich zu den Hunden, mit denen ich eng befreundet war, über den Zaun gestiegen und hatte eine Hündin mit Jungen, die gerade fraß, am Schwanz gezogen, was sie natürlich krumm nahm und mir fast die Nasenspitze abbiß. Jahrelang sah man noch die Narbe. [...]

In diese Zeit fielen meine ersten Reitversuche. Ich hatte noch so wenig Schluß mit meinen kurzen Beinchen, daß ich regelmäßig am Boden landete, wenn das Pferd, es waren ja immer nur fromme Arbeitsgäule, sich schüttelte.

---

[25] Otto v. Moeller (1854-1924), jüngster Bruder der Mutter.

Wir Kinder: Sascha, Fritz, Alma und ich, hatten von Onkel Sascha einen alten und sehr frommen Esel geschenkt bekommen, der uns viel Spaß machte und von den sehr rückständigen Rosenhofer Esten bestaunt wurde, da es Esel in Livland nicht gab. Einmal fragte ich einen Arbeiter, was das wohl seiner Meinung nach für ein Tier sei, worauf er, ohne sich zu besinnen, antwortete: „Ein junger Elefant". Onkel Otto hatte einmal mehrere Fuhren Guano, das damals als Düngemittel sehr geschätzt wurde, aus Werro abholen lassen. Gefragt, ob das was Gutes sei, antwortete einer der Leute, die die Fuhre begleitet hatten, daß er das nicht wisse, nur bitter sei das Zeug sehr.

In diese Ferien fiel ein Ereignis, das uns Jungens sehr anregte. Eines Tages kam ein Gutsarbeiter angelaufen und berichtete, daß ein starker Elchbulle im sumpfigen Ufer des Schwarzbaches so tief eingesunken sei, daß er nicht mehr herauskönne. Onkel Otto mußte das arme Biest abschießen, da es zu gefährlich gewesen wäre, ihm herauszuhelfen.

Hartmann berichtet vom Verkehr mit einigen Nachbarn und von neuen Schulkameraden im folgenden Semester, darunter ein Vetter Hartmann.

Von unseren damaligen Lehrern, die von uns die merkwürdige Bezeichnung „Knochen" bekommen hatten, ist mir hauptsächlich einer, Georg Rathlef[26], sehr deutlich in Erinnerung geblieben, nicht nur weil er bis zuletzt unser Lehrer blieb, wenn er auch die Fächer wechselte, sondern weil er eine ganz eigenartige Persönlichkeit war. Idealist reinsten Wassers, bis zum Exzeß, hatte er sich zur Aufgabe gemacht, in erster Linie für das sittliche Wohl seiner Schüler zu sorgen, wobei er nicht immer eine glückliche Hand hatte, ja manchmal sogar Methoden anwandte, die pädagogisch nicht haltbar waren, wie Ausfragen der Mitschüler etc. Das mißfiel uns natürlich sehr, und so wurde Rathlef längst nicht so geschätzt, wie er es verdient hätte. Trotz allem konnten auch wir nicht verkennen, daß Rathlef oder „Trotti", wie sein Spitzname lautete, sich nur von Beweggründen tiefsten sittlichen Ernstes leiten ließ. Wie weit dies manchmal reichte, ist aus folgender Begebenheit zu sehen: In Dorpat war häufig ein durch Trunk ganz heruntergekommener ehemaliger Student zu sehen, der die Passanten anbettelte. Als er einmal „Trotti" um ein Almosen anging, sagte ihm dieser: „Ich werde Ihnen drei Rubel geben, was für mich viel Geld ist, außerdem werde ich nie mehr einen

---

[26] Georg Rathlef (1846-1914), Lehrer in Birkenruh b. Wenden, seit 1875 am Privatgymnasium in Dorpat sowie an anderen Lehranstalten. DBBL, S. 607.

Schluck Alkohol zu mir nehmen, wenn Sie versprechen, den Trunk endgültig aufzugeben". Der Bettler war natürlich sofort bereit, alles zu versprechen, und vertrank die drei Rubel, als Trotti außer Sicht war. Trotti hat aber seitdem wirklich keinen Alkohol mehr in den Mund genommen. Auch die Lehrer Müller für Deutsch und Lundtmann[27] für Rechnen und Russisch sind mir noch recht gut in Erinnerung. Lundtmann, der ein ziemlicher Knot war, hatte es besonders auf einen recht unbegabten Mitschüler, Fuchs aus Palloper, abgesehen, dem das Vorlesen große Schwierigkeiten bereitete und den er daher häßlicherweise „glupaja lissitza" *(russ.: dummer Fuchs)* nannte.

Rathlef führte uns in die Anfangsgründe des Lateinischen, der Geographie und der Geschichte ein. Unseren Direktor Kollmann, dessen Fach das Griechische war, sahen wir Elementarschüler nur zu den täglichen Andachten vor Beginn der Stunden und bei der Verteilung der Semesterzeugnisse vor Weihnachten und Anfang Juni. Dabei hielt er immer eine eindringliche Rede, die manchmal recht gut war.

Auch die nächsten Sommerferien [1885] verbrachten wir in Rosenhof. [...] Ein Hauptvergnügen war das Reiten. Täglich durften wir von dem etwa drei Kilometer entfernten Beigut Matzi, das an der Hauptstraße lag, die Post abholen. – Die Rückreise nach Dorpat legten wir im Planwagen zurück, was wegen der Neuheit natürlich herrlich war. Der Planwagen war ein langes Gefährt mit einer über drei Bögen in der Längsrichtung gespannten dicken Leinewand. Am hinteren Ende war ein kleines Fenster, während vorne eine Öffnung war, vor der der Kutscher und einer von uns saßen. Im Hintergrunde wurde das Gepäck verstaut. Wir saßen im schwellenden Heu, das den übrigen Wagen ausfüllte und unterwegs allmählich verfüttert wurde. Ein reichlicher Speisekorb oder „Speisepaudel" sorgte für unseren immer starken Appetit.

Vom Winter 1885/86 weiß Hartmann von keinen „besonderen Begebnissen" zu berichten. Er erwähnt schöne Musikabende im benachbarten Hause des sehr musikalischen Onkels Oskar v. Samson[28], an denen auch Künstler und Künstlerinnen von europäischem Ruf teilnahmen, erinnert sich seiner ersten „Flamme" Lischen v. Engelhardt, die später den Collector General

---

[27] Christlieb Lundmann (1845-ca. 1920), Gymnasiallehrer. Alb.Fr.Reg., Nr. 607, BaBA.

[28] Oskar v. Samson-Himmelstjerna (1844-1906), stud. jur. et. oec. pol., seit 1868 Besitzer von Rauge b. Werro. Zahlreiche öffentl. Ehrenämter. Publizierte musikalische Kompositionen. Alb. Liv., Nr. 585.

(=Gouverneur) von Madras heiratete, und des Treibens auf der Schlittschuhbahn. Es folgt wieder ein Sommer in Rosenhof.

Großpapa litt schon seit längerer Zeit an einem quälenden Halsübel. Von einer Kur in Deutschland im Sommer 1886 kehrte er noch kränker zurück und starb am 15. September in Dorpat. Unter sehr großer Beteiligung auch der Bauernschaft der ganzen Umgebung, nicht nur aus Sommerpahlen selbst, wurde er auf dem Erbbegräbnis in Sommerpahlen beigesetzt. Dieser Friedhof war von Großpapa in den fünfziger Jahren angelegt worden. Nach Großpapas Tode zog Onkel Bogdan ganz zu uns. Seinen Dienst in Petersburg hatte er quittiert.

Den Sommer 1887 verbrachte Großmama mit Onkel Bogdan und Tante Alice in Hapsal, einem kleinen Städtchen am estländischen Strande, das wegen seines milden Klimas und seiner heilkräftigen Schlammbäder sehr beliebt war. Auch ich wurde mitgenommen. [...] Onkel Bogdans Diener, ein ehemaliger Matrose namens Karla, die Köchin, das Stubenmädchen und zwei Hunde, ein Mops und ein Dachs, kamen ebenfalls mit. Wir bewohnten ein recht geräumiges Haus des Echmes'schen Baron Huene neben der Gernetschen Villa [Friedheim]. Auch dieser Sommer war voller Freude und Überraschungen. Großmama hatte ein kleines Segelboot gemietet, in dem Tante Alice und ich unter Karlas kundiger Führung herrliche Fahrten aufs Meer machten. Schon bald hatte ich eine Reihe lustiger Spielkameraden, so die ungefähr in meinem Alter stehenden Söhne des Baron Huene, mit denen ich auch mehrere Mal auf ihr Gut fuhr, wo es eine Menge interessanter Dinge zu sehen gab: Eine vorbildliche Bienenzucht, eine sehr vollständige Schmetterlingssammlung und einen halbzahmen jungen Elch.

[...] Der Höhepunkt waren aber einige Spazierfahrten auf einem wirklichen Kriegsschiff. Am Tage unserer Ankunft meldete sich bei Onkel Bogdan der Kommandeur des kleinen Kreuzers, der in der Hapsaler Bucht stand. Er stellte Onkel Bogdan sein Schiff zur Verfügung, doch lehnte Onkel Bogdan dankend ab, er sei in seinem Leben schon genug auf See gewesen, würde sich aber freuen, wenn der Kapitän mir, der ich neben Onkelchens Stuhl stand, dieses Vergnügen machen wolle. Ich war im siebenten Himmel. Mehrmals konnte ich dann Spazierfahrten machen. Am Anlegeplatz erwartete mich eine mit zwölf Matrosen bemannte Schaluppe, die salutierend die Ruder senkrecht in die Höhe hielten, als ich einstieg. An Bord erwarteten mich die schönsten Kuchen und Torten mit Schokolade.

[...] Onkel Bogdan war zu uns Kindern, wie überhaupt zu allen Menschen von großer Freundlichkeit. Gerne erzählte er aus seinem langen und ereignisreichen Leben, besonders von einer Weltumseglung, die er als ganz junger Midshipman unter Admiral Krusenstiern mitgemacht hatte.

[...] In der Schule wurden an uns schon wesentlich größere Forderungen gestellt [1887/88]. Auch das Russische nahm einen viel größeren Raum ein, da die Russifizierung ihren verhängnisvollen Anfang genommen hatte. Wir hatten das Glück, einen sehr sympathischen und gebildeten russischen Lehrer in Eugen v. Müller zu bekommen, der uns in die interessante russische Literatur einführte. Wieder wuchs unsere Zahl durch eine Reihe neuer Kameraden. [...]

Ich kann mich nicht erinnern, daß bei uns im Hause religiöse Fragen besprochen worden wären. Außer den Religionsstunden und den allsonntäglichen Kirchenbesuchen, auf denen Großmama bestand, wurde uns in dieser Hinsicht nur wenig geboten. Leider gab der Konfirmationsunterricht auch nicht viel. Mein Interesse hatten hauptsächlich Reiseschilderungen und geschichtliche Bücher, auch Romane, von denen ich die von Walter Scott bevorzugte, ihn auch in Mengen las, da wir irgendwo eine Gesamtausgabe entdeckt hatten. Ich war immer ein richtiger Bücherwurm und besah für mein Leben gern illustrierte Werke. Auch Abenteuer und Jagden zogen mich an. Mit Begeisterung las ich die schönen Lederstrumpfbücher von Cooper. Besonders viel habe ich der künstlerischen Anregung von Onkel Reinhold zu verdanken, der es nicht verschmähte, mit uns Jungen, wenn er zum Sommer nach Sommerpahlen kam, über seine Studienreisen nach Tirol, Frankreich, England, Holland und dem näheren Orient zu sprechen und uns das rege Künstlerleben in München und Paris zu schildern. Er lehrte uns, in der Natur das Schöne zu suchen und zu finden. [...]

Ein großes Erlebnis waren für uns die Tanzstunden, die meist bei uns stattfanden. Unser Lehrer war der kleine, aber sehr graziöse Tanzmeister Eberhard, der auch im weiteren Rußland bekannt war. Unter anderem hatte er ein gutes „Handbuch der Tanzkunst" geschrieben. Die Musik wurde von einer recht rundlichen Frau bestritten, deren nicht weniger korpulenter Mops seinen ständigen Platz unter dem Tafelklavier hatte. Vor der Tanzstunde mußten unsere Hunde, ein Mops namens Mobbi und der Dachs Dacki, entfernt werden. Etwa acht Jungen [...] waren die Kavaliere, unsere Damen ebenfalls acht. Die Stunden endeten immer mit einem Kaffee, verschönt durch große Mengen der herrlichen Kümmelkuckel, süßen Backwerks und

Baben, ein aus Rußland stammendes Gebäck. Es ging sehr gesittet zu, nur während des Kaffees wurde manchmal stark über die Stränge geschlagen. Auch diese Tanzstunden wurden meinem lieben Fritz zu einer Quelle neuer Qualen, da ihm die Pas' und die richtige Grazie nicht gegeben waren. Einmal hatte er das Pech, mit seiner Dame auf der glatten Diele auszurutschen und unter das Klavier zu glitschen, wo das Paar sofort vom Mops angenommen wurde [...].

In Sommerpahlen war unterdessen [Sommer 1888] in neuer Gärtner, ein gewisser Rosent aus Wirken in Lettland, anstelle des alten Jüri, der sich in Rosenhof ein Gesinde [im Baltikum: Bauernhof] gekauft hatte, eingezogen. Rosent hatte nicht nur als Gärtner viel Geschick, eine glückliche Hand und große Kenntnisse, sondern war auch ein vorzüglicher Jäger und blendender Schütze. Rosent war der Sohn einer lettischen Mutter und des Eigentümers von Schloß Wirken, Baron Karl v. Engelhardt. Sein ganzes Wesen, seine Großzügigkeit, sein Mut und sein Draufgängertum verrieten seine Abstammung. Ungefähr 1,90 Meter groß, mit schnellen, gewandten Bewegungen, unermüdlich, leidenschaftlich und gelegentlich auch heftig, schien er mir eher ein Trapper aus dem geliebten Lederstrumpf denn ein friedlicher Gärtner zu sein. Er war es, der uns schießen lehrte und mit dem wir unsere ersten Versuche im edlen Waidwerk machten. Er sprach ein höchst merkwürdiges Kauderwelsch. Wenn es galt, etwas zu unternehmen, war er immer bereit. Rosent blieb denn auch nicht lange Gärtner und zog bald als Oberbuschwächter in die Jerwensche Forstei.

Das Jagen war zunächst für Fritz und mich keine ganz schmerzlose Angelegenheit, da Onkel Sascha uns mit Vorderladern anfangen ließ, um uns ein langsames und überlegtes Schießen anzugewöhnen. [...] Mit unseren noch kurzen Beinen konnten wir dem weit, wie ein Elch, ausschreitenden Rosent kaum folgen, besonders wenn es in der brennenden Junisonne über die unebenen Morasttümpel ging. Aber wie groß war der Triumph, wenn es uns gelang, eine Ente, einen schwarzen Hahn oder ein Morasthuhn zur Strecke zu bringen.

Das wegen der sehr verschiedenen Bodengüte schwierig zu bewirtschaftende Gut Rosenhof wurde an einen Herrn v. Liphart verkauft. Onkel Otto wandte sich der Industrie zu, von der er nichts verstand. Zunächst schloß er sich Onkel Bogdan und der Mutter an, die auf einer Reise nach Tunis und Algerien eine Frau de Vos aus Holland und ihre Töchter kennen lernten, deren Älteste, Jo de Vos, Onkel Otto später heiratete. An der Riviera lernten Onkel Bogdan und Mama den Inhaber des größten Petersburger Weinhauses („Th. Dencker & Co."), den Holsteiner Gustav Adolf Stolle, kennen, der bald darauf um Mamas Hand anhielt. Sie heirateten im Frühjahr 1889 und zogen nach Petersburg. – Hartmann berichtet aus der Vergangenheit von Onkel Bogdan und des alten Großonkels Fritz Roth während wilder Kämpfe im Kaukasus. – Im Winter 1889 erweitert sich der Freundeskreis Hartmanns durch zwei Vettern Staël-Holstein. Alexander (Alek) Staël[29], ein besonders intelligenter Junge, wurde später Orientalist und starb 1936 als Professor für Sanskrit und Geschichte Buddhas in Peking. Karl, der andere Vetter Staël-Holstein, war der Sohn von Reinhold Staël, Arrendator von Neu-Anzen, wo Hartmann oft zu Besuch war.

In Neu-Anzen herrschte ein viel breiterer Lebensstil wie in Sommerpahlen. Die Küche unter der Leitung eines erfahrenen Chefs war im Vergleich zu denen der Nachbargüter als luxuriös zu bezeichnen. Für Karls Mutter hatte ich eine große Verehrung. Mit dem Auftreten einer großen Dame verband sie Schlichtheit und Herzensgüte und schuf im Hause eine Atmosphäre, in der alle sich wohlfühlten. Papa Staël[30] war uns weniger sympathisch. Er war ein großer Bonvivant, trank gelegentlich einen oder mehrere Tropfen über den Durst, dabei mit vielen geistigen Interessen und umfassender Bildung. Jahre hindurch schrieb er an einem großen Werk über den livländischen Landesstaat, das auch von Gelehrten geschätzt wurde. Um sich frisch zu erhalten, stand er um 6 Uhr auf, beschnitt in den warmen Jahreszeiten die vielen Hecken und trank dann erst um 8 Uhr seinen Kaffee.

Hartmann geht sodann auf einige Nachbargüter und ihre Besitzer ein, so Linnamäggi, das seinem späteren Freunde Arthur Maydell gehörte, von dem noch die Rede sein wird. Er war selbst nicht Landwirt, sondern Oberlandesgerichtsrat bis 1889 in Tiflis, dann in Warschau. Das Gut Uelzen gehörte einer Familie v. Samson-Himmelstjerna. Nahe der Stadt Werro lag das Gut Neu-Nursie:

---

[29] Alexander, Baron Staël v. Holstein (1876-1936 oder 1937?). DBBL, S. 755 f.

[30] Reinhold, Baron Staël v. Holstein (1846-1907), verheir. mit Johanna v. Mensenkampff, livländ. Landrat, verfaßte Materialien zu einer Geschichte des Livländischen Landesstaates in der 2. Hälfte des XIX. Jahrhunderts (Ms.) sowie Arbeiten über Fürst Paul Lieven, Hamilkar v. Fölkersahm u.a. DBBL, S. 757.

Eine höchst originelle Persönlichkeit war der Eigentümer des in Richtung Rauge an Sommerpahlen grenzenden Waldgutes Neu-Nursie, Onkel Alexander Moeller, genannt „der Nurs“. Wegen irgendwelcher Streiche war er aus einer unteren Klasse des Pagenkorps entfernt worden und hatte damit seine Bildung abgeschlossen. Auf kurzen Beinchen und einem rundlichen Rumpf ruhte ein Apostelkopf mit wallendem schneeweißen Bart und blauen freundlichen Augen. Mit Fremdwörtern, die er gerne anwandte, lag er in ständigem Kampf. So bezeichnete er die beiden uralten Ahorne vor der Sommerpahlenschen Veranda als die beiden „Veterinäre“, soll heißen Veteranen. Vorzüglich verstand er, den Laut des balzenden Birkhahns nachzuahmen. Wir Jungens waren so frech, ihn oft dazu zu verleiten, Fremdworte zu gebrauchen oder den Birkhahn in Ton und Bewegung nachzumachen, und konnten uns totlachen, wenn er darauf einging, bis uns dieses unverschämte Benehmen ein für alle Male verboten wurde. Der alte „Nurs“ wohnte nicht auf seinem recht verwahrlosten Gut, sondern in der kleinen Stadt Werro, wo er mit viel Würde und wenig Sachkenntnis den Posten eines Bürgermeisters bekleidete. Es kursierten viele schöne Geschichten von ihm. So befahl er einmal, als bei einer Feuerwehrübung die Hanfschläuche so eingetrocknet waren, daß das Wasser aus ihnen entwich, bevor es noch die Spitze der Schläuche erreicht hatte, man solle sie mindestens eine Woche vor jedem Feuerschaden gründlich einweichen. Alle Einwohner Werros behandelte er wie seine Untergebenen und hielt die an, die ihn nicht grüßten. Berühmt waren seine schäbigen Fahrpferde. Bei einer Winterfahrt hatte er das Unglück, durch das noch schwache Eis eines Flusses zu brechen, wobei beide Pferde ertranken. Als er dies seinem Freund Walter v. Zeddelmann berichtete, meinte dieser, die Pferde würden an Wert nicht viel verloren haben. [...]

Im Sommer 1889 hatten wir zum ersten Mal einen Hauslehrer, den jungen Mediziner Harry Bräutigam[31], der nach Beendigung seines Studiums in Dorpat für mehrere Jahre nach Paris ging, wo er Schüler des berühmten Professors Charcot wurde. Er ließ sich dann in Lodz nieder und wurde bald einer der gesuchtesten Ärzte. Er hatte das Glück, einen Zadik (Rabbiner) von einem schweren Nervenleiden zu heilen, wodurch seine jüdische Praxis ungeheuer anwuchs. Ich habe Dr. Bräutigam mehrfach von Petrikau und

[31] Bräutigam Heinrich (1864-?), stud. med. in Dorpat, 1905 Arzt in Lodz. BaBA.

Warschau aus besucht. [In Sommerpahlen sah er] seine Hauptaufgabe darin, uns ein lieber Spielgefährte zu sein, da wir als gute Schüler Nachhilfestunden nicht brauchten. Täglich gingen wir mit ihm baden. Jäger war er leider nicht, wohl aber ein leidenschaftlicher Bewunderer und Kenner der Natur. Er lehrte uns, Schmetterlinge zu fangen und systematisch zu sammeln. In Sommerpahlen, besonders im Nursischen Walde gab es viele und seltene Gattungen Schmetterlinge. Überaus aufregend war der nächtliche Schmetterlingsfang vermittels honig- oder biergetränkter Filzstücke, die an einer langen Schnur angebracht waren. Eine besonders dunkle, konstante Variation des großen Silberfalters nannten wir nach Bräutigam „Sponsus“ (auf lateinisch der Bräutigam).

Fritz und ich verstanden nicht zu schwimmen, Bräutigam dagegen war ein vorzüglicher Schwimmer. Einmal wäre ich bei einem Schwimmversuch in der Mühlenstauung fast ertrunken, wurde aber von Bräutigam im letzten Moment gerettet. Da ich trotz aller Bemühungen das Schwimmen nicht herausbekam, wollte ich mich dazu zwingen und sprang, als die anderen schon beim Ankleiden waren, mit einem großen Satz in die Tiefe. Ich sank natürlich sofort unter, kam aber nicht mehr an die Oberfläche, sondern wurde durch die Strömung zur Mühle gezogen. Der Müller hatte nämlich in der Annahme, daß wir das Bad schon beendet hätten, die Schleuse hochgezogen, so daß das aufgestaute Wasser mit aller Macht auf die großen Räder zuströmte. Glücklicherweise bemerkte Bräutigam mein Verschwinden noch zur rechten Zeit, sprang halb angekleidet sofort nach und kriegte mich im letzten Moment zu fassen.

Hartmann berichtet sodann von auswärtigen Gästen, denen die Lebensverhältnisse in Sommerpahlen völlig fremd waren. Es waren die Damen de Vos aus Holland, die von den wenig verwöhnten Jungen bestaunt wurden, und die selbst das breite und schlichte Leben nicht kannten und die Fahrten durch tiefe Wälder und Moorlandschaften, wo man stundenlang keiner Menschenseele begegnete, besonders genossen. – Den Stiefvater lernten die Jungen im Spätherbst 1889 kennen und nach anfänglicher Befangenheit dank seiner freundschaftlichen Einstellung auch gern haben. Diese Besuche erlebte noch die Großmutter.

Im Winter 1889/1890 war Großmama viel krank. Oft ließ sie uns an ihr Bett rufen, sprach mit uns von der Zeit, wenn wir erwachsen sein würden, und ermahnte uns, im Leben unseren Mann zu stehen und unseren Namen Ehre zu machen, wobei sie uns Großpapa, unseren Vater und Onkel Sascha als Vorbilder hinstellte. Großmama sprach auch viel und ohne jedes Pathos von ihrem Tode. Sie scheide gerne aus ihrem langen Leben, das Gott gesegnet habe. Sie hoffe das Beste für ihre Kinder und Enkel. [...]

Mit zunehmendem Alter hatten wir auch mehr Verständnis für die das baltische Deutschtum bewegenden Fragen bekommen, vor allem für das auf allen Gebieten des öffentlichen Lebens vordringende Russentum. Auch in der Schule machte sich die Russifizierung immer fühlbarer. Wir waren natürlich alle stramm deutsch und dem Russischen abgeneigt, wenn auch dem Kaiser und der Dynastie gegenüber durchaus loyal. Es wurde davon gesprochen, daß einige Fächer wie Geschichte und Geographie nur noch russisch gelehrt werden dürfen, aber unsere Schulleitung verstand es meisterhaft, sich dem zu entziehen. Russisch war und blieb ein wenig geschätztes und recht stiefmütterlich behandeltes Fach. Um so interessanter waren die Geschichtsstunden, in denen Rathleff uns mit Begeisterung die Taten der Griechen, Römer und Deutschen schilderte und von den Heldentaten unserer baltischen Vorfahren erzählte. Seine Vorträge steigerten sich manchmal zu wahrhaft dramatischer Wirkung, so zum Beispiel bei der Schilderung der Verteidigung der Ordensfeste Wenden[32]. Auch Direktor Kollmann verstand es, uns das klassische Altertum näherzubringen und uns in die Schönheiten der griechischen Sprache in Poesie und Prosa einzuführen.

An die Stelle der früheren Lehrer waren mehrere Universitätsprofessoren getreten, so Professor Volck[33], Theologe und Kenner des Arabischen, für Latein; Professor Weihrauch[34] für Mathematik und der später so bekannte Sanskritologe, damals Dozent, v. Schroeder[35] für Deutsch. Leider enttäuschten wir unsere Lehrer in mancher Beziehung. Volck wollte als Unterrichtssprache das Lateinische einführen, gab es jedoch nach einigen vergeblichen Versuchen bald auf, da, wie er in seiner scherzhaften Weise behauptete, sein Magen das nicht vertrage. Schroeder war mehr begeisterter als erfolgreicher

---

[32] Von den Russen Ivans IV. belagert, sprengte der deutsche Orden 1577 die Burg, in der zahlreiche Flüchtlinge Zuflucht gefunden hatten, in die Luft.

[33] Wilhelm Volck (1835-1904) aus Nürnberg, Prof. der Theologie in Erlangen, Dorpat und Rostock. DBBL, S. 838, f.

[34] Karl Weihrauch (1841-1891) aus Mainz, Prof. der Meteorologie und Direktor des Observatoriums in Dorpat. DBBL, S. 853

[35] Leopold v. Schroeder (1851-1920) war 1891-1893 Deutschlehrer am Privatgymnasium, 1899 Prof. der Indologie in Wien. DBBL, S. 701, dort weitere Literaturangaben.

Dichter und hatte mehrere Dramen aus der altindischen Geschichte geschrieben. Zwei von ihnen, „Dara“ und „Sundara“ habe ich noch bis zu unserer Flucht im Jahre 1945 besessen. Schroeder war Studiengenosse des alten Herrn v. Ditmar[36] und sein intimer Freund. Mehrfach las er bei Ditmars in größerem Kreise seine Dramen vor, was aber nicht immer schön war, da er, ergriffen von der Tragik der Schilderung, leicht gerührt wurde und nicht mehr weiter konnte und außerdem keine schöne Diktion hatte. Einmal passierte eine recht peinliche Sache. Ditmars hatten einen sehr geliebten alten Dachshund, der vor den Vorlesungsabenden immer entfernt werden mußte. Unbemerkt hatte er sich aber doch eingeschlichen. Im tragischsten Augenblick, als Schroeder die Totenklage anstimmte: „O, warum mußtest du sterben, du meine Taube, mein Reh!“ erhob auch der Dachs seine tiefe Stimme zu lauter Klage.

Die Weihnachtsferien und Weihnachten selbst verbrachten wir im herrlichen Sommerpahlen. Natürlich fuhren wir die 70 Kilometer hin im Schlitten, da es ja noch keine Eisenbahnverbindung gab. Die Fahrt dauerte vom Morgen bis zum Abend. Voran fuhr Onkel Sascha mit Fritz und mir, hinter uns Sascha mit dem Kutscher und dem Gepäck. Da jeder Schlitten mit zwei Pferden bespannt war, spitz, ging es ziemlich schnell, etwa 14 Kilometer in der Stunde. In Warbus, auf halber Strecke, wurde gerastet, etwa drei Stunden, gründlich gespeist, und dann ging es weiter.

Die Ferien waren nur zu bald vorüber: Mit Schlittenfahrten durch tief verschneite Wälder, Schlittschuhlaufen auf dem Teich im kleinen Park oder auf dem großen Waggolasee bei Jerwen, und mit Jagen, wobei ich meinen ersten Hasen schoß, auf dem Wege nach Osola im Mällipallowalde. Die Beute mußte ich noch gegen die Hasenhunde verteidigen, die den Hasen selbst verspeisen wollten.

Am 29. April 1890 verschied unsere liebe Großmutter, tief betrauert von allen, die sie gekannt hatten. Ich habe damals zum ersten Mal einen Toten gesehen und die Majestät des Todes empfunden. Nach einem Gottesdienst in Dorpat wurde der Sarg nach Sommerpahlen gebracht und neben Großpapa bestattet. Wie oft haben wir später mit Tante Alicechen auf der Bank unter der alten Lärche neben den Gräbern der Großeltern gesessen und ihrer gedacht. Ich hatte gehofft, daß auch wir einmal dort unsere letzte Ruhe fin-

[36] Friedrich v. Dittmar (1843-1894), stud. jur. u. cam. in Dorpat, Besitzer von Alt-Fennern im Kreis Pernau, Vater von Alf v. Dittmar. Alb. Liv. Nr. 583.

den würden, und wie sehr habe ich mich darin geirrt! Nie mehr werden wir unsere liebe Heimat wiedersehen.

Den Stiefvater Stolle lernte Hartmann im Sommer 1890 in Terioki am finnländischen Strande näher kennen, wo die Eltern sich eingemietet hatten. Dort herrschte ein gewisser Luxus.

Manchmal las unser Stiefvater abends vor, wobei er die plattdeutschen Sachen von Fritz Reuter bevorzugte. Gerne sprach er auch von seinem Onkel, dem berühmten Erzähler und Dichter Storm. Manchmal wurden Picknicks unternommen, am Strand oder im Wald, der mir mit seinen mächtigen Granitblöcken und sehr großen Wacholderbüschen, ja man kann fast sagen - bäumen, sehr gefiel. Unser Stiefvater war sehr nervös und manchmal auch launisch, worunter nicht nur wir, sondern vielleicht er am meisten litt. Wenn er sich aber überwunden hatte, konnte er um so freundlicher und einnehmender sein.

Im Herbst 1890 bezieht Onkel Sascha mit seiner Familie das Haus der Großeltern und verwaltet von Dorpat aus Sommerpahlen und im Auftrag der Brüder v. Wulf die Güter Techelfer, Kerrafer und Laiwa im Dörptschen und Serbigal im Walkschen Kreise. Die Bahnlinie Dorpat-Werro ging über Walk.

Die Bahn, die Sommerpahlensches Gebiet in einer Länge von ca. acht Kilometern passierte, und zwar durch den Waggola- und Tammesillawald, war von 1887-1890 gebaut worden. Onkel Sascha hatte den nötigen Landstreifen von etwa 50 Hektar dem Staat unentgeltlich mit der Bedingung übereignet, daß unweit des Herrenhauses, auf ca. anderthalb Kilometer, eine Station entstehen solle, was auch angenommen wurde. Diese Station hatte wegen ihres recht großen Hinterlandes ihre volle Daseinsberechtigung und entwickelte sich recht schnell, so daß immer mehr Gebäude hinzukamen. Später wurde noch im Waggolawalde ungefähr auf gleicher Entfernung von der Bahnstation Sommerpahlen und Werro eine Haltestelle Waggola errichtet. Seit 1890 wurden die Fahrten nach Sommerpahlen meist mit der Bahn gemacht, obwohl in Walk immer ein langweiliger Aufenthalt von etwa drei Stunden war.

Hartmann geht sodann auf verschiedene Unternehmungen mit Schulkameraden ein.

Viele neue Fragen rückten in unser Blickfeld, allen voran die immer neue Gebiete ergreifende Russifizierung. Das Estentum, das bis dahin kaum eine Rolle gespielt hatte, war sich seiner Bedeutung bewußt geworden. Immer häufiger wurde die Berechtigung der Vorherrschaft der dünnen deutschen Oberschicht angezweifelt und heftig angegriffen, das größere Recht der estnischen und lettischen Majorität behauptet. Dennoch schien alles so stabil und solide. Nach wie vor saßen die Gutsbesitzer wie kleine Könige auf ihren meist großen Gütern; die Aussichten auf Verdienst und Erwerb waren vorzüglich, in den Städten blühten deutscher Handel und Industrie. Bedenklich erschien allerdings den Einsichtigeren der verflachende Einfluß der zunehmenden Wohlhabenheit und des Materialismus.

Zu Weihnachten erhalten beide Jungen von Onkel Sascha Hinterladerschrotgewehre geschenkt.

Sehr viel bin ich in diesem Winter [1890/91] mit Alf und Erich Ditmar geritten. Ditmars hatten mehrere edle Reitpferde, auch zwei Vollblüter, die nicht ganz bequem zu reiten waren. Einmal waren Alf und ich auf dem fast schneefreien Eise ziemlich weit über Quistental hinausgeritten. Auf dem Rückwege langweilte mich das nervöse Trippeln des Vollbluthengstes, den ich ritt, so daß ich ihm schließlich eins mit dem Reitstock über den Kopf zog. Der Hengst ging vom Fleck weg durch und stürmte in vollem Karriere auf die Stadt zu, wo, wie ich wußte, das Eis unter der Brücke ganz schwach, ja das Wasser sogar teilweise offen war. Ich wäre glatt ins offene Wasser hineingestürmt, wenn es mir nicht gelungen wäre, das Pferd an einer verwehten Stelle in einer Kurve zu zwingen, wo es im tiefen Schnee steckenblieb. Zu meinem Ärger fragte mich noch Alf, der mich bald in elegantem Manegengalopp einholte, warum ich mich so beeilte.

Allerdings hätten Ditmars mir kaum ihre wertvollen Pferde anvertraut, wenn ich nicht schon seit einiger Zeit mit Fritz in der Universitätsmanege bei dem Reitlehrer v. Block[37], einem ehemaligen Rittmeister der Potsdamer

---

37 Friedrich v. Block verlor durch die Russifizierung seine Stelle an der Universität und unterrichtete bis 1897 privat in Dorpat. Otto v. Holbeck, Studienjahre in Dorpat, in: Livonia Dorpati (wie Anm. 15), S. 52.

Garde-Ulanen, Reitstunden genommen hätte. Diese Stunden stellten übrigens an Fritz und mich nicht geringe Anforderungen, und wir mußten uns redlich placken. Längere Zeit mußten wir ohne Steigbügel und ohne Zügel mit auf dem Rücken verschränkten Armen auf glattem englischen Sattel galoppieren, traben und sogar kleine Hürden nehmen, was besonders Fritz anfangs nicht recht gelingen wollte. Aber der Manegenboden war mit einer dicken Sägespäneschicht bedeckt, so daß wir uns nicht Schaden taten, selbst wenn wir mit dem Kopf voran landeten. Auch voltigieren mußten wir, auf das galoppierende Pferd springen, auf dem Pferd stehen und anderes mehr. Herr v. Block hatte noch ein mitfühlendes Herz, weniger sein Vertreter, ein ehemaliger Wachtmeister desselben Regiments, namens Otto.

Schülererlebnisse im Frühjahr 1891, Besuche bei Nachbargütern und mehr oder weniger gern gesehene Gäste in Sommerpahlen bringen Abwechslung, auch die Konfirmation.

Im Frühjahr waren wir und noch gegen 15 andere Knaben vom alten Professor Ferdinand Hoerschelmann[38] nach einer sechswöchentlichen Lehre konfirmiert worden. Leider war Hoerschelmann nicht geeignet, uns den Heilswahrheiten des Christentums näher zu bringen. Seine trockene, dogmatische und lehrhafte Art war eher dazu angetan, unsere aufgeschlossenen und aufnahmebereiten Herzen abzuschrecken. Wenn ich bedenke, wie vielen gerade diese Zeit zu einer Zeit der Erweckung geworden ist, so kann ich mich nur mit Wehmut an die Konfirmation, die wohl niemandem von uns zu einer Bestärkung im Glauben geworden ist, erinnern.

So kam dann das letzte Schuljahr heran. Ich habe die besten Erinnerungen an die Stunden behalten. Eine höchst originelle Erscheinung war unser Russisch – Lehrer, ein Pole aus offenbar guter Gesellschaft, der das Russische vorzüglich beherrschte und in der Literatur sehr bewandert war. Meist war er mit einer etwas schäbigen Eleganz gekleidet und unglaublich formlos. Gelegentlich rauchte er auch während der Stunden. Das im Frühjahr 1893 bevorstehende Abitur warf seine Schatten voraus. Im Laufe des Herbstsemesters wurde hauptsächlich der schon einmal durchgenommene Stoff wiederholt. Besondere Aufmerksamkeit mußte natürlich der verhaßten

[38] Ferdinand Hoerschelmann (1833-1902), 1875-1900 Professor der praktischen Theologie in Dorpat, Universitäts-Prediger. DBBL, S. 328.

und recht verworrenen russischen Geschichte und der russischen Grammatik zugewandt werden.

Anfang November wurde unserem Privatgymnasium, das den russischen Behörden schon immer wegen seiner durch und durch deutschen Haltung ein Dorn im Auge gewesen war, das Recht der Abgangsprüfung unter Erteilung der Reifezeugnisse genommen, obwohl die wissenschaftlichen Leistungen höher waren, als die der anderen Mittelschulen. Es galt also, ein anderes Gymnasium ausfindig zu machen, wozu natürlich ein Eintrittsexamen bestanden werden mußte. Fritz und ich entschieden uns für die Revaler Domschule und wurden dort angemeldet. Gegen Ende November wurden die Abiturienten entlassen.

Fritz und ich fuhren nach Sommerpahlen, um uns ungestört zum Eintrittsexamen vorzubereiten. Es war ein außerordentlich kalter Winter. Trotzdem an Holz nicht gespart wurde, war es doch in den großen Zimmern, in denen wir still über unseren Arbeiten saßen, sehr kalt und nur in der Nähe der großen Kachelöfen auszuhalten. Für unser leibliches Wohl sorgte die treue Wirtin Ida, die uns am liebsten jeden Tag überfüttert hätte. An den Sonntagen wurde meist gejagt, selbstverständlich mit dem bei uns sehr beliebten Rosent. Schon mit Morgengrauen brachen wir auf und kamen erst nach Sonnenuntergang heim, was allerdings insofern nicht sehr viel sagen will, als bei uns im Dezember ja die Sonne erst um 9 Uhr auf- und schon um 3 Uhr nachmittags unterging. Aber wie schmeckte uns dann das Essen! Zuerst gab es entweder eine herrliche Grütze oder Schwarzbeerensuppe mit Klimpchen[39], dann einen schönen Schweinebraten mit Sauerkohl, oder Geflügel, und endlich den so erfreulichen Grobbrotpudding, mein Lieblingsgericht, oder Schmantschaum mit Saft. Den Schluß machte Kaffee mit Kümmelkuchen und selbstgemachtem Likör, ein Aufguß auf Himbeeren, Pflaumen oder die besonders schönen Schellbeeren. Danach waren wir meist so satt, daß wir uns kaum mehr bewegen konnten. – Zum Fest bekamen Fritz und ich von Onkel Sascha schöne englische Sättel.

Kurz vor Neujahr kam die betrübliche Nachricht, daß die Domschule von einer noch schärferen Maßnahme betroffen worden war. Als Nest des

---

[39] Als Schwarzbeeren wurden stets die Blaubeeren bezeichnet; „Klimpen“ sind kleine Klößchen; der Grobbrotpudding bestand aus Schwarzbrot (auch Grobbrot genannt) und Äpfeln und wurde mit Milch und Zucker gegessen, hieß auch „Bettelmann“; „Schmantschaum“ nannte man Schlagsahne, als „Saft“ bezeichnete man eingekochte Beeren; mit Kümmelkuchen sind die sogenannten „Kuckel“ gemeint.

Deutschtums war sie ganz geschlossen worden[40]. Nach einigem Hin und Her wurde entschieden, daß wir beide und Alf Ditmar sowie noch fünf Weitere ins Pernauer Kronsgymnasium eintreten sollten, von dessen Direktor Tschudinow es hieß, er nehme deutsche Jungen aus guter Gesellschaft gerne auf, um bessere Elemente hineinzubekommen.

Hartmann berichtet kurz von der Reise im offenen Schlitten über Fellin und Fennern, dem Ditmarschen Gut, nach Pernau, etwa 250 Kilometer von Dorpat. In Fennern wurde gejagt.

Da wir in Pernau nicht zu spät eintreffen wollten, mußten wir doch sowohl den Direktor sprechen, als auch eine geeignete Pension ausfindig machen, brachen wir schon in der Frühe um 6 Uhr auf.

Der Direktor des Gymnasiums, Herr Tschudinow, dem unser Russisch jedenfalls nicht sehr imponierte, empfing uns trotzdem mit der ausgesuchtesten Höflichkeit, wozu der schmucke Viererzug, mit dem wir vorgefahren waren, wohl nicht wenig beigetragen haben mag. Auf mein sehr gutes Abgangszeugnis hin wurde ich sofort ohne Aufnahmeexamen in die oberste Klasse aufgenommen, während Alf ein weniger erfreuliches hatte, das er vorzog gar nicht zu zeigen, indem er vorschützte, er habe es verloren. Dennoch schlüpfte auch er ohne Examen in die vorletzte Klasse. Zu unserem Erstaunen sagte uns Tschudinow ganz offen, es sei sein Bestreben, durch Aufnahme deutscher Schüler in möglichst großer Zahl das gesellschaftliche Niveau seiner Schule zu heben. Anscheinend lag ihm daran, daß diese Absicht möglichst bekannt werde. In der Tat wurde denn auch das Pernauer Gymnasium für viele Jahre das Ziel aller derjenigen, die wie wir ihren Schluß nicht an deutschen Schulen machen konnten.

Darauf fragten wir Herrn Tschudinow, ob er nicht selbst uns in Pension nehmen könne, wodurch wir hofften, ihn uns besonders geneigt zu machen. Das könne er leider nicht, denn es sei streng verboten, er wolle uns aber eine gute Pension empfehlen, und zwar bei dem ehemaligen Rechtsanwalt Heine, der ein großes Haus mit einem schönen Garten habe und wo wir in jeder Beziehung vortrefflich aufgehoben sein würden. So ging es denn zu Herrn Heine. Er öffnete uns selbst und sagte, er wolle uns gerne aufnehmen, es sei auch noch Platz für etwa sechs weitere Pensionäre. Herr Heine, ein älterer magerer, auffallend großer Mann mit kugelrundem Glatzkopf, freundlichen

[40] E. Thomson, Geschichte der Domschule zu Reval 1319-1939. Würzburg 1969.

Äuglein und einem Schifferbart, war so heiser, daß wir ihn kaum verstanden. Anscheinend merkte er dies und sagte, er habe, wie wir vielleicht meinten, nicht etwa seine Stimme versoffen, sondern durch einen schweren Katarrh verloren. Gleich darauf kam seine Frau, eine freundliche rundliche Dame, und führte uns in ein gemütliches, geräumiges Zimmer mit Mahagonimöbeln, die in Pernau sehr verbreitet waren. [...]

Da wir im Kollmannschen Gymnasium an recht große Anforderungen gewöhnt gewesen waren, fiel es uns nicht schwer, dem Unterricht zu folgen, nur im Russischen haperte es beträchtlich, und wir mußten uns ordentlich anstrengen. Übrigens waren die Lehrkräfte zum Teil nicht schlecht, besonders die Stunden des Mathematiklehrers, der den sonderbaren Namen Porfiri Pirapontowitsch trug, und die des Geschichtslehrers waren sogar außerordentlich gut. Unter aller Kritik waren leider ausgerechnet die Stunden des Religionslehrers Pastor Scheinpflug[41], die hauptsächlich zu allerlei Allotria benutzt wurden. [...]

Außer Fritz, Gernhard [?] und mir waren in unserer Klasse nur estnische Schüler, zu denen auch der spätere, sehr geschätzte langjährige Präsident der Republik Estland, Konstantin Päts, gehörte. Als ich im Jahre 1918 zum ersten Mal mit ihm zu verhandeln hatte, fragte mich Päts, ob ich mich seiner entsänne, was ich leider verneinen mußte, worauf er mir sagte, wir seien doch in Pernau Klassenkameraden gewesen.

Die Osterferien wurden auf dem Ditmarschen Gut Fennern zugebracht: Anlaß für den Verfasser, über Alfs Vater Fedi v. Ditmar und dessen Bruder Axel und sein interessantes Leben zu berichten. Nach den Ferien wird eifrig zum Abitur gelernt, während Neuankömmlinge ein ausgelassenes Leben führen.

Schneller als uns lieb war, war der Termin des Abiturs da. Alle Abiturienten, etwa 30 Mann, saßen im großen Saal des Gymnasiums an kleinen Tischen, um zu vermeiden, daß sie sich gegenseitig halfen, was wir „vorspicken" nannten. Diese Vorsichtsmaßregel wurde aber durch die verschiedensten Methoden zunichtegemacht. [...] Wie gering die Schrecknisse des Examens, das von Ende April bis Anfang Juni dauerte, für uns beide waren, ist auch aus folgendem kleinen Fall zu ersehen. Eines Morgens waren wir

---

[41] August Scheinpflug (1832-1902), 1861 Pastor in Pernau und Oberlehrer am Gymnasium daselbst. Alb. F. Rig., Nr. 398.

schon ganz früh im Segelboot aufs Meer gefahren, um Enten zu schießen. Plötzlich fällt uns ein: heute ist ja schriftlich Russisch! Also sofort kehrtgemacht, und bald waren wir dank günstigem Winde wieder im Hafen, und dann ging es im Galopp in die Schule, wo wir noch rechtzeitig ankamen, allerdings ohne unsere Uniformen anziehen zu können, was uns aber nur eine leichte Rüge eintrug.

Wir bestanden das Examen gut, Fritz sogar sehr gut, und dann hieß es: nach Hause nach dem lieben Sommerpahlen und hoffentlich einer frohen Zukunft entgegen!

Nun mußte ich mich für einen Beruf entscheiden, was nicht so leicht war, da ich eigentlich für kein besonderes Fach eine Berufung verspürte. Mama und auch unser Stiefvater waren dafür, daß ich die sehr gute Ingenieurhochschule in Petersburg durchmache, weil die Aussichten gerade für Ingenieure überaus günstig schienen. Hatte doch mit der Ära des Finanzministers Witte die Industrialisierung Rußlands und die Erschließung Sibiriens einen mächtigen Aufschwung erhalten. Meine Vormünder, Onkel Sascha Moeller und Onkel Franz Hartmann, wünschten nicht, daß ich in Dorpat studiere, weil ich zwangsläufig in die Korporation Livonia eingetreten wäre, wo alle meine Vettern studierten und wo ihrer Meinung nach damals kein sehr guter Geist herrschte, was auch stimmte, und sie mich für leichtsinnig hielten, was allerdings gar nicht stimmte, außerdem ich eher von zarter Gesundheit war. Gegen Petersburg aber sprach der Umstand, daß ich für Mathematik keine besondere Begabung hatte, auch das Klima nicht günstig war. Vorrübergehend kam auch der Gedanke auf, mich auf eine der bekannten englischen Hochschulen, Oxford oder Cambridge, zu schicken, doch wurde dieser Plan bald fallen gelassen.

Der alte Herr v. Essen[42] schlug vor, ich möchte zuerst mein Freiwilligenjahr abdienen und mich dann erst entscheiden. Er sei gerne bereit, bei seinem Neffen, einem Oberst v. Lueder, ein gutes Wort einzulegen, daß ich im Petersburger Garde-Ulanenregiment dienen könne. Ich kann nicht leugnen, daß ich mich darauf freute, die hübsche Uniform dieses Regiments anzuziehen. Aber auch dieser Plan wurde bald aufgegeben, da ich nicht ganz das erforderliche Brustmaß hatte und auf dem linken Auge kurzsichtig war.

In diese Zweifel und Unentschiedenheit kam der freundliche Vorschlag des Linnamäggischen Baron Arthur Maydell, der damals als Oberlandesge-

---

[42] (Vermutl.) Nikolai v. Essen (1839-1900), Besitzer mehrerer Güter bei Dorpat, Pferdezucht, fortschrittl. Landwirt. DBBL, S. 202.

richtsrat in Warschau wohnte, ich solle doch in Warschau, das ein gutes Klima habe und wo ich bei ihm wohnen könne, Jura studieren; als Jurist würde ich bestimmt gut vorwärtskommen, und er könne mir auch dabei behilflich sein. In Warschau wohnten eine Menge sympathischer Balten, in deren Häusern ich bald Eingang finden würde, und der Zusammenhang mit dem Baltikum, das zudem mit der Bahn leicht zu erreichen sei, gewahrt bliebe.

Damit bin ich am Ende der Schilderung meiner Kindheit und Schülerzeit angelangt. Es war mir eine wehmütige Freude, diese Zeit wieder aufleben zu lassen, in dankbarem Gedenken, ein Wiedersehen mit den Menschen zu feiern, die mir damals nahe gestanden und die ich gekannt habe.

Rückschauend möchte ich sagen, daß es mir vor allem schmerzlich ist, daß bei dem sonst reichen Leben in Dorpat das Religiöse so sehr zu kurz kam. Damals war noch die Nachwirkung des auch in Deutschland von den siebziger bis in die neunziger Jahre vorherrschenden Rationalismus zu spüren. Auch war Dorpat in dieser Zeit nicht reich an führenden Geistlichen.

Den größten und nachhaltigsten Einfluß auf mich haben folgende Personen gehabt: Unser Lehrer Rathleff, dem ich zu verdanken habe, daß ich immer mehr Optimist wie Pessimist, mehr Idealist wie Realist gewesen bin; Onkel Reinhold Moeller, der mich in die Schönheiten der Natur und im menschlichen Schaffen einführte, und Onkel Sascha Moeller, der mir ein Vorbild menschlicher Güte und verantwortlicher Arbeit war. – Ich habe eine von Liebe und Sorgfalt umhegte, schöne und reiche Kindheit und Jugend gehabt, trotzdem wir schon früh unser Vaterhaus verloren.

Studienjahre in Warschau 1893 – 1897

In Warschau fand ich bei Baron Arthur Maydell[43] die liebevollste Aufnahme. Trotz des großen Altersunterschiedes, er war 29 Jahre älter wie ich – war sofort ein freundschaftliches Verhältnis hergestellt.

Schon am ersten Tage nach meiner Ankunft führte er mich in die Familie des pensionierten Gymnasialdirektors Michael von Bulmerincq[44] ein, die aus dem damals schon gelähmten, aber geistig noch recht frischen Vater, der besonders lebensvollen, warmherzigen und freundlichen Mutter, einer geborenen Baronesse Bock-Hermsdorff aus Schlesien, zwei Söhnen und einer Tochter bestand. Der einzige Sohn aus erster Ehe, Alexander, der später Professor der Theologie an der Dorpater Universität wurde, beendete damals sein Studium in Leipzig. Der ältere Sohn aus zweiter Ehe, Michael, genannt Micha, war, ebenso wie ich Student der juristischen Fakultät in Warschau, der jüngere, Georges, besuchte noch das Gymnasium. [...]

Die Familie Bulmerincq hat mich in meiner ganzen ersten Warschauer Zeit von 1893 bis 1903 wie einen eigenen Sohn aufgenommen und verwöhnt, mich mit Güte und Freundlichkeit förmlich überschüttet und viel dazu beigetragen, daß ich mich bald in Warschau wohlfühlte. Ich bin ihr zu größtem Dank verpflichtet.

Zu den Häusern, in denen Hartmann mit Arthur Maydell Besuche machte und in denen er sich in kurzer Zeit heimisch vorkam, gehörten mehrere baltische Familien, Petersburger Deutsche, einige örtliche Deutsche, die Generalkonsuln mehrerer Staaten sowie baltische Offiziere in Warschau stationierter Garderegimenter. Zu den Studenten der Warschauer Universität, in der Mehrzahl Polen, „ziemlich ruppige Gesellen", nahm Hartmann keine Beziehungen auf. Auch die russischen und jüdischen Studenten waren nicht anziehend, unter den Russen viele geistlichen Standes aus orthodoxen Seminaren, die wohl das russische Element in der Studentenschaft stärken soll-

[43] Arthur Baron v. Maydell (1845-1905), Besitzer von Linnamäggi, 1891 am Gerichtshof in Dorpat. Alb. Liv. Nr. 635.

[44] Michael v. Bulmerincq, Dozent, später Gymnasialdirektor in Warschau. Sein Sohn aus 1. Ehe Alexander (1868-1938), Theologe, zuletzt Prof. d. A. T. in Dorpat; Söhne Michael, Jurist, und Georg, Schüler, begegnen auch später. DBBL, S. 129.

ten. An baltischen Kameraden war anfangs nur Micha Bulmerincq in Warschau.

Das Studium bereitete Hartmann trotz der unvernünftigen Menge der Lehrfächer keine Schwierigkeiten. Zu den Lehrkräften zählten einige Gelehrte von Rang, aber die Mehrzahl war ausgesprochen schwach.

Warschau war damals und bis zum Ersten Weltkrieg eine sehr elegante, lebenslustige und überaus wohlfeile Stadt. [...] Für mich, der ich aus der Kleinstadt Dorpat und dem patriarchalischen Leben kam, war vieles völlig neu und überraschend. Manches beeindruckte mich, allerdings ohne mir zu imponieren, durch den zur Schau getragenen Luxus, Reichtum und Eleganz. Da ich aber von meinem väterlichen Freunde Maydell in alles auf das Freundlichste eingeführt wurde und bei ihm immer Aufklärungen über mir nicht bekannte Dinge bekam, auch von meinen neuen Bekannten mit offenen Armen aufgenommen wurde, lebte ich mich zu meinem Erstaunen bald in der so fremden Umwelt vortrefflich ein. Das Studium nahm nicht viel Zeit in Anspruch. Abends oder nachts habe ich eigentlich nur unmittelbar vor den im Frühjahr im Laufe von etwa 4 Wochen stattfindenden Prüfungen gearbeitet. Ich fand immer genügend Muße zu guter Lektüre, zu häufigen Besuchen und war meist ganz Herr meiner Zeit.

Ganz entgegen den Voraussetzungen meiner Vormünder, die mich für zu leichtsinnig gehalten hatten, um mich den Versuchungen des Korporationslebens in Dorpat auszusetzen, erwies ich mich bald als Philister von reinstem Wasser, Bücherwurm und guter Haushalter. Trotzdem ich mein junges Leben durchaus, wenn auch in vernünftigen Grenzen, genoß, habe ich meinen recht knappen Wechsel von etwa 400 Rubeln im Semester, = ca. 850 RM, nie überschritten. Schulden habe ich nie gemacht, meine Ausgaben richteten sich vielmehr immer nach meinen Einnahmen, da ich eigentlich immer genau wußte, wieviel ich besaß. Sogenannte vornehme Passionen hatte ich allerdings nicht. [...]

Sehr oft ging ich als Maydells Begleiter aus. Er war ein besonders fein gebildeter und ethisch hochstehender Mann, der sich zwar nie sehr lebhaft an der Unterhaltung beteiligte, aber, wenn er es tat, durch seine Belesenheit und Weltkenntnis, die er auf seinen vielen Reisen erworben hatte, immer anregend wirkte. Maydell verstand es meisterhaft zu schweigen, ohne zu bedrücken. Mit seinem vornehmen Kopf, dem Henry IV. Bärtchen, den etwas zu schönen Händen und seiner sehr gepflegten Toilette, war er ein überaus dekorativer Gast.

Von dem sorglosen und ausgelassenen Leben eines Dorpater Korporellen war mein Leben als Warschauer Student grundverschieden. Ich habe bestimmt viel mehr gelesen, studiert, gesehen und von der Welt erfahren wie meine meisten Zeitgenossen in Dorpat; doch die Sorglosigkeit und – im guten Sinne – ungehemmte Jugend habe ich nicht gekannt. Vor allem habe ich auch die enge Verbundenheit mit den baltischen Landsleuten nicht genossen, die in so hervorragender Weise durch das Leben in den Dorpater Korporationen geschaffen wurde.

Dankbar muß ich besonders dafür sein, daß ich das Glück hatte, in Arthur Maydell einen Mann gefunden zu haben, der wie wenige andere der Typus eines edlen und feingebildeten Aristokraten war, der Verständnis für alles Menschliche hatte und dessen Persönlichkeit Güte und Wohlwollen ausstrahlte. Er hatte auch viel Sinn für Humor und Situationskomik. Ich verdanke ihm viel Anregung auf literarischem und künstlerischem Gebiet. Da seine amtliche Tätigkeit als Mitglied der Gerichtspalate (Oberlandesgericht) ihn nur am Vormittag, ganz selten auch am Nachmittag beschäftigte, ging er fast jeden Abend aus, sei es zu Bekannten, sei es in Konzerte, ins Theater oder auf Vorträge, während ich es vorzog, die Abende zu Hause bei einem guten Buch zu verbringen.

Mit der polnischen „Gesellschaft" hatte ich damals keinen Verkehr, weil sie sich grundsätzlich gegen alles Nichtpolnische abschloß. Beim Warschauer Generalgouverneur, der als gewissermaßen Vice-König Hof machte, hatte ich schon im ersten Jahr einen Besuch gemacht und wurde ab und zu zu Bällen eingeladen, die zwar sehr elegant und prächtig, aber auch ziemlich langweilig waren.

Während meiner Studentenzeit war Generalgouverneur der Feldmarschall Gurko, der den Polen feindlich gesinnt war, was von polnischer Seite natürlich mit schroffer Ablehnung alles Russischen beantwortet wurde.

Als Ferienbeschäftigung erwähnt Hartmann Reisen nach Sommerpahlen, nach Deutschland, Österreich und Italien, nebenbei seine Lektüre (in verschiedenen Sprachen, auch Griechisch, Philosophie, Kunstgeschichte). [...]

Im Winter 1895/96 machte ich eine schöne Reise nach Tirol. Fast 2 Monate verbrachte ich in Gries bei Bozen in dem vortrefflichen Gasthause

Wandl unweit der Eisackbrücke. Täglich machte ich herrliche Spaziergänge in die malerische Umgebung. Onkel Reinhold Moeller, der von München aus 25 Jahre lang jedes Jahr dort kurze Zeit gewohnt hatte, daher besonders geschätzt wurde, hatte mir eine Empfehlung an den Wirt Trafoier, einen Urgroßsohn von Andreas Hofer, mitgegeben. Von Bozen aus machte ich eine Tour von einer Woche nach dem nahe gelegenen Gardasee, und sah bei dieser Gelegenheit Torbolo wieder, wobei ich die Empfindung einer gewissen Erinnerung an die Gegend hatte, in der ich als kleines Kind von 2 und 3 Jahren mit meinen Eltern gelebt hatte.

Nach einer schwierigen Arbeit in staubigen Archivräumen zog Hartmann sich eine böse Erkältung zu, zu deren Ausheilung ihm eine größere Seereise empfohlen wurde, die er auch vom 15. Juli bis 20. September 1896 auf dem dänischen Handels- und Passagierdampfer „Tomsk", einem ziemlich alten Schiff von ca. 3.000 Tonnen, machte.

Diese Reise führte mich von Kronstadt bei Petersburg über Kopenhagen, Antwerpen, Algier, Tunis, Palaiokastro (das alte Pylae Homers, später Havarin genannt) an der griechischen Westküste, Piräus, Smyrna (Izmir), Saloniki und Konstantinopel (Istambul) nach Odessa, von wo ich mit der Bahn nach Warschau fuhr.

Auf dem Schiff hatte sich eine kleine, aber sympathische Gesellschaft zusammengefunden, die aus einem dänischen Offizier, Baron Mylius, der der Kaiserin Maria Feodorowna attachiert gewesen war; einem jungen russischen Richter, Serge Ponafidin, dem Sohne eines uns bekannten Admirals; einem russischen Beamten, dessen Name mir entfallen ist, und mir bestand. In Kopenhagen verließen uns Mylius und der Beamte. Übrigens war uns Mylius in Kopenhagen ein kundiger Cicerone, der uns alles Sehenswerte und noch manches darüber zeigte. In Antwerpen, wo mich der besonders sympathische Ponafidin auch verließ, lag das Schiff ganze 2 Wochen, so daß ich Zeit hatte, mehrere sehr hübsche Abstecher nach Brüssel und nach dem nahen Holland zu machen. Fast überall hin hatte ich Empfehlungen. Zum ersten und letzten Mal lernte ich auf dieser Reise das große Meer und den Orient kennen, die mich tief beeindruckten. Die Reise war, bis auf ein tropisches Gewitter bei Trafalgar und Gibraltar, von herrlichem Wetter begünstigt. Voll der schönsten und interessantesten Erlebnisse und Eindrücke kehrte ich heim. Noch sind mir die unglaublich niedrigen Preise erinnerlich, die sich so sehr von den jetzigen unterscheiden.

Im Frühjahr 1897 machte ich das Schlußexamen. Da ich während der ganzen Studienzeit nie gefaulenzt hatte, war es mir nicht schwer, die besten Nummern zu bekommen und das Diplom eines Kandidaten der Rechte 1. Grades zu erlangen, das einem deutschen Doktortitel entspricht. Ein Jahr vorher hatte ich eine größere Abhandlung über die Deportation in Rußland und im Auslande geschrieben, ein fleißiges Werk von handschriftlich geschriebenen etwa 400 Seiten, und war durch eine große silberne Medaille mit der Aufschrift „dem Vollendeten" (preuspewschemu) ausgezeichnet worden.

Hier folgt eine kurze Beschreibung der Maydellschen Wohnung sowie der Wirtschaft, die von einer älteren Polin besorgt wurde, die hervorragende kulinarische Kenntnisse, aber wenig Sinn für Sauberkeit und Ordnung hatte.

Ausführlich berichtet Hartmann sodann über seinen Stiefvater in Petersburg, dessen rechte Hand der Bruder Sascha wurde, während der Vetter Fritz Moeller sein Zoologiestudium abschloß.

Treffpunkt der alten Schulkameraden war stets Sommerpahlen sowie die benachbarten Güter, deren Besitzer genannt werden.

Alle diese Sommerpahlenschen Nachbarn waren, bis auf wenige Ausnahmen gebildete und kultivierte, zum Teil sogar sehr gebildete Männer. Die meisten von ihnen hatten studiert, waren viel und weit gereist und kannten das Leben.

Fast alle Gutsherren wohnten das runde Jahr auf ihren Gütern mit ihren Familien. Nur wenige von ihnen waren so wohlhabend, daß sie die rauhe Jahreszeit in wärmeren Gegenden Europas verbrachten. Im Übrigen waren sie meist auch viel zu leidenschaftliche Jäger, um auf längere Zeit zu verreisen.

Außer diesen Gutsbesitzern saßen auf kleineren Gütern, allerdings nicht in unmittelbarer Nachbarschaft von Sommerpahlen, noch einige „junge" Familien, die nicht zur baltischen Adelsmatrikel gehörten. [...] Mit ihnen wurde wenig verkehrt, nicht etwa aus Snobismus, sondern weil sie tatsächlich irgendwie anders waren.

Innerhalb des livländischen Adels galt damals Reichtum nur wenig. Ausschlaggebend war die Gesinnung und die Leistung, wobei Letztere weniger ins Gewicht fiel. In Bezug auf Geschäftsmoral galt eine sehr strenge Auffassung. Wer nicht absolut einwandfrei war, sprach sich selbst das Urteil. Er wurde gemieden und in ernsteren Fällen exmatrikuliert, d.h. aus der Adelsmatrikel ausgeschlossen, wodurch er und seine engere Familie verkehrsunfähig wurden. Ihm blieb wenig anderes übrig, als auszuwandern.

Das Verhältnis der Deutschen zu den Esten war bis zu meiner Übersiedlung nach Polen im Jahre 1893, wenigstens soweit ich es beurteilen kann, ein durchaus gutes, ja meist vortreffliches, gegründet auf gegenseitige Gewöhnung und Vertrauen. Obwohl ich in meiner Kindheit und Schülerzeit sehr viel auf dem Lande war, habe ich doch nur einmal harte Worte gehört, die Onkel Sascha Moeller brauchte, als im Winter ein Bauer den Weg nicht freigab, so daß unser ihm entgegenkommender Schlitten umwarf und wir in den tiefen Schnee fielen. Nie habe ich gesehen, daß ein Este geschlagen worden wäre. Die Behandlung der Esten war vielmehr eine freundliche und wohlwollende, wenn auch feste. Gewiß wird es auch Gutsherren gegeben haben, die anders handelten, ja ich kenne sogar einige solcher Fälle, in denen die Bauern schlecht und ungerecht behandelt wurden. Aber diese Herren konnten gewiß sein, daß sie sich dadurch in der Meinung ihrer Standesgenossen selbst herabsetzten.

Wirtschaftlich ging es den Esten nicht schlecht, im Vergleich zu russischen Bauern sogar hervorragend gut. Auch die Gutsarbeiter konnten bei Fleiß und Sparsamkeit soviel zurücklegen, daß sie nach einer entsprechenden Zeit vom Gut ein Gesinde, einen Bauernhof, pachten konnten, das sie selbst oder ihre Nachkommen kauften. Die Preise für Gesindepachten und -käufe waren durchaus niedrig, besonders wenn man in Betracht zieht, daß bei Verpachtungen die große Gebäudelast vom Hof getragen wurde, so daß dem Gutsbesitzer oft nichts nachblieb. Wenn ein Arbeiter oder eins seiner Familienglieder erkrankte und ein Arzt nicht zu erreichen war, war es ganz selbstverständlich, daß die Gutsherrin sich der Kranken annahm. Auch in Fällen unverschuldeter Not sprang regelmäßig der „Herr" ein. So hat z.B. mein Großvater Moeller in den vierziger Jahren, als infolge einer Mißernte eine schwere Hungersnot eintrat, in Sommerpahlen bedeutende Erdarbeiten ausführen lassen, die nicht mit Geld, sondern mit Anweisungen auf Brot bezahlt wurden. Damit das Brot nicht in die Schenken abwandere, schloß Großpapa alle Schenken auf seinen Gütern. Wie sehr die deutschen Gutsbesitzer für die in ihren Gebieten lebenden Esten sorgten, ist auch daraus zu ersehen, daß die estnischen Schulen auf dem Lande ganz allgemein von ihnen gestiftet wurden. In den achtziger Jahren schenkte Onkel Sascha Moeller der Sommerpahlenschen Bauerngemeinde ein Waldstück von gegen 25 Hektar, damit sie dort einen eignen Kirchhof einrichten könnten, da der zuständige Kirchhof bei der Urbsschen Kirche etwa 20 Kilometer weit lag.

Der Gutsbesitzer mit seinen deutschen landwirtschaftlichen und forstwirtschaftlichen Angestellten, die deutschen Pastore und Ärzte auf dem Lande bildeten die Oberschicht, die Esten waren die dienenden, aber durchaus geachteten Mitarbeiter, mit denen allerdings ein Verkehr nicht stattfand.

Der nationale Gegensatz entstand in größerem Umfang erst, als nach der sogenannten Justizreform der achtziger Jahre die Russifizierung in Livland und in den anderen beiden baltischen Provinzen stärkeren Einfluß erlangte. Es muß zugegeben werden, daß das alte baltische Prozeßrecht reformbedürftig war und daß das neue, in Rußland im Jahre 1864 eingeführte, sich durch große Vorzüge auszeichnete. Es muß aber auch gesagt werden, daß die baltischen Ritterschaften schon längst Reformvorschläge zur Verbesserung ausgearbeitet hatten, die aber von der russischen Regierung verzögert wurden. Die in der russischen Presse und leider auch von vielen im Baltikum angestellten russischen Beamten geführte Hetzpropaganda wurde von den sogenannten Jungesten und Jungletten nur zu gerne aufgenommen und durch die nationalen Zeitungen auch in das Landvolk getragen. Diese verhängnisvolle Saat gelangte aber erst in den neunziger Jahren zu ihrer vollen Entwicklung.

Schwerere Verbrechen, wie Morde, Überfälle und Brandstiftungen kamen auf dem Lande nur ganz selten vor. Ich kann mich bis 1906 keines solchen Falles in Sommerpahlen entsinnen. Dabei gab es auf dem Lande und in den Städten bloß ganz wenig Polizei. Auf dem Lande wurde die Polizeigewalt von der sogenannten Gutspolizei ausgeübt, deren Träger der Gutsbesitzer war, der sie aber meist auf den Verwalter übertrug. Im Kreise Werro, der von Ost nach West etwa 120, von Süd nach Nord durchschnittlich etwa 40 Kilometer maß, also einen Flächeninhalt von gegen 4.800 Quadratkilometer hatte, gab es eine Garnison von höchstens 30 – 40 Soldaten und nicht mehr wie 50 Polizisten, die dem „Kreis'chef", wie der Landrat hier genannt wurde, unterstand. Von einer geheimen oder gar politischen Polizei in den Kreisen, außerhalb der Städte, habe ich nie gehört. Da es in Livland bloß in Riga, vielleicht auch in Pernau und in Dorpat bis zu der unter dem Grafen Witte in den neunziger Jahren einsetzenden Industrialisierung keine größeren Fabriken gab, fanden die umstürzlerischen Ideen der russischen Revolutionäre, der sogenannten Nihilisten, keinen günstigen Boden.

Kirchlich standen die Deutschen der drei baltischen Provinzen im allgemeinen durchaus positiv. Ihr Christentum hatte, der damaligen Zeit gemäß, eine ausgesprochen rationalistische Färbung. Die estnische Landbevölkerung hing mit großer Treue am Luthertum und an der Kirche. Erst allmählich wurde, unter dem Einfluß der nationalistischen Propaganda, gegen die fast durchweg deutsche Pastorenherrschaft Sturm gelaufen. Bis zur Jahrhundertwende war im Baltikum der Zustand auf dem Lande in vieler Beziehung geradezu vorbildlich.

Das alles hat sich seit dem Anfang des XX. Jahrhunderts, besonders nach der ersten Revolution des Jahres 1905 und vollends nach dem Ersten Weltkriege radikal zum Schlechteren verändert.

Vorbereitung zur richterlichen Tätigkeit

Nach Beendigung meines Studiums an der Warschauer Universität trat ich im Herbst 1897 in Petersburg als Beamter für besondere Aufträge ins Justizministerium ein. Praktisch tat ich allerdings keinerlei Dienst, sondern strandete auf dem Wege von Wassili Ostrow, wo ich wohnte, ins Ministerium regelmäßig in der Kaiserlichen Eremitage, die eine der größten Sammlungen von Gemälden, Stichen, Radierungen und Zeichnungen der Welt besaß und gerüchtweise auch noch besitzt. Das Stichkabinett soll damals über 100.000 Originalstiche, -radierungen und -schnitte umfaßt haben. In den weiten unteren Räumen befanden sich die herrlichen Ausgrabungen aus Süd-Rußland und in einigen Sälen die meist zu überladenen Geschenke orientalischer Herrscher an die russischen Kaiser und stapelweise große und kleine silberne Schalen für das sogenannte „Salz und Brot", das den russischen Zaren bei ihren Besuchen überreicht worden war. Man hätte Jahre in der Eremitage verbringen können, ohne sie wirklich kennenzulernen.

Bald nach Weihnachten 1897 zog es mich aber doch wieder nach dem altgewohnten Warschau. Der Staatsdienst in Russisch-Polen bot außerdem gewisse nicht unerhebliche Vorteile und Vorrechte. So war das Gehalt höher und die volle Pension statt mit 35 schon mit 25 Jahren ausgedient.

Wieder zog ich zu meinem väterlichen Freunde Arthur Maydell, und das frühere Leben nahm seinen Fortgang. Allerdings mit dem Unterschiede, daß ich jetzt als fertiger Jurist das Recht hatte, in allen Vereinen und Clubs Mitglied zu werden, was Studenten nicht erlaubt wurde. Ich speiste jetzt nicht mehr bei Bulmerincqs oder in Restaurants, sondern im „Russischen Club", dessen Mitglieder in der Mehrzahl höhere russische Beamte oder Offiziere der Warschauer Garde-Regimenter waren. Bald lernte ich dort eine Reihe interessanter Männer kennen, so einen alten sehr witzigen und boshaften General Komaroff, der sich im Türkenkriege 1876/77 sehr ausgezeichnet hatte; den General Basilewski, der bei der Unterdrückung des Boxeraufstandes als Erster den kaiserlichen Palast besetzt und, gerüchtweise, sich dort sehr bereichert haben sollte; mehrere nicht unbedeutende Professoren der Warschauer Universität u.a.m.; auch meinen lieben Freund, den späteren Gouverneur von Petrikau, der dann Gehilfe des Warschauer General-Gouverneurs wurde, Anton von Essen, damals Präsident der Stadt Warschau. Einer meiner liebsten Tischgenossen war ein pensionierter Lehrer, Alexei Petrowitsch Schablowski, der die glückliche Gabe des Erzählens hatte. Es gibt Menschen, die das interessanteste Erlebnis so erzählen, daß es langweilig wirkt, andrerseits solche, denen man mit Genuß lauscht, auch wenn sie die kleinste und dümmste Begebenheit schildern. Zu den Letzteren gehörte Schablowski.

Der Russische Club war gewissermaßen der Treffpunkt der guten, oder sagen wir der besseren russischen Gesellschaft, denn wirklich gute russische Gesellschaft gab es in Warschau kaum. Der Club war in einem in der Hauptstraße, der „Neuen Welt", gelegenen ehemaligen gräflich Krasinskischen Palais untergebracht, das schöne, sehr repräsentative Räume und einen hübschen Garten besaß. Das Palais war im Jahre 1862 vom russischen Staat konfisziert worden, weil aus ihm auf den vorüberfahrenden Generalgouverneur Grafen Berg[45] eine Bombe geworfen worden war. Durch nicht unbedeutende Staatszuschüsse wurde der Club in die Lage versetzt, seinen Mitgliedern zu sehr niedrigen Preisen einen guten Mittagstisch zu bieten, ein reiches Zeitungs- und Zeitschriftenkabinett zu halten und nur einen geringen Mitgliedsbeitrag zu verlangen. Durch eine gut gallonierte, vortrefflich erzogene und sehr zahlreiche Dienerschaft, mehrere Billiards, Beratungszimmer u.a.m. war für die Behaglichkeit der Besucher aufs Beste gesorgt. Abends wurde täglich an 30 – 40 Tischen in großen und in kleineren Sälen Karten gespielt, meist ein whistartiges Spiel genannt „Wint", d.h. Whist mit „Schraube". Die Einsätze waren gewöhnlich nicht hoch, so daß der Umsatz 50 – 100 Rubel nicht überstieg. In einem abgelegenen Zimmer wurde Hazard gespielt, oft sehr hoch. Ich habe mich als Mitspieler daher nie beteiligt. Im Winter, während der Saison, fanden im großen Saale sehr besuchte und durch die prächtigen und bunten Galauniformen der Gardeoffiziere sehr elegante Bälle statt.

In Warschau bekleidete ich zunächst den Posten eines Sekretärs im Handelsgericht, dann – ein Jahr später – an der Zivilabteilung des Bezirksgerichtes (=Landgericht). Zur Orientierung des reichsdeutschen Lesers sei erwähnt, daß in dem damaligen Rußland alle Referendare, genannt „jüngere Kandidaten" oder „ältere Kandidaten" zuerst Kanzleiposten bekleiden mußten, um diesen zwar wichtigen aber recht geistlosen Betrieb kennenzulernen. Das war jedenfalls keine sehr glückliche Maßnahme, da dazu wahrhaftig kein juristisches Studium nötig war. Darauf arbeitete ich bei einem sehr tüchtigen und erfahrenen Untersuchungsrichter, einem Polen namens Rzo-

---

[45] Friedrich v. Berg (1794-1874), später Graf, Generalfeldmarschall, Besitzer von Schloß Sagnitz in Livland. DBBL, S. 50.

pecki, der ausnahmsweise in dieser Stellung belassen worden war, obwohl im allgemeinen Polen nur untergeordnete Ämter bekleiden durften. Im Jahre 1901 wurde ich stellvertretender Staatsanwalt beim Warschauer Bezirksgericht, bearbeitete aber fast nur Zivilsachen.

Die Tätigkeit war nicht schwer und auch uninteressant. Zu den Richtern, meist gebildete und sympathische Männer, waren die Beziehungen durchaus kollegial, ja oft freundschaftlich. Mein Deutschtum, aus dem ich nie ein Hehl machte, was mir auch kaum möglich gewesen wäre, da ich anfangs eine sehr deutsche Aussprache des Russischen hatte, hat mir nie Schwierigkeiten gemacht.

Nach wie vor verkehrte ich viel und gerne in den mir schon von meiner Studentenzeit her bekannten und befreundeten baltischen, reichsdeutschen und einigen russischen Häusern. Besonders lieb und wertvoll war mir die Bekanntschaft mit dem deutschen Generalkonsul Baron Walter von Wangenheim und seiner sehr gebildeten, klugen und wohlwollenden Frau. Wangenheims hatten es nicht verstanden, mit den russischen und noch weniger mit den polnischen Kreisen in nähere Beziehung zu kommen. Sie haben sich wohl auch nicht sonderlich darum bemüht. Er war mehr Privatgelehrter, beide ausgesprochen schlicht und allem äußerlichen Zurschautragen und Luxus abgeneigt. Das war natürlich ein großes Hindernis im Verkehr mit der „großen" Welt, wo in erster Linie auf Eleganz und Weltgewandtheit gesehen wird. Ich habe Wangenheims sehr viel zu verdanken. Da er wußte, daß er absolut auf meine Diskretion bauen konnte, besprach er in meiner Gegenwart auch Fragen der großen Politik ohne Reserve. Nicht unerwähnt möchte ich lassen, daß Baron Wangenheim mich mehrfach dazu zu überreden versuchte, in den deutschen Untertanverband zu treten und Diplomat in deutschen Diensten zu werden. Daraus konnte natürlich schon aus dem Grunde nichts werden, weil mir das nötige Vermögen fehlte. [...]

Nicht selten habe ich in diesen Jahren auch die sehr eleganten und farbenreichen Empfänge beim Warschauer General-Gouverneur mitgemacht.

Nach dem Tode des als ausgesprochener Polenhasser und Russifikator bekannten und in Polen verhaßten Generalen Gurko war der viel jüngere, kluge und verschlagene General Fürst Emeritinski General-Gouverneur von Russisch-Polen geworden. Bald nach seinem Regierungsantritt änderten sich die Beziehungen zu den Polen. Während bis dahin Polen grundsätzlich keine höheren staatlichen Anstellungen bekamen, alles Nationalpolnische streng verfolgt wurde und auf kirchlichem Gebiet äußerste Intoleranz herrschte, wehte jetzt auf einmal ein bedeutend freundlicherer Wind, sogar auf den Gesellschaften des General-Gouverneurs konnte man jetzt Polen antreffen, während bis dahin kein Pole, der etwas auf sich hielt, mit Russen, am wenigsten mit ihrem obersten Chef, verkehrte. Nur im Jagd-Club, dem vornehmsten rein polnischen Club, hatten auch schon vorher einige russische Offiziere des Warschauer Gardeulanen-Regiments und einige wenige russische hohe Funktionäre Aufnahme gefunden, hauptsächlich solche, die aus ihrer feindlichen Stellung zu den Russifizierungsbestrebungen kein Hehl machten. Jetzt kam es sogar manchmal vor, daß Polen russisch sprachen. Kurz, es bahnte sich so etwas wie eine Verständigung an. Da wollte es das Verhängnis, daß eine Denkschrift des Generalgouverneurs an den Kaiser, ein sogenannter alleruntertänigster Bericht, durch Indiskretion den Polen bekannt wurde, in der in dürren Worten ausgeführt war, daß die Polenpolitik des Generalgouverneurs Gurko unklug und falsch gewesen sei. Druck, besonders ungerechter Druck, erzeuge immer Gegendruck. Gewinnen könne man die Polen nur durch kleine, aber bedeutungslose Zugeständnisse, ohne die große Linie der planmäßigen Russifizierung Polens aufzugeben. In den eines Macchiavelli würdigen Vorschlägen wurde genau angegeben, welche Maßnahmen dazu geeignet seien. Mit einem Schlage war die sich anbahnende russenfreundliche Stimmung der Polen vorüber. Noch schroffer als vorher grenzten sich die Polen gegen alles Russische ab. [...]

Im Herbst 1901 machte ich eine herrliche Reise nach Südfrankreich und in die Pyrenäen, die fast 2 Monate dauerte. In Südfrankreich gefielen mir besonders Avignon, Nîmes und die kleine Hafenstadt Cette, die noch z.T. ein ganz mittelalterliches Gepräge hatten, mit völlig unzerstörten Häusern, Ringmauern und Hafenanlagen. Auch Irun und San Sebastian in Spanien und Biarritz suchte ich auf. Die Pyrenäen fand ich fast schöner wie die Schweiz, da die Berge und Gebirgszüge dort ebenso malerisch und wild sind, die Täler aber eine viel üppigere, z.T. subtropische Vegetation aufweisen. Auffallend sind die zahllosen kleinen und mittelgroßen Seen in bedeutenden Höhenlagen mit kristallklarem Wasser, das von Ferne ganz blau wirkt. Auch das Meer bei Biarritz mit der wundervollen Brandung bei der „plage des foux“ machte auf mich einen unvergeßlichen Eindruck.

Fast jedes Jahr war ich mehrere Male auf kurze Zeit im Auslande, wo ich auch meine Eltern besuchte, die 1901 Petersburg endgültig verlassen hatten. Den Winter verbrachten sie meist an der französischen oder italienischen Riviera, manchmal auch in Monaco, den Sommer in deutschen Kurorten.

[...] Mein Bruder Sascha hatte mit einem Herrn von Kaull als stillem Teilhaber das Unternehmen unseres Stiefvaters gekauft und führte in Petersburg ein fleißiges und bequemes Leben. Er hatte eine große und hübsche Wohnung, in der außer ihm meist mehrere seiner vielen baltischen Freunde wohnten. [...] Während er selbst äußerst mäßig und enthaltsam war, herrschte im Übrigen in seinem Hause eine breite, fast slawische Gastlichkeit. Die Küche wurde aufs Beste von einer aus Lübeck stammenden Köchin besorgt, die Sascha von Mama übernommen hatte. Der verständlicherweise mehr wie genügend assortierte Weinkeller wurde von dem alten estnischen Diener Karla verwaltet, der mit der Köchin verheiratet war. Karla unterhielt sich mit seiner Frau, da er kein Deutsch und sie kein Estnisch verstand, in einem nur den beiden zugänglichen Kauderwelsch, von dem sie behaupteten, es sei Russisch. Der zweite Diener war ein sehr gut aussehender, völlig lautloser Tatare namens Achmed, der auch bei den überraschendsten Dingen, die er manchmal sah oder hörte, nie eine Miene verzog, mit einem Worte, ein Musterexemplar von einem Diener war.[...]

Fast jeden Tag fanden sich bereits zum zweiten Frühstück, das gegen ein Uhr eingenommen wurde, auch andere baltische Gäste ein, die teils in Petersburg wohnten, teils aus dem Baltikum nach der Residenz gekommen waren. Meist blieben die Frühstücksgäste auch gleich zum Mittagessen, das um 7 Uhr folgte. Gegen 5 Uhr *[sic, also vorher]* wurde Tee getrunken. Man kann sich in den jetzigen knappen Zeiten kaum eine Vorstellung davon machen, wie breit es damals in Rußland in wohlhabenden Häusern zuging.

Anschließend geht Hartmann auf die vielen bei seinem Bruder Sascha in Petersburg verkehrenden baltischen Freunde ein. Deren Unterhaltungen bei Tisch aus ihrem Petersburgerer Hintergrundwissen boten viel Interessantes über die Industrialisierung Rußlands unter der Ägide des Grafen Witte sowie über die Hinneigung Rußlands zu Frankreich.

Untersuchungsrichter im Kreise Lask in Polen (1903/04)

Im Jahre 1903 wurde ich zum Untersuchungsrichter des Kreises Lask im Gouvernement Petrikau ernannt. Ich trat den Posten mit etwas geteilten Gefühlen an, wußte ich doch, daß Lask ein ganz kleines Nest in recht öder Gegend war. Andererseits war mir aber vom Oberlandesgerichtspräsidenten die Zusicherung gegeben worden, daß ich höchstens ein Jahr dort bleiben werde; vor allem reizte es mich, die polnischen Verhältnisse auf dem Lande aus eigener Erfahrung kennenzulernen. Außerdem hoffte ich auch, mehr aufs Land zu kommen, jagen und vielleicht reiten zu können, kurz – wenigstens ein Jahr lang in ausgiebigem Maße das haben zu können, was ich in der Stadt so schmerzlich vermißte. In vielem wurde ich auch nicht enttäuscht, ich lernte vor allem einige Klassen „des" Polen, sowohl den mittleren Adel, die Schlachta, wie auch den polnischen Bauern von Grund aus kennen, was mir dadurch erleichtert wurde, daß ich das Polnische so ziemlich beherrschte. In kürzester Zeit war ich mit den meisten Gutsbesitzern des Laskschen Kreises gut bekannt geworden, die ich hauptsächlich im Lasker Club sah, der sog. „resursa obywatelska" *(Einwohnerhilfe)*. Bald nach meiner Ankunft in Lask kaufte ich mir ein Reitpferd, einen recht hoch gezogenen Anglo-Araberhengst, auf dem ich täglich kleinere oder größere Ritte in die Umgegend der Stadt machte und auch meine Bekannten besuchte. Lästig war mir, daß beim Glase Ungarwein mir oft schon nach dem zweiten Treffen von meinen polnischen Bekannten die Duz-Bruderschaft angetragen wurde, die ich nicht ausschlagen konnte, ohne sie zu kränken. Bei den Gelagen, auf denen meist erheblich über den Durst getrunken wurde, so daß gegen Ende eine allgemeine Berauschtheit herrschte, war auch die polnische Geistlichkeit oft vertreten, die im Trinken nicht hinter den Laien zurückblieb. Ich habe Szenen erlebt, die kaum glaublich scheinen. Prälaten rangen miteinander in hochgeschürzten Sutanen, spielten Karten, wie die Landsknechte, und nicht nur sogenannte harmlose Kommerzspiele, sonder mit Vorliebe Hazardspiele, kurz, benahmen sich oft fast zwangloser und ausgelassener wie die übrigen Herren. Allerdings hörten sie mit Essen und Trinken um Punkt 12 Uhr nachts auf, da sie vor dem Genuß der Hostie, die ja bei der täglichen Morgenmesse vorgeschrieben war, nichts zu sich nehmen durften.

Trotzdem die meisten meiner neuen polnischen Bekannten durchaus nicht wohlhabend waren, einige von ihnen sogar vor dem Bankrott standen, wurde recht hoch Hazard, meist Baccarat, gespielt, wobei die Bank nicht selten 3-4.000 Rubel betrug. Auch ich beteiligte mich sowohl am Trinken wie auch am Glücksspiel, ohne aber jemals die Herrschaft über mich zu verlieren. Ich wollte ganz bewußt auch diese Seite des Lebens kennen lernen und bedaure es auch nicht, es getan zu haben, ganz abgesehen davon, daß ich meist gewann. Irgend einen Gewinn geistiger Art habe ich von dieser Geselligkeit kaum gehabt, wohl aber habe ich die Polen mit ihren Mängeln und ihren Vorzügen gut kennen gelernt, und das ist mir oft von größtem Nutzen gewesen. Gestaunt habe ich über die naive Eitelkeit und Selbstüberschätzung dieses begabten und liebenswürdigen Volkes. Eigentlich nie habe ich mich in polnischer Gesellschaft gelangweilt, oft sogar überaus gut unterhalten, da einige meiner neuen „Freunde“ durchaus nicht ungebildet waren und eine Menge gesehen und sogar gedacht hatten. Es wurde mir aber klar, daß dieses Volk, das unleugbar eine große Vergangenheit und Geschichte gehabt hat und zahlenmäßig so manchem anderen selbständigen Volk bedeutend überlegen war, in der Jetztzeit, wo es vor allem auf Tüchtigkeit, Leistung und Arbeit ankommt, nicht aber auf gesellschaftliche Talente und Lebenskunst, nicht imstande sein werde, auf die Dauer eine eigene Staatlichkeit aufzubauen. Besonders tragisch ist ja auch für Polen seine geographische Lage zwischen den mächtigen und expansiven Großstaaten – Deutschland und Rußland –, die ja auch von den Polen immer als ihre Erbfeinde angesehen und glühend gehaßt wurden. Abgesehen von ihrem Leichtsinn, ihrem oft krankhaften Geltungsbedürfnis, ihrer Eitelkeit und Unzuverlässigkeit ist leider den Polen auch Neid, Mißgunst und Eifersucht gegen ihre Landsleute, denen es besser geht, im höchsten Grade eigen. Es würde aber ein völlig falsches Bild ergeben, wenn bloß die negativen Eigenschaften des polnischen Volkes betont werden sollten. Der Pole ist fraglos im Durchschnitt begabt, von regem Geist und lebhafter Phantasie. Er ist auch fleißig, kann es wenigstens sein. Die polnische Frau ist trotz ihrer Leichtlebigkeit meist eine tüchtige Hausfrau und sparsame Wirtin, oft im Zusammenhalten der Mittel dem Manne überlegen. Erleichtert wurde mir der Verkehr mit Polen dadurch, daß ich gleich zu Anfang erklärt hatte, keinerlei politische Gespräche führen zu können, da ich in russischem Staatsdienste stünde.

Hübsch waren manchmal die Niederwildjagden, leider immer nur Treibjagden, die ich nicht selten Gelegenheit hatte, mitzumachen. Das Jagen mit Bracken auf Hasen und Füchse verbot sich wegen der nicht genügend großen Güter und wegen der zu vielen Wildspuren. Es wurde oft nicht schlecht geschossen, nach der Jagd noch besser gegessen und erst recht getrunken. Da fast nur Schnaps und schwerer Ungarwein getrunken wurde, war die Berauschtheit bald allgemein.

In Lask hatte ich genügend Muße, um mich auch wissenschaftlich zu beschäftigen. Da ich wußte, daß ich wohl später nie mehr mit Strafrechtspflege zu tun haben würde, beschloß ich, dies eine Jahr dazu zu benutzen, um möglichst viel von diesem Gebiet mir anzueignen. So hielt ich mir eine vorzügliche holländische und eine französische Zeitschrift für Kriminalistik, ackerte das so sehr interessante „Handbuch für Untersuchungsrichter“ von Prof. Hans Groß durch, das auch heute noch seine Bedeutung nicht verloren hat, und übersetzte ein vorzügliches kleines Werk des Dresdner Oberlandesgerichtsrats Gelhar über Voruntersuchungen in Brandstiftungssachen aus dem Deutschen ins Russische. Es war mir aufgefallen, daß Brandstiftungen fast nie aufgeklärt werden konnten. Die Verurteilung eines Brandstifters gehörte zu den größten Seltenheiten der Kriminalstatistik.

Im Januar 1904 war der Krieg zwischen Japan und Rußland ausgebrochen. Im europäischen Rußland, besonders im Westen, spürte man dieses in weitester Ferne sich abspielende Ringen eigentlich überhaupt nicht. Auch in Gesprächen wurde der Krieg kaum erwähnt. Mein Bruder, der in Petersburg wohnte, wo alle Fäden zusammenliefen, war nie mit ganzem Herzen Kaufmann gewesen, so bedeutend auch seine materiellen Erfolge waren. Durch seinen großen Bekanntenkreis kam er mit vielen Diplomaten, Finanzleuten und Militärs aller Grade zusammen, von denen er ganz andere Dinge hörte, als sie die Zeitungen brachten, um so mehr, als damals noch viele einflußreiche Posten von Balten bekleidet waren. Auf ihn wirkte der Krieg gegen Japan viel unmittelbarer, wie zum Beispiel auf mich. Kurzer Hand entschloß er sich, im Range eines Reserveleutnants in das einzige reguläre Kavallerie-Regiment unter dem Kommando des später so traurig berühmt gewordenen Rennenkampff[46] einzutreten. Als er glaubte, aufgenommen zu sein, telegraphierte er mir und bat mich, nach Petersburg zu kommen. Als ich bei Sascha eintraf, war seine Aufnahme wieder rückgängig gemacht worden, so daß es statt zu einem Abschied zu einem mehrere Tage dauernden, zuletzt nach Finnland, an den Imatra-Wasserfall verlegten Gelage kam, bei dem sich besonders Saschas Freund Baron André Sacken, damals Kommandeur der

[46] Paul v. Rennenkampff (1854 – 1918), DBBL, S. 621

kaiserlichen Yacht „Poljarnaja Swesda“, durch die Eroberung einer wunderschönen Unbekannten auszeichnete.

Erst ein Jahr später wurde Sascha doch angenommen, traf aber bei seinem Regiment in Sibirien ein, als die Friedensverhandlungen bereits eingeleitet waren. Die Rückreise machte er über Japan und Indien, wo er viel Interessantes sah und erlebte. Sascha hatte beschlossen, endgültig seine kaufmännische Tätigkeit aufzugeben und einem schon lange im Stillen gehegten Plan zu folgen und Bergwissenschaften zu studieren. Im Jahre 1906 verkaufte Sascha die Firma „Th. Dencker & Co.“ und zog nach Freiberg in Sachsen, wo die damals beste Bergakademie Deutschlands war, und wo schon mehrere Freunde von Sascha studierten.

1905 erhält Hartmann die Nachricht vom Tode seiner geliebten Tante Alice, deren mütterliche Liebe er würdigt.

Am Warschauer Oberlandesgericht (1904-1907)

Etwa ein Jahr war ich in Lask gewesen, als ich zum Sekretär eines Zivilsenats der Warschauer Gerichtspalate (Oberlandesgericht) ernannt wurde. Das Amt des Palatensekretärs war die Vorstufe zum Landgerichtsrat. [...]

Mein Dienst in der Palate war eigentlich eine reine Sinekure. Etwa gegen 9 Uhr ging ich hin, hatte kaum was zu tun und las juristische theoretische Literatur, machte manchmal eine Sitzung mit und schrieb dann auch die Motive zu den Urteilen. Um 4 Uhr war der Dienst aus und ich ging zum Mittag in den Club.

Es verstand sich von selbst, daß ich wieder zu Arthur Maydell in mein altgewohntes Zimmer zog. Leider erkrankte Maydell schon einige Monate nach meiner Rückkehr nach Warschau schwer. Im April 1905 starb er in Linnamäggi, wo er auch beerdigt wurde. Zu Ostern war ich nach Sommerpahlen gefahren und besuchte meinen lieben väterlichen Freund, der schon hoffnungslos krank war, mich aber noch gut erkannte und sich auch noch etwas mit mir unterhielt. [...]

Nach Maydells Tode übernahm ich seine Wohnung und seine Bedienung, die aus der mir schon seit 12 Jahren gut bekannten etwa 50 Jahre alten Wirtin Maria, einer gutmütigen, zuverlässigen, etwas schlampigen aber sehr kochkundigen Polin und einem jungen estnischen Diener namens Karla, der aus Neu-Anzen stammte, bestand. Karla hatte als zweiter Diener in dem vorbildlich geleiteten Neu-Anzenschen Hause eine ausgezeichnete Schulung genossen. Da die Wohnung 5 Zimmer hatte und für mich allein viel zu groß war, forderte ich meinen Freund Hubert von Loewis of Menar[47], der bei einem Warschauer Steuerinspektor arbeitete, auf, zu mir zu ziehen. [...]

Der unglückliche Ausgang des Russisch - Japanischen Krieges hatte im ganzen europäischen Rußland eine gefährliche Revolution ausgelöst, die auch in Polen zu blutigen Exzessen führte. Im Oktober 1906 kam es in Warschau zu bösen Zusammenrottungen des Pöbels unter Anführung radikaler, oft anarchistischer Elemente. Geschäfte wurden geplündert, die Schließung großer und kleiner Betriebe erzwungen, keine Zeitung erschien mehr, der Droschken- und Straßenbahnverkehr wurde lahm gelegt und das alles, trotzdem in Warschau allein eine Friedensgarnison von etwa 40.000 Mann stand. Schuld daran, daß die Anarchie so Überhand nehmen konnte, war haupt-

---

47 Hubert v. Löwis of Menar (1878-1946), Alb. Liv. Nr. 1094.

sächlich der völlig unfähige und dazu noch persönlich feige Generalgouverneur Maximowitsch, der es fertig brachte, Warschau in der Stunde der höchsten Gefahr zu verlassen und in die Festung Brest-Litowsk zu fliehen.

Als die Straßenbeleuchtung der Stadt von den Revolutionären unterbrochen wurde, kam es zu Zusammenstößen mit dem Militär, das endlich, nachdem Maximowitsch sich in Sicherheit gebracht hatte, aber auch noch viel zu zaghaft, gegen den roten Mob eingesetzt wurde.

Parallel mit den umstürzlerischen Bestrebungen der fanatisierten Masse gingen fieberhafte Arbeiten der polnischen nationalen Führer, da sie wähnten, es sei die Zeit gekommen, um ihre nie vergessenen Forderungen nach vollkommener Autonomie, ja nach staatlicher Selbständigkeit anzumelden und durchzusetzen. Im Palais des Grafen Krasinski an der Krakauer Vorstadt wurde Tag und Nacht debattiert, projektiert, fanatisiert, paraphiert und – vor allem gehofft. Täglich kamen und eilten aus und nach Petersburg Kuriere, durch die die Verbindung mit den in der Residenz sitzenden Polen aufrecht erhalten wurde. Die ungeheuere Spannung wurde durch das Manifest des Zaren vom 17. Oktober gelöst, durch das eine Volksvertretung, Pressefreiheit, Freiheit der Bekenntnisse und andere Bürgerrechte gewährt wurden. Die revolutionäre Bewegung im eigentlichen europäischen Rußland und auch in den Grenzgebieten schwand fast ebenso schnell, wie sie gekommen war, und bald ging das Leben wieder seinen gewohnten Gang. Die Polen hatten ihre hochgespannten politischen Hoffnungen wieder einmal begraben müssen.

Böse hatten die Revolutionäre besonders im Baltikum gehaust, wo die Bewegung nicht nur eine regierungsfeindliche, sondern vor allem auch eine deutschenfeindliche Richtung genommen hatte[48]. Viele deutsche Gutsbesitzer, Angestellte, Pastore und sogar einige Ärzte wurden umgebracht, mehrere Hunderte Herrenhäuser waren auf dem Lande ein Raub der Flammen geworden. Damals nahmen die Führer der estnischen und lettischen Nationalisten zum ersten Mal die Autonomie ihrer Gebiete in ihre Programme.

Im Baltikum hatte sich die deutsche Bevölkerung, in erster Linie die Jungen, zu Milizen zusammengetan, denen es auch gelang, das meiste zu verhüten, bis aus Petersburg Militär geschickt wurde, das z.T. ziemlich drakonisch Ordnung schaffte. Damals haben Loewis und ich mehrfach daran gedacht, in die baltische Heimat zu fahren, um uns zur Verfügung zu stellen. Ehe wir uns dazu entschlossen, war die Notwendigkeit nicht mehr

---

48 Dazu Gert v. Pistohlkors, in: Baltische Länder, S. 418 ff.

Ehe wir uns dazu entschlossen, war die Notwendigkeit nicht mehr vorhanden.

Wenn auch viele, zu denen auch ich zählte, sich den Reformen des 17. Oktober 1905 gegenüber recht skeptisch verhielten, so war doch eine gewisse Entspannung und Reinigung der Atmosphäre unverkennbar. Im Russischen Club, in dem ich damals Mittag aß, bildete die neue Ära natürlich den Haupt-Gesprächsstoff. Oft mußte ich mich über den uferlosen Optimismus selbst der gebildeten Russen wundern, die überzeugt waren, daß jetzt alles gut werden würde, ja schon gut geworden sei. Durch einen Universitätskameraden von mir namens Shishin, der Oberstaatsanwalt für politische Angelegenheiten geworden war, war ich darüber unterrichtet, daß unter der anscheinend ruhigen Oberfläche die revolutionären Parteien in Polen, vornehmlich die polnischen sozialistischen Arbeiter, die sog. P.P.S., um so intensiver auf den Sturz der bestehenden Ordnung hinarbeiteten.

Zu Hartmanns Verkehrskreis gehörten viele Bekannte aus der Zeit seines Studiums, aber auch neue Häuser kamen hinzu, die er kurz charakterisiert.

Zu meinen näheren Bekannten zählte auch der Präsident der Stadt Warschau, Anton von Essen[49], der, obwohl orthodox und russisch orientiert, im Grunde doch baltisch geblieben war und baltisch dachte und empfand. Er und seine Frau, eine geborene von Stoltzenwald, waren von größter Wärme, Herzlichkeit und Schlichtheit, beide sehr intelligent. Essen war leidenschaftlicher und guter Jäger und Jägermeister des kaiserlichen Hofes. Mehrfach lud er mich zu hübschen Jagden ein.

In dieser Zeit verkehrte ich auch, allerdings nur wenig, in einigen polnischen Magnatenhäusern, wozu ich durch einen ehemaligen Universitätskameraden, Zdzislaw Korsak, aufgefordert worden war. Ich vermute, daß er durch mich eine Art Verbindung zu führenden russischen Kreisen herstellen wollte. Diese Rolle war mir höchst fatal und paßte mir nicht, doch machte es mir Spaß, diese so ganz andere Welt des großen Reichtums, eines verfeinerten alten Luxus und ziemlicher Verderbtheit kennen zu lernen. Eines der typischen Häuser war das einer nicht mehr ganz jungen Gräfin Krassinska, geborenen Zawieza, die später einen verarmten Fürsten Radziwill heiratete. Schon im Vorzimmer der Gräfin wurde man von drei bis vier Dienern emp-

---

49 Anton v. Essen (1863-1919), Gouverneur von Piotrków, 1910 Zivilgehilfe des Gen.gouverneurs von Warschau, 1914 Senator. DBBL, S. 203.

fangen und von da von einem maitre d'hôtel in Zivil in den kleinen Salon geleitet, wo es meist von Besuchern wimmelte. Der maitre d'hôtel unterschied sich von den „Herren“ nur dadurch, daß er zu elegant gekleidet war. Auch einige Bälle machte ich dort mit, die wirklich sehr hübsch waren. Die Damen der polnischen Gesellschaft sahen meist auffallend gut aus, waren amüsant und ziemlich ohne Ausnahme kokett. Natürlich tanzten alle, besonders den polnischen Nationaltanz, die Mazurka, blendend, so daß ich mir meist wie ein Stümper vorkam. Überall wurde ich mit der ausgezeichnetsten Höflichkeit aufgenommen. Dem polnischen Hochadel ging es in Russisch Polen wirtschaftlich sehr gut. Viele seiner Mitglieder waren auch für russische Begriffe sehr reich. So sagte mir auf meine Frage nach der Größe seiner Besitzungen der Ordinat (Majoratsherr) Graf Adam Zamoyski, er könne mir das leider nicht sagen, er wisse bloß, daß sie aus gegen 120 Gütern bestünden. Auch die nicht mehr ganz junge, aber noch schöne und sehr temperamentvolle Gräfin Natalie Potocka, die Warschauer „Messalina“, hatte ich das zweifelhafte Vergnügen, flüchtig kennenzulernen. Dieser Verkehr schlief aber allmählich ganz ein, da ich nicht gewillt war, mich zu einem so unsympathischen Zweck gebrauchen zu lassen. Erst während des Ersten Weltkrieges, als ich ein Jahr allein und ohne meine Familie in Warschau wohnte, lebten die Einladungen an mich wieder auf, und es war mir interessant, in diesen Kreisen zu verkehren, da ich durch meine politischen Bekannten, die sich mir gegenüber sehr offen äußerten, viel mehr und Interessanteres erfahren konnte, wie irgendwo anders. Sie ihrerseits konnten sicher sein, daß ich sie nicht kompromittieren werde.

Der Verfasser geht nun auf sein sorgloses geselliges und der allgemeinen Bildung dienendes Privatleben ein und fährt fort:

Da ich für niemanden zu sorgen hatte und zur Bestreitung meiner bescheidenen Bedürfnisse genügend Mittel besaß, habe ich materielle Sorgen nicht gekannt. Die größten Ausgaben waren die „Schneiderrechnungen“, denn um „verkehren“ zu können, mußte ich immer gut angezogen sein, sowie Beiträge an Wohltätigkeitsfesten und Trinkgelder. Ich habe die Beobachtung gemacht, daß Letzteres sich durchaus lohnt. Ich fürchte, daß diese Sorglosigkeit für meine damalige Entwicklung nicht sehr günstig war, denn das Wort: „Wer nie sein Brot mit Tränen aß, der kennt Euch nicht, Ihr ewigen Mächte“, ist nur zu wahr. Das Lebensschiff braucht einen gewissen Ballast an Leid und Sorgen, um aufrecht seinen Kurs segeln zu können. Wenn ich dennoch vielleicht kein krasser Egoist geworden bin, so verdanke ich dies wohl hauptsächlich meiner lieben Tante Alice und Arthur Maydell, deren Beispiel nicht ohne Wirkung auf mich bleiben konnte.

Meine zweimonatigen Sommerurlaube, ebenso die je zwei Wochen zu Weihnachten und zu Ostern, verbrachte ich wie vordem teils im Auslande, teils in Sommerpahlen oder in Dorpat bei meinem Jugendfreunde Fritz Moeller und Onkel Reinhold Moeller, bei Letzterem meist nur einige Tage. [...]

Zu Weihnachten 1906 war ich wieder in Sommerpahlen. Fritz hatte im Dezember 1904 die Tochter des Livländischen Landrats und Eigentümers des Gutes Kardis bei Dorpat, Baron Viktor Stackelberg[50], Edith geheiratet. Edith war 10 Jahre jünger wie Fritz, von besonderer Güte und Freundlichkeit, so daß wir vom ersten Tage unserer Bekanntschaft gute Freunde waren. Auf ihrer Hochzeit, die sehr hübsch und unter großer Beteiligung gefeiert wurde, war meine Tischdame die Freundin von Edith, Wanda Keßler, die Tochter des Universitätsprofessors Leonhard Kessler[51]. Vorher hatte ich sie nur flüchtig einige Mal in Linnamäggi bei Maydells gesehen, mit denen ihre Mutter, eine geborene Baronesse Rossillon, seit ihrer Kindheit befreundet war. Schon damals, auf Fritzens Hochzeit, hatte Wanda mir ausnehmend gut gefallen. Als ich sie zu Weihnachten 1906 in Sommerpahlen wiedertraf und einige Tage mit ihr verbracht hatte, vertiefte sich dieser Eindruck noch mehr. Einige längere Gespräche mit ihr überzeugten mich davon, daß wir in den grundlegenden Fragen dieselben Ansichten hatten. Ich entschloß mich, sie um ihre Hand zu bitten, und bekam ihr Jawort. Moellers waren rührend erfreut. Einen Tag später fuhren Wanda und ich zu ihren Eltern nach Dorpat. Wandas Vater war damals schon 73 Jahre, aber noch vollkommen rüstig, wenn er auch seine Praxis als Frauenarzt sehr eingeschränkt hatte und nicht mehr Kollegia las. [...]

Nach Warschau zurückgekehrt, erfuhr ich, daß ich während meiner Abwesenheit zum Mitglied des Petrikauer Bezirksgerichts (Landgerichts) gewählt und auch bestätigt worden sei. Das paßte mir sehr gut, da ich in dieser Eigenschaft ein auskömmliches Gehalt, ich denke, es waren 350 Rubel = ca. 720 RM im Monat, bekam. Das ermöglichte mir, gleich zu heiraten. Man

---

50 Viktor Bar. v. Stackelberg (1853-1945), Bes. v. Kardis, livl. Landrat, DBBL, S. 753 f.

51 Leonhard Kessler (1835-1913), cand. theol. Dr. med.; 1896 Prof. d. Gynäkologie in Dorpat. Seine Frau Eglantine, geb. Baronesse Rossillon (1880-...). DBBL, S. 371.

darf nicht vergessen, daß der russische Rubel damals eine sehr große Kaufkraft hatte und daß ein Rubel jetzt etwa 8 – 10 DM gleichkäme. Meine Berufung nach Petrikau bedeutete eine Auszeichnung, weil die Gerichtspraxis des Petrikauer Bezirksgerichts, zu dessen Bezirk auch die große Handelsstadt Lodz mit gegen 600.000 Einwohnern gehörte, fast schwieriger war, wie die des Warschauer Bezirksgerichts.

Am 8. Juni 1907 fand in Dorpat in der Wohnung der Schwiegereltern unsere Hochzeit statt. Die Trauung vollzog der mit dem Keßlerschen Hause befreundete Professor P. Traugott Hahn[52], der im Jahre 1919 von den Bolschewiken ermordet wurde. Die Hochzeit wurde zu einem besonders frohen Familienfest, auf dem ich auch zahlreiche Verwandte Wandas aus Estland kennenlernte.

Ich kann nicht leugnen, daß der Abschied von der Großstadt Warschau, von dem z.T. sehr angenehmen Bekanntenkreis, von dem mir lieb gewordenen Hubert Loewis, von dem bequemen und sorglosen Junggesellenleben und mancherlei Angewohnheiten mir nicht leicht fiel. Petrikau war eine typische Kleinstadt in wenig schöner Gegend, doch fehlte es auch da nicht an Lichtpunkten. Mich lockte die Arbeit am Gericht, auch kannte ich einige Petrikauer Einwohner, so den Gouverneuren Anton von Essen und seine Frau, der vordem Präsident von Warschau gewesen war. [...] Nicht unwichtig für mich war es auch, daß ich von Petrikau aus gute Gelegenheit hatte zu jagen.

Ohne Schwierigkeiten gelang es mir, eine für Petrikauer Verhältnisse gute Wohnung von 6 Zimmern zu finden. Natürlich erschien mir nach Warschau Petrikau klein und ungepflegt, in einigen Teilen direkt schäbig und unsauber. Aber auch Warschau hatte sein Ghetto gehabt, wo nur Juden hausten und wohin „man“ eigentlich nie hinkam. Da ich aber wußte, daß Wanda nicht nach Sensationen strebte, in Bezug auf Amüsements nicht verdorben war, und ich alles dieses zur Genüge genossen hatte, sagte ich mir, daß das Leben in einer Kleinstadt auch seine Vorzüge, ja sogar seine Reize haben kann, wenn man nur selbst die richtige innere Einstellung hat. Vor allem wird man nicht so sehr durch die im Grunde meist wenig gehaltvolle Geselligkeit in Anspruch genommen, auf die ja damals mit allem Drum und Dran, Visiten und anderen Formalitäten, viel mehr Zeit verschwendet wurde wie jetzt.

---

[52] Traugott Hahn (1875-1919), mag. theol., Pastor an der Unvers.–Kirche, Prof. d. Theologie in Dorpat. DBBL, S. 289; A. Hahn, D. Traugott Hahn, ein Lebensbild, 2. Aufl. 1941.

Als Richter in Petrikau 1907 und Warschau 1912-1915

Zu Ostern 1907 siedelte Hartmann, zunächst noch allein, nach Petrikau über. Er charakterisiert kurz seine Kollegen, zumeist Balten, aber auch Russen mit russischen Ehefrauen, mit denen verkehrt wurde.

Auch in Petrikau fiel mir die berufliche Arbeit nicht schwer. Da ich mich schon auf der Universität und auch später fast ausschließlich mit zivilrechtlichen Fragen beschäftigt hatte, eine recht gute kleine Bibliothek besaß, u.a. auch den zwar veralteten, aber immer noch guten Kommentar von Zacharias zum Code Napoléon, fühlte ich mich auf diesem Gebiet ganz in meinem Sattel. Ich wurde der dritten Zivilabteilung zugeteilt, deren Vorsitzender ein alter Herr Antipowitsch war, nicht sehr kenntnisreich, aber mit guter Routine. Auch die Beisitzer waren keine sehr gelehrten Theoretiker, ganz im Gegenteil, aber alle Ehrenmänner, fleißig, objektiv und von der hohen Aufgabe ihres Amtes durchdrungen. Ein sehr guter Zivilist war der Vorsitzende der ersten Abteilung, Srednicki, ein Pole, den man wegen seiner hervorragenden beruflichen Kenntnisse und charakterlichen Eigenschaften auf diesem hohen Posten belassen hatte, die grundsätzlich Russen, oder richtiger Nichtpolen vorbehalten waren. Bereits nach einem Monat fühlte ich mich ganz zuhause, wozu auch der Umstand beitrug, daß für mich der Code Napoléon auch in der Originalsprache, im Französischen, kein Buch mit sieben Siegeln war, wie für die Mehrzahl meiner Kollegen. [...]

Die vier Jahre, die wir in Petrikau lebten, gehören zu den ungetrübtesten und schönsten meines Lebens. Trotzdem wir bald einen nur zu großen Verkehr hatten, fanden wir doch immer noch die Zeit zu guter gemeinsamer Lektüre, zu weiten Spaziergängen und fleißigem Arbeiten. [...]

Bald nach meiner Übersiedlung nach Petrikau machte ich die Bekanntschaft eines jungen, sehr tüchtigen und kenntnisreichen polnischen Juristen, des Rechtsanwalts Adam Słominski, mit dem ich mich mehrfach über das vollständige Fehlen eines russischen Kommentars zum Code Napoléon oder wenigstens einer Übersetzung eines modernen Werkes dieser Art unterhielt. Die russische Rechtsprechung war wegen dieses empfindlichen Mangels auf die ziemlich dürftigen Erläuterungen des höchsten Gerichtshofes, des Senats in Petersburg, angewiesen, der natürlich zu vielen kontroversen Fragen nicht Stellung genommen hatte, weil diese Praxis erst seit dem Jahre 1876 bestand. Die einzelnen Interpretationen waren nicht schlecht. Wir beschlossen daher, einen Teil, betreffend das Recht der Schuldverhältnisse des französischen Kommentars des Professors Planiol von der Pariser Sorbonne, ins Russische zu übertragen.

Um den Kommentar den Verhältnissen in Russisch-Polen anzupassen, versah ich die Übersetzung mit Anmerkungen, die der Senatspraxis entnommen waren und auf die von den französischen abweichenden Bedingungen eingingen.

Über zwei Jahre habe ich täglich fast vier Stunden dieser Arbeit widmen müssen. Als endlich die Übersetzung fertig war, gelang es mir anfangs nicht, einen Verleger zu finden, obwohl die brennende Notwendigkeit eines solchen Hilfswerkes auf der Hand lag und diese auch allerorts anerkannt wurde. Es war natürlich töricht, daß ich mich nicht an das Justizministerium wandte, aber das widerstrebte mir. Endlich entschloß ich mich, nicht leichten Herzens, das Werk im Selbstverlage herauszugeben und in der einzigen Petrikauer Typographie, [...] einer rein jüdischen, drucken zu lassen. Słominski hatte mir nur im ersten Jahr geholfen, konnte das aber wegen Überlastung mit eigenen Arbeiten nicht fortsetzen. Das Lesen der Korrekturbogen war mühevoll und angreifend, erstens weil streng auf eine genaue Übertragung aufgepaßt werden mußte, da jeder Fehler unvorhersehbare Folgen haben konnte, und zweitens weil die Setzer, die die russische Sprache gar nicht oder nur ganz mangelhaft beherrschten, eine Menge, dazu noch typisch jüdischer Druckfehler machten, so daß ich nicht selten vier- bis fünfmal Korrekturen lesen mußte. Das Werk erschien in großem Lexikonformat und hatte gegen 1000 Seiten. Obwohl ich gegen 2000 Rubel aus meiner nicht sehr überfüllten Tasche zahlen mußte, hat mir das nie leid getan. Ich selbst hatte mir das Zivilrecht des Code Napoléon natürlich vortrefflich angeeignet und hatte mir in den Augen der Justizverwaltung in gewisser Weise einen Namen gemacht. Selbst der keineswegs deutschenfreundliche Justizminister Schtscheglowitow versagte mir seine Anerkennung nicht, die ihren Ausdruck in einem sehr schmeichelhaften Handschreiben, in der Verleihung des Annenordens II. Güte, in der Ernennung zum Staatsrat und in der Überführung an das Warschauer Bezirksgerichts fand.

Am 13. Februar 1908 war Hartmanns Stiefvater gestorben, die Mutter zog zusammen mit der Tochter Lili, die in Baden-Baden die Schule der Großherzogin besucht hatte, nach Dresden, wo sie bald einen großen Bekanntenkreis hatten, hauptsächlich Kurländer. – Im Frühjahr 1908 wird in

Dorpat die Tochter Alice geboren. Die junge Familie verlebt den anschließenden Sommer in Sommerpahlen.

Um ein Töchterlein und ihre vortreffliche Bonne Alide reicher zogen wir im Herbst nach Petrikau zurück. Meine Arbeit am Gericht war interessant und abwechslungsreich, aber nicht anstrengend. Ins Gericht ging ich nur zu den Sitzungen, an denen ich dreimal in zwei Wochen teilnahm, und gelegentlich, etwa einmal im Monat, zu den sogenannten allgemeinen Versammlungen, d.h. zu Richterbesprechungen. Die übrige Zeit konnte ich ganz nach meinem Belieben zu Hause, auf Jagden oder auf Fahrten nach Warschau oder anderswohin verbringen. Fast mehr Zeit als mein Beruf nahm mich die Übersetzung des Kommentars in Anspruch. Dabei machte ich die für mich neue Beobachtung, daß die meist nicht sehr hoch angeschlagene Tätigkeit des Übersetzers oft fast schwerer ist, wie die des Autors. Der Übersetzer, besonders wenn es sich um ein wissenschaftliches Werk handelt, muß sich streng an den Text halten, was bei der nicht sehr ausgearbeiteten und nicht sehr präzisen russischen Sprache, noch mehr der juristischen Terminologie, manchmal auf fast unüberwindliche Schwierigkeiten stieß, um so mehr, als bei Begriffsbestimmungen Umschreibungen grundsätzlich vermieden werden müssen.

Größere Gesellschaften haben wir nicht gegeben, da sie Wanda angriffen und sie sie auch nicht mochte. Wohl aber sahen wir oft und mit Vergnügen Freunde und Bekannte bei uns, die auch gerne zu kommen schienen. Von meinen früheren Laskschen Bekannten besuchte uns einmal ein alter, sehr origineller und humorvoller, dabei nicht ungebildeter polnischer Gutsbesitzer, Trepka, der Typus eines amüsanten Aufschneiders. Als er wieder eine unglaubliche Geschichte zum besten gegeben hatte, sagte ich ihm, das sei denn doch etwas zu toll, worauf er meinte: „Jedes Volk hat seine Poesie, der Deutsche hat die Lyrik, der Franzose das Drama, der Engländer den Roman und wir Polen, wir haben eben – das Lügen. Aber, mein lieber Freund, unser Lügen ist eben viel, viel poetischer als alle anderen Poesien“.

Auch meine Warschauer Freunde besuchten uns gelegentlich. Von unseren Verwandten besuchten uns unsere Schwiegereltern, mein Bruder Sascha, meine Schwester Lili, die damals noch mit Nikolas Korff verheiratet war, Wandas Bruder[53], der damals in Dresden das Gymnasium besuchte,

[53] Wolf Kessler (1890-1948), stud. jur., Alb. Liv. Nr. 1253.

und mein lieber Vetter Fritz Moeller. Übrigens passierte bei dem Besuch von Fritz Moeller eine kleine Begebenheit, die sehr bezeichnend dafür war, wie leicht im damaligen Rußland auch strenge Vorschriften umgangen werden konnten, wenn „man“ Beziehungen hatte. Fritz kam nach Petrikau im Anschluß an einen Landtag (ritterschaftliche Tagung) in Riga, an dem er teilgenommen hatte. Edith war zur Kur nach dem Schwarzwald gefahren. Fritz fand bei uns einen Brief von Edith vor, in dem sie schrieb, sie fände es unglaublich, daß er wohl nach Petrikau, nicht aber nach dem Schwarzwalde fahre; er solle sie unbedingt besuchen. Nun hatte Fritz keinerlei Personaldokumente bei sich, da das nicht nötig war; aber einen Auslandspaß ganz ohne Unterlagen zu kriegen, schien grotesk. Nun hatten die Gouverneure der Grenzgouvernements das Recht, sog. Passierscheine auf 28 Tage, natürlich auch nur aufgrund von Unterlagen, auszustellen. Ich ging also mit Fritz zu Essen, erklärte ihm den Fall, worauf Essen sagte: „Machen Sie sich keine Sorgen, ich glaube Ihnen, daß das Ihr Vetter ist; sagen Sie meinem Kanzleichef, den ich gleich rufen werde, alle Daten, und heute Nachmittag schicke ich den Paß durch einen Gendarmen zu“. Ich fragte, was zu zahlen sei. „Ach – nichts – erlauben Sie mir, Ihnen diesen kleinen Dienst zu erweisen“.

Im Sommer 1909 fuhren wir zu Mama nach Dresden und von dort in das entzückende Oberbärenburg im sächsischen Erzgebirge. Alices treue estnische Bonne Alide, die nur estnisch sprach, hatten wir natürlich mitgenommen. Sie war noch nie im Auslande gewesen und konnte sich nicht genug über die schönen Steinhäuser auf dem Lande, die vorzügliche Feldbestellung und prächtige Bekleidung aller Menschen wundern. Auf der Fahrt von Petrikau nach Dresden stand sie stundenlang am Fenster und wiederholte immerfort „Aber so bearbeitet man doch keine Felder, das ist ja alles wie ein großer Garten“.

Die estnischen Dienstboten waren oft wirkliche Perlen, sauber, sorgfältig, fleißig, zuverlässig, klug und dabei bescheiden, niemals den Abstand vergessend. Eine solche Perle war unsere treue Alide. Ich habe viele estnische Dienstmädchen, Köchinnen, Diener, Kutscher und landwirtschaftliche Angestellte wie Verwalter, Viehpfleger, Schreiber und Buschwächter (Förster) gekannt, die von frühester Jugend bis ins hohe Alter bei denselben deutschen Herrschaften im Dienst standen und sich als ganz zur Familie gehörig betrachteten. Nicht selten duzten sie die herrschaftlichen Kinder. Auch die älteren Familienglieder bezeichneten sie im Gespräch untereinander mit ihren Vornamen. In Zeiten der Gefahr, so z.B. im Jahre 1905/6, während der ersten Revolution, auch in den Jahren 1917/18, während der Bolschewikenherrschaft, haben diese Treuesten der Treuen in vielen Fällen ihre Herrschaft und das herrschaftliche Eigentum, oft unter eigener Lebensgefahr, verteidigt und auch gerettet. Das hohe Lied dieser einfachen Menschen ist meines Wissens noch nie richtig geschrieben worden. [...]

Am 22. Januar 1911 war unsere zweite Tochter Helen in Petrikau erschienen, ein ziemlich kleines, aber gesundes und wohlgebildetes Kind.

Im Jahre 1911 erschien meine Übersetzung des Planiolschen Kommentars zum Code Napoléon. Als ich im Jahre 1912 nach Warschau zog, konnte ich die Auflage von 1000 Exemplaren, da sie zu viel Raum beanspruchte, natürlich nicht mitnehmen. Mit Erlaubnis des Gerichtspräsidenten Jakow Petrowitsch Wolkow lagerte ich die ca. 600 Exemplare, die nicht an Buchhändler in Kommission vergeben waren, in einem leeren Zimmer des sehr großen Bezirksgerichts ein. Dort ereilte sie im Ersten Weltkriege, im Jahre 1915, ein eigenartiges und trauriges Schicksal. Petrikau wurde von österreichischen Truppen besetzt, die das sehr dünne und dabei feste Papier zu Zigaretten verbraucht haben sollen. Sic transit... : Bei einem Besuch in Warschau im Jahre 1918 sagte mir der Buchhändler, dem ich ca. 350 Exemplare in Kommission gegeben hatte, alles sei ausverkauft. Er überredete mich, eine neue Auflage drucken zu lassen, doch konnte ich mich wegen der damit verbundenen großen Arbeit und auch des Risikos nicht dazu entschließen. Der Betrag, den ich ausgehändigt bekam, deckte nicht nur meine Auslagen, sondern es blieb sogar ein ziemlich großer Überschuß nach. Ich schätze mich glücklich, daß ich noch ein Exemplar meiner Übersetzung besitze. Eins fand ich später in der Dorpater Universitätsbibliothek. Laut einer russischen Verordnung mußte nämlich von allen wissenschaftlichen Veröffentlichungen je ein Exemplar an sämtliche Bibliotheken der Hochschulen und einiger anderer Institute geschickt werden. Eine sehr richtige Maßnahme!

Meine Ernennung nach Warschau erfolgte kurz vor Weihnachten 1912. Da wir in Warschau noch keine Wohnung hatten, mußte ich Wanda und die beiden kleinen Kinder in Petrikau lassen, was ich sehr ungern tat, da sich der politische Himmel infolge der Einverleibung Bosniens in Österreich sehr verfinstert hatte und allgemein mit einem Kriege zwischen Rußland und Österreich gerechnet wurde. Doch verzogen sich damals die Wolken wieder. Seit dem Krimkriege, als Österreich, das im Jahre 1849 von Rußland vor einer Katastrophe gerettet wurde, Rußland nicht nur abscheulich im Stich ließ, sondern aktiv in den Rücken fiel, war Österreich in Rußland verhaßt und die russischen Patrioten warteten auf eine Gelegenheit, Österreich seine schreiende Undankbarkeit mit Zinsen heimzuzahlen.

In Warschau fand ich nicht nur im Gericht, wo ich fast alle Herren von früher her gut kannte, sondern auch im Kreise meiner Bekannten und Freunde die freundlichste Aufnahme, die auch Wanda später zuteil wurde. Es gelang mir bald, in der Kalikstastraße eine hübsche und genügend große Wohnung zu finden, in der nur mein Schreibzimmer geradezu mikroskopisch war. Besonders unangenehm empfand ich es, daß unsere Dienstboten kein eigenes Zimmer hatten, sondern in einem sogenannten Entresol in der Küche schlafen mußten, einem Verschlage unter der Decke, in den sie auf einer Treppe gelangten. Überhaupt war in Warschau, wohl auch im ganzen übrigen Polen, die Mißachtung allgemein und betrübend, mit der die Dienerschaft behandelt wurde. Es ist ein besonders unsympathischer Zug der Polen, daß sie sozial niedrigerstehende gewissermaßen als andere Menschen betrachten.

Das Warschauer Bezirksgericht war seiner Besetzung nach ungefähr ebenso groß wie das Petrikauer, d.h., es hatte 4 Zivil- und 4 Strafkammern mit je 4 Mitgliedern und je einem Vizepräsidenten. Außerdem bestand noch eine Abteilung für unstreitige Zivilsachen (Vormundschaftssachen, Entmündigungen, Registersachen), eine Anklagekammer, in der die Anklageschriften geprüft wurden, und eine Hypothekenabteilung.

Warschau war im Jahre 1912 eine rasch wachsende Stadt von gegen 800.000 Einwohnern, stark entwickelter Industrie und bedeutendem Handel. Die Bevölkerung war überwiegend polnisch, etwa 300.000 Juden wohnten in einer Art Ghetto fast geschlossen, während die Russen, selbst wenn man die etwa 40.000 Mann betragende ständige Friedensgarnison zu ihnen rechnete, eine geringe Minderheit bildeten. Das Gepräge der Stadt war ausgesprochen polnisch und sehr uneinheitlich. Selbst auf der Hauptstraße, der „Neuen Welt“, standen moderne Häuser und Paläste neben einstöckigen unansehnlichen Gebäuden. Trotz der scharfen Ablehnung alles Russischen durch die Polen war das Zusammenleben der drei Völker innerhalb der Stadt ein vollkommen friedliches. Äußerlich war auch niemals eine besondere Feindseligkeit der Polen gegen die Russen zu bemerken. Fast hatte es den Anschein, als ob die Polen sich mit ihrem Los zufrieden gäben, da es ihnen unter der russischen Herrschaft wirtschaftlich so gut ging, wie noch nie in ihrer langen Geschichte. Es lebte sich ja auch tatsächlich unter dem Zarenzepter gut und leicht, da der Russe, auch der russische Beamte, fast immer gutmütig, wohlwollend und freundlich im Umgang war, ein Unterschied zwischen Polen und Russen eigentlich nie gemacht wurde, sogar die Juden durchaus menschlich behandelt wurden. Ich habe während meiner richterlichen Tätigkeit in Polen, die immerhin acht Jahre dauerte, nie erlebt, daß zwischen einem russischen, polnischen oder jüdischen Kläger, Beklagten, Angeklagten, Zeugen oder Bittsteller je ein Unterschied gemacht worden wäre. Natürlich wurde auch in richterlichen Kreisen gelegentlich abfällig über Juden oder Polen gesprochen, aber das fand in der amtlichen Tätigkeit nie seinen Niederschlag. Wer aber geneigt wäre zu glauben, daß die Polen ihre Hoffnungen auf ein autonomes, womöglich auf ein vollkommen selbständiges Großpolen aufgegeben hätten, der irrte gewaltig. In den Kreisen des polnischen Hochadels, in der Schlachta, dem niederen Adel, und in dem schnell und mächtig erstarkenden Mittelstande waren die polnischen politischen Ideale so lebendig wie nur je. Diese Grundstimmung, die aber äußerst gewandt geheim gehalten wurde, hatte durch die Reform des Jahres 1905 einen mächtigen Auftrieb erhalten. Natürlich war dies der Staatsanwaltschaft, der Verwaltung und besonders der politischen Geheimpolizei, der „Ochrana", nicht unbekannt. Der Nichteingeweihte aber spürte von diesen Unterströmungen gar nichts, sondern sah nur die heitere, lebenslustige und anscheinend prosperierende Außenseite.

Wie ich schon berichtete, hatte ich in den letzten Jahren vor meiner Verheiratung einige lockere Beziehungen zu polnischen Kreisen, die mich als Balten, im Gegensatz zu Russen, als salonfähig aufnahmen, die aber auch mir gegenüber eine mir durchaus erwünschte taktvolle Zurückhaltung bewahrt hatten. Als ich aber mit meiner kleinen Familie nach Warschau zog, hörte jede Berührung mit dem Polentum schon aus dem Grunde auf, weil meine polnischen Bekannten fast ausnahmslos zu dem sehr reichen Magnatenadel gehörten, denen ich keine Gegenseitigkeit im Verkehr bieten konnte. Unser Bekanntenkreis bestand hauptsächlich aus baltischen und einigen russischen Häusern. Als jung Verheiratete hatten wir auch im Grunde kein Bedürfnis nach viel Verkehr. [...]

Im November 1913 erkrankte mein Schwiegervater schwer. Wanda fuhr gleich nach Dorpat, und als Stellvertreterin kam aus Dorpat unsere liebe Tante Annette Roth. Er starb am 13. Dezember an Krebs.

Bei meiner Rückkehr – Wanda blieb noch in Dorpat – fand ich einen Brief von Fräulein Marie von Ewerth vor, in dem sie mich beschwor, an den evangelischen Generalsuperintendenten Bursche[54], den ich wegen seiner polonisierenden Tendenzen nicht mochte, auf einer Versammlung in Anlaß seines fünfundzwanzigsten Pastorenjubiläums eine Ansprache zu halten, und zwar auf deutsch, da sich in seiner großen reinblütig deutschen Gemeinde niemand fände, der bereit wäre, dieses auf Deutsch zu tun. Sehr gegen meinen Willen mußte ich auf die Versammlung fahren und war nicht wenig erstaunt und empört, einen überfüllten Saal vorzufinden, in dem lauter deutsche Menschen mit urdeutschen Namen, wie Herse, Wedel, Wolf, Gebetner u.a.m. untereinander ausschließlich polnisch redeten. Es würde zu weit führen, wenn ich die traurige Entwicklung schildern wollte, die die Polonisierung des wohlhabenden und völlig unabhängigen Deutschtums in Russisch-Polen genommen hatte. Es war beschämend zu sehen, wie diese Leute, an ihrer Spitze auch Bursche, sich bemühten, für Polen gehalten zu werden, da es ihnen „vornehmer“ schien, als Polen wie als Deutsche zu gelten. Bursche war einige Male an mich mit der Bitte herangetreten, Mitglied des Konsistoriums zu werden, doch lehnte ich immer wegen seiner mir unsympathischen Richtung ab.

Immer schon hatte ich viel Interesse für Politik. Daher war ich im höchsten Grade über die rasch fortschreitende Zuspitzung der russisch-deutschen Beziehungen beunruhigt. Die traditionelle Freundschaft zwischen diesen beiden einzigen konservativen Großmächten – Österreich ging seine eigenen Wege – schien vergessen zu sein, wenigstens in Rußland. So manches über die Hintergründe der Politik erfuhr ich auch von meinem guten Bekannten Nikolai von Essen[55], der Gehilfe des Generalgouverneurs von Russisch-Polen geworden war, als solcher natürlich auch in alle Geheimnisse der äußeren Politik eingeweiht werden mußte und sich mir gegenüber mit größter Offenheit aussprach, da er überzeugt sein konnte, daß er dieses auch ohne Risiko tun durfte.

Die Bombe in Sarajevo, durch die am 15. Juni 1914 alten Stiles (=28.6.) der österreichische Thronfolger Franz Ferdinand und seine Gattin ermordet wurden, schlug auch in Warschau wie ein Blitz aus heiterem Himmel ein. Ich kann mich des Tages noch so genau entsinnen, als ob es gestern gewesen sei. Ich erfuhr die Nachricht durch ein Extrablatt, das ich auf der Straße kaufte, als ich zu Essens gegen 4 Uhr zu einem Besuch ging. Ich war mir

---

[54] Julius Bursche (1862-19..), stud. theol. in Dorpat, 1904 Superintendent, 1920 Generalsuperintendent. PoBA.

[55] Gemeint ist wohl Anton v. Essen, vgl. Anm. 48.

klar darüber, daß dies der Krieg sei. Essen, der merkwürdigerweise die Hiobsbotschaft erst durch mich erfuhr, war ganz derselben Meinung und äußerte sich sehr besorgt. Er war der Ansicht, daß der Krieg, wenn er wirklich ausbrechen sollte, ein Machwerk Englands sei. Nirgends in der Welt seien die russischen und die deutschen Interessen nicht zu vereinbaren. England sei daran interessiert, daß Deutschland und Rußland sich gegenseitig schwächten, womöglich vernichteten. Es sei ein Wahnsinn, wegen Serbien oder anderer zweifelhafter Balkanvölker das eigne Schicksal zu riskieren. Auch für die russische Dynastie und für das monarchische Prinzip überhaupt war er voller schlimmer Vorahnungen.

Wanda war mit den Kindern schon Mitte Mai nach Jerwen[56] gefahren und sollte von dort Anfang Juli mit meiner Schwiegermutter zu einer Kur nach Kissingen fahren, während die gute Tante Annette (von Roth) sich wieder bereit erklärt hatte, bei den Kindern die Aufsicht zu übernehmen. Trotz der ernsten politischen Lage, die sich aber anscheinend entspannt hatte, sah ich keinen Grund, Wanda von der Reise abzuraten. Es schien doch fast undenkbar, daß Rußland und Deutschland, die seit dem Siebenjährigen Kriege, d.h. seit über 150 Jahren eng befreundet gewesen waren, gegeneinander marschieren sollten, wo keines von ihnen sich vom Kriege einen wirklichen Vorteil versprechen konnte und der Ausgang zumindest ungewiß war.

Am 5. Juli alten Stiles fuhr ich in Urlaub, der wie gewöhnlich zwei Monate dauern sollte. Mein Schwager Wolf, der damals in Dorpat Jura studierte, kam ebenfalls nach Jerwen. Bald nach meiner Ankunft mehrten sich die drohenden Anzeichen am politischen Horizont. [...]

Am 16. Juli wurde in Sommerpahlen durch Maueranschläge die allgemeine Mobilisation verkündet. Der Krieg, dessen Ausmaße nicht abzusehen waren, war unvermeidlich.

Durch ein Telegramm von Wanda war ich benachrichtigt worden, daß sie und meine Schwiegermutter ihre Rückreise bereits angetreten hätten. Wolf fuhr ihnen sofort nach Riga entgegen, um ihnen bei den vorauszusehenden Schwierigkeiten der Weiterreise behilflich zu sein. Diese Vorsicht erwies sich in der Folge auch als sehr notwendig, da die Damen ohne Wolfs Beistand in Riga, wo sich eine unübersehbare Menschenmenge staute, kaum in die Bahn gelangt wären.

---

[56] Zu Sommerpahlen gehörige Villa.

Kriegsausbruch 1914

Diesen Sommer (1914) verbrachte Onkel Reinhold Moeller auch in Jerwen. [...] Natürlich bildete der Krieg das Hauptthema unserer Gespräche. Onkel Reinhold hatte als freiwilliger Sanitätsbeamter in bayrischen Diensten einen Teil des deutsch-französischen Krieges von 1870/71 mitgemacht und glaubte daher, die deutsche Kriegsführung auch jetzt besser beurteilen zu können wie wir. Er war überzeugt, daß die Deutschen sofort einen Vorstoß über Litauen und das Baltikum auf Petersburg machen würden, und bestand darauf, daß wir ebenso wie er, unverzüglich nach Dorpat übersiedelten, wo wir weniger gefährdet sein würden wie auf dem der zurückflutenden russischen Soldateska preisgegebenen Lande. Obgleich ich von Onkel Reinholds Prognose nicht so ganz überzeugt war, ließ ich mich doch überreden. Hals über Kopf wurde gepackt. Weil die Eisenbahn viel zu überfüllt war, nahmen wir das freundliche Angebot von Fritz, uns Pferde und Wagen zu geben, dankbar an. Fritz und Edith wurden auch von der Panikstimmung erfaßt und folgten einige Tage später mit ihren vier kleinen Kindern. Da sie voraussahen, daß bald eine gewisse Knappheit an Lebensmitteln eintreten werde, hatten sie sich auf Monate verproviantiert. [...]Ich hielt es für meine Pflicht, gleich nach meinem Eintreffen in Dorpat telegraphisch im Warschauer Bezirksgericht anzufragen, ob ich meinen Urlaub unterbrechen und sofort nach Warschau zurückkehren solle oder aber weiter bleiben könne. Zu meiner Verwunderung war die mich nach Warschau zurückrufende Antwort nicht vom Präsidenten, sondern von einem Mitgliede des Gerichts gezeichnet, woraus ich den Schluß zog, daß in Warschau etwas nicht stimme, was im Telegramm nicht gesagt werden könne. Wenn ich mir auch sagte, daß ich mich voraussichtlich von meiner Familie auf längere Zeit trennen werde, so konnte ich doch das beruhigende Gefühl haben, daß die Meinigen in Dorpat zweifelsohne viel besser und gefahrloser untergebracht seien wie in Warschau. Die Wohnung meiner Schwiegermutter war groß und gemütlich eingerichtet, das Dorpater Klima gut, und eine Menge lieber Verwandter und Freunde würden die Meinigen nie im Stich lassen.

Am Tage nach dem Empfang des mich zurückrufenden Telegramms machte ich mich auf den Weg und zwar nicht mit der Bahn über Riga oder über Pleskau, sondern zunächst mit dem Dampfer über den Peipussee nach Pleskau, wo ich den Schnellzug Petersburg – Warschau besteigen konnte.

[...] An allen Haltestellen des Dampfers gab es herzzerreißende Abschiedsszenen. Der Zug nach Warschau ging aus Pleskau gegen Abend ab. In einem kleinen Abteil erster Klasse fand ich einen guten Platz. Der andere Platz war von einer alten Fürstin Myschetzkaja besetzt, die ich von Warschau her kannte und mit deren Töchtern ich als Junggeselle bei den Gardeulanen oft Tennis gespielt hatte. Im Nebenabteil saß ein älterer Generaloberst (voller General) in Generalstabsuniform. Meine Mitreisende unterhielt mich bei offener Tür mit lauter Stimme damit, daß es ihr, dank ihrer guten Beziehungen zum Generalgouverneur Zilinski, der selbst als Kommandeur einer Armee an der Front war, bestimmt gelingen werde, ihren geliebten und einzigen Sohn Petja vom Heeresdienst zu befreien und in einer Kolonne des Roten Kreuzes unterzubringen. Trotz mehrfacher vergeblicher Versuche meinerseits, sie auf andere Gesprächsthemen zu bringen, kehrte sie beharrlich zu ihrem Petja und der Hoffnung zurück, ihn vor dem Frontdienst zu bewahren. Ich hatte bemerkt, daß unser Nachbar, der an unserer offenen Tür im Korridor stand, auf unsere Unterhaltung aufmerksam geworden war, die ihn offensichtlich empörte. Plötzlich drehte der General sich um, trat auf die verdutzte Fürstin zu, stellte sich als Korpskommandeur Artamonow vor (der übrigens später zu trauriger Berühmtheit gelangte) und herrschte sie mit erhobener und drohender Stimme an: „Wenn Sie noch ein Wort in dieser jämmerlichen und unwürdigen Weise weiterreden, lasse ich Sie verhaften!“ Es war auch mir eine gute Lehre, daß jetzt Schweigen mehr denn je Gold sei. [...]

Es erwies sich, daß auf den ersten Schreck hin die ganze russische Beamtenschaft Warschaus panikartig evakuiert worden war und daß nur wenige den Mut gehabt hatten abzuwarten, wie sich die Ereignisse entwickeln würden.

Schon am selben Tage suchte ich Essen auf, der den abwesenden Generalgouverneur Zilinski vertrat und daher über alles Wichtige natürlich auf das genaueste unterrichtet war.

Hartmann kennzeichnet Essen als einen die russische Politik äußerst kritisch beurteilenden Beamten, der sich unter Freunden über Vorschriften wie das Verbot, die deutsche Sprache anzuwenden, hinwegsetzte und unbürokratisch Hilfe gewährte, dessen innere Unabhängigkeit jedoch seiner Loyalität keinen Abbruch tat.

Obgleich die russische Propaganda natürlich bestrebt war, alles Deutsche herabzusetzen, die in Rußland gebliebenen Deutschen der Spionage zu verdächtigen und vom deutschen Heere die unglaublichsten Grausamkeiten zu verbreiten, und obgleich ich niemals mein Deutschtum verleugnet hatte, ist mir gegenüber weder im Gericht, noch im Club, noch sonstwo auch nur im geringsten angedeutet worden, daß an meiner Loyalität ein Zweifel möglich sei. Ich muß gestehen, daß mich dieses taktvolle Verhalten meiner russischen Bekannten und Kollegen sehr freute, obwohl ich mich im Grunde darüber wunderte. Natürlich vermied ich Gespräche über heikle Dinge, hielt mich überhaupt soviel als möglich zurück. [...]

Bloß in einer Hinsicht wurde zwischen den russischen und deutschen Richtern ein Unterschied gemacht, indem nämlich wir Deutschen nicht zu kommissarischen Verwaltern der vielen beschlagnahmten deutschen Betriebe und Firmen ernannt wurden, was uns nur lieb sein konnte.

Im September 1914 hat sich die Lage an der Front soweit gefestigt, daß Hartmann seinen Resturlaub in der Heimat verbringen kann, wo er viel über die keineswegs kriegerische Stimmung in Petersburg und über die Unzufriedenheit mit der Regierung und Heeresführung erfährt, während der Öffentlichkeit die verheerenden Niederlagen an der Front vorenthalten werden.

Trotz der wohl fast absoluten Kaisertreue der Deutsch-Balten, die einen Verrat an Rußland vollkommen ausschloß, waren wir durch diesen Krieg doch in einen tragischen Gewissenskonflikt versetzt worden. Für uns war Deutschland immer das geistige Vaterland gewesen, viele, auch ich, hatten verwandtschaftliche und freundschaftliche Beziehungen zu Deutschland; es war uns daher unmöglich, die Zertrümmerung und Vernichtung Deutschlands herbeizusehnen.

Hartmanns Urlaub war am 30. September 1914 abgelaufen. Nach einer aufregenden Reise kommt er in Warschau an und findet dort eine veränderte Lage vor. Die Stadt ist durch die drohende Nähe der Front in Unruhe geraten. Beim Bezirksgericht erfährt er durch einen untergeordneten polnischen Sekretär, daß die Herren des Gerichts weggefahren seien; er sei beauftragt worden, die Akten des Gerichts ordnungsgemäß dem deutschen Militär zu übergeben. – Hartmann ruft Essen an und findet sich darauf zum Frühstück bei ihm ein.

Wir speisten zu dreien, das Ehepaar Essen und ich. Er war wie immer die Ruhe selbst, riet mir aber, wenn es noch möglich sei, so bald als ich könne wegzufahren. Im Westen Warschaus ständen die Deutschen in einem Halbkreise etwas 20 Kilometer von Warschau, der Osten sei noch frei. [...]

Im Laufe des Gesprächs erzählte mir Essen von einer recht dramatischen Lage, in die er als stellvertretender Generalgouverneur geraten sei. Bald nach dem Debakel der russischen Heeresgruppe bei Soldau habe der Generalissimus Großfürst Nikolai Nikolajewitsch sich an die außerrussischen Slawen, besonders an die Tschechen im österreichischen Militär mit einem Aufruf gewandt, sie möchten in den Schoß der Mutter aller Slawen, nämlich Rußlands, zurückkehren, mit anderen Worten – überlaufen. Nun bestand ein Gesetz, demzufolge alle Publikationen innerhalb des Warschauer Generalgouvernements nur mit Genehmigung des Generalgouverneurs veröffentlicht werden durften. Es sei auch in diesem Fall an ihn das Ansinnen gestellt worden, sein Plazet zur Veröffentlichung des Aufrufs zu erteilen. Trotzdem er sich darüber nicht im Unklaren gewesen sei, daß er seine ganze Karriere riskiere, wenn er es nicht erteilte, habe er doch die Genehmigung versagt, da seiner Überzeugung nach der Aufruf eine Gemeinheit sei, wenn die Lage für die Russen günstig sei, oder aber ein Eingeständnis der eignen Schwäche, wenn die Aussichten für Rußland ungünstig seien. Als Ehrenmann und auch als Patriot habe er nicht anders handeln können. Ich konnte Essen zu dieser Handlung nur von Herzen beglückwünschen. Essen hatte sich nicht geirrt. Etwa einen Monat später wurde er seines Postens enthoben und in den Senat befördert, was zwar ein Avencement bedeutete, ihn aber auf den toten Strang schob und aus der aktiven Politik entfernte. [...]

Bald darauf gelang es den Russen, die neue Kräfte herangeführt hatten, u.a. die vorzüglichen sibirischen Infanterie-Regimenter, die Weichsel unterhalb und oberhalb Warschaus zu forcieren und dadurch die Deutschen zu zwingen, die Belagerung Warschaus aufzuheben und in Eilmärschen nach Westen in Richtung der deutschen Grenze zurückzuweichen. Die Rollen waren vertauscht worden und aus den Belagerten Verfolger und aus den Belagerern Verfolgte geworden. Die Gefahr war vorerst für Warschau gebannt.

Von Ende November 1914 bis Ende Mai 1915 verlief die Front an der bloß 50 Kilometer von Warschau entfernten Bzura-Rawka-Linie. Nach einem deutschen Gegenangriff im Mai waren die deutschen Truppen in Litauen eingedrungen. Es drohte eine vollständige Umklammerung der russischen Truppen in Polen, die sich Ende Juni zum Rückzug gezwungen sahen, der allmählich panikartige Formen annahm. Am 12. Juli erhielt Hartmann die schriftliche Aufforderung zu einer am 13. Juli im Bezirksgericht anberaumten allgemeinen Versammlung aller Richter, ohne Angabe einer Tagesordnung, was manches ahnen ließ.

Auf der Versammlung im Gericht wurde uns eröffnet, daß die Heeresleitung sich aus strategischen Gründen veranlaßt sehe, Warschau „zeitweise“ zu räumen und daß am folgenden Tage auf dem Petersburger Bahnhofe Eisenbahnzüge für die Evakuierung aller russischen Richter bereit stehen würden. Jedem von uns würde die Mitnahme von 5 Pud (=90 Kilo), außer dem umfangreichen Handgepäck gestattet. Das Gehalt wurde für drei Monate voraus gezahlt und zwar in Gold, was nicht ganz bequem war, da die gegen 1.500 Rubel soviel wogen, daß meine Taschen beinah rissen. Den Aufenthaltsort konnte jeder gleich nennen; ich bezeichnete natürlich Dorpat als mein Ziel. Allgemein wurde eine baldige Rückkehr nach Warschau vorausgesagt, was ich mit beträchtlichem Zweifel aufnahm, ohne meinen Kollegen damit die Laune zu verderben.[...]

Fahrplanmäßig langte ich in Dorpat an und suchte noch am selben Tage meinen guten Bekannten, den Professor für Römisches Recht an der Universität, Baron Axel Freytag-Loringhoven[57], auf. Die Meinigen waren schon im Juni nach Ruil in Estland, zu Verwandten meiner Schwiegermutter, Wrangells, gefahren. Freytag und seine Frau [...] versetzte ich in eine wahre Begeisterung, als ich ihnen von dem noch nicht allgemein bekannten unaufhaltsamen Vorgehen der Deutschen und dem panikartigen Zurückfluten der Russen erzählte. Wußten sie doch ebensowenig wie alle anderen, die nur auf die spärlichen und schönfärberischen russischen Heeresberichte angewiesen waren, wie böse es tatsächlich um die russische Sache stand. Daß auch für das ganze Baltikum und damit auch für uns Deutsch-Balten die Zukunft eine ganz andere werden würde, war klar. Wie sie sich aber endgültig gestalten werde, war so vollkommen ungewiß, daß die Phantasie freien Spielraum

---

57 Alexander (Axel) Baron v. Freytag-Loringhoven (1878-1942), 1910 a. o. Prof. in Jaroslavl', 1915 o. Prof., in Dorpat, 1918 Prof. für slaw. Recht d. Univ. Breslau. DBBL, S. 227 f.

hatte. Natürlich erhofften wir Deutschen, daß der ganze baltische Raum in ein Großdeutschland eingegliedert werden würde, und diese Hoffnungen konnten damals auch nicht als allzu kühn bezeichnet werden.

Am folgenden Tage fuhr ich nach Ruil, das ungefähr 25 Kilometer südlich von Wesenberg inmitten großer Nadelwälder gelegen war. [...]

In diesem Sommer sahen wir viele der Nachbarn von Ruil, Maydells aus Pastfer, Stackelbergs aus Kurküll, Kellers aus Wennefer, Neffs aus Münckenhof und andere, die alle nach Ruil kamen und sich von mir die neuesten Ereignisse von der Front erzählen ließen. Sie wurden nicht enttäuscht.

Bei aller streng gewahrten Loyalität gegen das angestammte Herrscherhaus der Romanoffs, war die Entfremdung der baltendeutschen Oberschicht vom russischen Staat und vom russischen Volk seit dem Einsetzen der Russifizierungsmaßnahmen unter dem Kaiser Alexander III., d.h. seit dem Anfang der achtziger Jahre, von Jahr zu Jahr gewachsen. Sicherlich hätte sich auch während des Krieges unter den russenfeindlichen Balten kein Verräter, kein Spion, zugunsten der Deutschen gefunden, aber der Krieg gegen Deutschland, das nun einmal unsere geistige Heimat war, wurde als ungerecht empfunden, und es gab wohl nur wenige unter „uns“, die eine Niederlage Deutschlands und einen Sieg Rußlands und seiner Verbündeten gewünscht hätten.

Die in Petersburg und im weiten Rußland lebenden Balten waren zum großen Teil soweit russifiziert, daß sie ganz anders empfanden. Dasselbe kann auch von einem nicht kleinen Teil des estländischen Adels gesagt werden. Infolge der größeren Nähe zur Residenz waren die Beziehungen Estlands zum Hof und zur Zentralregierung viel enger als die Livlands und besonders Kurlands. Daher war in einem Teil der estländischen Ritterschaft, insonderheit in der jüngeren Generation, die russische Orientierung ziemlich verbreitet, was sich manchmal in einer für uns Livländer recht befremdenden Art äußerte.

Ausgesprochen deutsch ausgerichtet waren die deutschen Literaten, Kaufleute und Industriellen im Baltikum. Hochburgen des Deutschtums waren auch die deutschen Korporationen der Dorpater Universität und des Rigaer Polytechnikums.

Die Estländer, Livländer und Kurländer der Oberschicht waren in vielem außerordentlich verschieden. Während die Estländer im allgemeinen sehr liebenswürdig, aufgeschlossen, wirtschaftlich und meist wissenschaftlich nicht sehr interessiert waren, zeichneten sich die Livländer durch größere

Zurückhaltung, ja Steifheit, Gründlichkeit, größere Wohlhabenheit und einen gewissen Geistes- und Bildungsdünkel aus, die Kurländer durch Leichtlebigkeit, oft Leichtsinn, Unbeschwertheit, Draufgängertum, Witz und Schlagfertigkeit.

Diese, einem Landfremden weniger in die Augen springenden Unterschiede mögen wohl dadurch entstanden sein, daß die drei Schwesterprovinzen im Laufe ihrer Geschichte durch Jahrhunderte verschiedenen Einflüssen ausgesetzt waren und jede von ihnen bis zum Ersten Weltkriege gewissermaßen ihr Eigenleben führte. Estland war aus dem schon genannten Grunde am meisten russischen Einflüssen ausgesetzt, der karge Boden und das kältere Klima zwang zu größerer Sparsamkeit und wirtschaftlicher Einstellung. Kurland hatte bis zum Ende des XVIII. Jahrhunderts unter polnischer Oberhoheit gestanden und in den Adern des kurländischen Adels kreiste viel polnisches Blut. Livland dagegen und auch das reiche Riga waren immer am nachdrücklichsten für ihre deutsche Eigenständigkeit eingetreten. Riga war die größte und weitaus bedeutendste Handelszentrale des Baltikums, deren Bindungen zu Deutschland jahrhundertealt waren. Zur Ordenszeit hatte der Ordensmeister seinen Sitz in Wenden oder in Riga gehabt. Seit Peter dem Großen war Riga mehrfach die Hauptstadt des ganzen Baltikums gewesen. Im livländischen Dorpat befand sich die einzige Universität des Baltikums, in Riga das einzige Polytechnikum. Auch die Aussprache des Deutschen ist bei den Angehörigen der drei Provinzen so verschieden, daß ein Balte sie schon daran sofort erkennt.

Am Senat in Sankt Petersburg
Von 1915 bis zur Abdankung des Kaisers Nikolaus II

Nach einem schönen Sommer in Ruil kehrten wir im Herbst 1915 nach Dorpat zurück, wo ich bald darauf eine Mitteilung des Justizministeriums erhielt, daß ich an den Senat, den höchsten Gerichtshof Rußlands, der seinen Sitz in Petersburg hatte, abkommandiert sei. Es war mir natürlich sehr lieb, daß ich dorthin und nicht in eine andere Stadt des weiten Rußlands abgeordnet worden war, lag doch Petersburg nur etwa 6 Eisenbahnstunden entfernt. Außerdem hatte ich in Petersburg eine Reihe guter Freunde und auch Verwandte. Mein Bruder Sascha lebte damals auch wieder in Petersburg, weil seine Tätigkeit in Dorpat, wo er die große Aktienbrauerei A.Le-Coq geleitet hatte, infolge des schon im Jahre 1914 erlassenen Alkoholverbots ein Ende gefunden hatte. Zu meiner großen Freude traf ich im Senat meinen Warschauer Freund Micha Bulmerincq wieder, der ebenso wie ich diesem Gerichtshof zugeteilt worden war. Allerdings arbeitete er im Kriminal-Kassations-Departement, ich aber im IV. Departement, in dem alle Revisionsklagen gegen die Urteile sämtlicher Ober- bzw. Generalkonsistorien (mit Ausnahme des orthodoxen, die an den Allerheiligsten Synod gingen) gegen die Entscheidungen aller Kommerzgerichte (mit Ausnahme des Warschauer) wie auch gegen alle nach dem Koran oder Scheriat (islamische Pflichtenlehre) gefällten Entscheidungen zusammenliefen. Auch im Senat hatte ich bald die besten Beziehungen zu den Herren Senatoren (Reichsgerichtsräten), den Herren von der Oberprokuratur (Reichsanwaltschaft) und zu der Kanzlei. Von den sechs Senatoren des IV. Departements waren bloß vier Juristen, allerdings alle mit hervorragenden Kenntnissen, nämlich der sog. Erstvorsitzende Dobrowoljski, ein Spezialist in allen Fragen des Handels- und Wechselrechts, Senator Almquist, ein finnländischer Schwede, Senator Rudolf von Freymann[58], ein Livländer, und noch einer, dessen Name mir entfallen ist. Die anderen zwei Senatoren hatten keine juristische Bildung bekommen, waren in ihrer Art aber auch von Nutzen. Der eine, Senator Sultan Krym-Girei, ein Nachkomme der ehemaligen Beherrscher der Krim, war Mohammedaner mit einem typisch tatarischen Gesicht, dunkelbraunen Augen und einem langen wallenden weißen Vollbart. Von den Formalitäten des Zivilprozesses hatte er keine Ahnung, war außerdem so harthörig, daß er der

[58] Rudolf v. Freymann (1860-1934), 1888 im Justizministerium. DBBL, S. 226.

Verhandlung in keiner Weise folgen konnte. Er war aber ein anerkannter Kenner des Koran und daher in allen diesbezüglichen Fragen Autorität. Der andere, General Lusanow, war früher Militärjurist gewesen, so daß zivilrechtliche Probleme ihm fremd waren. Er war aber von sehr gesundem Menschenverstand und von großer Freundlichkeit, was ja auch was wert ist. Mit ihm wurde ich bald besonders befreundet.

Die Tätigkeit der Senatoren beschränkte sich auf das Fällen der Entscheidungen, und zwar bloß zur Resolution, während sowohl der Vortrag der Sachen wie auch die schriftliche Begründung der Entscheidungen dem Sekretariat unter der Aufsicht des Oberprokureuren oblag. Sitzungen fanden nur einmal wöchentlich statt. Sie dauerten von 12 bis spätestens 4 Uhr nachmittags. Das Kollegium bestand aus drei Senatoren, in besonders wichtigen Sachen aus fünf. Nur der Erstvorsitzende und einer der Senatoren mit juristischer Bildung kannten die Akten. Die übrigen Richter wurden erst während der Sitzung über den Inhalt der Akten unterrichtet. Nach Abschluß der Verhandlung wurde dem Senat zugleich mit den Akten ein sog. „Journal“ mit dem fertig formulierten Text der Resolution überreicht, die nach einer uralten Tradition mit dem Satz eingeleitet wurde: „Soll nicht in diesem Falle wie folgt entschieden werden?“, worauf der Tenor der Entscheidung folgte. An den freigelassenen Rand schrieb der Erstvorsitzende, wenn der Senat mit der vorgeschlagenen Resolution einverstanden war: „Soll“, war er nicht einverstanden: „Soll nicht“, worauf diese höchst lakonischen Worte vom jeweiligen Bestand des Senatorenkollegiums unterzeichnet wurden.

Außer der Vorbereitung und der Begründung der Entscheidungen hatte ich noch mehrere Denkschriften über recht verwickelte und interessante Probleme aus den verschiedensten Rechtsgebieten zu verfassen, die zu der Zuständigkeit des IV. Departements des Senats gehörten. Diese Denkschriften wurden nach genauester Prüfung durch den Oberprokureur und den Departement-Erstvorsitzenden in der ganz vorzüglich ausgestatteten Typographie des Senats in etwa 200 Exemplaren gedruckt, um allen gegen hundert Senatoren zugeschickt zu werden, die dann in einer Plenarversammlung ihr Votum abgaben. U.a. entsinne ich mich einer Denkschrift, die ich über die Rechte und Pflichten der Dispatcheure, d.h. der richterlichen Beamten, die Fälle von Havarien zu entscheiden hatten, im Hafen von Wladiwostok verfassen mußte. Dazu mußte ich natürlich in die sehr komplizierte Materie der Havarien eindringen und eine Menge Quellenstudien machen. Leider wurde mein sehr umfangreicher Entwurf von der Plenarversammlung des Senats nach langer Verhandlung abgelehnt, was mir sehr nah ging, da meine viele Arbeit und Mühe umsonst gewesen war. Der Senator Lusanow, dem ich mein Leid klagte, sagte mir: „Lieber Wladimir Juljewitsch, nehmen Sie sich doch das nicht zu Herzen. Sogar das Pferd, das doch vier Beine hat, stolpert; wie sollen wir Ärmsten, die doch nur zwei haben, nicht erst recht straucheln!" Typisch russisch. Die allgemeine Versammlung des Senats fand in einem riesigen Saal statt, unter strengster Beobachtung eines uralten, aus der Zeit Peters des Großen stammenden Zeremoniells. Das Bild war wirklich imposant: gegen hundert meist sehr guter Charakterköpfe, viele mit weißen Vollbärten, alle Herren in ihren roten, goldgestickten Paradeuniformen, die Degen an der Seite, alle mit breiten Ordensbändern über der Brust.

Die Akten des Senats waren oft sehr umfangreich. So hatte ich einen Fall zu bearbeiten, der sich auf die Tätigkeit des chinesischen Hauptlieferanten bei dem Bau der ostsibirischen Bahn, dessen Namen ich vergessen habe, und einen litauischen Ingenieur mit dem klangvollen Familiennamen Bileischis bezog. Die Akten dieses schon gegen zehn Jahre alten Prozesses wogen über einen Zentner.

Hartmann berichtet anschließend, daß er in Petersburg sehr zurückgezogen lebte und kaum Familienverkehr hatte, und nennt dann doch einige baltische Häuser. Baltischen Verkehr pflegte er während der Weihnachts- und Osterferien in Dorpat, wo infolge des Vormarsches der deutschen Truppen zahlreiche aus ihrer Heimat verdrängte Kurländer sich niedergelassen hatten, die in den Jahren 1915 – 1917 als vergnügte Flüchtlinge der Dorpater Geselligkeit ein besonderes Gesicht gaben.

In der Dorpater deutschen Gesellschaft herrschte eine große Zuversichtlichkeit in bezug auf die Zukunft der baltischen Heimat. Es schien sicher zu sein, wenigstens wurde es von den meisten angenommen, daß Deutschland sich das gesamte Baltikum, einschließlich Litauens, in dieser oder jener Form als Bundesstaat eingliedern werde, und daß ein jahrhundertealter Wunschtraum dadurch endlich sich verwirklichte: die Rückkehr ins Reich. Wer daran und auch überhaupt an einem Endsieg Deutschlands auch nur den leisesten Zweifel zu hegen sich erlaubte, wurde als „krank", alle anderen als „gesund" bezeichnet.

Da ich während des Krieges mehr als die meisten meiner Landsleute gesehen und gehört hatte und auch die Stärke der mit Rußland verbündeten

Großmächte höher einschätzte wie sie, hatte ich oft das traurige Gefühl, mit meinen Gedanken allein stehen zu müssen. Nur zu gerne hätte ich ihre Siegesgewißheit geteilt! Um die Stimmung der anderen nicht zu trüben, behielt ich meine Meinung meist für mich. [...]

Im Sommer 1916 hatte ich im Senat ein recht unerfreuliches Erlebnis, das für mich hätte recht verhängnisvoll werden können, aber gerade noch gut ablief. Angeregt durch die Nachrichten vom blitzartigen Vordringen der Deutschen in Rumänien unter dem Oberbefehl des Marschalls v. Mackensen, hatte ich im kartografischen Institut des russischen Generalstabes ein große Karte Rumäniens gekauft. Anhand dieser Karte hatte ich im Senat meinen Bekannten die Entwicklung der Kriegshandlungen erläutert. Etwa eine Woche später bekam ich vom Oberprokureur (Oberreichsanwalt), Geheimrat Utin, einem klugen aber wegen seiner Hinterhältigkeit sehr unbeliebten und gefürchteten Karrieristen, eine sehr höflich gehaltene Aufforderung, mich in dienstlichen Angelegenheiten zu ihm bemühen zu wollen. Ohne etwas Besonderes zu ahnen, ging ich zu Utin. Nach einer etwas gehaltenen Begrüßung eröffnete er mir, ihm sei berichtet worden, ich hätte mich in „germanophiler“ Weise über den Krieg in Rumänien geäußert. Er, Utin, habe sich daraufhin veranlaßt gesehen, den Justizminister über mein Verhalten zu unterrichten. Der Minister habe ihm aufgetragen, mich um eine schriftliche Erklärung zu ersuchen, damit er bei seinem nächsten Vortrage am Donnerstag, seiner Majestät das Material zur Entscheidung zur Verfügung stellen könne. Da ich als Richter und Mitglied eines Bezirksgerichtes unabsetzbar sei und nur aufgrund eines Gerichtsurteils oder auf Befehl des Kaisers meines Amtes enthoben werden könne, müsse diese Angelegenheit vom Kaiser persönlich entschieden werden. Zunächst war ich ziemlich erschüttert. Ich faßte mich aber schnell und beschloß, den Spieß umzudrehen, eingedenk des Grundsatzes, daß der Angriff die beste Verteidigung sei. So begann ich denn meine Erklärung mit den Worten, ich hoffte, seine Exzellenz, d.h. Utin, halte mich nicht für so blödsinnig, daß ich, als Deutscher, ausgerechnet in der Hochburg der Zarentreue, dem Senat, es unternehmen würde, gegen Rußland Stimmung zu machen. Ich sei vielmehr von der Annahme ausgegangen, daß die Herren Senatoren, wie alle patriotisch denkenden Russen, von demselben Interesse für den Krieg erfüllt seien, wie ich. Es müßte ihnen doch vor allem daran liegen, die Wahrheit zu erfahren, da bekanntlich nichts gefährlicher sei, als den Kopf in den Sand zu stecken und sich in Illusionen zu wiegen, vor allem, den Feind zu unterschätzen. Im übrigen würde er, Utin, es wohl verstehen, wenn ich in der mißlichen Lage, in die er mich durch seinen übereilten Vortrag beim Justizminister versetzt habe, meine Gegenmaßnahmen treffe und meine nicht wenigen einflußreichen Bekannten, die zum Zaren in persönlicher Beziehung ständen, bäte, sich für mich bei seiner Majestät einzusetzen. Je länger ich sprach, desto aufmerksamer lauschte Utin meinen Worten. Als ich geendet hatte, meinte er, die Sache sei ja gar nicht tragisch, er beabsichtige jedenfalls, sie als absolut harmlos beim Minister hinzustellen. Er bot mir übrigens eine sehr gute Zigarre an, fragte mich, wie es mir im Senat gefalle usw. Offenbar fürchtete er, daß ich seine Rolle bei meinen einflußreichen Freunden nicht sehr schmeichelhaft darstellen würde. Schließlich bat mich Utin, den Vorfall als erledigt zu betrachten, und wir schieden als die besten Freunde. Da ich aber die Unberechenbarkeit der russischen Verwaltung, besonders der politischen Geheimpolizei gut kannte, durchstöberte ich nach meiner Heimkehr mein Zimmer nach Papieren, Büchern, Fotographien oder Zeitungen, die mich belasten könnten. Ich fand aber nichts außer einem Spiel deutscher Patiencekarten, das ich vernichtete. Meine Befürchtungen erwiesen sich aber als unbegründet, und ich wurde nicht weiter behelligt. [...]

Durch Scharlach war ich kurz danach über sechs Wochen ganz von der Außenwelt isoliert worden und hatte auch kaum Zeitungen gelesen. Nur von dem mich behandelnden Arzt, einem freundlichen alten Russen, erfuhr ich, daß es im Volk beträchtlich gäre, da die Lage an der Front, trotz größter Anstrengungen, schlecht sei und auch schon gewisse Ernährungsschwierigkeiten in den größeren Städten aufgetreten seien. Dies nützten natürlich die sehr tätigen extrem linken Parteien der Sozialisten, Sozialrevolutionäre und Maximalisten (Bolschewiken) zu ihrer zersetzenden Propaganda aus.

Als ich wieder in die Pension zurückkehrte, fand ich Petersburg völlig verändert. Überall schwirrten Gerüchte von Verrat, von einem möglichen Separatfrieden und anderem mehr.

Da man seit dem Herbst 1916 den deutschen Vormarsch und Kampfhandlungen auf der Linie Dorpat-Pernau befürchtete, beschloß Hartmann, wertvolle Gemälde und Porzellan der Schwiegermutter nach Petersburg in Sicherheit zu bringen, was ihm auch mit größten Schwierigkeiten glückte, jedoch mit der Folge, daß er diese Sachen nie mehr wiedergesehen hat.

Gegen Ende 1916 mehrten sich die Sturmzeichen am russischen innerpolitischen Himmel. Obwohl ich niemanden kannte, der zu den extrem linken Parteien gehörte oder auch nur ihnen nahe stand, erfuhr ich doch durch meine Beziehungen, daß es im russischen Volke böse aussehe. Die Gerüchte um den unheilvollen Einfluß von Rasputin und um die wachsende Unbeliebtheit der Kaiserin hatten allmählich eine Atmosphäre geschaffen, die sich zu einer Gefahr nicht nur für die Dynastie, sondern auch für den Bestand des ganzen Staates auswuchs. Obwohl ich mit dem Herzen ganz auf Deutschlands Seite stand, war ich doch erschüttert von der Sorglosigkeit, ja der Gleichgültigkeit, mit der die höchsten Würdenträger diesen nicht bloß in der Phantasie bestehenden Gefahren gegenüberstanden. In allem und jedem fehlte eine energische Hand.

Im Dezember 1916 wurde Rasputin, der allgemein als eine Schmach und eine fluchwürdige Schande empfunden wurde, von einigen russischen Patrioten – dem jungen Großfürsten Michael, dem Fürsten Felix Jussupow und dem Dumaabgeordneten Puryschkiewitsch – ermordet und seine Leiche durch ein Loch im Eise in die Newa versenkt[59]. So sehr durch diese Tat auch die öffentliche Meinung aufgewühlt wurde, so ging doch anscheinend bald alles wieder seinen alten Trott.

Ende Februar treten der Bruder Sascha und Alek Staël v. Holstein[60] eine Reise nach dem Fernen Osten an. Hartmann bezieht Aleks Wohnung mit kostbarer, aber äußerst unbequemer chinesischer Einrichtung.

In Petersburg war der Boden Anfang 1917 zusehends heißer geworden. Immer stärker wurde in mir der Wunsch, die mir so unsympathisch gewordene Stadt so bald wie möglich zu verlassen. Das sehr zahlreiche und auffallend dürftig gekleidete, wenig disziplinierte Militär machte von Tag zu Tag einen schlechteren Eindruck. Mehr denn je sah man lichtscheues Gesindel sich mit Soldaten verbrüdern und in angezechtem Zustande herumtreiben. Die Schlangen vor den Lebensmittelläden wurden von Tag zu Tag länger, man hörte Rufe gegen den unerträglichen Krieg, kurz, es war deutlich zu merken, daß sich etwas sehr Schlimmes vorbereitete.

---

59 Zum Zustand der Regierung, der rechtsradikalen Opposition unter dem Duma-Abgeordneten Puriškewič und zur Rolle Rasputins s. Stökl, S. 604, 608 ff.; Vladimir Mitrofanosovic Puriškewič (1870-1920), Mitglied der 2. und 3. Duma-RuBA.

60 Alexander Bar. v. Staël v. Holstein (1876-1936/37), Sanskritologe, 1916 Prof. in Peking. DBBL, S. 755 f.

Am 26. Februar befand ich mich auf dem Wege in den Senat plötzlich inmitten einer großen demonstrierenden aufgeregten Volksmenge, die den weiten Platz vor der Isaakskathedrale füllte und laut nach Brot und Frieden verlangte. Die sonst immer zahlreichen Polizisten waren wie vom Erdboden verschluckt. Plötzlich näherte sich in schnellem Trabe aus einer Seitenstraße eine Kosakensotnie (Hundertschaft) hoch zu Roß und mit aufgepflanzten Piken. Zu meinem grenzenlosen Erschrecken und – ich kann wohl sagen – Erstaunen, trieben die Kosaken das Volk aber nicht auseinander, sondern mischten sich in die drohende und schreiende Menge, was vom Pöbel mit lauten Hurrarufen begrüßt wurde. In schweren Gedanken ging ich nach Hause. Was ich eben gesehen hatte, war nur ein zu deutliches Zeichen, daß die revolutionäre Bewegung schon auf das Militär übergegriffen hatte.

Am folgenden Tage ging ich wieder, wie gewöhnlich, gegen 11 Uhr in den Senat. Das ganze Stadtbild hatte sich vollkommen gewandelt. Haufen von schlecht gekleideten Arbeitern mit ihren Weibern trieben sich auf den Straßen herum. Mit ihnen Soldaten von zweifelhaftem Aussehen. Im Senat herrschte vollkommene Ratlosigkeit und Verwirrung; an Arbeiten war nicht zu denken. Als ich gegen 3 Uhr das Senatsgebäude verließ, fielen mir eine Menge Lastautos auf, die anscheinend ohne Ziel durch die Straßen hin und her jagten. In den Autos und auf Trittbrettern standen bewaffnete Soldaten und Arbeiter, geschmückt mir roten Schleifen. Wilde Gerüchte liefen um. So wurde erzählt, was sich übrigens später als richtig erwies, das litauische Garde-Infanterie-Regiment habe als erstes gemeutert, ihm hätten sich mehrere andere Garde-Regimenter angeschlossen. Viele Offiziere seien umgebracht. Als sicher wurde auch berichtet, die Reichsduma, das russische Parlament, sei in schärfste Opposition zur Staatsregierung getreten, habe ein neues Kabinett gefordert und sei darauf aufgelöst worden.

Als ich am nächsten Tage wieder in den Dienst gehen wollte, hörte ich entferntes Schießen, meist einzelne Schüsse, dann aber auch ganze Salven und das Tacken von Maschinengewehren. Trotzdem der Verkehr nicht abgenommen, sondern eher noch zugenommen hatte, war kein Polizist zu sehen. Geballte Volksmengen fluteten anscheinend ziellos bald hierher, bald dorthin. Als ich über die große Newabrücke ging, sah ich im Osten, in der Gegend des Litejny Prospekts eine große Rauchfahne; wie sich später herausstellte, brannte das Bezirksgericht, das von Verbrechern, die ihre Freunde aus dem neben dem Bezirksgericht gelegenen Gefängnis befreien wollten, angezündet worden war. Im Senat herrschte ein geradezu fürchterliches

Durcheinander, das in schroffem Gegensatz zu dem sonst so feierlichen Gehabe stand. Ein Gerücht jagte das andere. Es war beschämend zu sehen, wie wenig die Herren Senatoren unter dem Einfluß der Furcht ihre Würde zu wahren verstanden.

Überall in der Stadt wurde wahllos geschossen. Wo ein Polizist sich zeigte, wurde Jagd auf ihn gemacht und die Erhaschten meist gleich an Ort und Stelle umgebracht. Überall wurden die großen Zarenadler der Hoflieferanten unter lautem Beifallsgebrüll des Janhagels *(Pöbel)* entfernt. Im Senat erfuhr ich, daß in der vergangenen Nacht im Taurischen Palais eine neue Volksvertretung aus radikalen und radikalsten Elementen zusammengetreten sei, vom Kaiser der Verzicht auf den Thron verlangt wurde und man annehmen könne, daß der Kaiser zurücktreten werde. Eine große Menge unbeliebter Würdenträger, unter ihnen auch der Oberprokureur Utin, war verhaftet und ins Taurische Palais verschleppt worden, um gleich „abgeurteilt" zu werden.

Am erstaunlichsten war aber die Haltung der Herren Senatoren, dieser Hüter des Zarentums. Sie schwatzten von einer großen unblutigen Revolution, waren begeistert, daß jetzt endlich der wirkliche Russe zur Sprache komme und konnten sich nicht in Optimismus in Bezug auf die Folgen der Revolution genug tun. Alle meine Vorstellungen, daß es doch auf der Hand läge, daß das anständige Rußland mit Riesenschritten seinem Untergang zueile, fanden kein Verständnis.

Am folgenden Tage war ich Zeuge eines erbärmlichen und erschütternden Schauspieles: der neue Justizminister Kerenski[61], der wie ein jüdischer Akteur aussah, erschien im Senat in einer saloppen österreichischen Joppe und vereidigte die Senatoren auf die temporäre Regierung, ohne daß sich ein Protest erhoben hätte. Ich entzog mich dieser Farce.

An der Front konnte sich die Revolution noch nicht gleich durchsetzen. Vergeblich versuchten einige kaisertreue Militärs, die gesetzliche Lage wieder herzustellen, doch waren ihrer zu wenige und die Demoralisation in der Truppe schon zu weit vorgeschritten.

Mit dem Rücktritt des Kaisers am 2. / 15. März 1917 trat eine gewisse Beruhigung ein. In der Provinz, auch im Baltikum, war die Revolution ohne große Erschütterungen Siegerin geworden. Bald wurde auch in Petersburg in den Behörden und Gerichten die Arbeit wieder aufgenommen. In unse-

---

[61] Aleksandr Fjodorovič Kerenskij (1881-1970), Rechtsanwalt, Führer der Trudoviki-Partei, 1917 Justizminister, seit Mai Kriegsminister, seit Juli Ministerpräsident. Zur Februarrevolution s. Stökl, S. 635-639.

rem vierten Departement war an die Stelle des zurückgetretenen Sultan Krym-Girei der sehr intelligente und gelehrte Professor Pergament[62], ein Jude, berufen worden. Pergament, der meine Übersetzung des Kommentars zum Code Napoléon kannte, stellt sich besonders freundschaftlich zu mir und schlug mir vor, mir dazu zu verhelfen, Mitglied des Petersburger Oberlandesgerichts zu werden. Zuvor müsse ich aber aus formellen Gründen zum Mitgliede des Petersburger Bezirksgerichts ernannt werden und dort einige Zeit Dienst tun. Diese Ernennung erfolgte denn auch etwa Mitte März. Ich machte auch einige Sitzungen mit, beschloß aber bald darauf, den Dienst zu quittieren und zwar, ohne Abschied zu nehmen, um nicht doch eventuell in Petersburg zurückgehalten zu werden. Nach dem Sturz der Monarchie empfand ich keinerlei Bindungen mehr zu Rußland und fuhr eines guten Tages, nachdem ich bloß von lieben Freunden Abschied genommen hatte, nach Dorpat weg.

Ich kann nicht sagen, daß mir der Entschluß ganz leicht fiel, war mir doch die Tätigkeit des Richters interessant und kongenial. Ich zweifelte aber nicht, daß ich in der Heimat eine Tätigkeit finden würde, wo ich so viele gute Freunde und alte Beziehungen hatte. Allerdings war mir schon damals klar, daß ich mich von Grund aus würde umstellen müssen.

---

[62] Michail Jakovlevič Pergament (1866-1932), Jurist, 1907-1912 in der 2. Duma. RuBA.

Von Revolution zu Revolution in Dorpat März 1917 bis Februar 1918

Meine Fahrt nach Dorpat war mit beträchtlichen Schwierigkeiten verbunden. Alle Züge waren bis zum Brechen vom übelsten Pöbel und desertierten Soldaten überfüllt, die sich auch in die erste und zweite Klasse drängten, in allen Korridoren auf dem Fußboden schliefen und die Luft mit ihrem abscheulichen Tabak verpesteten.

Wanda und alle meine Freunde fanden meinen Beschluß, den Staatsdienst zu verlassen, sehr richtig und versicherten mir, daß ich sicherlich in der Heimat bald Arbeit finden würde. So blieb ich denn, ohne amtlich um meinen Abschied zu bitten, in Dorpat.

Nachdem ich mich einige Wochen von den Petersburger Eindrücken und Erlebnissen erholt hatte, fing ich an, im Anwaltsbüro meines Vetters Walter von Roth[63], der mich darum bat, zu arbeiten. Walter befaßte sich damals in der Hauptsache mit Kriegsentschädigungssachen. Da ich das Russische besser als die Dorpater Anwälte beherrschte, konnte ich Walter nicht unwesentliche Dienste leisten. Bei Verhandlungen mit den russischen Behörden, die in Dorpat noch einigermaßen funktionierten, kam mir auch mein Dienstgrad als Staatsrat zugute.

Den Sommer verbrachten wir mit meiner Schwiegermutter in dem hübschen Villenort Kabbina, der etwa 6 Kilometer von Dorpat nach dem Peipussee zu am Embach lag. In Kabbina [...] ging ich häufig auf Enten- und Schnepfenjagd. Ab und an fuhr ich auch nach Dorpat und arbeitete einige Stunden im Büro von Walter Roth.

Unterdessen war in Petersburg der Einfluß des extremsten Flügels der Revolutionäre, der Bolschewiken, unter ihrem Führer Lenin immer mehr erstarkt. Ein Versuch der Bolschewiken im Juni, die Macht an sich zu reißen, war gescheitert, doch konnte die temporäre Regierung sich zu keiner wirklich energischen Maßnahme gegen die Bolschewiken entschließen. Schon im Frühling war die Kaufkraft des russischen Geldes bedeutend gesunken. Anstatt der früheren Rubelscheine mit den Emblemen des verhaßten Zarismus wurde der sogenannte Kerenskirubel in Umlauf gesetzt, ein äu-

[63] Walter v. Roth (1889-1969), 1914-1919 Rechtsanwalt in Riga und Dorpat, später in Berlin. Gründete 1946 die Oberschule in Wyk auf Föhr. Alb. Liv., Nr. 1219.

ßerst unansehnliches Papiergeld, das sich auf das Unvorteilhafteste vom früheren Gelde unterschied.

Bald nach Ostern war den Litauern, Letten und Esten eine weitgehende Selbstverwaltung verliehen worden. Livland hörte auf zu existieren. Aus seinen vier nördlichen Kreisen Werro, Fellin, Dorpat und Pernau und einem Teil des Walkschen Kreises und dem ehemaligen Gouvernement Estland wurde ein neues Estland[64] gebildet, während die südlichen Kreise Livlands mit dem Gouvernement Kurland zu Lettland vereinigt wurden. Die politische Grenze zwischen den beiden neuen Gebilden lief längst der estnisch-lettischen Sprachgrenze.

Im Oktober 1917 machten sich die Bolschewiken, die dem Volke Frieden, Brot und Land versprachen, endgültig zu Herren der Lage.

Seit dem Herbst 1917 arbeitete ich fast täglich im Büro von Walter Roth. Er hatte eine sehr zahlreiche Klientel, die sich hauptsächlich aus Großgrundbesitzern der Kreise Dorpat und Werro zusammensetzte. Den Verhältnissen entsprechend handelte es sich weniger um Zivil- und Strafsachen, wie in der Hauptsache um Geschäfte und Transaktionen, die bezweckten, gefährdete Vermögen zu retten, Geld durch Hauskäufe oder Erwerbung von ausländischer Valuten wertbeständig anzulegen, Kapitalien flüssig zu machen, um sie ins Ausland zu schaffen und – endlich – um eine große Zahl von Kriegsschadenssachen, die zwar ziemlich aussichtslos schienen, dennoch aber bearbeitet werden mußten.

Noch arbeiteten die Gerichte und Behörden mehr oder weniger normal, aber unter dem lastenden Druck der Verhältnisse und der allgemeinen Unsicherheit hatte alles einen mehr zeitweiligen und problematischen Charakter erhalten. Einerseits wußten alle, daß die Bolschewiken bald mit sämtlichen früheren staatlichen Einrichtungen reinen Tisch machen würden, andererseits konnte man mit ziemlicher Bestimmtheit voraussagen, daß die deutsche Heeresleitung jetzt, wo die russische Front vollkommen erweicht war, nicht mehr lange inaktiv bleiben werde. Schon lag die Front auf der Höhe

---

[64] Nach der Verordnung der russischen Provisorischen Regierung vom 30. März / 12. April 1917 gehörte außer den genannten Kreisen auch die Insel Oesel (mit Moon), bis dahin ebenfalls Gouvernement Livland, zur neugebildeten administrativen Einheit Estland unter der Verwaltung eines Gouvernementkommissars, des Esten Jaan Poska, Stadthaupt von Reval. Ihm zur Seite stand eine Volksvertretung, estn. „Maapäev“ (=Landtag) mit dem Recht, Verordnungen zu erlassen. Die Landtage der Ritterschaften verloren damit ihre gesetzgebenden Kompetenzen. Uustalu, Die Staatsgründung Estlands, in: Von den baltischen Provinzen zu den baltischen Staaten 1917-1918, Marburg 1971, S. 275.

von Wenden, es würde ein Leichtes sein, sie bis an den Finnischen Meerbusen zu verlegen, um die deutschen Volksgenossen, die aufs Äußerste bedroht waren, vor dem Untergang zu bewahren. Dennoch verging ein Tag nach dem anderen, ohne daß eine Änderung eingetreten wäre. Eine besondere Lebensmittelknappheit war nicht zu spüren.

Die nichtbolschewistischen Richter und Beamten, und andere gab es eigentlich noch nicht, zeigten uns Deutschen gegenüber die größte Zuvorkommendheit. Ihre Lage war natürlich eine viel schlimmere wie unsere, da sie die auch von ihnen als sicher bevorstehende Einnahme des ganzen Baltikums durch die Deutschen nicht wie wir als eine Erlösung ansehen konnten. Aus den Gesprächen mit besser bekannten Russen war aber doch deutlich herauszuhören, daß sie ebenfalls eine Herrschaft der Deutschen der bolschewistischen vorziehen würden.

Da ich Walter Roth häufig auch als Juriskonsult der Dorpater Bank, des größten Kreditinstitutes in Dorpat, vertrat, kam ich mit vielen mir bis dahin nicht bekannten Personen in Berührung.

Nach dem bolschewistischen Umsturz vom Oktober 1917 wurden auch vielen Dorpater Behörden bolschewistische Kommissare beigeordnet, die von Tuten und Blasen keine Ahnung hatten, sich aber ungeheuer groß vorkamen. Zur Bezahlung ihres Verwaltungsapparates bekamen die Bolschewiken das Geld aus Petersburg, doch oft mit großen Verspätungen. Um die Spanne bis zum Eintreffen des Geldes zu überbrücken, machte der Dorpater Finanzkommissar, ein Kaukasier namens Kiknadse, bei der Dorpater Bank Zwangsanleihen, die aber merkwürdigerweise immer ganz ordentlich zurückbezahlt wurden, wenn das Geld aus Petersburg kam. Die Verhandlungen mit Kiknadse und seinen Genossen im Dorpater Kreissowjet wurden immer von mir geführt, da das Russische mir geläufig war und ich mich nicht scheute, in die Höhle der Löwen zu gehen. Nach Erledigung des Geschäftlichen kam es oft zu langen allgemeinen Unterhaltungen über politische und ideologische Fragen, die manchmal einen etwas ungemütlichen Verlauf nahmen.

Seit Mitte November erschien in Dorpat eine bolschewistische Tageszeitung in russischer Sprach, der „Molot“ (Hammer), die gegen alles Althergebrachte, vor allem gegen die so verhaßte Bourgeoisie und ihre Schleppenträger wetterte.

Die zwischen Riga und Wenden verlaufende russisch-deutsche Front zerbröckelte immer mehr, weil die russischen Soldaten einfach nach Hause gingen. Man hörte viel von Verbrüderungen zwischen russischen und deutschen Militärs; zu Kampfhandlungen kam es überhaupt nicht mehr.

Weihnachten und Neujahr gingen ohne besondere Ereignisse vorüber. Anfang Januar kam es auf dem etwa 6 Kilometer von Dorpat gelegenen Techelferschen Gesinde Kulli, das einem Herrn von Bock gehörte, zu einer heftigen Schießerei zwischen den Herren Kurt von Anrep-Kerstenshof[65], Arved von Zur-Mühlen-Sennen[66] und Guido von Glasenapp[67], die sich dort mit ihren Frauen und Kindern versteckt hielten, und einer bolschewistischen Soldaten-Abteilung, die die Herren festnehmen wollten. Gegen 10 Bolschewiken wurden von den Herren totgeschossen, so daß die übrigen Bolschewiken das Feld räumten, um Verstärkung zu holen. Unter dem Schutz eines plötzlich eingetretenen Schneegestöbers gelang es den Herren mit ihren Familien, nach Fellin zu fliehen. Nach diesem Vorfall wurde die Luft in Dorpat wesentlich dicker. Mehr denn je hetzte der „Molot“ gegen alles Deutsche. Eine bolschewistische Verordnung verbot unter Androhung drakonischer Strafen das Hamstern von Lebensmitteln. Der Besitz von Edelmetallen mußte angezeigt werden, Gegenstände aus Silber, die mehr wie 2 Pfund wogen, unterlagen der Beschlagnahme. Natürlich kehrte sich niemand an diese Bestimmungen.

Unglücklicherweise besaß meine Schwiegermutter sehr viel und sehr wertvolles Silber, ich ebenfalls, da ich von Tante Alice das ganze alte Sommerpahlensche Silber geerbt hatte; außerdem hatte Fritz Moeller uns einen Teil seines Silbers zur Aufbewahrung gegeben, darunter eine alte Erb-Terrine aus dem XVII. Jahrhundert mit dem Wappen. Alles Silber hatten wir in einem großen kommodenartigen Stahl-Safe im Korridor eingeschlossen, was leider auch unsere zwei Stubenmädchen gesehen hatten.

Am 24. Januar 1918 erschien im „Molot“ ein Dekret, das alle Angehörigen der deutschen Oberschicht für vogelfrei erklärte. Am 27. sagte mir mein Freund Karl Staël, der mit seiner Mutter und seiner Familie den unteren Stock des Hauses, in dem auch unsere Wohnung lag, bewohnte, er habe gehört, daß in der kommenden Nacht alle deutschen Bourgeois verhaftet werden würden.

---

65 Konrad (Kurt) v. Anrep (1866-1922), auf Kerstenhof (Livl.), Landrat, Alb. Liv. Nr. 934 f.

66 Arved v. zur Mühlen (1883-1945), auf Sennen (Livl.). R. v. Brasch, In memoriam Arved von zur Mühlen, in: Balt. Hefte Jg. 5, H. 1, S. 8f.

67 Guido v. Glasenapp (1897-1943), Landwirt. Alb. Liv., Nr. 1299 f.

Meine Schwiegermutter und Wanda waren Gottlob so klug, sich ihre wertvollsten Schmucksachen zur Nacht anzulegen. Unbegreiflich törichterweise ließ ich das Silber im Safe. Allerdings waren wir in Bezug auf solche Willkürmaßnahmen noch völlig unerfahren und naiv und konnten uns nicht vorstellen, daß die Bolschewiken sich bereits zu richtigen Räubern entwickelt hätten.

Den Abend bis gegen 12 Uhr verbrachte ich mit Karl Staël und Baron Werner Wolff[68] bei einer guten Flasche Wein und ging dann, ohne schlimme Vorahnungen, schlafen. Gegen 2 Uhr (28. Januar 1918) wurde heftig geschellt, und eine Bande bewaffneter Soldaten drang in unsere Wohnung. Alles mußte gezeigt werden: Vorräte, Bestecke und Goldsachen. Sogar das Kinderzimmer wurde von oben bis unten durchsucht. Die Kinder mußten aufstehen und ihre Matratzen heben, ja sogar die Puppen wurden untersucht. Merkwürdigerweise verlangten die Kerle sofort die Öffnung des sehr unauffälligen Safes im Korridor und die Herausgabe des dort befindlichen Silbers. Offenbar waren sie durch jemanden, wie unsere sehr treue und kluge Köchin Anna vermutete, durch das ältere Stubenmädchen, unterrichtet worden. Es war ein beschämendes Gefühl, zusehen zu müssen, wie dieses Gesindel gegen 2 Zentner schönen alten Familiensilbers wegschleppte. Bei der Durchsuchung stahlen sie eine mir sehr liebe schöne goldene Uhrkette, ein Andenken an meinem Vater; ein recht hübsches, mit Brillianten verziertes Jeton, das mir die polnischen Gutsbesitzer und Geistlichen bei meinem Abschied aus Lask überreicht hatten, und eine goldene Damenuhr meiner Schwiegermutter. Auch einige Vorräte wurden beschlagnahmt. Da die Sachen zu schwer waren, wurden sie auf eine Droschke geladen. Ich und ein Universitätskamerad von Wolf, Otto von Schroeder[69], wurden verhaftet und mußten den Kerlen folgen, die uns in das Spritzenhaus am Embach geleiteten. Als am anderen Morgen Wanda zu den Kindern kam, war Alice begeistert über die nächtlichen Begebnisse. Sie müsse gerade einen Aufsatz nach ihrer Wahl schreiben, und da hatte sie doch wirklich Interessantes zu erzählen.

Mein Schwager Wolf selbst war mit Walter Roth, mit dem er eine sogenannte Studentenbude in der Johannesstraße bewohnte, einige Tage vorher

---

[68] Werner Bar v. Wolff (1871-1937), 1918/19 Stoßtrupp der Landeswehr. Alb. Liv., Nr. 1097.

[69] Otto v. Schroeder (1892-1979), Arzt, zuletzt in Medingen. Alb. Liv., Nr. 1241.

aus Dorpat weggefahren, um auf Schleichwegen durch die russische Front nach Riga zu gelangen.

Im Spritzenhause fanden wir eine große Menge, wohl an hundert bis hundertfünfzig ebenfalls verhafteter Bekannter vor, unter ihnen auch einige wenige Damen. [...] Zu meiner Verwunderung war aber eine Reihe gerade der bekanntesten und einflußreichsten Vertreter des Adels [...] nicht unter den Verhafteten. Lehrer, Professoren, außer dem Professor Alexander von Bulmerinq [...], Ärzte und Kaufleute waren nicht behelligt worden, wohl weil sie für politisch ungefährlich gehalten wurden.

Im Spritzenhause herrschte eine fast ausgelassene, nichts weniger als gedrückte Stimmung, sagten wir uns doch, daß unsere übereilte Verhaftung auf einen baldigen Vormarsch der Deutschen hindeutete und wir außerdem den Bolschewiken gegenüber Haltung wahren wollten. Unwillkürlich wurde ich an Szenen ähnlicher Art in der Bastille und in der Conciergerie aus den ersten Jahren der „großen" französischen Revolution erinnert, wo die verhafteten Royalisten sich in Grazie und feingeschliffenen Apercus gegenseitig überboten. In der Tat waren die bolschewistischen Kommissare und Soldaten, die wohl etwas ganz anderes erwartet hatten, offensichtlich beeindruckt und änderten ihr anfänglich unhöfliches Benehmen. Immer neue Verhaftete kamen hinzu, bis schließlich so ziemlich die ganze „fine fleur" der Dorpater Gesellschaft vereinigt war. Von Schlafen war natürlich keine Rede. Gegen 9 Uhr früh kamen unsere Damen mit Lebensmittelpaketen, die wir auch entgegennehmen durften. Bei dieser Gelegenheit hatten wir auch die Möglichkeit, uns mit ihnen zu verständigen, einige Wünsche auszusprechen und Weisungen zu geben. Die Wachmannschaft betrug sich sehr gut und entgegenkommend. Gegen 11 Uhr wurden alle verhafteten Damen und kranke und ältere Herren entlassen. Quälend war die Ungewißheit, was die nächsten Tage bringen würden. Da das Spritzenhaus zu eng war, wurden wir alle nach Eintritt der Dunkelheit, ungefähr um 5 Uhr, auf der Straße in eine lange Reihe in Gliedern zu fünf formiert und, umringt von schwer bewaffneten Soldaten, in das in ein Militärlazarett umgewandelte Universitätsgebäude in der Gartenstraße gegenüber dem deutschen Theater gebracht. Ich hatte mein helle Freude an der strammen Haltung auch der Ältesten unter uns, die sichtlich bestrebt waren, in Reih und Glied zu marschieren und keinerlei Zeichen von Ängstlichkeit oder Schlappheit zu zeigen. In den großen Sälen, die wir jetzt bezogen, hatten wir genügend Platz. Jeder von uns bekam ein Bett mit einem Strohsack darauf als Lager angewiesen.

Am folgenden Morgen erklärte ich dem mir bekannten bolschewistischen Kommissar Kiknadze, der anscheinend die Aufsicht über die Verhafteten hatte, als er die Frührunde machte, daß die Dorpater Bank wohl geschlossen werden müsse, weil alle leitenden Personen, die Direktoren Woldemar von Roth[70] und Alfred von Zur-Mühlen[71], der Prokurist Max Schulze, der Kassierer Walter von Samson und der Juriskonsult, nämlich ich, verhaftet seien und die nachgebliebenen Angestellten mangels entsprechender Vollmachten keine Geschäfte tätigen könnten. Daher werde es unter anderem auch natürlich unmöglich sein, die bisher üblichen Auszahlungen an den Soldatenrat, bei dem die ganze Verwaltung lag, weiterhin zu machen. Kiknadze hörte mich aufmerksam an, sagte aber nichts. Auch dieser Tag verging unter lebhaften Unterhaltungen, Karten Spielen, Pläne Schmieden und Schlafen. Gegen Abend wurden alle verhafteten Herren von der Dorpater Bank, unter ihnen auch ich, aufgerufen. Uns wurde eröffnet, wir könnten unsere Sachen zusammennehmen und nach Hause gehen, was wir uns nicht zweimal sagen ließen. Offenbar war dies die Reaktion auf meine Kiknadze gegenüber ausgesprochene Befürchtung.

So schnell wie möglich verließen wir das Haftlokal, versehen mit vielen Wünschen und Aufträgen der Zurückgebliebenen.

Nachdem ich rasch die Meinigen begrüßt hatte, ging ich gleich zu Fritz Samson und zusammen mit ihm zum residierenden Landrat Baron Staël. Die Lage hatte sich seit unserer Verhaftung wesentlich verändert. Es waren sichere Nachrichten über das schnelle Vorrücken des deutschen Militärs eingetroffen, das bereits bis Wolmar gelangt sein sollte. Leider mußte damit gerechnet werden, daß alle verhafteten Herren in allernächster Zeit ins Innere Rußlands, vielleicht sogar bis nach Sibirien, verschleppt werden würden. Auch in Reval und den anderen Orten Estlands seien ein große Menge Herren und Damen, man sprach von etwa 300 – 400, verhaftet worden, deren Schicksal wohl dasselbe sein werde, wie das der in Dorpat Verhafteten. In Dorpat sei folgender Plan gefaßt worden: Die zuverlässige deutsche Studentenschaft sei gut bewaffnet worden und, obwohl sie nur etwa 200 Mann wären, bereit, die ihnen an Zahl wohl zehnmal überlegenen aber völlig kopflosen und eingeschüchterten Bolschewiken zu überrumpeln, zu entwaffnen

[70] Woldemar v. Roth (1860-1925), auf Tilsit (Livl.), 1912-1918 Landrat, 1913 in der Direktion der Dorpater Bank. Alb. Liv., Nr. 873.

[71] Alfred v. zur Mühlen (1865-1945), auf Forbushof (Livl.), 1913 Dir. der Dorpater Bank, Alb. Liv., Nr. 992.

und die Verhafteten zu befreien. Wenn es voraussichtlich nur geringe Opfer geben werde, so müßten diese in Anbetracht der voraussichtlich sehr schlimmen Zukunft der Häftlinge eben in Kauf genommen werden. Am folgenden Tage sollte endgültig darüber entschieden werden, ob man losschlagen solle oder nicht.

Ich bekam den Auftrag, am nächsten Morgen den Versuch zu machen, die Absichten der Bolschewiken in Erfahrung zu bringen. Schon ganz früh ging ich zu einem Obersten der Artillerie, von dem ich wußte, daß er nur gezwungenermaßen noch im Dienste der Bolschewiken sei. Er sagte mir, die Deutschen seien schon über Walk hinaus im schnellen Vormarsch. Die Bolschewiken würden jedenfalls schon gegen Abend mit ihrem Militär in Richtung Pleskau über den fest gefrorenen Peipussee ausweichen, voraussichtlich würden die Verhafteten ebenfalls am Abend in einem Sonderzuge nach Petersburg weggebracht werden. Übrigens äußerte er die Hoffnung, daß das Eis des Peipus die Kanonen nicht tragen möge. Von ihm eilte ich gegen 8 Uhr früh zu dem auf dem Stadtgute Jama wohnenden maßgebenden Kommissaren Sundar, einem Esten von abschreckender Häßlichkeit. Ich fand ihn noch im Bett, inmitten eines großen Saales, umgeben von Flinten und Handgranaten. Nach einem längeren Gespräch gelang es mir, mit ziemlicher Sicherheit von ihm herauszubekommen, daß der Abtransport der Gefangenen in der folgenden Nacht in Richtung Taps-Petersburg vor sich gehen werde. Von ihm ging ich zu Fritz Samson[72], den ich von allem unterrichtete.

Den Tag benutzte ich dazu, den verhafteten Herren, die mich darum gebeten hatten, aus den von ihnen bezeichneten Verstecken und aus der Bank größere Geldbeträge zu bringen. Meinen Wunsch um Einlaß begründete ich mit dem Vorwande, vergessene Sachen abholen zu müssen. Ich hielt mich nicht für berechtigt, den Verhafteten die Nachricht von dem bevorstehenden Abtransport vorzuenthalten, was natürlich große Bestürzung hervorrief. Viele von ihnen beschlossen, noch am selben Abend einen Versuch zu machen zu fliehen, was mehreren von ihnen [...] gelang. Die meisten aber fanden das Risiko doch zu groß, waren resigniert und sprachen die Hoffnung aus, das Deutsche Reich werde einen Druck auf die Bolschewiken ausüben, um ihre Befreiung zu erwirken. Schweren Herzens verließ ich die Herren.

---

[72] Friedrich v. Samson-Himmelstjerna (1872-1958), auf Rauge (Livl.), Dr. jur., Ritterschaftssekretär, später im Balt. Regentschaftsrat. Alb. Liv., Nr. 1025.

Am frühen Abend fand bei Baron Wilhelm Staël-Holstein eine Versammlung oder richtiger eine Art Kriegsrat statt, an der Fritz Samson, Dr. Karl Rennenkampff[73], genannt der Burendoktor, ein Ingenieur Irschik, ich und noch einige Herren teilnahmen. Nach längerer, ziemlich heftiger Debatte wurde beschlossen, den Versuch, die Wachmannschaft der Verhafteten zu überrumpeln, nicht zu unternehmen, da selbst wenn der höchst wahrscheinliche Fall eintrete, daß es gelänge, die Dorpater Bolschewiken zu besiegen, dies jedenfalls sofort in ganz Estland bekannt sein werde und die Folge mit ziemlicher Sicherheit eine grausame und unbarmherzige Rache an allen übrigen in Estland verhafteten Deutschen sein werde. Es war nicht leicht, den Befreiungsplan fallen zu lassen, und wir waren uns darüber nicht im Unklaren, daß dieser von der Vernunft diktierte Beschluß von vielen als unmännlich, ja feige empfunden und auch so bezeichnet werden würde. Die Tatsachen haben uns aber Recht gegeben. Es war wirklich ein ganz großes Glück, daß die Vorsicht gesiegt hatte: alle, bis auf ganz wenige Ausnahmen, auch die im übrigen Estland Verhafteten, kehrten gesund, zum Teil gesünder zurück. Einem von ihnen, Baron Roman Tiesenhausen – Altfennern, gelang es sogar, in Sibirien aus dem Zuge zu springen und, nach langen und abenteuerlichen Irrfahrten, wohlbehalten in Dorpat einzutreffen.

Aus estnischen Offizieren und Soldaten, die in der russischen Armee dienten, war seit dem Frühjahr 1917 eine Art neuer estnischer Truppe gebildet worden. Am Morgen nach der Abfahrt unserer verhafteter Herren hatte ich durch einen Zufall erfahren, daß alle Gold- und Silbersachen, Wertgegenständen und Schmuck, die bei unserer Verhaftung von den Bolschewiken beschlagnahmt worden waren, in einem Zimmer der Bürgermusse untergebracht seien, wo sie von bolschewistischen Soldaten bewacht würden. Gleichzeitig erfuhr ich, daß das estnische Militär unter dem Kommando eines Obersten Rosenstein oder Rosenblatt sein Hauptquartier in dem am Embach gelegenen Hotel Kurdjawzew habe. Sofort eilte ich dahin und erklärte dem Obersten, es sei sicherlich jetzt möglich, den Bolschewiken ihren Raub abzujagen, wenn er mir nur etwa 20 zuverlässige und beherzte estnische Soldaten gäbe. Nach einigem Hin und Her sagte der Oberst zu, und ich eilte, von meinen estnischen Soldaten gefolgt, zur Bürgermusse. Dort fand

[73] Karl v. Rennenkampff (1870-1953), als Arzt 1900-1902 im Burenkrieg, später im Baltenregiment, dann in Bayern. DBBL, S. 620 f.

ich eine ganz merkwürdige Lage vor: in den inneren Zimmern der Bürgermusse befanden sich einige bolschewistische Kommissare mit etwa 50 Soldaten, die etwa 50 estnische Honoratioren als Geiseln bei sich hatten. Ich stellte vor alle Ausgänge estnische Soldaten und befahl ihnen, unter gar keinen Umständen jemanden hinein- oder herauszulassen. Gerade als ich mit den Kommissaren die Verhandlungen beginnen wollte, wurde ich zu einer sehr wichtigen Besprechung abgerufen. Mit der strengen Weisung, die Bolschewiken mit ihrem Raube nicht entkommen zu lassen, eilte ich fort. Als ich nach einer Stunde zurückkam, war niemand mehr in oder bei der Bürgermusse. Der Oberst Rosenstein, den ich wegen des Verhaltens seiner Soldaten zur Rede stellte, entschuldigte sie damit, die Bolschewiken hätten gedroht, die estnischen Geiseln umzubringen, wenn man sie nicht mit dem Geraubten abziehen lasse. Er habe die Ermordung der Geiseln, unter denen sich mehrere führende estnische Politiker befunden hätten, nicht riskieren können. Da war nun nichts mehr zu machen. Ich konnte dem Obersten nur mein Bedauern aussprechen, daß er sich so habe bluffen lassen, denn nie hätten die Bolschewiken es gewagt, den Esten etwas zuleide zu tun, da ihr eigenes Schicksal damit besiegelt gewesen wäre. Leider fiel mir erst später ein, daß ich klüger getan hätte, mich an die bewaffneten und absolut sicheren deutschen Studenten zu wenden.

In der darauffolgenden Nacht hörte man überall in der Stadt ungeregeltes Schießen, das erst gegen Morgen abflaute, um dann ganz aufzuhören. Als ich gegen 10 Uhr hinausging, erfuhr ich, daß alle Bolschewiken abgezogen seien. In der Stadt sah man große Mengen festlich gekleideter Menschen in sichtlicher Erwartung eines großen Ereignisses. Es hieß, die Vorabteilung eines deutschen Stoßtrupps habe schon Elva (an der Straße Dorpat-Walk-Riga) bloß 25 km südlich von Dorpat erreicht und befände sich in schnellem Vormarsch.

Vor dem Manteuffelschen Hause am Großen Markt hatte sich eine Abteilung russischer Offiziere in ihren besten Uniformen in Reih und Glied aufgestellt. Immer mehr Volk sammelte sich in der Rigaschen und in der Kühnstraße, die die Deutschen auf ihrem Marsch zum Rathause passieren mußten. Im Rathause hatten sich Vertreter der estnischen Stadtverwaltung mit dem Rechtsanwalt Kriisa[74] an der Spitze und der ebenfalls estnischen Kreis-

[74] Jaan Kriisa (1882-1940/41), 1917-1919 Stadthaupt von Dorpat (außer der Okkupations- und Sowjetzeit), später Rechtsanwalt. BaBA.

verwaltung unter ihrem Vorsitzenden, dem Oberbauerrichter Parts[75], und die Herren der deutschen Gesellschaft versammelt. Bald darauf fuhr durch die gedrängte Menge in ganz langsamer Fahrt ein offenes deutsches Militärauto, in dem mehrere Offiziere, unter ihnen der Stabschef Major Buchfink standen. Fast unmittelbar darauf hörten wir den Takt fester Soldatentritte sich nähern. Es war die Spitze des Stoßtrupps unter Major von Winterfeld. Der Jubel der Bevölkerung, sowohl der deutschen wie auch der estnischen, war unbeschreiblich. Und doch war das, was wir in der Zeit vom Oktober 1917 bis zum 24. Februar 1918 erlebt hatten, ein Kinderspiel im Vergleich zu dem, was die Bolschewiken sich später an Scheußlichkeiten und Greueltaten leisteten.

Zugleich mit dem Stoßtrupp waren auch mein Schwager Wolf und Walter Roth, als deutsche Soldaten gekleidet, in Dorpat eingezogen; sehr kriegerisch sahen die beiden in den ihnen viel zu weiten Uniformen nicht gerade aus. Übrigens passierte dabei eine sehr nette Geschichte. Am Abend des Einmarsches sagte mir ein bekannter deutscher Herr, er habe sich nicht wenig gewundert, als er meine als sehr reserviert bekannte Schwiegermutter auf der Straße einen deutschen Soldaten umarmen sah. Das sei denn doch etwas zu viel Begeisterung. Er war nicht wenig enttäuscht, als ich ihm sagte, der umarmte Soldat sei ihr Sohn.

---

[75] Kaarel Parts (1873-1940), Rechtsgelehrter und Politiker, 1907 Vorsitzender des Dorpater Oberbauergerichts, Rechtsanwalt, 1919 Vorsitzender des Maapäev, bis 1940 Vors. der Staatsversammlung. EE 7, S. 210.

Die deutsche Okkupation 1918

An demselben Tage wie Dorpat war auch Reval vom deutschen Militär, das unter dem Befehl des Generals Freiherrn von Seckendorff aus Ösel über Hapsal eingedrungen war, befreit worden.

Wenn nun auch ganz Estland von den Bedrückern befreit worden war, so waren wir doch in größter Sorge um unsere verschleppten Deutschen, von denen keine Nachricht zu uns gelangte, außer dem wenigen, was der etwa Anfang April eingetroffene Baron Roman Tiesenhausen erzählte.

Die nächsten Wochen vergingen unglaublich schnell in der fieberhaften Arbeit der Neuorganisation des Landes. Die Esten stellten sich anfangs durchaus freundlich zu der deutschen Okkupationsmacht. Zwar hatte der estnische Landtag (Maapäev) am Tage des Einmarsches der deutschen Truppen in Reval, am 24. Februar, die Selbständigkeit des estnischen Staates proklamiert, doch war dieser Staatsakt der überwiegenden Mehrheit von uns Deutschen unbekannt geblieben, weil die deutschen Stellen sofort den Landtag aufgelöst hatten und in der örtlichen Presse weder vom Landtag noch von seinen Beschlüssen etwas gebracht werden durfte.

Anfang März machte ich im Auftrage des livländischen Landratskollegiums eine Fahrt im Schlitten durch den Dorpater und Werroschen Kreis, um festzustellen, in welchem Zustande sich die Güter befanden. Im allgemeinen war die wirtschaftliche Lage auf dem flachen Lande nicht schlecht und die von den Bolschewiken verursachten Schäden nur gering.

Da wir eine recht große Wohnung hatten, bekamen wir schon nach einigen Tagen eine Einquartierung. Zuerst war es ein sehr sympathischer sächsischer Major des Generalstabes namens Fränkel, dann ein höherer Gerichtsherr. Auf den häufigen Gesellschaften der führenden deutschen Kreise lernten wir eine Menge Offiziere kennen. Da die Kurländer und Südlivländer wieder an ihre früheren Wohnorte zurückkehren konnten, leerte sich die Stadt zusehends.

Anfang Mai kehrten unsere Ende Januar aus Dorpat verschleppten Herren fürchterlich schmutzig und verlaust, aber alle ohne Ausnahme in gutem Zustand heim.

Im Frühjahr 1918 traten Richard von Staden[76], ein Herr von Burmeister aus Ösel und noch einige Herren, die in dem ehemaligen Russisch-Polen, das auch von den Deutschen besetzt war, Majorate besaßen, an mich mit der Bitte heran, nach Warschau zu fahren, die inzwischen aufgelaufenen Einnahmen für sie einzukassieren, die jetzige rechtliche Lage der Majorate festzustellen und womöglich etwas über das voraussichtliche Schicksal der Majorate in Erfahrung zu bringen. Ihre Wahl war auf mich gefallen, weil ich Russisch-Polen gut kannte, sowohl Deutsch wie auch Polnisch und Russisch beherrschte und im Verhandeln mit Behörden Erfahrung hatte.

Obwohl ich keineswegs optimistisch in Bezug auf den Ausgang meines Auftrages war, reizte es mich doch, nach Warschau zu fahren, da ich immerhin hoffen durfte, einigen Nutzen schaffen zu können, einiges über das Schicksal meiner vielen Warschauer Bekannten, auch meiner in Warschau gelassenen Sachen zu erfahren. Besonders freute ich mich auch nach Erledigung meines Warschauer Auftrages, nach Berlin fahren zu können und meine Mutter und meine Geschwister Ropp zu besuchen, die in Grünheide bei Erkner unweit Berlins lebten. Ich hatte sie seit 1912 nicht mehr gesehen.

Sehr lieb war es mir, daß Staden mich nach Warschau begleitete, da es mir ratsam erschien, bei wichtigen Besprechungen immer einen Zeugen zu haben.

Die drei seit mehr als einem Jahrhundert geteilten Teile Polens waren im Jahre 1916 von Deutschland und Österreich als selbständig erklärt worden, wenn auch vorerst die obere Leitung und Kontrolle der Verwaltung in den Händen der deutsch-österreichischen Besatzungsmacht blieben. Erst nach Friedensschluß sollte der polnische Staat die volle Souveränität bekommen.

Die deutsche Okkupationsverwaltung hatte sich, worüber ich übrigens keineswegs erstaunt war, bei den Polen restlos unbeliebt gemacht, was bei Okkupationsbehörden die Regel zu sein pflegt.

In Warschau wurde ich von meinen Bekannten auf das Freundschaftlichste begrüßt, besonders von meinem guten Freunde Adam Słominski, der mir seinerzeit bei der Übersetzung des Code-Kommentars behilflich gewesen war, und von den wenigen polnischen Richtern, die zur russischen Zeit Richterposten bekleidet hatten und jetzt natürlich große Karriere gemacht hatten. Vorsitzender des Obersten Gerichts war der sehr tüchtige Zivilist

[76] Richard v. Staden (1890-1974), auf Duckershof (Livl.), Majoratsherr von Turow (Gouv. Petrikau). Alb. Liv., Nr. 1229.

Srednicki geworden, der am Petrikauer Bezirksgericht Vizepräsident (Landgerichtsdirektor) gewesen war und mit dem ich mich dort sehr gut verstanden hatte. Ich suchte ihn in seinem großen und elegant eingerichteten Kabinett im Senat auf, wo außer ihm auch noch einige andere Senatoren waren. Srednicki kam mir mit ausgestreckten Armen entgegen, umarmte mich nach polnischer Art und sagte, er habe von meiner Ankunft schon aus den Zeitungen erfahren und hätte mich gerne aufgesucht, wenn meine Anschrift bekannt gewesen wäre. Als ich mich nach einem längeren Gespräch verabschiedete, sagte Srednicki zu den polnischen Senatoren gewandt: „Ich lege Wert darauf, in Ihrer Gegenwart meinem ehemaligen Kollegen Hartmann zu bezeugen, daß die russische Justiz, im Gegensatz zu der russischen Verwaltung, immer auf der Höhe war und nach bestem Wissen und Gewissen, ohne Ansehen der Person, Recht gesprochen hat.“ Ich kann nicht leugnen, daß dieses Urteil aus polnischem Munde mich sehr erfreute, war doch im allgemeinen alles Russische in den Augen der Polen schlecht und minderwertig, was keineswegs immer stimmte. Mit Słominski verbrachte ich mehrere sehr angeregte und nette Abende. Er war tief enttäuscht von seinen Landsleuten, bei denen nach seinen Worten eine unwahrscheinliche Korruption herrsche.

Wie ich schon vorausgesetzt und befürchtet hatte, fand ich bei allen polnischen Stellen, die etwas in Sachen der ehemaligen russischen Majorate zu sagen hatten, trotz größter Liebenswürdigkeit in der Form keinerlei Bereitschaft, die ehemaligen russischen Majoratsherren in ihren Rechten zu bestätigen. Ich kann nicht leugnen, daß ich diesen Standpunkt nicht nur innerlich vollkommen verstand, sondern ihn auch selbst teilte. Diese Majorate waren zum Teil nach dem Aufstande des Jahres 1830, zum größeren nach dem Aufstande des Jahres 1863 von der russischen Regierung denjenigen Polen weggenommen worden, die sich besonders bei den Aufständen kompromittiert hatten und denjenigen russischen höheren Militärs oder zivilen Würdenträgern als Majorate verliehen worden, die besonders tätig in der Niederwerfung der Aufstände oder in der Russifizierung gewesen waren. Daß diese Majorate einer der vielen Dornen in den Augen der Polen seien, die sie so bald wie möglich entfernen würden, lag auf der Hand.

Wenn auch die deutschen Okkupationsbehörden mit dem Zivilgouverneur an der Spitze sich dem ihnen gegenüber vertretenen Rechtsstandpunkt nicht verschlossen, so konnten doch auch sie mir keine Garantie dafür geben, daß ihre Meinung von irgend einer Bedeutung bei der zukünftigen polnischen Regierung sein werde. Immerhin wurde mir die Zusicherung gegeben, daß die ehemaligen russischen Majoratsbesitzer bis auf weiteres als die rechtmäßigen Inhaber betrachtet werden würden und als solche auch die Einkünfte ziehen dürften.

Gleichzeitig mit mir betrieb mein alter Bekannter, der Senator Reincke, im Auftrage mehrerer russischer Herren dieselbe Angelegenheit, doch hatte er weniger Erfolg als ich, weil er sich auf das hohe Pferd gesetzt hatte und dadurch die polnischen Behörden verprellt waren.

Die Stimmung aller Polen, die ich sprach, war kraß deutschfeindlich. An Deutschlands Endsieg glaubten sie nicht und setzten ihre Hoffnung in der Mehrzahl auf die Entente, in der Minderzahl auf Österreich. Was die zukünftige Regierungsform betraf, so wünschte der Großadel eine parlamentarische Monarchie mit einem österreichischen Erzherzog als König. Ihr Kandidat war der Erzherzog Stephan, der polnisch erzogen worden war, eine hauptsächlich polnische Hofhaltung hatte und für seine polnischen Sympathien bekannt war. Der ehemalige österreichische Generalkonsul Ugron von Abranfalva, ein ungarischer Magnat, den ich von 1907 gut gekannt hatte, war österreichischer Gesandter geworden. Auch er sagte mir, er zweifle nicht daran, daß im Falle eines Sieges der Mittelmächte die polnische Frage im österreichischen Sinne gelöst werden würde.

Meinen Aufenthalt in Warschau benutzte ich auch dazu, um über unsere Wohnungseinrichtung, die ich ja hatte da lassen müssen, Nachforschungen anzustellen. Zu meiner freudigen Überraschung fand ich alles in größter Ordnung in den Lagerräumen der Speditionsfirma „Syrena“, wo wir sie abgestellt hatten, als Wanda mit den Kindern im Frühjahr 1914 nach Livland fuhr, weil wir eine größere Wohnung beziehen wollten. Nur einige Flinten waren auf Befehl der deutschen Regierung abgeliefert worden. Wir hatten in der Tat besonderes Glück gehabt, denn die Sachen der evakuierten russischen Richter und Beamten war zugleich mit ihren Wohnungen in den meisten Fällen beschlagnahmt worden, was ihrem Verlust gleichkam. Mir wurde gesagt, daß auf Veranlassung meiner polnischen Freunde in Lask, besonders die Warschauer Geistlichkeit für mich ein gutes Wort eingelegt habe, was ich natürlich nicht kontrollieren konnte. Während des Krieges war an einen Transport der Sachen nach Dorpat natürlich nicht zu denken.

Warschau hatte sich nicht viel verändert, doch fehlte im Straßenbilde das russische Militär, besonders die sehr gut aussehenden Garde-Offiziere. Das polnische Militär machte einen etwas operettenhaften Eindruck. Alles an die russische Zeit Erinnernde war entfernt, sogar die Juden trugen ihre Mützen in der Art der sogenannten polnischen Konfederatki, die an einen Ulanentschako erinnerten. Eigenartig muteten mich in der bereits an sich merkwürdigen Szenerie die deutschen Landser in ihren wenig kleidsamen Uniformen an.

Von mehreren Majoratspächtern konnte ich recht bedeutende Summen kassieren, so daß meine Fahrt sich gelohnt hatte, wenn ich auch meinen Auftraggebern leider sagen mußte, daß ihre Majorate ihnen sicherlich ohne jede Entschädigung zu Gunsten der ehemaligen polnischen Eigentümer oder ihrer Erben weggenommen werden würden.

Nach einem Aufenthalt von etwa 10 Tagen in Warschau fuhr ich nach Berlin, um in den Zentralbehörden nochmals wegen der Majorate vorstellig zu werden. Auch hier begegnete man mir mit der größten Zuvorkommendheit, konnte aber keinerlei bindende Versprechen geben, da ja der Krieg noch lange nicht beendet war und letzten Endes die Entscheidung nicht bei den Deutschen, sondern bei den polnischen Stellen liegen werde.

Mehrere Tage verbrachte ich auch in Grünheide, wo meine Schwester eine schöne Villa besaß. Bei ihr wohnte auch meine Mutter, die ich ja schon seit 1913, also seit 5 Jahren, nicht mehr gesehen hatte. Hier sah ich auch zum ersten Mal meinen Schwager Friedel Ropp[77] und die kleine im September 1917 geborene Birute, genannt Buti. In Friedel lernte ich einen selten gebildeten, weitgereisten und anziehenden Mann kennen. Er besaß in Litauen zwei schöne Güter, Daudzigir und Gulbis, war aber von Beruf Bergingenieur. Er hatte mehrere sehr erfolgreiche Expeditionen nach Afrika geleitet. Während des Krieges war er, schon im Jahre 1914, zusammen mit Lili, die er kurz vorher geheiratet hatte, aus Litauen über Finnland und Schweden nach Deutschland geflohen, da er es nicht riskieren konnte, als russischer Staatsangehöriger eingezogen zu werden. [...] Glücklich in Berlin angelangt, stellte sich Friedel dem Auswärtigen Amt zur Verfügung und wurde auch tatsächlich, da er ja noch die russische Staatsangehörigkeit besaß, mehrere Male in wichtigen diplomatischen Missionen nach England und nach Nord-Amerika geschickt. [...]

Meine Reise nach Warschau und Berlin hatte mir viele wertvolle Einblicke hinter die Kulissen des großen Weltgeschehens ermöglicht. Bedauerlicherweise war das meiste, was ich hörte, ausgesprochen unerfreulich. So

[77] Friedrich Bar. von Ropp (1879-1964), Bergingenieur und Hüttendirektor. Generalsekretär der Liga der Fremdvölker Rußlands, seit 1922 Evangelist. Verheir. mit Elisabeth (Lilli) Stolle, gesch. Bar. v. Korff, Halbschwester Hartmanns. DBBL, S. 640.

waren viele der maßgebenden Personen, die ich gesprochen hatte, in bezug auf die Festigkeit der inneren Front in Deutschland sehr pessimistisch. Auch die militärische Lage wurde lange nicht so günstig beurteilt wie in den Zeitungen und bei uns im Baltikum.

Nach Dorpat zurückgekehrt, befaßt sich Hartmann als Anwalt mit der Bearbeitung von Kriegsschäden, die durch Verwüstungen, Requisitionen, Beschlagnahmen usw. entstanden waren. Käufe und Verkäufe von Rittergütern und städtischen Immobilien sollten günstiger Kapitalanlage dienen. Der eigene Hauskauf kommt nicht zustande.

Im Gegensatz zu den sehr niedrigen Preisen der Rittergüter waren Häuser, die frei gehandelt werden durften, im Preise sehr gestiegen. Der Verkauf von Gütern war nur mit einer sehr schwer erhältlichen Genehmigung der Militärregierung möglich.

Es ist eine eigene Sache um die großen Verluste, die damals im Baltikum keiner auch nur einigermaßen wohlhabenden Familie erspart blieben. Wir haben sie alle verhältnismäßig leicht verschmerzt, ja manchmal sogar als eine begrüßenswerte Lösung vom Haften am Materiellen auf uns genommen. Damit meine ich allerdings nicht die generelle Enteignung des gesamten Großgrundbesitzes, die nicht bloß die Existenz des Rittergutbesitzers, sondern des ganzen Deutschtums im Baltikum untergrub. Und auch untergraben sollte. Diese bildet natürlich ein Kapitel für sich.

Im Frühherbst mehrten sich in Deutschland die Anzeichen des Verfalls, und auch das, was man von der Front im Westen hörte, war besorgniserregend. Die deutschen Behörden im Baltikum und auch die uns gut bekannten Personen trugen nichtsdestoweniger nach außen hin eine unbeirrbare Siegesgewißheit zur Schau und waren entrüstet, wenn man die Möglichkeit eines wenig glücklichen Ausganges des Krieges für Deutschland auch nur anzudeuten wagte. [...]

Da Wanda durch schwere Krankheit (Sommer 1918) sehr mitgenommen war und auch meine Schwiegermutter eine Ausspannung brauchte, rieten die behandelnden Ärzte, besonders ein naher Freund des Hauses, Prof. Dehio, dringend zu einem längeren Kuraufenthalt in Baden-Baden. Aufrichtig gestanden, war es mir auch lieb, daß Wanda schon jetzt, wo die Verkehrsverhältnisse noch normal waren, nach Deutschland kam, da ich damit rechnete, daß mit der Verschlimmerung der Lage Deutschlands die Reise dorthin mit großen Unbequemlichkeiten verbunden sein werde. Die Kinder konnte ich immer leichter mit einer Vertrauensperson schicken, und für mich selbst machte ich mir keine Sorgen. Ende Oktober begleitete ich schweren Herzens Wanda und meine Schwiegermutter auf den Bahnhof, mußte ich mir doch sagen, daß die Trennung vielleicht, ja wahrscheinlich lange dauern würde. [...] Voll düsterer Vorahnungen trennte ich mich von den Meinigen, die ich erst im Frühjahr 1920 wiedersah.

Seit dem Sommer 1918 arbeitete ein Vetter von Walter Roth, Werner Hasselblatt[78], als mein Gehilfe im Walterschen Büro. Hasselblatt hatte in Dorpat Jura studiert, wo er dank seiner geistigen und gesellschaftlichen Fähigkeiten als beliebter Landsmann der Korporation Estonia eine gewisse Rolle gespielt hatte. Später hatte er als älterer Kandidat (Assessor) an verschiedenen Gerichten in Russisch-Polen, unter anderem auch in Lodz gearbeitet, wo ich ihn kennengelernt hatte. Von dort war er auf seinen Wunsch als Untersuchungsrichter nach Sibirien versetzt worden. In Krasnojarsk war es ihm im Frühjahr 1918 gelungen, als Richter in das Gefängnis vorzudringen, wo unsere aus Dorpat nach Sibirien verschleppten Herren saßen. Er hatte ihnen verschiedene Erleichterungen verschaffen können.

Wenn Werner Hasselblatt auch in zivil- und verwaltungsrechtlichen Fragen und in geschäftlichen Verhandlungen – und um solche handelte es sich damals im wesentlichen – noch wenig Erfahrung hatte, so arbeitete er sich doch dank seines Fleißes und seiner Intelligenz überraschend schnell ein. Die Dorpater Verhältnisse waren ihm von früher her gut bekannt, auch viele Dorpatenser hatte er schon früher gesehen. Persönlich war er mir sympathisch, so daß er für das Büro eine wertvolle Erwerbung war. Sein etwas betontes Geltungsbedürfnis störte mich nicht weiter. Trotz unseres Altersunterschiedes, er war etwa 15 Jahre jünger wie ich, und einiger Verschiedenheiten in unserer Anlage, war unser Verhältnis vom ersten Tag an ein ausgezeichnetes und blieb es auch, bis er, wenn ich nicht irre, im Jahre 1925 nach Reval übersiedelte.

Sehr wichtig und für das Büro von allergrößter Bedeutung war es, daß Walter Roth uns seine Sekretärin, Fräulein Erna Wegner, hinterließ. Sie war Walter aus Riga nach Dorpat gefolgt, kannte nicht nur den Kanzleibetrieb,

---

[78] Werner Hasselblatt (1890-1958), Rechtsanwalt in Dorpat, 1923-1932 Abgeordneter in der Staatsversammlung, 1931 Vors. des Verbandes der deutschen Volksgruppen in Europa. DBBL., S. 302.

die sehr umfangreiche und komplizierte Buch- und Rechnungsführung, sondern auch einen Teil der Akten ihrem Inhalt nach. Ohne sie wären wir beide, die wir noch nie Anwälte gewesen waren, besonders in technischen Fragen ziemlich rat- und hilflos gewesen.

Infolge der schlechten Nachrichten von den Fronten und aus Deutschland selbst, hatte sich der deutschen Bevölkerung Dorpats eine große Unruhe bemächtigt. Es war klar, daß im Falle einer Besetzung Estlands durch die Bolschewiken, die nach dem Verlassen des Baltikums durch die deutschen Truppen als sicher angenommen werden konnte, alle Deutschen der Oberschicht und überhaupt alle, die verantwortungsvolle Posten eingenommen hatten, ermordet werden würden. Daher beschloß schon Anfang November ein großer Teil der Deutschen, unter ihnen fast alle meine Verwandten und Bekannten, zugleich mit den abrückenden Truppen die alte Heimat zu verlassen und nach Deutschland zu fliehen. In Verbindung damit galt es, eine Unmenge Fragen zu besprechen und zu regeln. Da die Rittergüter nicht sich selbst überlassen werden durften, mußten die Personen, die bereit waren zu bleiben und auszuharren, mit Weisungen und Vollmachten versehen werden. Einige, wenn auch wenige, versuchten noch im letzten Moment ihren Besitz zu veräußern. Viele dieser Sachen mußten mit einem Juristen besprochen werden. Hasselblatt und ich waren daher vom frühen Morgen bis in die Nacht damit beschäftig, mit Rat und Tat zu helfen.

In diplomatischer Mission 1919

Vor dem 9. November 1918, als das alte Deutsche Reich endgültig zusammenbrach, machten sich auch in der im Baltikum stehenden deutschen Truppe böse Verfallserscheinungen bemerkbar. Es war begreiflich, daß alle deutschen Soldaten nur den einen Wunsch hatten: so bald wie möglich zu „Muttern" zu kommen. Nur mit äußerster Mühe konnte die Disziplin aufrecht erhalten werden. Auch im Dorpater Generalkommando 289, zu dem etwa 3.000 Soldaten gehörten, wurde ein Soldatenrat gebildet. Eines der Mitglieder, den Oberleutnant Lorenz-Meyer von den Mecklenburger Dragonern, einen Hamburger, kannte ich ziemlich gut. Ein anderes Mitglied war der später so bekannt gewordene August Winnig[79]. Diesem Soldatenrat gelang es, die Soldaten gut zu beeinflussen, so daß es in Dorpat zu keinen Ausschreitungen kam.

Um die Entscheidungen in der sich von Tag zu Tag verändernden und verschlimmernden Lage zu vereinheitlichen, traten mehrere Herren, u.a. Dr. Johannes Meyer[80], der Oberpastor der Johanneskirche Victor Wittrock[81], Direktor Alfred Walter[82] und ich als Vorstand des „Dorpater Deutschen Balten-Bundes" zusammen, der in ständiger Fühlung mit den deutschen Militärbehörden und den sich neu bildenden estnischen Stellen stand.

Es war uns bekannt, daß die Esten trotz des ausdrücklichen Verbots der deutschen Militärverwaltung eine eigene Truppe ausgebildet und auch z.T. bewaffnet hatten. Diese Truppe bestand fast ausschließlich aus estnischen Soldaten und Offizieren, die bereits Ende 1917 mit Genehmigung der russischen temporären Regierung Kerenski für Estland optiert hatten und daraufhin in die Heimat entlassen worden waren[83].

---

79 August Winnig (1878-1956), Generalbevollmächtigter des Deutschen Reiches für die balt. Länder. Von den baltischen Provinzen zu den baltischen Staaten (Teil I) 1917-1918, Marburg 1971; (Teil II) 1918-1920, Marburg 1977.

80 Johannes Meyer (1858-1945), Gynäkologe, 1919-1920 Abgeordneter in der estländischen Konstituante. DBBL, S. 515.

81 Victor Wittrock (1869-1944), seit 1919 Dozent in Schwerin. DBBL, S. 876.

82 Alfred Walter (1886-1945), 1913-1938 Direktor des deutschen Privat-gymnasiums, 1939-1945 Dozent in Posen. DBBL, S. 847.

83 Nach Initiativen führender Esten zur Sammlung estnischer Soldaten in einem Regiment erteilte Kriegsminister Kerenskij am 7./20. Mai 1917 die offizielle Genehmigung zur Bildung von estnischen Truppenteilen, die am Ende des Jahres die Stärke einer Division unter dem Oberstleutnant Joh. Laidoner erreichte. Uustalu, in: von den balt. Provinzen I, S. 280.

Nach dem Zusammenbruch Deutschlands am 9. November übergaben die deutschen Besatzungsbehörden die Verwaltung an die vorläufige estnische Regierung, die ihrerseits mit der Aufstellung estnischer Regimenter begann. Unter dem Kommando des Gardeobersten Constantin v. Weiss wurde auch aus deutschbaltischen Freiwilligen eine Truppe gebildet, das „Baltenbataillon“, später nach Verstärkung durch den Heimatschutz aus Südestland als „Baltenregiment“ bekannt, und dem estnischen Oberbefehl unterstehend.

Gegen Mitte November 1918 bildete sich in Estland auf die Initiative des Rittmeisters Viktor von zur Mühlen-Woisek[84] und anderer Herren in Fellin, Reval, Dorpat und Wesenberg ein deutsch-baltischer Heimatschutz, bestehend aus deutschen Freiwilligen, der sofort unter deutschen Instruktoren gedrillt wurde. Auch Hasselblatt war dem Dorpater Heimatschutz beigetreten und machte täglich die Übungen mit, die zuerst im Freien und dann im Konventsquartier der Livonia stattfanden. Zu meinem Bedauern konnte ich das alles nicht mitmachen, da sonst in Dorpat kaum jemand geblieben wäre, um den zahllosen Ratsuchenden beizustehen.

Anfang Dezember war allen klar, daß die deutsche Wehrmacht bereits in einigen Tagen aus Dorpat ausrücken und uns unserem Schicksal überlassen werde. Gerüchtweise war zwischen dem deutschen Militär und den von Osten heranrückenden Bolschewiken ein Abkommen getroffen worden, laut dem die Bolschewiken zwar nicht die Deutschen angreifen durften, wohl aber ihnen auf dem Fuß folgen.

Viele meiner Bekannten verließen täglich Dorpat mit der Bahn nach Süden. Meist begleitete ich sie auf den Bahnhof, da bekanntlich die wichtigs-

---

[84] Victor von zur Mühlen (1879-1950), auf Eigstfer (Livl.), gründete 1905 eine Freiwilligentruppe zum Schutze der Güter vor revolutionären Banden. Stabsrittm., 1918 Stabschef des Baltenregiments, 1933 Führer der „Bewegung“ in Estland. DBBL, S. 534 f.; Niels von Redecker, Victor von zur Mühlen und die nationalsozialistische Bewegung im estländischen Deutschtum. In: Deutschbalten, Weimarer Republik und Drittes Reich Bd. 1, Köln, Weimar, Wien 2001, S. 77-118.

Mit dem Angriff auf Narva am 22. November 1918 begann der Kampf der Roten Armee um die „Befreiung Estlands und Lettlands vom Joch des deutschen Imperialismus“. Deutsche Truppen schlugen ihn zurück, wurden dann aber abgezogen, was den Vormarsch der Bolschewiken ermöglichte, ehe sie durch die Truppen Estlands mit Unterstützung schwedischer, dänischer und vor allem finnischer Freiwilliger zurückgeschlagen werden konnten. Uustalu (wie Anm. 83), S. 290.

ten Dinge einem meist erst im letzten Augenblick einzufallen pflegen. Dorpat wurde zusehends leerer. Von meinen Verwandten und Bekannten war, außer einigen alten Damen, Lehrern und Ärzten, die weniger bedroht waren, kaum mehr jemand in Dorpat geblieben. Ich selbst hatte beschlossen, so lange als möglich in Dorpat zu bleiben und erst im letzten Moment zu fliehen.

In Lettland hatten die Deutsch-Balten sich ebenfalls zu einem Selbstschutz, der sogenannten „Landeswehr“ zusammengeschlossen, die Dank der wesentlich zahlreicheren deutschen Bevölkerung Lettlands eine recht beträchtliche Stärke aufwies. In Estland gab es ungefähr 15.000 bis 20.000 Deutsche, in Lettland gegen 100.000[85]. Als ich Anfang Dezember auf einige Tage nach Riga fuhr, um meine beiden kleinen Töchter aus dem unmittelbar bedrohten Dorpat wegzubringen und einige geschäftliche Sachen zu erledigen, suchte ich das Stabsquartier der Landeswehr auf und bemühte mich – leider vergebens – diejenigen jungen Balten, die aus dem jetzigen Südestland stammten, so zwei Söhne des Oberförsters Harry Walter aus Sontak, dazu zu bewegen, in den estländischen Heimatschutz einzutreten.

Alice und Helen wurden sehr freundlich von Sonny und Fritz Samson[86] aufgenommen, deren zwei Söhne Hermann und Fritz ungefähr in demselben Alter waren, wie meine Töchter.

Etwa eine Woche nach meiner Rückkehr nach Dorpat wurde ich von einigen Herren gebeten, nach Reval zu fahren, um zuverlässige Nachrichten über die Lage, die sich von Dorpat aus nicht übersehen ließ, einzuholen. Ich sollte auch versuchen, mit dem englischen Admiral Seymour in Verbindung zu treten, der mit einigen Kriegsschiffen auf der Reede lag. Vor allem sollte ich in Erfahrung bringen, ob die Engländer die Esten in ihrem Kampf gegen die Bolschewiken unterstützen würden.

Gleich nach dem Abzug der deutschen Truppen aus Reval hatten die Esten ihre Regierung gebildet[87]. An ihre Spitze trat der aus dem Jahre 1905

---

[85] In Estland gab es nach der Volkszählung 1922 18.319 Deutsche (1,7%), in Lettland 1925 70.964 (3.6%) zus. 89.000 Deutsche. Gegenüber der Volkszählung von 1897 (148.201 Deutsche) war das ein Verlust von fast 40%, meist durch Abwanderung. Bis 1934/35 verringerte sich die Zahl der Deutschen auf insgesamt 78.490, davon in Estland 16.846, in Lettland 62.144. Sozialgeschichte der baltischen Deutschen, Köln 1997, S. 20 und 271 (Beiträge von W. Schlau und K. Bar. v. Maydell).

[86] Friedrich v. Samson-Himmelstjerna, s. Anm. 72 durch seine Mutter Emilie v. Moeller leiblicher Vetter des Verfassers, seine Frau Sophie (Sonny), geb. v. Samson-Himmelstjerna.

bekannte revolutionäre Führer Konstantin Päts, der unterdessen sich stark politisch gemausert hatte und eher gemäßigt genannt werden konnte. Ihm wurde nachgesagt, daß er ehrlich bestrebt sei, zwischen den Esten und Deutschen ein gutes Verhältnis herzustellen.

Meine Fahrt nach Reval verlief nicht ohne Hindernisse. Als ich mich auf dem Bahnhof nach der Abfahrtszeit des Zuges nach Reval erkundigte, erfuhr ich, daß die Bahnverbindung zwischen Dorpat und Reval unterbrochen sei. Als Grund wurde angeführt, die Esten befürchteten, daß die von Reval nach dem Süden in Richtung Riga abgehenden Züge dort von den Deutschen zurückgehalten werden würden und daß auf diese Weise ein Teil des ohnehin knappen rollenden Materials verloren gehen könne. Kurz entschlossen bestieg ich einen nach Walk gehenden Warenzug, in der Hoffnung von dort über Fellin Reval zu erreichen[88].

Gegen Abend traf ich in Walk ein, doch ging der Zug nach Fellin und Reval erst am nächsten Morgen. Da es mir nicht gelang, in einem Hotel ein Zimmer zu bekommen, ging ich zu dem örtlichen Pastor Wühner[89], der auch gleich bereit war, mich für die Nacht aufzunehmen. Er sprach die Überzeugung aus, daß die Besetzung Walks durch die Bolschewiken, die bereits bis zu der bloß etwa 50 Kilometer östlich gelegenen Bahnstation Anzen vorgedrungen seien, unmittelbar bevorstehe. Bekannte von ihm hätten bereits mehrere der Bolschewikenführer aus dem Winter 1917/18 in der Stadt gesehen. An demselben Abend suchte ich den rangältesten deutschen Offizier Walks auf, einen Obersten oder General Graf Berolchtingen. Ich fand ihn inmitten seiner Offiziere im Kasino, leider ebenso wie diese vollkommen betrunken. Auf meine Frage, wie lange er noch beabsichtige oder imstande sei, Walk gegen die heranrückenden Bolschewiken zu halten, versicherte er, er werde Walk überhaupt nicht räumen, die Bolschewiken seien ein Räuberpack, das er nicht vordringen lassen werde, und anderes mehr.

---

[87] Die estnische Provisorische Regierung trat unter Jaan Poska, stellvertretend für Konst. Päts, am 11. November 1918 erstmalig zusammen. Die Defacto-Anerkennung des estnischen Staates durch das Deutsche Reich erfolgte durch einen Vertrag mit dem Bevollmächtigten August Winnig am 19. November. Uustalu, (wie Anm. 83), S. 289 f.

[88] Seit dem 12. Dezember lagen die englischen Kriegsschiffe auf der Revaler Reede. Hartmanns Reise ist also auf Mitte Dezember anzusetzen. Walk fiel am 17. Dezember in die Hände der Bolschewiken. Jürgen v. Hehn, Der baltische Freiheitskrieg, in: Von den baltischen Provinzen II, S. 12.

[89] Richard Wühner (1872-1919), 1899 Pastor in Walk, 1919 nach Pleskau verschleppt und dort ermordet. BBA.

Am anderen Morgen verließ ich Walk, gut ausgeruht und geleitet von den rührend naiven Segenswünschen der Pastorin. An demselben Abend langte ich glücklich in Reval an. Pastor Wühner und, wenn ich nicht irre, auch seine Frau sind einige Tage später von den Bolschewiken umgebracht worden.

In Reval ging ich sofort ins Ritterhaus zu dem stellvertretenden Ritterschaftshauptmann Herrn von Lilienfeldt[90]-Saage, bei dem ich mehrere Herren der Landesvertretung vorfand. Sie alle schilderten die Lage als sehr ernst, ja bedenklich. Im Gegensatz zu Dorpat hatten die meisten Revaler und landschen Herren, die nach Reval geflüchtet waren, beschlossen, in Reval so lange als möglich auszuharren. Im schlimmsten Falle blieb ihnen immer noch die Möglichkeit, nach Finnland zu fliehen. Auch nach Deutschland oder Schweden war der Weg über das Meer offen. Von einem Besuch bei dem Admiral Seymour rieten die Herren dringend ab, da dieser mich im besten Falle mit Phrasen abspeisen werde, da er sicherlich nicht den Auftrag und auch nicht die Absicht habe, uns Deutsche zu beschützen. Sie legten mir aber nahe, den Kriegsminister und Regierungschef Päts[91] zu besuchen, der im Gegensatz zu seiner früheren Einstellung jetzt Anschluß an die Deutschen suche. Bei dieser Gelegenheit erfuhr ich auch, daß die Esten fieberhaft am Aufbau einer eigenen Armee arbeiteten, auch die Bildung der freiwilligen deutschen Truppe durchaus billigten. In Reval selbst bestand neben der sehr zahlreichen estnischen eine kleine deutsche Miliz.

Am nächsten Tage war Reval in größter Aufregung. Auf dem Markt war es zu einer heftigen Schießerei zwischen bolschewistisch eingestellten estnischen Arbeitern und einer Abteilung der deutschen Miliz gekommen, bei der es auf Seiten der Arbeiter etwa 10 bis 15 Tote gab. Die übrigen Demonstranten wurden zerstreut.

Konstantin Päts empfing mich auf das Liebenswürdigste, obwohl seine Zeit sehr beschränkt war. Auch er war sehr besorgt, aber gefaßt. Er schilderte sowohl die innere Front, wie auch die Lage der Front zwischen den Bolschewiken und den langsam zurückweichenden estnischen Truppen als für die Esten bedrohlich. Dennoch meinte er, werde es gelingen, den Feind aus

---

[90] Otto v. Lilienfeldt (1865-1940), auf Saage (Estl.), 1918 Landrat, stellvertretender Ritterschaftshauptmann. DBBL, S. 460.

[91] Konstantin Päts (1874-1955), 1893 Abitur im Pernauer Kronsgymn., Jurist, Redakteur, 1918 Kriegsminister, wiederholt Staatsältester, zuletzt Präsident der Republ. Estland, von Sowjets verschleppt. G. v. Rauch, die balt. Staaten.

dem Land zu treiben, wenn nur alle gut gesinnten Elemente geeint zusammenhielten. Es sei klar, daß es schon nach einigen Tagen keinen deutschen Soldaten mehr auf estnischem Boden geben werde. Sehr schlimm sei es, daß sowohl an Waffen wie an Munition großer Mangel sei. Die Deutschen wollten den Esten keine Waffen geben, außerdem sei von der deutschen Militärverwaltung kurz vor dem Abzug der deutschen Truppen aus Reval eine große Menge russischer Handfeuerwaffen dadurch unbrauchbar gemacht worden, daß die Schlösser entfernt und an einer unbekannten Stelle ins Meer versenkt worden seien. Auf die russischen Emigranten, die sogenannten „weißen Russen", die in recht großer Zahl in Estland wohnten, sei kein rechter Verlaß, da sie zaristisch eingestellt seien, ein Rußland in den Grenzen vor 1914 herbeisehnten und daher die Selbständigkeit Estlands mit scheelen Augen betrachteten.

Im Laufe des Gesprächs fragte mich Päts, ob ich mich seiner entsinnen könne, wir seien doch im Pernauer Gymnasium zusammen ein Semester in der obersten Klasse gewesen. Leider mußte ich die Frage verneinen, was er mir aber nicht übel nahm.

Zum Schluß gab mir Päts einen Passierschein, der mich berechtigte, alle, auch Waren- und Militärzüge zu benutzen. Endlich bat er mich, die demnächst Dorpat verlassenden deutschen Truppen, deren Zahl er auf gegen 3.000 schätzte, als Wegweiser und Dolmetscher bis zur lettländischen Grenze zu begleiten. Es sei nicht ausgeschlossen, daß es zwischen der jungen estnischen Wehrmacht und der deutschen Truppe zu Auseinandersetzungen kommen werde, da die deutsche Okkupation kein gutes Andenken hinterlassen habe. Leider verabsäumte ich es, mir diese Bitte als schriftlichen Auftrag geben zu lassen, was mir manche Unannehmlichkeit erspart hätte. Allerdings hätte dann mein weiteres Schicksal wohl eine ganz andere Wendung genommen, und ich zweifle, daß diese besser gewesen wäre.

So fuhr ich denn mit einem direkt nach Dorpat gehenden Militärzuge um vieles pessimistischer nach Dorpat zurück, wo ich am frühen Morgen eintraf. Das erste, was ich erfuhr, war der schon in einigen Stunden bevorstehende Abmarsch der deutschen Truppe in Richtung Riga über Fellin, da Walk schon in bolschewistischen Händen war. Die Herren des Stabes des Generalkommandos 289 waren sehr erfreut, daß ich als Dolmetscher, der zudem von der estnischen Regierung dazu beauftragt war, sie bis zur lettländischen Grenze begleiten wollte. Ich sollte mich womöglich gleich ihnen anschließen oder aber, wenn ich das nicht könne, sie in Kawelecht, wo sie die erste Rast machen wollten, einholen.

Der Dorpater Heimatschutz und mit ihm Werner Hasselblatt war bereits einige Tage früher in nördlicher Richtung abgezogen.

In größter Hast ordnete ich mit dem getreuen Fräulein Wegner das Wichtigste, übergab ihr alle Wertsachen, Geld, Dokumente und Schlüssel und fuhr mit einem Koffer, gehüllt in den großen Schuppenpelz von Onkel Bogdan[92], auf einem kleinen Ropkoyschen Wagen ohne Kutscher gegen Abend nach dem etwa 25 Kilometer in Richtung Fellin von Dorpat entfernten Kawelecht, wo das Generalkommando lag. Es sollte der Weg über Fellin, die Grenzstation Moiseküll und das Städtchen Lemsal nach Riga genommen werden.

Am anderen Morgen ging es bei starkem, wohl gegen 20 Grad Reaumur betragenden Frost weiter. Da die Truppe nicht mehr sehr diszipliniert war, hatte mich der Kommandeur gebeten, mein Zivil gegen die Uniform eines Leutnants der Mecklenburger Dragoner zu vertauschen, weil es auf die Soldaten keinen guten Eindruck machen würde, wenn an ihrer Spitze ein Zivilist reiste. Ich kann nicht leugnen, daß es mir Spaß machte, die deutsche Uniform anzuziehen, hatte ich doch noch niemals des „Königs Rock" getragen und im Herzen immer für alles Militärische eine große Vorliebe gehabt. Bald aber froren mir Kopf und Ohren so jämmerlich, daß ich den schmucken Stahlhelm gegen die wärmere Pelzmütze (tuisumüts) eintauschte. Der lange Zug, der z.T. über das Eis des hart gefrorenen Wirtsjärwsees ging, sah in der winterlichen Schneelandschaft bei praller Sonne sehr malerisch und kriegerisch aus.

Gegen 7 Uhr Abends langten wir in Fellin an. Nach dem Essen wurde beschlossen, am nächsten Morgen eine sogenannte Offizierspatrouille, bestehend aus dem Oberleutnant der Mecklenburger Dragoner, Lorenz-Meyer, einem Livländer Hans von Schroeder[93], der ebenso wie ich die Truppe als Dolmetscher begleitete und unter dem Spitznamen Krachtin bekannt war, mir und zwei Soldaten, mit der Bahn nach der etwa 50 Kilometer südlich von Fellin an der lettländischen Grenze gelegenen Station Moiseküll zu schicken, um festzustellen, wie weit die Bolschewiken nach Westen vorgedrungen seien, und danach die Marschroute zu fixieren. Als wir in Moise-

[92] Gottlieb v. Glasenapp, s. Anm. 12.

[93] Hans v. Schroeder (1879-1968), Verfasser der „Rodomontaden", der „Fanfaronaden" und „Pratchen". DBBL, S. 699.

küll aus dem Zuge stiegen, wurden wir von einer aufgeregten, ungeordneten Menge estnischer Soldaten, unter denen sich auch einige Offiziere befanden, umringt, die uns anbrüllte, die Deutschen hätten hier nichts mehr zu suchen, wir seien verhaftet und sollten unsere Waffen abgeben. Während Lorenz-Meyer, Schroeder und ich unsere äußere Ruhe bewahrten, boten die beiden Soldaten leider einen recht jämmerlichen Anblick. Schroeders und mein Hinweis, wir seien von den estnischen Behörden beauftragt, ich sogar persönlich vom Kriegsminister, die deutsche Truppe zu begleiten, wie auch der Protest Lorenz-Meyers, der erklärte, er habe auf Befehl des Generalkommandos bloß einige Feststellungen zu machen, halfen nichts. Auch meine Bitte, mich telefonisch mit dem Kriegsministerium zu verbinden oder selbst dort anzufragen, blieb unbeachtet. Den Esten schien es besonders verdächtig, daß Schroeder und ich, obwohl wir keine Reichsdeutschen waren, deutsche Uniform trugen. Wir wurden alle verhaftet und unter schwerer Bedeckung mit dem nach Pernau abgehenden Zuge zum Kommandeuren der estnischen Division, Oberst Puskar, geschickt. Puskar[94] befragte uns, holte sich wahrscheinlich aus Reval telefonische Weisungen und erklärte uns, wir seien frei, und entließ uns mit dem am nächsten Tage nach Moiseküll abgehenden Zuge zu unserer Truppe. Als Schutz gab er uns einen estnischen Offizier namens Wain mit, der den Auftrag hatte, uns in Moiseküll vor den estnischen Soldaten zu schützen. In Moiseküll wiederholte sich die widerliche Szene des vorhergehenden Tages. Herr Wain hatte es vorgezogen zu verduften. Man erklärte uns, daß wir wieder einmal verhaftet seien und dem Kommandanten der Stadt vorgeführt werden würden, der über uns verfügen möge.

Im Bahnhofsrestaurant, wo wir einen schönen Gänsebraten verzehrten, trafen wir meinen Dorpater guten Bekannten Direktor Alfred Walter und seinen jüngeren Bruder Kurt[95], die durchs Land aus Mittau kommend, ebenfalls in Moiseküll verhaftet worden waren. Oberleutnant Lorenz-Meyer und die zwei deutschen Soldaten waren schon in Moiseküll aus der Haft entlassen worden. In Fellin erfuhren sie, daß das Generalkommando bereits bis Abja, etwa 30 Kilometer südlich von Fellin, gelangt sei, und sie beeilten sich, es einzuholen.

---

94 Viktor Puskar (1889-1943), Oberst 1918, Chef der 2. estn. Division, dann an der estländ. Südgrenze, vertrieb die Rote Armee aus Lettland. EE 7, S. 5355.

95 Kurt Walter (1895-1931) Alb. liv., Nr. 1279.

Am folgenden Tage, es war der zweite Weihnachtsfeiertag, wurden Schroeder und ich zum Felliner Stadtkommandanten, einem estnischen Offizier, eskortiert, der uns eröffnete, wir würden vor ein Feldgericht gestellt werden, da wir uns als estnische Staatsangehörige den deutschen Truppen zur Verfügung gestellt hätten, also offenbar Spione seien. In dem Zimmer, in dem diese nette Unterhaltung vor sich ging, befand sich auch der aus Dorpat geflüchtete Bürgermeister Luht[96], ein Mann mit ziemlich düsterer Vergangenheit, den ich von meinen Verhandlungen in der Stadtverwaltung als nicht böswillig und auch nicht deutschfeindlich kannte. Ich bat Luht, für uns gut zu stehen, da der Vorwurf der Spionage offensichtlich völlig unbegründet sei, wir vielmehr auf Wunsch der estnischen Regierung das Generalkommando begleitet hätten, wovon sich der Kommandant ja sofort durch eine telefonische Anfrage im Kriegsministerium überzeugen könnte. In diesem Augenblick betrat der nach Reval als deutscher Generalkonsul ernannte Herr Vogel[97], übrigens auch eine nette Nummer, das Zimmer. Auch ihn bat ich, sich für uns einzusetzen. Den gemeinsamen Vorstellungen der Herren Luht und Vogel gelang es denn auch, den Kommandanten milder zu stimmen. Wir wurden nach Reval entlassen mit dem Auftrage, uns dort mit schriftlichen Aufträgen, die wir leider versäumt hätten, uns zu erbitten, zu versehen. Da wir bis zum Abgange des Zuges nach Reval noch mehrere Stunden zu unserer Verfügung hatten, gingen wir zunächst in den deutschen Gottesdienst. Die winzige Gemeinde bestand nur aus alten Damen, die leider durch unsere deutschen Uniformen sehr in ihrer Andacht gestört wurden. Nach dem Gottesdienst umringten sie uns und bestürmten uns mit Fragen, ob etwa die Deutschen wiederkämen, das sei doch zu herrlich. Wir mußten sie leider enttäuschen. Es waren uns aber diese Fragen eine gute Warnung und wir machten uns gleich daran, uns von guten und uns unbekannten Menschen Zivil geben zu lassen, um nicht in Reval unangenehmes Aufsehen zu erregen.

Oberleutnant Lorenz-Meyer und die beiden Soldaten wurden in Fellin zu ihrer Truppe entlassen, die schon bis Abja gezogen war.

In Reval bekamen wir sofort die schriftlichen Ausweise und fuhren noch am selben Abend in einem Extrazuge, der den Oberbefehlshaber General

[96] Heinrich Luht (1865-1943), Apotheker, Dorpater Stadthaupt 1917. Tartu ajalugu, Tallinn 1918, S. 182; BaBA.

[97] Max(imilian) Vogl, Hauptmann, 1919 deutscher Geschäftsträger in Reval. Von den baltischen Provinzen II., S. 205.

Laidoner nach Fellin brachte, zurück. Dort requirierten wir einen Schlitten, mit dem wir über die Forstei Tiegnitz und die Station Quellenstein auf den Spuren des Generalkommandos fahrend, in der Nacht auf dem bereits in Lettland liegenden Gute Saarahof anlangten. In der Forstei Tiegnitz stärkten uns der Oberförster von Hübenett und seine Frau mit einem schönen Abendessen. Die Lichter am Weihnachtsbaum wurden angezündet, und wir besprachen mit Hübenetts die Lage. Wir rieten ihnen dringend, sofort zu fliehen. Leider wurde unser Rat nicht befolgt, und einige Tage später sind Hübenett und, wenn ich nicht irre, auch seine Frau, umgebracht worden.

Als wir uns der Station Quellenstein näherten, erzählte uns unser Kutscher, daß am vorhergehenden Tage hier ein Zusammenstoß zwischen dem abziehenden Generalkommando und estnischen Truppen stattgefunden habe. Viele Deutsche, auch Offiziere, seien gefallen. Zum Beweise seiner Erzählung wies er mit der Peitsche auf mehrere Pferdeleichen hin, die neben dem Bahndamm im Schnee lagen. Er fügte hinzu, alle Esten seien empört über das Verhalten der Deutschen, die zuerst das Land ausgesogen hätten und die Esten jetzt ihrem Schicksal überließen, ohne ihnen Waffen zu geben, die sie selbst nicht brauchten, während die Esten in ihrem bevorstehenden Kampf auf Leben und Tod so dringend Waffen benötigten. Wie ich später aus bester Quelle erfuhr, war dieser Zusammenstoß eine glatte Niederlage der Esten gewesen. Es war mir dies ein interessanter Beweis dafür, wie Legenden entstehen.

Obwohl wir in Saarahof erst gegen 11 Uhr Nachts eintrafen und alles schon schlief, schafften wir uns doch Einlaß und erbaten uns einen Schlitten bis Lemsal. Es erwies sich aber, daß alle Pferde des Gutes bereits requiriert waren, daß aber zwei lettische Männer da seien, die gerade in Richtung Lemsal abfahren wollten. Gerüchtweise sollten die Bolschewiken schon ziemlich weit nach Westen über die Bahn Walk – Riga vorgerückt sein, so daß es nicht ganz feststand, ob der Weg von Saarahof nach Lemsal noch frei sei. Dennoch vertrauten wir uns den beiden Letten an. Aber schon einige Kilometer hinter Saarahof erschienen uns die Letten dennoch verdächtig, da sie auf mehrere an sie in russischer Sprache gerichtete Fragen ausweichend geantwortet hatten; Lettisch verstanden weder Schroeder noch ich. Die Vermutung lag nah, daß sie uns direkt zu den Bolschewiken bringen wollten, wofür sie wohl eine entsprechende Belohnung erhalten hätten. Was uns dann blühte, war klar. So befahl ich denn den Letten nach Saarahof zurückzufahren, was sie nach einigem Murren auch taten. Das Pferd unseres Felliner Kutschers hatte sich unterdessen ausgeruht und gefressen, und in einigen Stunden, gegen Morgen waren wir wieder in Fellin. Von dort fuhren wir mit der Bahn – ohne weitere Erlebnisse – nach Reval.

In Reval galt es zunächst, ein Unterkommen zu finden, was nicht leicht war, da alle Hotels und Pensionen von Flüchtlingen aus den östlichen und südlichen Teilen Estlands: Narwa (Allentacken), Wesenberg (Wierland), Werro, Walk, Dorpat und Fellin überfüllt waren, und auch in den meisten Privatwohnungen kein Platz war, da dort befreundete Familien ein Unterkommen gefunden hatten. Dabei dauerte der Zustrom der Flüchtlinge noch an, weil die Furcht vor einem weiteren Vordringen der Bolschewiken die Deutschen aus den übrigen Kreisen Estlands ebenfalls zur Flucht veranlaßte.

Zufälligerweise erfuhr ich, daß mein alter Freund aus der Warschauer Zeit, Berend von Wetter-Rosenthal[98], der in Reval Ritterschaftssekretär geworden war, es auch vorgezogen hatte, mit seiner Frau nach Deutschland zu fliehen. Seine große Wohnung in der Sperlingstraße stand leer. Rosenthals Einwilligung voraussetzend, zog ich in eines seiner Zimmer.

Natürlich berichtete ich gleich nach meiner Rückkehr nach Reval dem Kriegsminister Päts über meine Erlebnisse. Er war über das Verhalten des estnischen Militärs in Moiseküll sehr ungehalten und verurteilte das feige Benehmen des Offiziers Wain auf das Schärfste. Von dem Überfall des estnischen Militärs auf das deutsche Generalkommando bei Quellenstein war er genau unterrichtet und erzählte mir, daß die Sache sich wesentlich anders abgespielt habe, wie der Kutscher uns berichtet hatte. Etwa 40 estnische Soldaten und auch einige Offiziere hätten dabei den Tod gefunden, während auf deutscher Seite kaum Verluste gewesen seien. Hier erfuhr ich auch, daß Dorpat einen Tag nach dem Abzug des deutschen Generalkommandos von den Bolschewiken besetzt worden sei, fast ohne Kampf, da die estnische Truppe noch zu wenig zahlreich gewesen sei. Besondere Sorge machte Päts die Beschaffung von Waffen und Munition. Wesenberg und Taps würden wohl in den nächsten Tagen eingenommen werden. Dennoch habe er die Hoffnung nicht aufgegeben, daß es gelingen werde, die nicht gut geführten und wenig disziplinierten Bolschewiken noch vor Reval aufzuhalten. Aus Finnland seien etwa 2.000 Freiwillige eingetroffen, die darauf brannten, an die verhaßten Bolschewiken zu kommen, auch hätte sich ein russisches

[98] Berend v. Wetter-Rosenthal (1874-1940), 1899 bis 1906 in Petersburg u. Warschau, auf Leal (Estl.), Rechtsanwalt in Reval. DBBL, S. 859.

Freikorps unter dem Generalen Judenitsch gebildet, das fast nur aus Offizieren bestehe, die sich aus dem weiten Rußland gerettet hätten.

Im Ritterhause, das ich anschließend aufsuchte, fand ich den stellvertretenden Ritterschaftshauptmann Herrn von Lilienfeld-Saage und mehrere Herren der Vertretung vor. Von ihnen erfuhr ich, daß die meisten deutschen Familien vom Lande, die besonders aufs Korn genommen waren, und auch einige wohlhabende Familien aus den kleinen Städten sich bereits in dem voraussichtlich sicheren Reval befänden. Man wolle, so lange als irgend möglich, die Entwicklung der Dinge in Reval abwarten.

Da ich voraussah, daß ich längere Zeit in Reval bleiben würde, trat ich in die deutsche Miliz ein. Mein Standquartier war das Ritterhaus, was den großen Vorzug hatte, daß ich nicht nur meine Dujouren in angenehmer Gesellschaft in einem warmen und kultivierten Lokal verbringen konnte, sondern auch das Neueste sofort erfuhr. War doch das Ritterhaus eine Art Nachrichtenzentrale geworden. Wegen meiner guten Beziehungen zum estnischen Kriegsministerium wurde ich gebeten, die Verbindung zwischen dem Ritterhause und dem Kriegsministerium, das ich jeden Tag aufsuchte, zu unterhalten. Im Kriegsministerium machte ich die Bekanntschaft des Oberkommandierenden Laidoner[99], eines Esten, der bei den Russen es bis zum Obersten des Generalstabes gebracht hatte und der über große militärische Fähigkeiten verfügte, des Generalen Larka[100] und des Chefs des Stabes, eines Generalen Soots[101]. Einen höchst merkwürdigen Eindruck machte der Kommandeur der allerdings mikroskopischen estnischen „Kriegsflotte", ein Kapitän Pitka[102], der früher Leiter einer Bergungsgesellschaft gewesen war und sich durch großen Mut und Draufgängertum auszeichnete. Die Flotte bestand aus zwei ehemals zur russischen Flotte gehörigen Torpedobooten, die der englische Admiral Seymour bei einem Überfall auf den Hafen von Kronstadt den Bolschewiken weggenommen hatte. Pitka, der damals noch keine Uniform trug, sah mit seinem ungepflegten Bärtchen, in einem schäbigen Zivilmantel und in hohen Wasserstiefeln wie ein richtiger Räuber-

---

[99] Johann Laidoner (1884-1953), Oberbefehlshaber der estn. Streitkräfte, 1920 Generalleutnant. EE 5, S. 379.

[100] Andres Larka (1879- ?) 1918 Kriegsminister der Provisorischen Regierung, Stabschef, 1919-1925 stellv. Kriegsminister. 1930 Vors. des Freiheitskämpferverbandes. EE 5, S. 409.

[101] Jaan Soots (1880-1942), Generalmajor d. Reserve, wiederholt Kriegsminister. EE 8, S. 601.

[102] Johan Pitka (1879-1944), 1918-19 Chef der Kriegsmarine, Konteradmiral, EE 7, S. 335 f.

hauptmann aus. Ein Jahr später hatte er, ebenso wie General Laidoner, den englischen Michel-Georges Orden erster Güte und damit den englischen Sir-Titel bekommen.

Unterdessen rückten die Bolschewiken immer näher an Reval heran. Am 7. Januar sagte mir Päts, der Feind stünde nur noch 35 Kilometer von Reval und nähere sich täglich ungefähr um 5 Kilometer. Auch auf Fellin sei er in langsamem, aber stetigem Vordringen. Allerdings mache das estnische Heer in seiner Ausbildung rasche Fortschritte. Es schlage sich gut und mit Erbitterung. Die größte Hilfe seien die Finnländer, auch das Baltenbatallion werde von ihm und vom Oberkommando sehr geschätzt. Die russischen Formationen nahmen ebenfalls an Zahl zu, doch sei ihnen nicht sehr zu trauen. Am empfindlichsten mache sich der große Mangel an Handfeuerwaffen, Kanonen und Flugzeugen bemerkbar. Wenn darin nicht bald Abhilfe geschaffen werden könne, seien die Bolschewiken nicht mehr aufzuhalten.

Während Päts über alles, was in Estland vor sich ging, auf das genaueste im Bilde war, war er zu meiner Verwunderung über alles, was sich seit dem Abzug der deutschen Truppen aus Estland in Lettland zugetragen hatte, völlig unorientiert. Ziemlich unvermittelt fragte er mich, ob ich bereit sei, im Auftrage der estnischen Regierung und in ihrer Vollmacht mit einem kleinen, nicht tief gehenden Dampfer nach Riga zu fahren, um dort mit den deutschen Stellen, die ich doch von Dorpat her gut kannte, wegen einer sofortigen Hilfe, in erster Linie durch Waffenlieferungen, zu unterhandeln. Ein größerer Dampfer sei eben noch zu gefährdet, weil die ganze Küste vermint sei und die estnische Regierung keine Minenkarten besäße. Da mir der Vorschlag ganz überraschend kam, bat ich um eine kurze Bedenkzeit, die ich dazu benutzen wollte, um mich mit den Herren von der estländischen ritterschaftlichen Vertretung zu besprechen. Von Päts ging ich direkt auf den Dom, wo ich auch Lilienfeld und einige andere Herren traf. Alle redeten mir sofort zu, meine Einwilligung zu erklären, da dadurch nicht nur den Esten geholfen, sondern auch die Stellung der Deutsch-Balten wesentlich gestärkt werden könne, falls meine Mission Erfolg haben sollte.

Päts war hocherfreut und sagte mir, am nächsten Morgen um 8 Uhr werde der Schlepper „Libelle“ mich im Revaler Hafen erwarten. Zu meiner Beglaubigung werde er mich mit einem entsprechenden Schreiben der Regierung versehen, dessen Original ich noch bis zu meiner Flucht aus dem Werthegau besaß. Es ist mir dann mit einem Koffer, in dem meine wichtigsten Dokumente waren, abhanden gekommen.

Die „Libelle“ war ein ganz kleines Schiff mit etwa 9 Knoten Geschwindigkeit. Die Bemannung bestand aus einem Kapitän und 5 Matrosen. Gegen 10 Uhr fuhren wir mit dem Ziel Riga ab.

Die See war bei Reval zum größten Teil noch eisfrei. Gegen 4 Uhr nachmittags stellte sich heraus, daß die Fahrrinne zwischen dem Festlande und Ösel so weit zugefroren war, daß wir das Eis nicht forcieren konnten und den Kurs westlich um Ösel herum nehmen mußten. Da der Kapitän meinte, daß auch vor Riga das Eis für die „Libelle“ zu stark sein werde, wurde beschlossen, nicht nach Riga, sondern nach Libau zu fahren, dessen Hafen jedenfalls eisfrei sei. Das war unsere Rettung; denn Riga war schon am 3. Januar von den Bolschewiken besetzt worden, was aber in Reval nicht bekannt war.

Am frühen Morgen des 10. Januar liefen wir in den Libauer Hafen ein, ohne behelligt zu werden. Der erste, den wir trafen, war ein estnischer Kapitän namens Siman-Toffry, der mit seinem Schiff in Libau hängen geblieben war und auf estnisch, das hier ja niemand verstand, schimpfte, daß er nicht fortgelassen werde, man ihm auch keine Minenkarte gebe, so daß er so gut wie verhaftet sei. Von ihm erfuhr ich, daß das deutsche Militär Riga bereits am 2. und 3. Januar verlassen und sich auf Libau zurückgezogen habe, wo es anscheinend längere Zeit zu bleiben gedenke. Die Bolschewiken hätten sofort Riga und Mitau, anschließend auch Windau besetzt. Der größte Teil des deutschen Militärs sei schon aus dem Baltikum nach Deutschland abmarschiert. In Libau gäbe es in der lettischen Arbeiterschaft viele Bolschewiken, die nur darauf warteten, auch hier die Räteherrschaft aufzurichten. Außer dem deutschen Militär gäbe es in Libau noch ziemlich viele Angehörige der deutsch-baltischen Landeswehr und auch lettische Truppen. An der Spitze der deutschen Zivilverwaltung stehe der Beauftragte des deutschen Reiches, August Winnig, den ich von Dorpat her ganz flüchtig kannte. Winnig sei eben verreist.

Siman-Toffry gab mir noch einige sehr wichtige Hinweise auf Dinge, die ich für Estland fordern sollte, und zwar die von den Deutschen aus Reval mitgenommenen nautischen Instrumente, eine genaue Minenkarte und – wenn ich nicht irre – 7 estnische Handelsschiffe, die von den Deutschen zum Abtransport ihrer Truppen und Vorräte benutzt worden seien. Endlich riet mir Siman-Toffry, den mich begleitenden estnischen Katasterbeamten

Ounapuu[103], der mir mitgegeben worden war, um aus Riga die auf die nordlivländischen Kreise Pernau, Fellin, Dorpat, Werro und Walk bezüglichen Katasterakten nach Reval zu schaffen, womöglich bei allen Besprechungen hinzuzuziehen, um einen Zeugen zu haben, außerdem Ounapuu die Besprechungen mit der ebenfalls in Libau befindlichen lettischen Regierung zu überlassen, da die Letten auf Deutsch-Balten nicht gut zu sprechen seien. Das paßte mir gut, da ich keinerlei Neigung verspürte, mit den Letten in Berührung zu kommen.

Bei dem deutschen Gouverneur erfuhr ich, daß der Vertreter von August Winnig ein Herr Burchard[104] sei, den ich gleich aufsuchte. Hier hatte ich die große Freude, meinen Haftgenossen Oberleutnant Lorenz-Meyer zu treffen, der in Libau als Winnigs Adjutant zurückgeblieben war, während das Generalkommando 289 weitergezogen war. Von Lorenz-Meyer erfuhr ich, daß sich in Libau ein baltischer Vertrauensrat gebildet habe, dem u.a. mein Vetter Fritz Samson, Herr von Oettingen[105]-Ludenhof, Astaf von Transehe[106], Baron Eduard Nolcken[107] und noch einige andere Kur- und Estländer angehörten, die ich nicht kannte und deren Namen mir entfallen sind. Diese Herren würden sicherlich gerne durch mich Näheres über das Schicksal Estlands erfahren, da man in Libau nichts von dem wisse, was im Norden vor sich gehe.

Nachdem ich durch Lorenz-Meyer eine Zusammenkunft mit dem Gouverneur zum Abend erbeten hatte, ging ich zu Fritz Samson, der nicht wenig erstaunt war, mich vor sich zu sehen. Mit ihm machte ich ab, am Nachmittag mit den baltischen Herren eine Besprechung zu haben. Da Lorenz-Meyer mir gesagt hatte, Burchard werde etwa in einer Stunde zu dem gleich den Hafen verlassenden Dampfer „Babylon“ fahren, mit dem eine große Menge Balten, unter ihnen auch viele Estländer, das Land verlassen wollten,

---

103 Vermutl. Anton Ounapuu (1887-1919), 1919 Freiwilliger der Kalev-Maleva, im Jan. 1919 verwundet, im April 1919 gefallen. BaBA.

104 Wilhelm Burchard-Motz (1878-1957), Dr. jur., Rittm. Stellvertreter von August Winnig (Anm. 91), später 2. Bürgermeister von Hamburg. Von den balt. Prov. I, S. 117 Anm.

105 Arved v. Oettingen (1857-1943), auf Ludenhof u. Kersel (Livl.), Landrat. DBBL., S. 556.

106 Astaf v. Transehe-Roseneck (1865-1946), Historiker und Genealoge. DBBL, S. 809.

107 Eduard v. Nolcken (18..-19..), Mitarbeiter des Landmarschalls Heinrich v. Stryk, der 1919 einen baltischen Föderativstaat unter deutschbaltischer Führung anstrebte (1873-1938). DBBL, S. 780; von den balt. Prov. I und II.

und daß ich bestimmt Burchard begleiten könne, so eilte ich zu ihm, der sich auch gleich bereit erklärte, mich auf die „Babylon“ mitzunehmen.

Im Hafen herrschte ein lebhaftes Treiben. Männer und Frauen, oder richtiger Herren und Damen, denen man ansah, daß sie zu der besten Gesellschaft gehörten, fuhren in hochbepackten Droschken zum Bahnhof. Einige von ihnen schoben ihre dürftige Habe auf Karren selbst.

Die „Babylon“, ein Dampfer von 3.000 bis 4.000 Tonnen, war von Balten der Oberschicht überfüllt. Als sie erfuhren, daß ich direkt aus Reval käme, von wo schon seit langer Zeit jede Kunde fehlte, wurde ich von allen Seiten mit Fragen überschüttet. Alles wollten sie wissen: wer noch in Reval geblieben sei, ob die Stadt gehalten werden würde, wie die Stimmung der Esten sei und noch vieles andere mehr. Unwillkürlich mußte ich an die Szene im Inferno von Dante denken, der – allerdings von den Seelen Verstorbener – mit Fragen bestürmt wurde.

Unter den Flüchtlingen waren viele meiner estländischen Bekannten [...]. Die meisten beneideten mich darum, daß ich wieder in die alte Heimat zurückkehren könne, andere aber fanden es unklug zu bleiben, da sie nicht daran zweifelten, daß Estland über kurz oder lang eine Beute Sowjetrußlands werden würde. Mit Wehmut nahm ich von ihnen Abschied und sah das Schiff die Reede verlassen.

Auf der Besprechung im Vertrauensrat mußte ich eine genaue Schilderung der Lage in Estland geben, da sie ja gar nicht wußten, was sich dort abspielte. Meine Bereitschaft, mich der estnischen Regierung zur Verfügung zu stellen, um zu retten, was vielleicht noch zu retten sei, fand die allgemeine Billigung auch derjenigen, die die Esten nicht schätzten. Von einem der Herren wurde ich gebeten, einen Vertreter der Baltischen Landeswehr nach Reval mitzunehmen, der mit der estnischen Regierung wegen der Überführung eines Teiles der Landeswehr nach Estland verhandeln solle, womit ich mich gerne einverstanden erklärte. Die Stimmung im Vertrauensrat war eine durchaus ruhige, wenn auch nicht lettenfreundliche, die Prognose für Lettland nicht günstig. Maßgebend schien mir die bedächtige Verständigkeit von Fritz Samson zu sein, dem sich die anderen Herren anschlossen.

Der Verhandlung mit dem deutschen Gouverneur und dem Generalstabschef, der auch Burchard beiwohnte, fand in Gegenwart von Ounapuu statt. Nach der Prüfung meines Beglaubigungsschreibens fragte mich der Gouverneur nach den Wünschen der estnischen Regierung. Wiederum mußte ich eine detaillierte Schilderung der Lage an der Front und im Hinterlande geben, soweit mir das möglich war, worauf ich meine Bitten und Wünsche formulierte.

Ich kann nicht leugnen, daß ich mir bei diesen rein militärischen Verhandlungen ziemlich fehl am Platze vorkam, hatte ich doch von allen solchen Dingen nicht die blasseste Ahnung, wovon ich ziemlich bald eine wenig angenehme Probe bekam. Der Chef fragte mich, wie es mit einer zwischen Libau und Reval eventuell einzurichtenden radiotelegrafischen Verbindung stehe, die bisher vollkommen fehle, was ja sehr schädlich sei, da weder die Deutschen im Süden noch die Esten im Norden wüßten, was vor sich gehe und wodurch ein koordiniertes Vorgehen gegen die gemeinsamen Feinde, die Bolschewiken, unmöglich gemacht werde. Dann fragte er mich, wie lange Wellen ich für eine solche Verbindung vorschlage. Um mir keine Blöße zu geben, ging ich sofort auf diese Anregung ein und nannte als von mir erwünschte Wellenlänge: achtzehn. Der Chef sah mich erstaunt an und sagte, so was gäbe es doch gar nicht. Ich konnte die Situation gerade noch retten, indem ich behauptete, ich hätte natürlich nicht achtzehn, sondern achtzehnhundert gemeint.

Das Ergebnis der etwa zweistündigen Verhandlung war ein überraschend günstiges: alles wurde anstandslos bewilligt, allerdings ohne Angabe der Mengen, da ich diese nicht nennen konnte; doch wurde in Aussicht gestellt, daß Estlands Bedarf mit Leichtigkeit gedeckt werden könne, da Deutschland ja alles in Hülle und Fülle besitze und sich nur glücklich schätzen könne, diesen Überfluß zu einem so guten Zwecke benutzen zu können. Es sei doch klar, daß die Entente die Vernichtung aller deutschen Heeresbestände verlangen werde.

Als sofort lieferbar bezeichnete der Stabschef folgende Mengen:

1. Volle Uniformierung und Ausrüstung mit allem Notwendigen für 30.000 (dreißigtausend) Mann;
2. Flinten in beliebiger Zahl und gegen 10.000.000 (zehn Millionen) Gewehrpatronen;
3. 6 Batterien mittleren Kalibers zu je 5 Geschützen und nötige Munitionen;
4. 100 Flugzeuge mit Piloten, Mannschaften und Bodenpersonal;
5. 200 Telefonapparate und mehrere tausend Kilometer Kabel;
6. Instrukteure;
7. alle Minenkarten und nautischen Instrumente, ebenso die sieben Dampfer;

8. Radiosende- und Empfangsapparate.

Alles lieferbar in zwei Wochen ab Hafen Pillau. Die Sachen könnten auf den zurückzugebenden Schiffen transportiert werden, was nicht darauf passe, müsse auf anderen, von den Esten zu stellenden Schiffen verladen werden. Abholen sei Sache der Esten. Die Minenkarten und nautischen Instrumente könne ich gleich selbst mitnehmen.

Schwieriger gestaltete sich die Zahlungsfrage, da ich keine diesbezüglichen Weisungen bekommen hatte, wohl aber wußte, daß Estland dafür eben keine Mittel hatte. Endlich wurde der Ausweg gefunden, daß die Abrechnung und Bezahlung nach Beendigung des estnisch-bolschewistischen Krieges stattzufinden habe. Praktisch bedeutete das für die Esten kein Risiko; gewannen sie den Krieg, so mußten die unterliegenden Bolschewiken zahlen, verloren sie ihn, so hatten sie aufgehört, als Staat zu existieren, und ein Schuldner war dann nicht mehr vorhanden. Über die Verhandlung wurde ein genaues schriftliches Protokoll aufgesetzt, in zwei Exemplaren, von beiden Vertragsparteien unterzeichnet und jeder von uns bekam ein Exemplar.

Am Abend verbrachte ich einige sehr angenehme und interessante Stunden beim deutschen Gouverneur. Lorenz-Meyer, der auch da war, erzählte mir von seinem Schicksal nach unserer Trennung in Fellin.

Etwa 10 Kilometer vor der Station Moiseküll, als das Generalkommando eine größere, von Wald umschlossenen Wiese passierte, sei aus dem Walde ein estnischer Offizier auf die an der Tête ziehende Abteilung der Mecklenburger Dragoner unter dem Rittermeister von der Osten herangeritten und habe ihn aufgefordert, die Waffen zu strecken, da in dem Walde große Mengen estnischen Militärs lägen, die sofort im Weigerungsfall das Feuer eröffnen würden. Das deutsche Militär sei vollkommen demoralisiert und würde keinen Widerstand leisten. Auf die Bitte des Offiziers, von der Osten möge ihm erlauben, zu den Soldaten zu sprechen, habe dieser, der seiner Leute ganz sicher war, zustimmend geantwortet. Nachdem der Offizier seine Aufforderung an die Soldaten beendet habe, sei ein Unteroffizier der Dragoner in strammer Haltung an Osten herangeritten, habe vorschriftsmäßig salutiert und gefragt: „Gestatten Herr Rittmeister diesem Kerlen zu zeigen, was eine Lanze ist?“ Darauf habe Osten den estnischen Offizier aufgefordert, seinen Säbel abzuliefern und bis Berlin mitzukommen. Lorenz-Meyer behauptete, kaum je ein so dummes Gesicht gesehen zu haben, wie das des estnischen Kriegers. Als ein Teil des Generalkommandos bei der Station Quellenstein schon über die Schienen hinweggekommen sei, sei aus

Richtung Moiseküll ein Zug herangefahren gekommen, aus dem etwa 300 estnische Soldaten heraussprangen, die sofort das Feuer auf die deutsche Truppe eröffneten. Im Nu seien Maschinengewehre aufgefahren, und von den Esten seien etwa 40 gefallen, unter ihnen einige Offiziere. Auf deutscher Seite seien die Verluste ganz gering gewesen. Allerdings seien fünf oder sechs deutsche Pferde totgeschossen worden. Einem der gefallenen Offiziere habe er, Lorenz-Meyer, die Pistole abgenommen, die ich bei unserer ersten Verhaftung in Moiseküll hatte abgeben müssen und die ihm wegen ihrer eigenartigen Konstruktion aufgefallen sei. Er habe die Pistole nach Libau mitgenommen. Am darauffolgenden Tage gab er mir die vielgewanderte Pistole zurück.

Den nächsten Tag benutzte ich dazu, einige Bekannte zu besuchen, an Wanda nach Baden-Baden zu schreiben, auch an meine Mutter und einige andere Personen, die alle in Ungewißheit über mein Schicksal waren. Am Abend sagte mir Ounapuu, der unterdessen mit der lettischen Regierung Fühlung aufgenommen hatte, die Letten bäten mich, zwei lettische Offiziere nach Reval mitzunehmen und zwar einen Obersten Zemitāns[108], der sich später als ganz übler Deutschenfresser erwies, und einen jungen Marineoffizier, dessen Name mir entfallen ist. Da ich diese Bitte nicht gut ablehnen konnte, sagte ich zu, war doch Lettland, wenigstens nominell, ein mit Estland befreundeter Staat.

Am Abend schickte das deutsche Kommando, gewissermaßen als Beweis des guten Willens, gegen tausend Infanteriegewehre und mehrere große Kisten mit Munition, die nur mit Mühe auf dem kleinen Dampfer untergebracht werden konnten.

Am frühen Morgen des dritten Tages (12. Januar 1919) stachen wir wieder in See, um drei Passagiere reicher: die zwei lettischen Offiziere und den Vertreter der Baltischen Landeswehr. Die Letten konnten in einer kleinen Kabine untergebracht werden, während der Landeswehrmann – als Jüngster – zur Nacht ein ebenso hartes wie unbequemes Lager auf den im Mittelraum gestapelten Gewehren beziehen mußte. Das Zusammensein dieser kleinen, aber nicht sehr schönen Gesellschaft war wenig erfreulich, doch wurde die Lage dadurch entspannt, daß Oberst Zemitāns fast ununterbrochen seekrank war und der Marineoffizier kein Deutsch verstand.

---

[108] Vermutl. Jorgis Zemitāns (1873-1928), der am 2. Februar 1919 auf estn. Boden einen lettischen Verband aufstellte. G. v. Rauch, Balt. Staaten, S. 70.

Am zweiten Tag gegen 3 Uhr nachmittags liefen wir Ösel an. Da ich überzeugt war, daß man in Ösel ebenso wie in Libau vollkommen ahnungslos über das sei, was in nächster Nähe vor sich ging, beschloß ich im Hafen, der etwa 2 Kilometer von der Stadt Arensburg lag, zu übernachten, um die deutschen Bewohner von Arensburg auf die große Gefahr aufmerksam zu machen, in der sie schwebten.

Als ich in die Stadt kam, fing es schon an zu dunkeln. Ein leiser Schnee rieselte auf das friedliche Städtchen herab. Nicht ohne Mühe fragte ich mich zu meinen einzigen Bekannten, den Fräulein von Harten durch, die, wie ich gehört hatte, aus Warschau nach Ösel gezogen waren. Die Damen fielen fast auf den Rücken vor Erstaunen, als ich plötzlich vor ihnen stand.

Auf meine Bitte begleiteten sie mich zum Landmarschall Baron Buxhoeveden[109], der aber mit seiner Frau zu einer Gesellschaft zum Landrat Baron Toll gegangen war. Dort fand ich nicht nur den Gesuchten, sondern noch fast alle anderen Herren von der Öselschen ritterschaftlichen Vertretung, die an mehreren Tischen gemütlich Karten spielten, während die Jugend, unter ihr einige auffallend hübsche junge Mädchen, sich an einem Tänzchen erfreuten. Selten habe ich einen so schreienden Gegensatz zwischen dem Arensburger Idyll und dem Drama erlebt, das sich auf keine 200 Kilometer von da in Estland und Lettland abspielte.

Ich hatte mich in meiner Annahme nicht geirrt. Von Rigas bereits am 3. Januar erfolgten Einnahme durch die Bolschewiken war in Arensburg noch nichts, wenigstens den Deutschen noch nicht, bekannt. Anscheinend war man auf Ösel auch noch auf gar nichts vorbereitet, wenigstens habe ich in Arensburg kein estnisches Militär gesehen.

Mit der ritterschaftlichen Vertretung machte ich eine laufende Benachrichtigung aus Reval ab und versprach mich dafür zu verwenden, daß Ösel eine genügend starke und zuverlässige estnische Garnison bekäme. Tatsächlich sind bald darauf estnische Truppen nach Ösel geschickt worden, denen es auch gelang, den gegen Ende Januar ausbrechenden bolschewistischen Putsch niederzuwerfen. Leider wurden mehrere der Arensburger Herren, unter ihnen auch Baron Buxhoeveden, damals von den Aufständischen umgebracht (16. Februar 1919), unter anderen auch mein Schulkamerad Baron Alexander von der Pahlen, der als Offizier der Grenzwache auf Ösel stand.

[109] Alexander Bar. v. Buxhöveden (1856-1919), auf Kuivast u.a. (Insel Moon u. Ösel), 1906 Öselscher Landmarschall. DBBL S. 136.

Am anderen Abend (14. Januar 1919), es war schon ganz dunkel, näherten wir uns mit gelöschten Lichtern der Revaler Reede, da wir ja nicht wußten, ob nicht am Ende Reval bereits in den Händen der Bolschewiken war. Es fiel mir auf, daß auch hier, ebenso wie in Libau und Arensburg, der Hafen völlig unbewacht war. Endlich entdeckten wir auf der Mole im Scheine einer dürftigen Laterne einen Mann in Zivil, den ich auf russisch anrief. Er antwortete estnisch, was ich als gutes Zeichen aufnahm und meine Fragen schon präziser stellte. Zu meiner Freude erfuhr ich, daß nicht nur Reval außer Gefahr sei, sondern daß auch Dorpat vor einigen Tagen den Bolschewiken entrissen worden sei.

Am nächsten Morgen (15. Januar) ging ich natürlich ins Kriegsministerium, wo ich Päts, dem Oberkommandierenden General Laidoner und dem Intendanten, einem Obersten Reimann, genauen Bericht über das Ergebnis meiner Fahrt erteilte. Alle waren hocherfreut, daß sie so schnell und so leicht zu den ihnen dringend nötigen Waffen und Ausrüstungen kommen würden. Dann erzählten sie mir über den glücklichen Verlauf des Vormarsches der estnischen Truppen. Dabei erfuhr ich auch von den Greueltaten, die die Bolschewiken auf dem Vormarsch auf Reval in Wesenberg und dann in Dorpat kurz vor ihrer Flucht verübt hatten. Ich wurde gebeten, alles in einer Denkschrift auf das Genaueste schriftlich niederzulegen, damit das Kriegsministerium die nötigen Unterlagen für seine weiteren Schritte habe. Besonders begeistert war natürlich der Intendant Reimann.

Aus dem Kriegsministerium ging ich zunächst in das Ritterhaus und von da zum deutschen Konsul Vogel, der mir ein Empfehlungsschreiben an die deutschen Behörden in Riga gegeben hatte und der wohl berechtigt war, von mir einen Bericht zu erwarten. Alle waren sehr erfreut, denn es war wohl zu erwarten, daß eine derart freigiebige Belieferung des estnischen Staates durch Deutschland das so schlechte Verhältnis wesentlich bessern und auch auf die Lage der Deutsch-Balten einen überaus günstigen Einfluß haben werde.

Am Nachmittag desselben Tages ging ich mit dem Vertreter der Landeswehr, der mit mir nach Reval gekommen war, zu Päts, mit dem die Möglichkeit und die Bedingungen der Überführung eines größeren Teiles der Landeswehr an die Narwsche Front besprochen wurde. Päts verhielt sich persönlich durchaus wohlwollend zu diesem Vorschlage, doch konnte er von sich aus natürlich keine endgültige Entscheidung treffen. Er bat mich nach zwei Tagen wiederzukommen, bis dahin würde er die Angelegenheit mit der Regierung verhandelt und entschieden haben. Beim Weggehen traf ich im Wartezimmer meinen lettischen Marineoffizier in Begleitung zweier auffallend gekleideten lettischen Herren mittleren Alters, [...] die nach uns zu Päts hineingingen. Wie ich vom Portier erfuhr, waren diese die lettischen diplomatischen Vertreter. Offenbar hatte Päts ihnen vom Vorschlage der Landeswehr erzählt und sie ihm abgeraten darauf einzugehen, denn als wir nach zwei Tagen wiederkamen, sagte uns Päts, die Regierung habe nach längerer Erörterung sich schließlich doch gegen den Vorschlag ausgesprochen. Wie sich später erwies, war das von großen und bösen Folgen.

Enttäuschte Hoffnung

Da mich das Schicksal meiner zahlreichen Dorpater Freunde und Bekannten, der mir anvertrauten Sachen und auch unserer Wohnung natürlich im höchsten Grade beunruhigte, erbat und erhielt ich vom Kriegsministerium die Genehmigung, gleich nach Dorpat zu fahren und einen Militärzug zu benutzen, da Personenzüge noch nicht verkehrten. Sehr viel lieber wäre ich gleich ins Baltenregiment eingetreten, doch wurde mir von den Herren der estländischen ritterschaftlichen Vertretung dies ausgeredet, ich dürfe es unter keinen Umständen tun, da sonst die Interessen der meisten abwesenden livländischen Herren vollständig preisgegeben seien. Es sei ausgeschlossen, daß ich meine wichtigen Pflichten und Aufgaben in Dorpat im Stiche lasse, um als gewöhnlicher Soldat eine ganz unwesentliche Rolle zu spielen.

Diesmal konnte mein Aufenthalt in Dorpat nur von ganz kurzer Dauer sein, weil ich so bald wie möglich nach Reval zurückkehren sollte, um die so glücklich abgelaufenen Libauer Verhandlungen in die Tat umzusetzen.

Nach einer ziemlich angreifenden Fahrt kam ich in Dorpat am frühen Morgen an. Ich fand die Stadt in höchster Aufregung. Was ich dort hörte, überstieg alle Befürchtungen. Am 14. Januar, unmittelbar vor der Flucht der Bolschewiken, war eine große Zahl besonders wertvoller, geachteter und einflußreicher deutscher Männer, auch einige Esten und Russen, von den Bolschewiken ermordet worden. Unter ihnen befanden sich unser lieber Professor Pastor Traugott Hahn und Arnold von Tideböhl[110]. Auf dem Eise des Embach hatten schon vorher drei Brüder v. Samson-Himmelstjerna[111] aus dem Ülzenschen Hause den Tod gefunden, die ich noch am Tage meines Abzuges zum Generalkommando davor gewarnt hatte, in Dorpat zu bleiben.

In der Dorpater Bank waren die Schließfächer mit ihrem wertvollen Inhalt und auch die offenen Depots wie durch ein Wunder der Wegnahme durch die Bolschewiken entgangen, die von den Esten unter Anführung des Partisanenführers Kuperjanow[112] vollständig überraschend überrumpelt worden waren. Die Leitung der Dorpater Bank befand sich in den Händen

---

[110] Arnold v. Tideböhl (1860-1919), 1918 Herausgeber der Dorpater Nachrichten. DBBL, S. 793.

[111] Bruno (geb. 1856) Harald (geb. 1861) und Gustav (geb. 1868) v. Samson-Himmelstjerna ermordet am 9. Januar 1919 GHbA, BV, S. 452-456.

[112] Jul. Kuperjanow (1894-1919) Leutn. einer Partisaneneinheit, gefallen bei den Kämpfen um Walk. G. v. Rauch, Balt. Staaten, S. 61, 72. EE 5, S. 217.

des alten, sehr achtungswerten, aber ganz unentschlossenen Direktors Alfred Schulze, da alle anderen Herren der Direktion geflohen waren. Kurz vor ihrer Flucht hätten die Bolschewiken noch den ganzen Kassenbestand der Bank, 500.000 Rubel geraubt.

In unserer Wohnung fand ich alles in bester Ordnung vor. Überhaupt war der materielle Schaden, den die Bolschewiken angerichtet hatten, verhältnismäßig geringfügig, weil ihre Herrschaft nur einen Monat gedauert hatte und sie offenbar der Ansicht gewesen waren, nicht so bald herausgetrieben zu werden.

Natürlicherweise hatten sie nicht verfehlt, die Kirchen in üblicher Weise zu schänden, Dekrete gegen die Bourgeoisie zu erlassen und alles, was nicht zum Proletariat gehörte, zu verfolgen und zu schikanieren. Doch hatte sich dieses wegen der Kürze der Terrorherrschaft nicht richtig auswirken können.

Da die Kämpfe der Esten mit den Bolschewiken sich noch in ziemlicher Nähe von Dorpat abspielten und die Front sich nur langsam süd- und ostwärts bewegte, von einer Verkehrsmöglichkeit auf dem Lande nicht die Rede war, auch die Post noch nicht funktionierte, beschränkte ich mich darauf, meiner tüchtigen Sekretärin Fräulein Erna Wegner die nötigen Weisungen zu geben. Unsere treue Köchin Anna Petersell war unglücklich, als ich ihr mitteilte, ich müsse bald wieder für etwa zwei bis drei Wochen nach Reval verreisen. Von dort würde ich vielleicht sogar nach Deutschland weiter fahren müssen. Sie war mit den neuen Einwohnern, die ich aufgenommen hatte, um die Wohnung vor einer militärischen Einquartierung zu schützen, gar nicht einverstanden, fand sie „knotig" und arm, was in ihren Augen ein ganz schlimmer Vorwurf war.

Nach Reval zurückgekehrt, unterrichtete ich zunächst durch Vermittlung eines Kuriers des deutschen Konsulats, der über Finnland und Schweden nach Deutschland ging, die Meinigen und einige Klienten über die klare Lage in Dorpat, von der sie natürlich keine Ahnung hatten. Sehr bedrückte es mich, daß ich von den Meinigen, die ich in Baden-Baden wußte, keine Nachrichten hatte. [...]

Die Zeit verging schnell mit allerhand Vorbereitungen und Besprechungen wegen meiner Fahrt nach Pillau, um die zugesagten deutschen Waffen usw. abzuholen. Fast täglich hatte ich Verhandlungen mit den Beamten des estnischen Kriegsministeriums. [...]

Unterdessen hatten sich auch schon verschiedene estnische Ministerien aufgetan, an deren Spitze meist ehemalige estnische Rechtsanwälte standen. Mit einigen von ihnen hatte ich auch schon Fühlung aufgenommen, so mit dem Landwirtschafts- und Außenminister Strandmann[113], einem krassen Deutschen– oder richtiger Baltenfresser, seinem Gehilfen und späteren Nachfolger als Landwirtschaftsminister, Kerem[114], einem Mann von bewunderungs-würdigen Nerven, dem Finanzminister Kukk[115], einem phlegmatischen, aber nicht dummen Beamten u.a.m.

So ziemlich alle bis auf Strandmann, den Generalstabschef General Soots und den „Admiralen“ Pitka, kamen mir auf das Freundlichste entgegen. Im übrigen konnte ich mich nicht genug darüber wundern, wie gut sich die Esten in ihren neuen und hohen Ämtern machten. Nicht nur, daß sie sehr schnell das Wesentliche erfaßten, sich kurz und präzise ausdrückten und genau wußten, was sie wollten, sie verstanden es auch, was viel schwerer ist, geduldig zuzuhören und den Gesprächspartner aussprechen zu lassen, ohne ihn zu unterbrechen.

Gegen Ende Januar sagte mir der deutsche Konsul Vogel, er wolle nach Dorpat fahren, um die Universität und Südestland kennenzulernen. Ich bot ihm an, in meiner Wohnung abzusteigen, und nannte ihm einige Namen und Adressen von Personen, von denen er zuverlässige Nachrichten bekommen könne. Nach einem zweitätigen Aufenthalt kam er zurück, besonders begeistert von den Künsten unserer braven Köchin Anna.

Bald nachher bemerkte ich, daß die Vorbereitungen zum Abtransport der Waffen und Ausrüstungen aus dem Königsberger Hafen Pillau ins Stocken geraten waren. Das zuerst genannte größere Schiff, der „Kapitän Grenen“, mit dem ich fahren sollte, sei irgendwo aufgelaufen, ein anderes, die „Vasa“, habe einen Schraubenbruch erlitten u.a.m. Endlich verlor ich die Geduld und sagte Päts am 7. Februar, ich müsse jetzt entweder die Fahrt gleich antreten oder den Auftrag niederlegen und nach Dorpat zurückkehren, um meine so lange schon unterbrochene Tätigkeit als Anwalt wieder aufzunehmen. Mein Beruf sei weder der eines Diplomaten, noch der eines Militärs,

---

[113] Otto Standmann (1875-1941) wurde im Mai 1919 Regierungschef, war bestrebt, mit dem Agrargesetz die deutsche Oberschicht wirtschaftlich und politisch zu entmachten. Rauch, S. 91, 238; Alb. Acad. I, S. 89.

[114] August Kerem (1889-1942), Agronom, Landwirtschaftsminister 1920 u. später. EE 4, S. 463.

[115] Juhan Kukk (1885-1945), 1922-1923 Staatsältester. Rauch, S. 96, 238. EE 5, S. 39 f.

ich hätte den Auftrag nur aus Gefälligkeit gegen ihn, Päts, übernommen, dürfte aber meine Pflichten nicht länger vernachlässigen. Päts, der mich ruhig und mit einem etwas wehmütigen Ausdruck anhörte, sagte, es sei in der Tat ein von ihm unabhängiges Hindernis eingetreten, das wahrscheinlich die Ausführung des Vertrages mit Deutschland zunichte machen werde. Er bäte mich, da er die Einzelheiten nicht so genau kenne, zum Außenminister Strandmann zu gehen. Noch am selben Nachmittag ging ich zu Strandmann, der mich, wenn auch höflich, so doch zugeknöpft empfing und mir folgendes mitteilte: in der „Dorpater Zeitung“ vom 30. Januar sei eine kurze Notiz etwa des Inhaltes erschienen, daß die Engländer den Esten in ihrer Bedrängnis zwar alles versprächen, jedoch nichts gäben, während Deutschland, ohne viel zu versprechen, alles gäbe. Diese Notiz sei dem Vertreter Englands in Estland, Generalkonsul Bosanquet, aufgefallen, er habe von der estnischen Regierung Erklärungen verlangt. Durch eine Untersuchung in Dorpat sei festgestellt worden, daß einen oder einige Tage vor dem Erscheinen der bewußten Notiz der deutsche Konsul Vogel in Dorpat gewesen sei, wo er übrigens in meiner Wohnung abgestiegen sei. Vogel habe einem kleinen geladenen Kreise, u.a. den Schriftleitern der „Dorpater Zeitung“ Hasselblatt[116] und von Vegesack[117], von den großen Lieferungen erzählt, zu denen sich Deutschland nach den Verhandlungen durch mich Estland gegenüber bereit erklärt habe. Obgleich diese Lieferungen eben geradezu eine Lebensfrage für Estland seien, sei Bosanquet doch so empört über die Notiz und auch über die Verhandlungen mit Deutschland gewesen, daß er die ganze Sache an das englische Auswärtige Amt telegrafiert habe. Diese so „impulsive“ Hilfe Deutschlands könne in höchst unerwünschter Weise von Deutschland propagandistisch ausgeschlachtet werden. Nach Fühlungsnahme mit den anderen Ententemächten habe das Foreign Office Bosanquet die telegrafische Weisung gegeben, energisch gegen jede Belieferung Estlands durch Deutschland Einspruch zu erheben und sie zu „verbieten“, bedeute doch diese Hilfe gleichzeitig eine fühlbare Einflußnahme Deutschlands auf die Geschicke Estlands, vielleicht sogar des ganzen Baltikums. Zugleich sei Bosanquet ermächtigt worden, Estland das Versprechen zu geben, England und die anderen Ententemächte würden Estland mit allem Nötigen ausgiebig

[116] Arnold Hasselblatt (1852-1927), Historiker und Journalist, 1918-20 Chefredakteur der Dorpater Zeitung. DBBL, S. 301.

[117] Manfred v. Vegesack (1879-1966), 1917 Herausgeber der Deutschen Zeitung in Dorpat, 1919 Redakteur der Rigaschen Rundschau. Alb. Liv., Nr. 1127.

versorgen. Da Estland politisch und auch finanziell ganz von der Entente abhänge, könne es nicht anders, als sich – wenn auch mit aufrichtigem Bedauern – bedingungslos zu fügen. Unter diesen Umständen müsse meine Fahrt nach Königberg natürlich unterbleiben.

Selten habe ich beim Scheitern eines Planes eine so tiefe Enttäuschung empfunden. Wenn ich auch damals noch nicht in der Lage war, alle Konsequenzen dieses Fiaskos zu übersehen, so war mir doch klar, daß damit für uns viel mehr verloren war, wie nur eine Belebung der Beziehungen zu Deutschland und ein Umschwung in der Einstellung der Esten zu uns.

Wenn es auch müßig ist, der Phantasie die Zügel schießen zu lassen, so dürfte es doch nicht übertrieben sein, selbst bei nüchterner Beurteilung anzunehmen, daß für Deutschland, insonderheit auch für uns Deutsche im Baltikum, aus der Einkleidung eines Großteiles der estnischen Armee in deutsche Uniformen und ihrer Belieferung mit Waffen und anderem Kriegsmaterial, aus der Einübung der estnischen Truppe durch deutsche Instrukteure eine Reihe bedeutender Vorteile die Folge gewesen wäre. Das hatte offenbar auch Herr Bosanquet gleich ganz richtig erkannt und daher (den Vertrag) vereitelt. Dabei will ich die Dankbarkeit völlig ausschalten, die bekanntlich meist desto geringer ist, je größer sie sein müßte. Trotz Warnungen von bestinformierten Personen, so z.B. dem ehemaligen englischen Botschafter in Petersburg Bukannan, hatten die Ententemächte damals noch nicht begriffen, daß ihnen in den Bolschewiken der Feind Nummer 1 erwuchs. Statt den mit allen verfügbaren Kräften zu bekämpfen, einerlei von wo sie kamen, wurde alles darauf angesetzt, Deutschland so viel als möglich zu schädigen und zu demütigen.

Doch es sei mir gestattet, noch etwas auszumalen, was alles hätte eintreten können, wenn die von mir begonnenen Verhandlungen mit Deutschland verwirklicht worden wären. Erstens hätte Deutschland Veranlassung gehabt, auf seine Verdienste bei der Bekämpfung der Bolschewiken hinzuweisen und eine Abmilderung des so verhängnisvollen Versailler Friedens zu erwirken. Vielleicht wäre Deutschland sogar in der Lage gewesen, auf eine energische Bekämpfung der Bolschewiken jenseits der estnisch-russischen Grenze zu dringen. Ich verweise nur auf den groß angelegten Plan des deutschen Generals Hoffmann. Das deutsche Prestige in der ganzen Welt wäre mächtig gewachsen. Zweitens wäre das unselige, bis jetzt noch nicht ganz geklärte Abenteuer von Wenden, bei dem es zu einem Zusammenstoß der Landeswehr mit den Esten und zu einer vernichtenden und verlustreichen

Niederlage der ersteren kam, vermieden worden, weil dann die Landeswehr voraussichtlich anders verwendet worden wäre. Es liegt nahe anzunehmen, daß das Vorgehen der litauischen, lettischen und estnischen Armeen nach einem gemeinsamen Plan, vielleicht sogar unter deutscher Führung und verstärkt durch deutsche Truppen, rascher und gründlicher erfolgt wäre.

Der Verstoß der Landeswehr gegen die Esten fand zu einem Zeitpunkt statt, als das für das ganze Baltikum lebenswichtigste Problem, die Frage der Neuordnung der agraren Verhältnisse, in der Konstituierenden Versammlung Estlands beraten und das Agrargesetz vorbereitet wurde. Es ist bekannt, in wie radikaler Weise es schließlich entschieden wurde, viel radikaler, als das dem bedächtigen Charakter der Esten entspricht. Wenn wirklich Estland mit deutscher Hilfe von den Bolschewiken befreit worden wäre, so hätten die Esten es schwerlich gewagt, ihren eigenen Deutschen zielbewußt das wirtschaftliche Rückgrat zu brechen, welche Absicht von einigen estnischen Abgeordneten mit diesen Worten offen bekundet wurde. Vielmehr wäre wahrscheinlich eine Kompromißlösung gesucht und auch gefunden worden, die unter weitgehender Berücksichtigung der Wünsche des estnischen Volkes und der Interessen des Staates dem enteigneten Großgrundbesitzer mindestens eine gesicherte Bodenständigkeit und eine gerechte Entschädigung für das Weggenommene garantiert hätte.

Endlich sei auch noch auf die viel leichtere Abwicklung der Forderungen für das enteignete Inventar und das Land hingewiesen, wenn diese mit den Forderungen Deutschlands für die geleistete Hilfe verkoppelt worden wären. [...]

Doch zurück zu meinen Erlebnissen: Die Fahrt nach Königsberg war endgültig gescheitert, und ich beeilte mich, nach Dorpat zurückzukehren. Mein Abschiedsbesuch beim deutschen Konsul Vogel, durch dessen Indiskretion in erster Linie der Vertrag gescheitert war, war weder angenehm für mich noch erheiternd für ihn, da ich keine Veranlassung hatte, meine Gefühle in bezug auf sein Verhalten in Dorpat zu unterschlagen. Gewiß stimmte es, daß er nicht die Absicht gehabt hatte, mir zu schaden. Aber das war ziemlich gleichgültig. [...]

Der Redakteur der „Dorpater Zeitung" Hasselblatt, der Vater meines Sozius, und sein Kollege Vegesack wurden übrigens wegen Verbreitung falscher Nachrichten gerichtlich zur Verantwortung gezogen und zu einer kleinen Geldstrafe verurteilt.

Auch die Herren der Estländischen Ritterschaftlichen Vertretung waren über das Scheitern des Planes sehr betrübt, sahen sie doch wahrscheinlich noch klarer wie ich, daß damit so manches Hoffnungsvolle im Keime erstickt worden war.

Das Leben in Dorpat 1919

Mitte Februar war ich wieder in Dorpat, wo sich die Lage soweit gebessert hatte, daß ein Arbeiten mehr oder weniger möglich geworden war.

Die estnischen Gerichte und Verwaltungsbehörden funktionierten besser, als man hätte erwarten dürfen. Natürlich mußten aus Menschenmangel viele Ämter mit Personen besetzt werden, die weder ihren Kenntnissen, noch ihrer früheren Stellung nach in irgend einer Weise den neuen Aufgaben gewachsen waren. In die Kollegialgerichte, ganz zu schweigen von den Friedensgerichten, wurden Leute ohne juristische Bildung – ehemalige Gemeindeschreiber, Kanzleibeamte und Gerichtsdolmetscher – ernannt. In den Verwaltungsbehörden wurde noch weniger auf die Qualifikation gesehen. Aber es ging, und gar nicht einmal so schlecht.

Verständlicherweise wurde der ganze Regierungsapparat vollständig nach dem russischen Muster aufgebaut. Neu war allerdings die Anwendung demokratischer Ideen an Stelle der autoritären Ordnung des monarchischen Regimes.

Meine zahlreichen Vollmachtgeber, meist Rittergutsbesitzer des Werroschen und Dorpater Kreises, deren Gesamtbesitz ein Areal von gegen 250.000 Hektar betrug, waren fast alle nach Deutschland geflohen. Es galt zunächst festzustellen, was in der Zeit vom November 1918 bis jetzt vor sich gegangen war, bzw. vor sich ging, eine Art normaler Bewirtschaftung wiederherzustellen und – vor allem – möglichst viel Einnahmen zu erzielen. Ungünstig war es, daß ich von Landwirtschaft nicht viel verstand und mich daher auf die Berichte der von mir auf die Güter geschickten Personen oder der auf den Gütern zurückgebliebenen Angestellten verlassen mußte. Nun waren damals in Dorpat nur wenige Menschen nachgeblieben, die sich als Revidenten eigneten, da die Tüchtigen entweder ins Baltenregiment oder nach Deutschland gegangen waren. [...]

Bei diesen Arbeiten fand ich auch bei den Gutsangestellten meist eine tatkräftige Unterstützung, die trotz ihrer meist estnischen Herkunft doch in der Mehrzahl der Fälle ihrer deutschen Herrschaft treu ergeben blieben, ungeachtet dessen, daß sie kaum auf eine entsprechende Belohnung dieser Treue hoffen durften.

Hartmann hebt besonders lobend die Namen von neun Verwaltern und Oberförstern, meist Esten, wegen ihres Verhaltens hervor, nennt allerdings auch Beispiele von Angestellten, die wie die Raben stahlen. Er beschwert sich zugleich über die Schwierigkeiten, im Auftrage einiger nach Deutschland geflüchteten Gutsbesitzer Verhandlungen zu führen, weil sie ihn in den Augen der Esten durch ihre abfälligen Äußerungen über den estnischen Staat kompromittierten. Von ihnen glaubte niemand an eine lange Lebensdauer der von ihnen geschmähten Randstaaten.

Auch wir, die wir im Baltikum wohnten und daher selbst sahen, mit welchem Ernst und Eifer, Enthusiasmus und Glauben an ihre Zukunft die Esten am Aufbau ihres Staates arbeiteten und dabei oft größere Fähigkeiten bewiesen, als man hätte erwarten dürfen, gaben dem neuen Gebilde eine Lebensdauer von drei bis höchstens fünf Jahren, da auch wir annahmen, daß der Bolschewismus sich nicht über länger würde halten können und daß das neuentstandene Rußland als großer und starker Staat seine Hand wieder nach der Ostsee strecken würde.

Hartmann hatte als Anwalt die Generalvollmachten für mehr als 30 Rittergüter. Schwierigkeiten bereiten ihm nicht nur mangelnde landwirtschaftliche Vorbildung und schlechte Postverbindungen, sondern auch geringes Betriebskapital und hohe Steuern und die Suche nach Umwegen, um den Klienten im Ausland ihr Geld zu überweisen, was grundsätzlich verboten war. Im April 1919 wurde das erste estnische Geld herausgegeben, die Eestimark zu 100 Penni.

Die Arbeit in meinem Büro dauerte meist vom frühen Morgen bis in die Nacht. Zu besonderem Dank bin ich meiner damaligen Sekretärin, Fräulein Erna Wegner, die später meinen guten Bekannten Harry Lieven heiratete, verpflichtet. Sie war nicht nur sehr fleißig, äußerst genau und intelligent, sondern verlor auch nie den Kopf, was deshalb von größter Wichtigkeit war, weil ich sehr oft, mindestens einmal in der Woche, nach Reval fahren mußte, wo ich manchmal mehrere Tage bleiben mußte. Gerichtssachen nahm ich nur sehr ungern an, da ich zu wenig Zeit hatte und auch das Estnische noch sehr mangelhaft beherrschte. [...]

Ich kann nicht leugnen, daß ich oft recht verzagt und mutlos war und nur meine guten Nerven und der feste Entschluß, meine Pflicht so gut als möglich zu tun, mir die Kraft gaben, auf meinem einsamen Posten auszuharren. Am liebsten wäre ich ins Baltenregiment gegangen, doch das durfte ich aus den bereits genannten Gründen nicht tun.

Nach dem Schock der ersten Monate begann sich auf den Ruinen des Deutschtums wieder ein gewisses Leben zu regen. Besonders auf dem Gebiet der Schulen konnte so ziemlich alles, wenn auch in beschränktem Umfang, erhalten werden. Es war ein großes Glück, daß an der Spritze der deutschen Schulen besonders tüchtige, energische und selbstlose Persönlichkeiten standen: die Direktrice Fräulein Marie Rathlef[118], Direktor Alfred Walter, mit einem gewissen Abstand der Direktor der öffentlichen Schule, Pantenius[119], und Direktor Grass[120], dessen Schule mehr dem Typus einer Töchterschule entsprach.

Fräulein Marie Rathlef, jetzige Professorin Steinwand, war eine Frau von großen Gaben, mit einem starken, fast männlichen Charakter. [...] Besonders wertvoll war es in meinen Augen, daß sie, ebenso wie der Direktor Walter, auf den besten baltischen Traditionen fußend allem liberalistischen Materialismus abhold war. Da beide in der Verfolgung ihrer Ziele jeden Kompromiß ablehnten, hatten sie viele Feinde. Als Vorsitzender des Kuratoriums der Rathlefschen Schule hatte ich oft Gelegenheit, mich davon zu überzeugen, daß sie an alle ihre Entschlüsse immer das höchste Maß sittlichen Ernstes legte und daß sie – was mir besonders wertvoll war – gut gemeinten und begründeten Vorstellungen ihr Ohr nicht verschloß. Ebenso wie sie arbeitete ihr ganzes Lehrer- und Lehrerinnenkollegium, unter Zurückstellung aller persönlichen Interessen, mit der größten Selbstlosigkeit und Hingabe. Dasselbe muß übrigens von allen deutschen Lehrern und Lehrerinnen gesagt werden.

Direktor Walter war menschlich entschieden klüger wie Fräulein Rathlef. Seine Begeisterung für seine Aufgabe und seine Überzeugung, daß auch in der nüchternen Jetztzeit die humanistische Bildung ihre Bedeutung nicht verloren habe und daß in Estland wenigstens ein klassisches Gymnasium notwendig sei, hielten ihn in der Heimat zurück. Eigenartig und für Direktor Walter bezeichnend war eine gewisse Abenteuerlust. Konflikten ging er nie aus dem Wege, ja, ich hatte manchmal den Eindruck, er suche sie. Gegen

---

[118] Marie Rathlef (1886-1966), Tochter von Georg R. (s. Anm. 26) 1924 verheir. Steinwand, Leiterin der privaten Mädchenschule, 1925 Inspektorin des Walterschen Privatgymnasiums. DBBL, S. 764.

[119] Heinrich Pantenius (1865-1935), Historiker, Lehrer in Petersburg, 1919 Direktor der Oberrealschule in Dorpat. DBBL, S. 577.

[120] Konrad Grass (1870-1927), Dr. theol. h. c. Lehrbeauftragter in Dorpat, 1921 Lehrer an der Walterschen Schule, 1922-1924 Grass'sche Schule, dann Prof. für N. T. DBBL, S. 256.

sich von spartanischer Härte, verlangte er auch von den Schülern ein Höchstmaß an Strammheit und Disziplin.

Beide Schulen hatten dauernd unter der schweren wirtschaftlichen Lage der Deutschen zu leiden, die sich gerade in den sogenannten oberen Ständen, aus denen sich die Schülerinnen und Schüler dieser Schulen rekrutierten, am stärksten bemerkbar machte. Eigentlich wurde bei ihnen fast immer ohne ein festes Einnahmebudget gearbeitet. Die größten Posten bildeten die Zuwendungen ausländischer Gönner, in erster Linie des Deutschen Reichs, Spenden und Veranstaltungen.

Direktor Pantenius war ein Mann ganz anderer Art. Von Geburt Kurländer, mit dem Ressentiment der kurländischen Literaten gegen den Adel, hatte er fast sein ganzes Leben in Petersburg als Lehrer und später als Leiter einer der bekannten Petersburger deutschen Kirchenschulen verbracht. Dadurch war er nicht nur dem Baltikum und seinen Überlieferungen weitgehend entfremdet, sondern er hatte sogar einen gewissen Gegensatz gegen alles typisch Baltische mitgebracht. Alles Ständische und Konservative war ihm verhaßt. Er hatte sich leider bedeutend dem Typus eines russischen Intelligenten genähert. Das alles war in den Augen der baltenfeindlichen Esten ein Vorzug. Da er über umfassende Kenntnisse, große Erfahrungen und einen scharfen Verstand verfügte, war er, besonders als Gegner, eine nicht zu übersehende Persönlichkeit, um so weniger, als er ehrgeizig war und viel organisatorisches Talent besaß. Sein Charakter erschwerte den Verkehr, auch den amtlichen, mit ihm nicht unwesentlich. Ich hatte mehrfach recht unerfreuliche, z.T. auch unsachliche Zusammenstöße mit ihm.

Seine Schule wurde vorzugsweise von Deutschen aus kleinen Kreisen besucht, die vielfach mit estnischen befreundet und auch versippt waren und deren Erhaltung dem Deutschtum daher eine um so schwerere und wichtigere Aufgabe darstellte.

Ungefähr aus denselben Kreisen setzte sich die Schülerinnenschaft der Grass'schen Mädchenschule zusammen. Direktor Grass war viel konzilianter und weicher wie Direktor Pantenius. Er hatte viele und gute Kenntnisse auf dem Gebiet der Kunstgeschichte. Direktor Grass stammte selbst, wenn ich richtig informiert bin, aus estnischen Kreisen, war aber, wie so viele Deutsche in Estland, im besten Sinne vollständig germanisiert. Es muß anerkannt werden, daß sowohl Direktor Pantenius wie auch Direktor Grass sich große Verdienste um die Erhaltung des Deutschtums in vielen gefährdeten Familien erworben haben.

Die Zahl der Schüler und der Schülerinnen bei Direktor Walter und Fräulein Rathlef betrug im Jahre 1919 etwa je 150 und hatte absteigende Tendenz. Ungefähr ebenso viele besuchten die Grass'sche Mädchenschule, während es bei Direktor Pantenius gegen 200 waren, deren Zahl mit den Jahren zunahm.

Im kirchlichen Leben Dorpats war durch die Ermordung des Pastors der deutschen Universitätskirche, Prof. Traugott Hahn, eine nicht auszufüllende Lücke entstanden. Auch der Posten des Predigers an der deutschen Johannisgemeinde war vakant, da der Pastor Wittrock es vorgezogen hatte, nach Deutschland zu fliehen. [...]

Zum Oberpastor der Johannisgemeinde wurde ziemlich bald der bisherige Vikar Pastor Josef Sedlatschek gewählt. Seine gütige Art im Verkehr mit den Ärmsten und Kleinsten und sein Eifer auf dem Gebiet der Armenpflege konnte sehr für ihn einnehmen.

Bei der großen Armut der deutschen Bevölkerung Dorpats und der Verlassenheit vieler von ihnen fiel der deutschen Inneren Mission eine wichtige und verantwortungsvolle Aufgabe zu. An ihre Spitze stellte sich Pastor Lizentiat Werner Gruehn[121], der später Professor an der Berliner Universität wurde. Er tat seine Arbeit mit größter Aufopferung, unterstützt von einer großen Zahl treuer Mitarbeiterinnen und Mitarbeiter, vielleicht manchmal mit etwas zu viel Temperament. Einmal mußte ich ihn, den Theologieprofessor Baron Stromberg und ein Fräulein Walter vor Gericht wegen einer zu scharfen Zeitungskritik der Zustände im Armenhause – übrigens mit Erfolg – verteidigen. Leider hatte Gruehn die verhängnisvolle Gabe, sich auch dort Feinde zu schaffen, wo das sachlich gar nicht nötig war. [...]

Das gesellige Leben der Dorpater Deutschen lag nach der Okkupation ganz darnieder und beschränkte sich auf kleine private Kreise. Veranstaltungen größerer Art hätten im damaligen Dorpat auch aus dem Grunde keinen Zuspruch gefunden, weil die Deutschen viel zu verängstigt waren.

Eine Zusammenfassung und einheitliche Leitung des Dorpater Deutschtums wurde im „Baltenbunde" angestrebt. Zum Vorstande dieser Gesellschaft gehörten der allgemein geachtete Leiter der deutschen privaten Klinik Dr. med. Johannes Meyer als Präses, ich als Vizepräses, Direktor Alfred

---

[121] Werner Georg Alexander Gruehn (1887-1961), Oberlehrer an mehreren Dorpater Gymnasien, 1920-25 Leiter des Dorpater Vereins für Innere Mission, 1927 Dr. theol. h.c. (Kiel), 1931 Gründer des Theolog.-Philos. Luther-Instituts in Dorpat, 1937-45 Prof. in Berlin, DBBL, S. 268f.

Walter und noch einige andere. Wir versuchten das Vorhandene zu ordnen und zu sammeln, vor allem den Mut und den Glauben an die Zukunft wieder aufzurichten und zu stärken. Bei den recht häufigen Zusammenkünften wurde oft nicht sehr sachlich diskutiert, was aber begreiflich war, da wir uns auf Neuland befanden und selbst erst unsere Stellungnahme zu den veränderten Verhältnissen suchen mußten.

Ganz besonders schmerzlich machte es sich fühlbar, daß von den ehemals führenden Persönlichkeiten des Adels kaum einer in dem jetzigen Südestland geblieben war. In dieser Hinsicht stand es in den ehemals zu Livland gehörigen Kreisen Werro, Dorpat, Walk, Fellin und Pernau viel schlechter wie im früheren Estland. Die estländischen deutschen Familien hatten sich fast alle bloß nach Reval geflüchtet und zogen auf dem Fuß der zurückweichenden Bolschewiken wieder auf ihre Güter oder in die befreiten Städte. Dadurch erklärte sich auch, daß die Lage der Deutschen Oberschicht im alten Estland eine viel bessere war und die Entwicklung, trotz der so radikalen Agrarreform, eine weniger katastrophale wurde wie in den ehemals livländischen Kreisen Estlands.

Im Frühjahr 1919 wurden die Wahlen für die Konstituierende Versammlung ausgeschrieben. Die Deutschen in Südestland einigten sich auf den schon erwähnten Dr. med. Johannes Meyer, den ich willig machte, diese für ihn keineswegs bequeme Stellung anzunehmen, war er doch durch eine große Praxis und die Leitung der sogenannten Mellinschen Klinik bereits voll in Anspruch genommen. Bei der Annahme der Wahl war für Dr. Meyer fraglos in erster Linie ein sehr ausgeprägtes Heimatgefühl maßgebend. [...]

Im Frühling fuhr ich mit meinem Bekannten Dr. v. Reyherr[122], dessen aufopfernde und sachkundige Pflege viel zur Rettung von Wanda bei ihrer schweren Krankheit im Sommer 1918 beigetragen hatte, auf das meinem Klienten Baron Heinrich Nolcken gehörende Gut Allatzkiwi am Peipussee auf die Auerhahnbalz. Reyherr, der ein mehr begeisterter wie erfolgreicher Jäger war, hatte noch nie einen großen Hahn auf der Balz geschossen, so daß ich ihm den Buschwächter mitgab und selbst allein losging. Leider hatte er kein Glück und hatte keinen Hahn gehört, während ich zwei schöne Hähne erlegte, wobei ich mich in dem großen, mir ganz unbekannten Walde gründlich verirrte. Gegen Mittag erschien in dem Jagdhaus, in dem wir abgestiegen waren, ein ziemlich ruppig aussehender estnischer Offizier, der

---

[122] Wolfgang v. Reyher (1879-1950), Chirurg, 1911-1921 leitender Arzt der Privatklinik W. v. Zoege-Manteuffel in Dorpat. DBBL, S. 626.

sich als der örtliche Kommandant auswies und nach unserer Jagdberechtigung fragte. Nachdem er sich erkundigt hatte, ob nicht noch andere deutsche Herren da wären, verschwand er mit der Bemerkung, daß es sich jetzt, während des Krieges und unweit der russischen Grenze, wohl nicht empfehle zu jagen. Damals maß ich diesem ungebetenen Besuch keine Bedeutung bei. Später erfuhr ich, der Offizier habe an seine vorgesetzte Behörde berichtet, im Allatzkiwischen Walde habe eine Geheimversammlung von deutschen Gutsbesitzern stattgefunden, offenbar in Verbindung mit dem Putsch in Libau vom 17. April, bei dem die lettische Regierung Ulmanis von der Baltischen Landeswehr verhaftet wurde.

Obwohl wir gerne noch einige Nächte in Allatzkiwi verbracht hätten, war Reyherr durch diesen kleinen Vorfall doch so verstimmt, daß wir noch am selben Tage nach Dorpat zurückfuhren.

Im Frühjahr 1919 gingen bedeutende Veränderungen in der Zusammenstellung der estnischen Regierung vor sich. An die Stelle des mehr rechts orientierten Ministeriums Päts war das links gerichtete Kabinett unter dem Minister Strandmann (8. Mai 1919) getreten. Bei Päts war ich persona gratissima gewesen, während Strandmann mich nicht ausstehen konnte und daraus auch keinen Hehl machte.

Wohl diesem Umstande, vielleicht auch einer Denunziation hatte ich es zu verdanken, daß Anfang Mai mir die Ehre einer Haussuchung zuteil wurde, die zwar ergebnislos verlief, aber in mir einen unangenehmen Nachgeschmack hinterließ. Die Haussuchung wurde ganz oberflächlich und von ungeübten, einfachen, wenn auch schwer bewaffneten Soldaten durchgeführt. Das einzige, was ihre Aufmerksamkeit besonders erregte, war eine große Karte der Ostseeprovinzen, die in meinem Schlafzimmer hing, und eine große Tasche in meinen Unterbeinkleidern, in der ich auf dem Ritt mit dem deutschen Generalkommando mein größeres Geld verwahrt hatte.

Nach Dorpat war eine größere Abteilung der finnländischen Hilfstruppe verlegt worden. Ich bekam als Einquartierung den sehr sympathischen und gebildeten Adjutanten des finnländischen Oberkommandierenden: Leutnant Dr. der Philosophie Tamminen. Das paßte mir durchaus, da ich dadurch Gelegenheit fand, Ausländer mit unserer Lage bekannt zu machen, ihnen auch einige Güter zu zeigen und dadurch die Behauptung der Esten, wir Deutschen hätten das Land wirtschaftlich heruntergebracht, zu entkräften. Diese propagandistischen Behauptungen wurden natürlich überall da, wo der „baltische Baron“ ein Kinderschreck war, begierig aufgenommen. Die

Herren Finnländer waren übrigens zum Teil ziemlich wilde Gesellen, Abenteurer und vor allem Säufer. Ich entsinne mich eines sehr netten Abends bei mir, an dem der Oberkommandierende der Finnländer, ein General Wetzer[123]; der Oberarzt Baron Aminoff[124]; noch ein Schwede namens Eklund[125] und einige baltische Herren teilnahmen und auf dem nicht nur alles, was ich noch an Alkohol besaß, sondern auch der ganze Rest des Weinkellers der „Ressource“ *(eines Clublokals)* vertilgt wurde. Endlich wurden aus der Wetzerschen Wohnung noch einige Flaschen Cognac geholt. [...]

Sei es, um uns Balten nach dem Munde zu reden, sei es aus eigener Überzeugung, behaupteten die Finnländer, die Esten taugten nichts als Soldaten und besonders die estnischen Offiziere seien unglaublich ungehobelt. Dieses Urteil war entschieden ungerecht, auch konnte man von den Offizieren, die ja keine „Kinderstube“ gehabt hatten, nicht mehr verlangen.

Anfang Mai wurde General Wetzer durch den Obersten Kalm[126], den Sohn eines Esten und einer Finnin, ersetzt. Dennoch teilte auch er die Abneigung der Finnländer gegen die Esten, wenn er auch in Gesprächen über dieses Thema zurückhaltender war. [...]

Ich möchte hier ausdrücklich unterstreichen, daß in den vielen Gesprächen mit Ausländern, Finnländern, Deutschen, Engländern und Italienern, die ich damals Gelegenheit hatte zu führen und in denen natürlich politische Themen einen breiten Raum einnahmen, mit keinem Worte hochverräterische Pläne auch nur gestreift wurden. Wohl kamen nicht selten wegwerfende Bezeichnungen der Esten [...] vor, doch gab ich auch dem keinen Vorschub, da ich diese diskriminierenden Bezeichnungen reichlich geschmacklos fand. Sicherlich haben wir uns in den Kreisen unserer deutschen Landsleute mit Bedauern darüber unterhalten, was für günstige Folgen für uns ein deutscher Sieg gehabt hätte. Erst recht ist es mir und wohl auch keinem meiner Bekannten je in den Sinn gekommen, mit der Landeswehr Verbindung zu suchen, um mit ihrer Hilfe auf Kosten des estnischen Volkes unseren Interessen zu dienen. [...]

---

[123] Paul Martin Wetzer (1868-?), 1918 Generalmajor, am finnischen Freiheitskampf führend beteiligt. Aik. 1920, S. 501.

[124] Bernhard Aminoff (1873-?), Oberarzt. Alb. Acad. I, S. 43.

[125] Eklund: vermutl. Oberstl. Nils David Edlung, Verbindungsmann der schwed. Regierung zu den Letten in Sachen der schwed. Militärhilfe. Von den Balt. Prov. II, S. 247.

[126] Hans Kalm (geb. 1889 in Fellin - ?), Oberst, Führer des Kalm-Bataillons im finnischen Freiheitskampf. Aik. 1941, S. 301.

Auswirkungen der Schlacht bei Wenden

Um den 20. Juni herum bekamen wir die ersten Nachrichten vom Vormarsch der Landeswehr auf Wenden und die estländische Grenze zu hören. Dieser Vormarsch war uns vollkommen unverständlich, da wir uns nicht vorstellen konnten, daß die Landeswehr, deren Aufgabe es war, die Bolschewiken aus Lettland zu vertreiben, jetzt gegen Estland vorgehen könne, welches ebenfalls einen schweren Kampf gegen die Bolschewiken zu führen hatte.

Etwa am 22. Juni traf ich den mir bekannten estnischen Richter Taevere[127] und äußerte ihm mein Befremden über das Erscheinen eines fremden, nichtbolschewistischen Flugzeugs über Narwa, von dem die Zeitungen berichteten. Taevere beschränkte sich auf die in nicht gerade freundlichem Tone vorgebrachte Bemerkung, ich würde wohl genauer wie er wissen, worum es sich handle. Am folgenden Morgen sagte mir der estnische Rechtsanwalt Sumback[128], der mir anscheinend wohlgesinnt war, als Juriskonsult des estnischen Selbstschutzes habe er gehört, daß die politische Partei mich überwache. Da ich ein vollkommen reines Gewissen hatte, maß ich dieser Warnung keine Bedeutung bei.

Unterdessen war es schon zu Zusammenstößen zwischen der Landeswehr und dem estnischen Militär unter dem General Pôdder[129] gekommen, was uns in große Sorge und Unruhe versetzte. In diesen Tagen hatte ich ein Gespräch mit unserem Vertreter in der Konstituierenden Versammlung, Dr. Meyer, der mir erzählte, es werde geplant einen Ausschuß von Abgeordneten, unter anderen auch Päts, an die Wendensche Front zu schicken, um weiteres Blutvergießen zu verhindern. Wir waren uns klar darüber, daß ein Zusammenstoß zwischen der Landeswehr und den estnischen Truppen ein nicht gutzumachendes Unglück bedeute, das in keinem Falle, möge er ausgehen wie er wolle, uns Deutschen Nutzen bringen könne. Ein Sieg der Es-

---

[127] Martin (Mart) Taevere (1879-?), Untersuchungsrichter und stellv. Vors. der I. Abt. des Dorpat-Werroschen Friedensgerichts. BaBA.

[128] Sumback: vermutl. Hermann Sumberg (1890-1964), 1918-19 Chef der Fellener Stadtmiliz. Dorpater Stadtsekretär, 1920-21 Untersuchungsrichter, dann Staatsanwaltsgehilfe, 1924-44 Rechtsanwalt, 1945 verhaftet. BaBA.

[129] Ernst Pôdder (1879-1932), 1918 Generalmajor, 1919 Chef der 3. Division, besiegte bei Wenden die Landeswehr, unterdrückte am 1. Dezember 1924 den Kommunistenputsch in Reval. EE 7, S. 550

ten, den wir Dorpatenser für wahrscheinlich hielten, würde ihren Chauvinismus, der ohnehin hohe Wellen schlug, noch steigern und die gerade in Bearbeitung befindlichen wichtigen Gesetze auf das Schädlichste beeinflussen. Gerade damals hatten die Debatten zur Agrarreform begonnen. Ein Sieg der Landeswehr könnte uns Deutschen nur ganz vorübergehend zu einer Scheinvormachtstellung verhelfen, da Deutschland, wenn es dazu überhaupt gewillt und in der Lage sein sollte, was sehr fraglich war, uns zu helfen, kaum im Stande sein würde, diese Hilfe zu einer dauernden zu gestalten. Außer Zweifel aber war, daß wir selbst, schon wegen unserer zu kleinen Zahl, niemals ein einigermaßen stabiles staatliches Gebilde schaffen könnten. Diese Erwägungen drängten sich gewissermaßen von selbst auf, und nur Verblendete oder Phantasten, deren es allerdings unter uns damals mehr als genug gab, konnten anderer Meinung sein.

Daher begrüßte ich den Plan einer friedlichen Beilegung dieses so unnützen Konfliktes von ganzem Herzen. Leider sollte es nicht dazu kommen[130].

Am 23. Juni bekamen wir die ersten Nachrichten von der für die Baltische Landeswehr so unglücklichen Schlacht bei Wenden. Ihren Sieg wie auch das panikartige Zurückweichen der Landeswehr und der reichsdeutschen „Eisernen Division“ auf Riga schilderten die Esten in ihren Zeitungen natürlich in den glühendsten Farben.

Schon mehrere Tage vorher hatte ich einige meiner guten Bekannten, den Professor der Theologie Baron Adalbert von Stromberg[131], den ständigen Sekretär der Livländischen Gemeinnützigen und Ökonomischen Sozietät Gustav von Stryk[132], den Direktor des deutschen Privatgymnasiums Alfred

---

130 Die Schlacht bei Wenden war die Folge widersprüchlicher Operationspläne der Esten und nordlettischen Truppen einerseits und der Landeswehr, der Eisernen Division und Deutschen Freikorps andererseits. Während die Landeswehr (nach der Absetzung der lettischen Regierung Ulmanis am 16. April und der Einnahme Rigas am 22. Mai) sich zusammen mit der Eisernen Division nach Norden wandte, besetzen estnische Truppen das von der Landeswehr angestrebte Ziel. Estnischerseits befürchtete man vom Oberbefehlshaber der deutschen Verbände, General Graf von der Goltz, der im Einvernehmen mit den Alliierten die einheimischen Kräfte gegen die Rote Armee unterstützen sollte, weitergehende Absichten. Goltz glaubte, angesichts der bevorstehenden Annahme des Versailler Friedensvertrages im Interesse Deutschlands zu handeln. Von den Baltischen Provinzen II, S. 24 f. Zur Schlacht bei Wenden s. auch Berend v. Nottbeck, Vorgeschichte einer Schlacht. Von Libau nach Wenden, Tallinn, 1992.

131 Adalbert Bar. v. Stromberg (1880-1922), Theologe, 1917-18 Direktor der Domschule zu Reval, Prof. für N. T. DBBL, S. 776.

132 Gustav v. Stryk (1850-1927), Agronom. DBBL, S. 780.

Walter und meinen alten Vetter Gregor von Glasenapp[133] zu einer kleinen Feier des Johanniabends zu mir geladen. Stryk und Glasenapp waren schon über 70 Jahre alt, sie und Prof. Baron von Stromberg völlig unpolitische und nur wissenschaftlich interessierte Menschen. Aktiv politisch war keiner von uns Fünfen gewesen.

Gegen 8 Uhr abends kamen die Gäste. Um nicht von den Ereignissen bei Wenden, die uns alle sehr erregten und von denen wir bloß wußten, daß sie vielen unserer Freunde das Leben gekostet haben und wohl eine neue Etappe auf dem Leidenswege der Baltendeutschen bilden würden, zu sprechen, machten wir gleich ab, diese Tragödie überhaupt in unseren Gesprächen nicht zu erwähnen und uns bloß über andere Themen zu unterhalten. Ich schlug vor, jeder von uns möge etwas Erzählenswertes aus seinem Wissensgebiet mitteilen. Ohne Übertreibung darf ich sagen, daß dieser Abend einer der schönsten meines Lebens wurde. Stryk als der Älteste, leitete die Reihe mit einem formvollendeten Vortrage über die Agrarpolitik der Livländischen Ritterschaft im XIX. Jahrhundert ein, die er besonders gut kannte, weil er seit 1876 Sekretär der Ökonomischen Sozietät war. Mein Vetter Glasenapp, der sich nach seiner Pensionierung als russischer Friedensrichter hauptsächlich mit Philosophie und indischer Mathematik befaßt hatte, führte uns in die Metaphysik der Integralen ein, ein Gebiet der höheren Mathematik. Professor Stromberg, der gerade sein Lebenswerk, eine Geschichte des Schismas in der orthodoxen Kirche im XVII. Jahrhundert und über den Patriarchen Nikon beendet hatte (1605-1681), gab einige interessante Kapitel zum besten. Direktor Walter hielt ein kurzes Referat über die Rolle der Hexe im griechischen Drama, und ich, als letzter, versuchte die Herren von den Vorzügen des Code Napoléon zu überzeugen. Alle waren anscheinend befriedigt, und es wurde tatsächlich nicht ein Wort über die leidige Politik gesprochen.

Als meine Gäste sich gegen 11 Uhr gerade zum Aufbruch anschickten, wurde ungewöhnlich heftig geschellt. Da ich die Köchin Anna schon schlafen geschickt hatte, öffnete ich selbst und sah mich zu meinem Erstaunen einer Abteilung schwerbewaffneter estnischer Soldaten unter einem Offizier gegenüber. Der Offizier erklärte mir, ich und auch meine Gäste seien verhaftet und müßten ihm sofort folgen. Da war nun nicht viel zu machen. Ich weckte die Köchin und sagte ihr, daß ich aus einem mir nicht bekannten

---

133 Gregor v. Glasenapp (1855-1939), Philologe, Schriftsteller. Prof., für italienischen Literatur. DBBL, S. 247 f.

Grunde verhaftet sei, sie möge während meiner Abwesenheit, deren Dauer ich nicht kenne, für das Haus sorgen. Ich glaube allerdings, daß ich bald wieder nach Hause zurückkehren werde.

Zunächst brachte man uns in das Haus des ehemaligen deutschen Lehrerinnenseminars hinter dem Rathause, wo sich die Hauptwache befand. Gegen Morgen, als die Straßen noch ganz leer waren, wurden wir unter militärischer Eskorte in die Pastoratsstraße gebracht, in das Gebäude der politischen Geheimpolizei, wo wir in Einzelzellen eingeschlossen wurden. Uns wurde eröffnet, wir seien auf Veranlassung der politischen Geheimpolizei verhaftet, ohne uns aber zu sagen, wessen man uns beschuldigte. Wir protestierten, aber ohne allen Erfolg. Von Schlaf war natürlich keinen Rede. Gegen 10 Uhr hörte ich ein fürchterliches Schimpfen in gebrochenem Estnisch und erkannte die Stimme des bei mir wohnenden Leutnant Dr. Tamminen. Selten habe ich solche Verwünschungen und Schmähungen gehört. Tamminen sagte, er kenne mich gut, er wisse, daß ich nie etwas gegen die Esten getan hätte; [...]. Er und seine Soldaten würden ihnen schon zeigen, wie man mit Ehrenmännern, wie ich und meine Gäste es seien, umgehen müßte. Auch diese Intervention blieb erfolglos. Bald darauf wurden wir einzeln von einem Agenten der Geheimpolizei, einem typischen Spitzel namens Puru, darüber vernommen, was am Abend bei mir gesprochen worden sei. Die wahrheitsgetreuen Antworten meiner Freunde und die meinigen versetzten den Kerl in Wut und noch größere Verlegenheit, da ihm alle unsere Gesprächsthemen, wie das orthodoxe Schisma, das griechische Drama, der Code Napoléon und erst recht die Metaphysik der Integralen noch nie gehörte Worte waren. Als ich ihm sagte, Glasenapp hätte von Integralen geredet, rief er aus: „Was sind das wieder für politische Geheimnistuereien!“ Unsere Frage, was wir denn eigentlich verbrochen haben sollten, blieb unbeantwortet.

Gegen Abend wurden wir, wieder umringt von Soldaten mit aufgepflanzten Bajonetten, in das städtische Zentralgefängnis hinter der Johanniskirche gebracht. Bei der Einlieferung wurden wir einer entwürdigenden Leibesvisitation unterworfen und dann in eine ziemlich dunkle, nicht kleine gemeinsame Kammer geleitet. Bei unserem Eintritt erhob sich von einem mitten im Zimmer stehenden Feldbett ein großer abschreckend häßlicher Mann, der sich als der Eigentümer der Fäkalienverwertungsanstalt, ein Deutscher namens Post, erwies. Herr Post erzählte uns, er sei zu einer kurzen Freiheitsstrafe verurteilt worden, weil er mit einem der neuen estnischen Geldscheine eine nicht mißzuverstehende verächtliche Bewegung gemacht hätte.

In dieser Gefängniszelle verbrachten wir zwei Tage und zwei Nächte, ohne vernommen zu werden, meist in angeregtem Gespräch, wobei wir uns die Köpfe zerbrachen, was eigentlich der Grund unserer Verhaftung sein könne, da wir alle uns nicht bewußt waren, irgend etwas Unerlaubtes getan zu haben. Trotz der Freiheitsberaubung konnten wir endlich gut schlafen, und auch die Beköstigung war nicht schlecht. Als uns am dritten Tage gegen Abend eröffnet wurde, wir würden jetzt auf die Verteilungsstelle und dann wohl mit der Bahn nach Reval transportiert werden, brach Herr Post, der die ganze Zeit unseren Gesprächen aufmerksam gefolgt war und uns anscheinend sehr in sein Herz geschlossen hatte, in Weinen aus, umarmte uns und sagte, er fürchte, wir würden unterwegs sicherlich umgebracht werden.

Der Weg in die Verteilungsstelle, die im Hofe des Knorringschen Hauses in der Breitstraße gerade gegenüber der Ritterstraße lag, führte uns durch die Ritterstraße. Auf dem Trottoir standen viele unserer Bekannten, die uns schüchtern aus der Entfernung begrüßten, während wir, natürlich wieder umringt von schwer bewaffneten Soldaten, in der Mitte der Straße als jämmerliches Häuflein daherschritten.

Im unteren Stock des Knorringschen Hauses wohnte der Oberkommandierende der Finnländer, Oberst Kalm. Als unser Zug sich dem Knorringschen Hause näherte, bemerkte ich in dem weit geöffneten Fenster, auf das wir zuschritten, Kalm und seinen Adjutanten Dr. Tamminen. Beide machten uns eine tiefe Verbeugung, indem sie die rechte Hand auf die Brust legten.

In der Verteilungsstelle waren schon andere Häftlinge. Wir setzten uns neben sie auf die Pritschen und fingen an, uns mit ihnen zu unterhalten. Gleich darauf erschien ein estnischer Soldat und fragte nach mir; er sei beauftragt, mich zum Platzkommandanten in den oberen Stock zu führen. Diese Wohnung war mir von früher her gut bekannt, da bis 1916 unsere gute Freundin Frau von Wulf[134]-Techelfer dort gewohnt hatte. In einem kleinen Zimmer hinter dem ehemaligen Speisezimmer, wo ich so manche frohe Stunde verbracht hatte, erwarteten mich Dr. Tamminen und ein mir nicht bekannter estnischer Offizier, der sich als Kommandant von Dorpat vorstellte. Tamminen ergriff meine beiden Hände und sagte mit vor Zorn bebender Stimme auf Deutsch, was der Este anscheinend gut verstand: „Diese Hunde,

[134] Marie Christine v. Wulf (1895-?). GHb. Livl.

[...], haben Sie offenbar ohne jeden Rechtsgrund arretiert. Was können wir Finnländer für Sie tun? Sie werden jetzt nach Reval gebracht werden und es geht das Gerücht, daß man Sie unterwegs töten will. Soll ich Ihnen zu Ihrem Schutz finnländische Truppen mitgeben, oder Wäsche, oder Essen?" Ich dankte ihm für das rührende Interesse, das die Finnländer an uns nahmen, sagte aber, wir hätten ein vollkommen reines Gewissen und keine Ahnung, wessen man uns bezichtige. Auf irgendeine Hilfe verzichteten wir. Sein und Kalms Glaube an unsere Unschuld sei uns von großem Wert und wir wären dankbar dafür, wenn er diesen Vorfall in der finnischen Presse bekannt machen würde.

Obgleich ich nicht glaube, daß man uns wirklich unterwegs umbringen wollte, so ist doch nicht ausgeschlossen, daß das Eingreifen der Finnländer uns aus großer Gefahr rettete; denn in diesen selben Tagen sind mehrere Balten, so z.B. ein junger Baron Maydell[135] aus Waldhof, in Walk und anderswo ohne Gerichtsverfahren getötet worden.

Offenbar hielt man uns für gefährliche Verschwörer, denn gleich nach meiner Rückkehr wurden Stromberg und Walter mit eisernen Handschellen, die durch eine Kette verbunden waren, aneinandergekoppelt. Bei den beiden alten Herren erwies sich das als nicht möglich, weil die Handschellen für ihre schmalen Gelenke zu weit waren. Ich aber erhielt als Paar, da niemand anders da war, einen Pferdedieb namens Tedder. Die Fahrt nach Reval machten wir in einem Personenwagen dritter Klasse mit offenen Abteilungen, kaum getrennt von dem übrigen Publikum, das sich in unfreundlichen Reden über uns erging. Als Wache hatten wir zehn Soldaten mit aufgepflanzten Seitengewehren. Wie mir Gori Glasenapp, der mir gegenübersaß, bei unserer Ankunft in Reval mitteilte, hätte er sich die Zeit damit vertrieben, daß er die Läuse, die auf der uns verbindenden Kette von Tedder zu mir herüberwechseln wollten, abgefangen habe.

Vom Bahnhof bis ins Kriegsministerium, das ich unter anderen Auspizien einige Monate zuvor häufig aufgesucht hatte, mußten wir den etwa 1,5 Kilometer langen Weg zu Fuß zurücklegen, was für die alten und kränklichen Herren, die noch dazu ihr dürftiges Gepäck trugen, kein leichtes Stück war. Ich freute mich über ihre stramme Haltung. Um allen Passanten die Kette, die mich mit Tedder verband, recht deutlich zu zeigen, hatte ich meinen Ärmel hoch hinaufgestreift.

---

[135] Arthur Bar. v. Maydell (1887-1919) auf Salishof bei Walk, Freiwilliger des Baltenregiments. GHb. Livl.

Im Kriegsministerium eröffnete uns ein Offizier, wir hätten uns der Spionage schuldig gemacht und würden gleich vor ein Standgericht gestellt werden. Dagegen erhoben wir alle ebenso ruhig wie energisch Einspruch. Das Standgericht wurde denn auch gleich fallen gelassen. Offenbar hatte man uns bloß einschüchtern wollen.

Wieder mußten wir diesmal einen noch längeren Marsch von gegen zwei Kilometern in das Revaler Hauptgefängnis antreten, das auf dem Laaksberge lag. Auch diesen langen Weg legten wir erhobenen Hauptes und fast fröhlich zurück. Unterwegs trafen wir mehrere meiner Revaler Bekannten von der ritterschaftlichen Vertretung, die natürlich schon von unserer Verhaftung gehört hatten. Viele von ihnen blieben ostentativ stehen und begrüßten uns mit ehrfurchtsvollen Verbeugungen. Da wir uns nicht aus der Fassung bringen ließen und nach wie vor höflich blieben, wandelte sich das Verhalten der Wachmannschaft zu uns zusehends. Im Gefängnis, das im Volksmunde die gemütvolle Bezeichnung „Kaffee Tschernjajeff“ führte, wurden wir von Direktor Sperrlingk[136], der von dem Gute meines Onkels Oskar Samson stammte, wenn auch sachlich, so doch mit größter Höflichkeit empfangen. Als wir einen Augenblick mit ihm allein waren, sagte er: „Meine Herren, ich bitte Sie in Ihrem eigenen Interesse, sich aller verfänglichen und besonders politischen Gespräche zu enthalten. Jede Zelle hat ihren Spitzel, der sich bemühen wird, Sie zu provozieren, und Sie überwacht.“

Walter und ich, die anscheinend für die „Hauptschuldigen“ gehalten wurden, kamen in eine große Zelle, in der wir eine ebenso gemischte wie zahlreiche „Gesellschaft“ vorfanden. Mit uns zusammen waren wir gegen 18 Mann, meist gewöhnliche Verbrecher, Diebe, ein Brudermörder, Schmuggler. Von einem kleinen buckligen Mann, dessen Verfehlungen wir nicht erfuhren, wurde behauptet, er sei der natürliche Sohn eines russischen Großfürsten. Dann war da noch ein sehr gut aussehender russischer Würdenträger, Geheimrat Gerard, der das Pech gehabt hatte, auf einem Fluge von der Landeswehr zu der Abteilung des Fürsten Lieven, die bei Narwa stand, statt bei Lieven in einer estnischen Formation zu landen, wo er beinahe totgeschlagen worden war. Als wir gegen 1 Uhr nachts in die Zelle traten, erhob sich von einer Pritsche ein hagerer, langer, junger Mann und stürzte mit dem Ausruf: „Da seid ihr ja endlich!“ auf uns zu. Es war der Sohn des alten Herrn Gustav von Stryk, Dr. Friedrich von Stryk, ein ebenso

---

136 Vermutl. Emil Sperlinck (1886-?), 1915-23 Chef des Dorpater, dann auch des Revaler Gefängnisses. BaBA.

kluger wie unklarer Kopf. Wie er uns erzählte, hatte er viele ungünstige Berichte über Estland und die Esten an das Kommando der mit den Esten verbündeten weißrussischen sog. Judenitschschen Armee geschrieben, in denen er nicht mit abfälligen Bezeichnungen wie „Kartoffelrepublik", „Lausestaat" usw. gespart hatte. Diese Berichte waren von den Esten abgefangen worden.

Unsere so völlig grundlose Verhaftung hatte in der deutschen Gesellschaft ein ungeheueres Aufsehen gemacht. Auf die Initiative meines Vetters, des Rechtsanwalts Axel von Roth[137], bildete sich in Reval gleich ein Damenkomitee mit der Baronin Madeleine Schilling an der Spitze, das uns mit sauberen Matratzen, Bettwäsche, Lektüre und Essen aus dem besten Restaurant versorgte.

Und nun begann eine lange Zeit des Wartens, die für Walter und mich sehr quälend war, weil wir wußten, daß wir in Dorpat sehr fehlten, und wir nicht wußten, was wir eigentlich verbrochen haben sollten. Vergebens durchforschten wir alle unsere Schritte, konnten aber beim besten Willen nichts Verbotenes entdecken. Dadurch entstand bei uns die so bekannte Gefangenenpsychose. Die Zeit vertrieben wir uns mit Lesen guter Bücher, die wir aus der Stadt bekamen, mit vergeblichen Versuchen, uns durch Unterstreichen gewisser Wörter in den Büchern mit der Außenwelt in Beziehung zu setzen und mit Schreiben von Gesuchen an verschiedene estnische Stellen, in denen wir um unsere Vernehmung baten und unsere Unschuld beteuerten.

In der dritten Woche nach unserer Verhaftung erfuhren wir, daß Professor Stromberg einen schweren epileptischen Anfall gehabt habe und daß er und die beiden alten Herren daraufhin aus der Haft entlassen worden seien. Die Verhaftung dieser drei Herren war auch ein barer Hohn auf jede Gerechtigkeit, denn alle drei konnte man ohne Übertreibung als Heilige bezeichnen.

Zweimal wurde die Eintönigkeit des Zellenlebens durch Besuche meiner Sekretärin, Fräulein Wegner, unterbrochen, die mir über den Stand meines Büros berichtete. Sie überbrachte mir auch Nachrichten von Wanda und den beiden Töchtern. Sie waren lange in völliger Unkenntnis über mein Schicksal gewesen, und erst 4 Wochen nach unserer Verhaftung hatten sie durch

---

137 Alexander (Axel) v. Roth (1872-1946), Direktor der Zweigstelle der Dorpater Bank in Reval. Alb. Liv., Nr. 1060.

einen Brief des dänischen Freiwilligen Grafen Reventlow, der in seine Heimat zurückgekehrt war, etwas über uns gehört.

Von unseren Mithäftlingen, unter denen sich auch ein naher Verwandter des estnischen Innenministers Hellat befand, der in der Uniform eines Polizisten einen Cognactransport überfallen hatte, wurden wir durchaus rücksichtsvoll behandelt. Gegen einige Papirossen (Zigaretten) übernahmen sie auch an unserer Stelle die Reinigung der Zelle, das Scheuern des Fußbodens und das Hinaustragen des Unratseimers. Wenn wir lasen, herrschte in unserer Zelle Totenstille, und die Spitzbuben, die Lärm machten, wurden von ihren Genossen streng verwiesen. Ein ganz verdächtiger Typ war ein Mann in der Uniform eines Offiziers der estnischen Husaren, dessen Vergehen ich vergessen habe. Mehrere Male versuchte er, Walter und mich über die Stellung zu dem „Lumpenstaat der Esten“ auszuholen, stieß aber bei uns auf kalte Höflichkeit.

Schon waren ganze sechs Wochen seit unserer Verhaftung verstrichen, als Walter und ich einem üblen Patron, dem Untersuchungsrichter Kotkas[138], vorgeführt wurden. Natürlich einzeln. Kotkas teilte mir zu meinem Erstaunen mit, ich hätte in meiner Wohnung am Johanniabend eine geheime, staatsfeindliche Versammlung abgehalten, die zum Ziele gehabt habe, die estnische Regierung zu stürzen und eine Verbindung mit der gegen die Esten in Lettland bei Wenden kämpfenden baltischen Landeswehr herzustellen. Als Hauptbeweis meiner Schuld legte er mir mein Notizbuch vor, das bei der Durchsuchung meiner Wohnung gefunden worden war. Dort waren fein säuberlich meine Abmachung, die ich mit dem deutschen Militär in Libau Anfang Januar des Jahres getroffen hatte, über eine radiotelegrafische Verbindung zwischen Estland und Lettland, Lieferung von Waffen usw. zu lesen. Als ich Kotkas sagte, diese Aufzeichnungen bezögen sich auf eine Abmachung, die ich als beglaubigter Vertreter Estlands mit der deutschen Zivil- und Militärverwaltung in Libau getroffen hätte, daß dies alles, nur viel genauer, in einem amtlichen Bericht in russischer Sprache an das Kriegsministerium ausgeführt sei und er, Kotkas, im übrigen den damaligen Kriegsminister Päts als Zeugen vernehmen könne, wurde er wütend und sagte, daß könne nicht wahr sein. Päts sei außerdem ein ganz verdächtiges Subjekt. Auf mein Verlangen, er möge diesen seinen Ausspruch protokollieren, er möge meinen Bericht an das Kriegsministerium von diesem anfor-

---

138 Jaak Kotkas (1887-?),. Jurist, Alb. Acad. I, S. 229.

dern und auch noch den Hauptintendanten Oberst Reimann und den Oberkommandierenden General Laidoner als Entlastungszeugen vernehmen, erklärte Kotkas, er werde das alles nicht tun, warf die Feder auf den Fußboden und stürmte aus dem Zimmer. Als er wieder zurückkam, sagte ich ihm, ich hätte für meine Verdienste und Bemühungen für den estnischen Staat eine Belohnung und Anerkennung erwartet, jetzt habe man mich und meine guten Freunde, die sich nie für Politik interessiert hätten, verhaftet, in Ketten geschlagen und Walter und mich schon seit sechs Wochen ohne Vernehmung in einem verwanzten Gefängnis mit gewöhnlichen Verbrechern gehalten.

Wieder vergingen zwei lange Wochen. Walter hatte sich mit einem estnischen Kapitän, der bald freigelassen werden sollte, befreundet und mit ihm einen phantastischen Fluchtplan ausgedacht, von dem ich ihn nur durch den Hinweis auf die große Verantwortung abbringen konnte, die er damit auf sich nehme. Während ich in den ersten sechs Wochen eigentlich gut schlief und meine Nerven zusammenhalten konnte, hatte ich jetzt den Schlaf fast verloren. Da wurden wir eines guten Tages wieder dem Untersuchungsrichter vorgeführt, dieses Mal einem anderen mit guten Formen und anständigen Manieren. Nach einem wohlwollenden Gespräch eröffnete er uns, wir seien frei, es läge absolut nichts gegen uns vor. Als Erklärung und gewissermaßen als Entschuldigung des brutalen und ungerechten Vorgehens gegen uns erzählte der Untersuchungsrichter uns, die Verhaftung sei offenbar auf die Nervosität der Polizei zurückzuführen. Diese Nervosität sei aber nicht ganz unbegründet gewesen, denn an der Wendenschen Front sei die Lage der Esten anfangs sehr bedrohlich gewesen. Nur infolge des Versagens der aus reichsdeutschen Freiwilligen zusammengesetzten „Eisernen Division" sei es den Esten gelungen, die gut bewaffnete und sich gut schlagende Landeswehr zu schlagen und in die Flucht zu jagen.

Darauf wurden Walter und ich entlassen. Ich hielt es für meine Pflicht, Päts, der wie schon gesagt von der linksgerichteten Regierung Strandmann gestürzt und Direktor einer der vielen neugegründeten estnischen Banken geworden war, von den Äußerungen des Unersuchungsrichters Kotkas über ihn in Kenntnis zu setzen. Päts nahm meine Mitteilung mit Gelassenheit auf und sagte, solche Anwürfe seien ihm völlig gleichgültig, seine Zeit werde noch kommen, worin er sich allerdings nicht geirrt hat. Von etwa 1924 bis zum Verlöschen der estnischen Selbständigkeit im Jahre 1941 war Päts zuerst *[mit Unterbrechungen]* sogenannter Staatsältester, dann Präsident des estnischen Staates.

Wie ich von meinen Freunden erfuhr, hatte sich für uns nicht nur die finnländische Gesandtschaft, sondern auch die englische Militärmission eingesetzt. Daraufhin machte ich in beiden Dankesvisiten. Der englische Militärattache fragte mich, ob wir im Gefängnis sehr mißhandelt worden seien, und war sichtlich enttäuscht, als ich das verneinte.

Es war klar, daß unsere Verhaftung auf eine Denunziation gegen mich hin erfolgt war. Wer der Verleumder gewesen war, war mir ziemlich gleichgültig, und ich versuchte auch nicht, es zu ermitteln.

Ich habe diese ganze Episode so ausführlich geschildert, um eine Bild von dem Zustande der Entrechtung zu geben, in dem wir Deutsch-Balten uns damals in Estland befanden.

Anwaltstätigkeit in Dorpat 1920-1937

Die nun folgenden 17 Jahre widmete ich dem Kampf um die Rechte der enteigneten Gutsbesitzer in Estland und um unsere letzten Positionen, der meine ganze Kraft in Anspruch nahm.

Die Fülle der Arbeit, die ich zu bewältigen hatte, konnte nur mit Hilfe tüchtiger Mitarbeiter gemeistert werden. Mein Gehilfe Werner Hasselblatt, der bald mein Sozius wurde, war bis zur Beendigung des estnisch-bolschewistischen Krieges im Jahre 1920 durch den Dorpater Friedensvertrag vom Februar zu viel von Dorpat abwesend, um sich richtig mit den laufenden Sachen zu befassen. So mußte ich denn das Wesentliche, so gut es ging, allein erledigen. [...]

Später, als mit dem Anwachsen der Prozeßtätigkeit und der Rückkehr von Hasselblatt die Arbeiten noch anstiegen, mußten neue Angestellte gefunden werden. Zeitweise arbeiteten in meinem Büro außer Hasselblatt und mir noch 5 Angestellte.

Im Oktober 1919 wurde von der estnischen Konstituierenden Versammlung – asutav kogu – das Agrargesetz verabschiedet, wodurch aller Großgrundbesitz mit allen Zubehörungen und dem toten und lebenden Inventar zugunsten des Staates enteignet wurde. Durch eine Verordnung war schon vorher bestimmt worden, daß diejenigen Rittergüter, die „schlecht“ bewirtschaftet wurden, in staatliche Verwaltung übernommen werden sollten. Durch die absichtlich unklare Formulierung dessen, was eine schlechte und was eine gute Bewirtschaftung sei, war allerlei Willkür Tür und Tor geöffnet.

Für die Kreise Werro und Dorpat hatte ich fast die Mehrzahl der Rittergutsbesitzer als meine Klienten. Die meisten von ihnen waren nach Deutschland geflüchtet, und die Rückeinreise wurde ihnen nicht gestattet. Begreiflicherweise war es in bezug auf ihre Güter viel leichter, einen Grund oder, richtiger, einen Vorwand zu finden, um die Verwaltung für mangelhaft zu erklären und das Gut zu übernehmen. In Nordestland, das die Kreise des früheren estländischen Gouvernements umfaßte, wurden die Güter fast ausnahmslos von den alten Eigentümern verwaltet. Dennoch gelang es mir in vielen Fällen, diese für die Interessen meiner Vollmachtgeber schädliche Maßnahme abzuwehren, wodurch sie wenigstens bis zur endgültigen Verstaatlichung der Güter die Einnahmen beziehen konnten. Es war mir aber klar, daß ich dies auf die Dauer nicht würde durchführen können. Die meisten von ihnen waren übrigens der Überzeugung, daß Estland nur eine kurze staatliche Selbständigkeit beschieden sein werde und daß eine vernünftige nichtbolschewistische russische Regierung sie in ihre Rechte wiedereinsetzten werde. Einige wenige kehrten aber doch heim, und ihre Güter wurden fast durchweg erst wesentlich später übernommen.

Hartmann nennt einige der nach Deutschland geflüchteten Gutsbesitzer, die 1921 und 1922 wieder heimkehrten. Doch die meisten von ihnen konnten sich nicht an die veränderten Verhältnisse in Estland gewöhnen und verließen daher das Land wieder.

Nicht ohne Mühe gelang es mir, vielen der abwesenden Herren die nicht unbeträchtlichen Einnahmen von ihren Besitzungen auf Umwegen nach Deutschland zu überweisen, was eigentlich nicht gestattet war, und ihnen ihre zum Teil sehr wertvollen Möbel, Bilder und andere Sachen, oft auf die abenteuerlichste Art, zu schicken. In einigen Fällen benutzte ich die Hilfe von Schmugglern, was natürlich immer mit einem gewissen Risiko verbunden war.

Besonders wertvoll waren die Bücher und Kunstschätze in Ratshof bei Dorpat. Ratshof gehörte meinem Klienten Reinhold von Liphart[139]. Eine recht genaue Beschreibung dieser bei weitem größten Bildergalerie, Skulpturensammlung und Bibliothek befindet sich in den „Heimatstimmen", einem baltischen Jahrbuch, aus der Feder des Direktors Grass unter dem Titel „Schloß Ratshof und die Galerie Liphart" (1906), Seite 58-100. Die Bibliothek enthielt gegen 40.000 Bände und hatte, ebenso wie die Galerie, europäischen Ruf. Diese Sachen waren viel zu bekannt, zu umfangreich und auch zu wertvoll, um sie heimlich über die Grenze zu schicken. Das Tafelsilber, das Herr von Liphart vor seiner Flucht im Dezember 1918 in einem kleinen See vor dem Schloß versenkt hatte, war so groß, daß das estnische Finanzministerium, wohin es nach seiner Hebung im Sommer 1919 geschafft worden war, es als Grundstock enteignen wollte, um aus ihm einen Teil der neu zu prägenden Silbermünzen zu schlagen. Es gelang mir aber, der estnischen Regierung klar zu machen, daß dazu nicht der geringste Rechtsgrund vorläge. Zu diesem Silber gehörten u.a. mehrere Terrinen von je etwa 20 Liter

139 Reinhold v. Liphart (1864-1940), Maler und Kunsthistoriker. BBA.

Fassungsvermögen, Geschenke der russischen Kaiserin Katharina II. an einen Vorfahren von Reinhold von Liphart.

Es wäre mir fraglos unmöglich gewesen, die Ratshofschen Schätze zu schützen, wenn mir dabei nicht die im Jahre 1918 von estnischen Künstlern und einem sehr kunstverständigen jüdischen Rechtsanwalt Dr. Julius Gens[140] gebildete Kunstschutzkommission tatkräftig beigestanden hätte. Wieviel dabei beiseite gebracht wurde, weiß ich nicht, es kann aber nicht sehr viel gewesen sein.

Im Winter 1919/20 benachrichtigte mich Herr von Liphart, der damals auf einem Gute in Dänemark wohnte, das er gekauft hatte, er habe den englischen Militärattache in Reval gebeten, sich für seine Ratshofsche Galerie zu interessieren; er würde mich demnächst besuchen. Einige Tage später meldete sich der Engländer an. Gegen 12 Uhr traf ein Oberst mit seinem Adjutanten bei mir ein. Gleich darauf erschien ein Bote des Chefs der politischen Geheimpolizei und forderte mich auf, gleich zu ihm zu gehen, was ich auch zur Vermeidung weiterer Unannehmlichkeiten tat. Herr Purru fuhr mich an: was seien das wieder für Verschwörungen mit den Engländern! Der Oberst solle sich sofort bei ihm registrieren lassen. Als ich diesen Bescheid dem Obersten mitteilte, rief er aus: „So ein weißer Nigger, was bildet der Kerl sich ein, fällt mir nicht im Traume ein!“ Als ich dem Obersten meine etwas heikle Lage erklärte, meinte er: „Nun gut; ich werde meinen Adjutanten hinschicken, nicht aber, um mich registrieren zu lassen, sondern um den Esten meinen Befehl zu übermitteln, sie möchten heute Abend für uns beide zur Rückfahrt nach Reval einen Salonwagen gut heizen lassen.“

Daß Liphart sich wegen der Ratshofschen Galerie Sorgen machte, ist schon verständlich. Im Jahre 1921 kam er selbst auf einen sehr glücklichen Gedanken. Er schrieb mir, er sei bereit, dem estnischen Staat oder der Universität Dorpat, die später Ratshof als Versuchsgut bekommen sollte, mehrere wertvolle Gemälde, Skulpturen und Bücher zu schenken, wenn ihm dafür die Ausfuhr des übrigen Teiles gestattet würde. Bei dieser Gelegenheit habe ich meine erste und einzige wissentliche Fälschung begangen. Liphart schrieb mir, er sei bereit, 25 Originalgemälde und 10 Originalskulpturen zu schenken, die er namentlich bezeichnete. Ich ließ auf der Schreibmaschine eine Abschrift des auf die Schenkung bezüglichen Briefteiles machen, in der ich die Zahl der zu schenkenden Bilder auf 10 und die der Skulpturen auf 5

---

140 Julius Gens, vielleicht Idel Genns (geb. 1887), Jurist, Alb. Acad. I, S. 189.

herabsetzte. Gewiß hatte ich als Generalbevollmächtigter formell das Recht, so zu verfahren, ganz rein war mein Gewissen aber doch nicht. Das Angebot wurde von der estnischen Regierung, deren Chef damals der mir auch persönlich bekannte Dorpater Zeitungsredakteur Jaan Tönnison war, mit Freuden und Dank angenommen, ja es gelang, worauf ich nicht wenig stolz war, als Gegenleistung nicht nur die zollfreie Ausfuhrerlaubnis zu erwirken, sondern auch die Verpflichtung der estnischen Regierung, das ganze Verpackungsmaterial kostenlos zu liefern, die Verpackung und den Transport bis zum Schiff auf Kosten des Staates zu stellen. Bei der Verpackung unterstützte mich der aus Dänemark zu diesem Zweck nach Estland geschickte Rechtsanwalt Iversen, der auch den Transport und die Verladung in Reval überwachte. Zum Abtransport waren elf Warenwaggons nötig. Einer von ihnen enthielt bloß Bilderrahmen. Ich war überglücklich, als nach etwa zehn Tagen diese Sache abgeschlossen war.

Bei dieser ziemlich aufregenden Angelegenheit machte ich mit einem bekannten und hochbegabten estnischen Bildhauer namens Koort[141] eine traurige Erfahrung. Als die Verhandlungen mit der estnischen Regierung noch im Gange waren, ließ er mich durch die Blume, aber völlig unzweideutig wissen, er sei in der Lage, diese Verhandlungen zu hintertreiben, werde es aber nicht tun, wenn ich ihm aus den Ratshofschen Sammlungen eine Mappe sehr wertvoller japanischer Handzeichnungen, sogenannter Kakimonos, gäbe. Da zu viel auf dem Spiele stand, blieb mir nichts übrig, als es zu tun. Alle anderen estnischen Künstler mit einem Schriftsteller namens Tassa an der Spitze, benahmen sich sehr anständig und wurden dafür mit einem schönen Billard für ihr Vereinslokal belohnt.

Einen sehr großen Teil meiner knapp bemessenen Zeit nahm die Korrespondenz mit meinen vielen nicht nur in Deutschland, sondern auch in Finnland, Schweden, Dänemark, England, Italien, Frankreich, Südafrika und China (Alexander Baron Staël) wohnenden Klienten in Anspruch. Es war nur zu begreiflich, daß sie recht viel und recht Genaues über die Zustände in der alten Heimat und auf ihren Gütern wissen wollten. Leider waren sie sich gar nicht dessen bewußt, daß sie durch ihre sehr harte Kritik der Maßnahmen der estnischen Regierung und eine recht unparlamentarische Sprache mir sehr schaden konnten. Da viele meiner Briefe streng vertrauliche Mitteilungen enthielten, beförderte ich sie nicht durch die Post, sondern durch

---

141 Jaan Koort (1883-1935), Bildhauer und Maler, Leiter der Kunstschutzkommission in Dorpat. (1916-1920). EE 5, S. 39 f.

Gelegenheiten oder durch die mir befreundeten ausländischen diplomatischen Vertretungen. Wie recht ich damit gehabt hatte, erfuhr ich später einmal bei einem Gespräch mit dem Leiter der Dorpater Post, der mir erzählte, ich habe bis zum Jahre 1923 unter polizeilicher Aufsicht gestanden; alle meine Briefe, etwa 3.000 bis 4.000 im Jahr, seien nicht nur von der politischen Geheimpolizei gelesen worden, sondern sogar photographiert. Diese Mühe hätten sich die Esten allerdings sparen können, da ich viel zu vorsichtig war, um in meinen Briefen verfängliche Dinge zu besprechen.

Grundsätzlich nahm mein Büro nur Sachen an, die sich auf Angelegenheiten des deutschen Großgrundbesitzes bezogen. Allmählich kamen auch Klagesachen deutscher, schwedischer und englischer Großfirmen dazu. Estnische Klienten hatte ich kaum. Die Führung ihrer Sachen, besonders die der Bauern, war nicht nur wesentlich bequemer, sondern auch viel lukrativer wie die meiner deutschen Herren vom Lande, da die Esten nicht viel Kritik übten und wesentlich größere Honorare zahlten wie die Deutschen, die ja ihre einst großen Vermögen durch die Agrarreform verloren hatten.

Im Januar 1920 erschien die erste Ausführungsverordnung zum Agrargesetz, in der unter anderem den ehemaligen Gutsbesitzern ein Jahreshieb aus ihren meist ausgedehnten Wäldern zugebilligt wurde. In vielen Fällen gelang es, nicht unbeträchtliche Parzellen zu erwirken, die ich zu hohen Preisen verkaufen konnte. Käufer waren zu meinem Bedauern fast ausschließlich jüdische Holzfirmen, wie Judeikin in Werro, Kahn, Josselson und Schein in Dorpat und andere, mit denen ich aber nie schlechte Erfahrungen machte. Die Verhandlungen mit den estnischen Behörden, hauptsächlich mit dem Landwirtschaftsministerium und dem Forstdepartement, waren meist recht ermüdend und bedeuteten eine nicht geringe moralische Belastung und Nervenverbrauch, da es nicht ganz leicht war, sich als Bittsteller an dieselben Esten zu wenden, die uns unserer Meinung nach grobes Unrecht angetan hatten. Ich muß aber gestehen, daß die estnischen Behörden fast ohne Ausnahme bestrebt waren, ihre Pflicht zu tun, und ich mich nie über Unhöflichkeit, mangelnde Sachlichkeit oder Bestechlichkeit zu beklagen hatte. Ich muß im Gegenteil anerkennen, daß der Mechanismus des kleinen Staates von Anfang an gut funktionierte. Nur in den Gerichten machte sich der Mangel einer theoretischen und wissenschaftlichen Vorbildung am Anfang insofern häufig unangenehm bemerkbar, als die Sitzungen unendlich lange dauerten, weil die Richter bei der Fällung der Urteile die einschlägigen Gesetzte stundenlang und noch einmal studieren mußten, die einem erfahrenen

Juristen als selbstverständliches Rüstzeug immer zu Gebote standen. Diese oft unerträgliche Langsamkeit wurde aber durch das ehrliche Bestreben der Richter, gerecht und ohne Ansehen der Person zu richten, aufgewogen. [...]

Diese anfangs so lobenswerte Objektivität der Gerichte, Dank der ich eine Reihe durchaus nicht ganz einseitig zu beurteilender Prozesse gegen den Staat gewann, bei denen es sich zum Teil um ganz große Vermögenswerte handelte, schwand leider mit der Zeit. Je mehr der Staat an Gewicht gewann und die Gerichte, besonders das Reichsgericht, sich als Vertreter und Hüter der staatlichen Interessen fühlten, desto schwieriger wurde es, in Sachen deutscher Kläger gegen den Staat zu siegen.

Alle Verfügungen und Maßnahmen der Zentralregierung, so auch die mich hauptsächlich angehenden des Landwirtschaftsministeriums, mußten ins Oberste Gericht, das Reichsgericht, beklagt werden, gegen dessen Urteile es keine Rechtshilfen mehr gab. Bis zum Jahre 1934 hatte das Reichsgericht seinen Sitz in Dorpat, dann in Reval, wo es leider in immer größere Abhängigkeit von der Regierung geriet. Seit Mitte 1920 setzten die zu einem sehr großen Teil ungesetzlichen Verfügungen und Maßnahmen in verschärftem Maße ein. Zunächst handelte es sich um unbegründete Übernahmen von angeblich schlecht bewirtschafteten Gütern, dann die in vielen Fällen zu gering bemessenen Waldschläge der Besitzer, die ungesetzliche Enteignung von nichtlandwirtschaftlichen Betrieben, in erster Linie großer Handelsmühlen, um die zu gering festgesetzten Preise für das enteignete tote und lebende Inventar und – endlich – um die falsche Schätzung der Güter zum Zweck der Festsetzung der Entschädigung für das enteignete Land nebst Gebäuden. Auch in vielen anderen Fällen mußte bis ins Oberste Gericht gegangen werden, so daß ich oft in der Woche vier, fünf und auch mehr Vortritte im Reichsgericht hatte.

Im Jahre 1921 wurden die Sätze für die Schätzung des toten und lebenden Gutsinventars gesetzlich geregelt. Als Basis wurde eine ganz willkürliche und viel zu niedrige Vorkriegsnorm genommen, die in vielen Fällen nicht einmal 10% der tatsächlichen Vorkriegspreise erreichte, und dann der Rubel mit 20, nach 1922 mit 40 Eestimark multipliziert. Fast regelmäßig mußten diese Schätzungen beanstandet werden, was aber eigentlich vom Ministerium nie berücksichtigt wurde. Gegen diese Entscheidungen wurde dann ins Reichsgericht geklagt, das aber auch nur in Ausnahmefällen die ministerielle Entscheidung aufhob.

Die Ausführungsbestimmungen des Jahres 1920 sahen unter anderem auch vor, daß industrielle, nichtlandwirtschaftliche Betriebe, der Enteignung nicht unterlägen. Auf Grund dieser Bestimmungen gelang es mir, eine Reihe größerer Mühlen [...], Brauerein, Sammelmeierein und anderer Betriebe zurückzubekommen, was den Eigentümern in vielen Fällen zu bedeutenden und fortlaufenden stabilen Einnahmequellen verhalf.

Ein Kapitel für sich bildete die Landzuteilungsfrage. Nach dem Gesetz hatte der ehemalige Eigentümer genau ebenso viel oder so wenig Anrecht auf eine Parzelle aus seinem Gutland, wie jeder landlose estnische Staatsbürger. Bevorzugt wurden, nach einer gewissen Skala, Träger des estnischen Freiheitskreuzes, frühere Frontkämpfer, besonders tüchtige Landwirte usw. Im ganzen gab es zehn solcher bevorrechtigter Kategorien. In Lettland, wo im Jahre 1920 ein noch radikaleres Agrargesetz angenommen worden war, wurden dem ehemaligen Gutbesitzer grundsätzlich 50 Hektar Land belassen. Laut Gesetz war die erste Vorbedingung, daß nur dem Land gegeben werden sollte, der es selbst bebaute. In bezug auf meine Klienten, die fast alle nicht in Estland wohnten, hatte das zur Folge, daß nur in einigen wenigen Fällen besonders beliebte ehemalige Rittergutsbesitzer Land erhielten. Meist bekam der ehemalige Besitzer mit dem Lande auch die oder einige Häuser im Zentrum des Gutes.

Im Jahre 1926 erschien endlich das Gesetz über die Entschädigung für den enteigneten Grund und Boden nebst Gebäuden und Wäldern. Durch eine Reihe völlig willkürlicher Berechnungsmethoden gestaltete sich das Endergebnis der Entschädigung bei Rittergutsbesitzern estnischer Staatszugehörigkeit so, daß sie bloß etwa 3 % des wirklichen Wertes ihrer Besitzungen, wohlgemerkt auch dies bloß auf dem Papier, bekamen. Die Entschädigung wurde in staatlichen Pfandbriefen ausgereicht, die anfangs zu 30%, später zu 70% und endlich sogar 80% gehandelt wurden. Es ist daher keine Übertreibung, wenn ich behaupte, daß die tatsächlich ausgezahlte Entschädigung für das Land nicht 3%, sondern nur 1,5% des wirklichen Wertes betrug. Eine solche Agrarentschädigung kann wohl nur mit dem Worte „Agrarraub“ bezeichnet werden.

Die sogar bei diesem Gesetz häufig ungerechte Anwendung gab Veranlassung zu vielen Klagen ins Reichsgericht, das sie aber alle verwarf. Das war für mich als früheren Richter recht enttäuschend.

Im Jahre 1930 erschien ein Gesetz, durch das die der estnischen Regierung unbequeme Ausführungsverordnung von Januar 1920 in Bezug auf die

Rückgabe von nichtlandwirtschaftlichen Betrieben unschädlich gemacht werden sollte.[...] Unter Bezugnahme auf dieses Gesetz strengte ich gegen 50 Prozesse wegen Rückgabe von Mühlen und anderer Betriebe an. Während, wie ich schon sagte, das Reichsgericht in den ersten Jahren seines Bestehens durchaus gerecht, objektiv und nur auf dem Gesetzestext fußend urteilte, war unterdessen die Wandlung des Reichsgerichts von einem richterlichen zu einem politischen Forum soweit gediehen, daß ich alle diese Prozesse ohne Ausnahme verlor. [...]

Bei einer der Gerichtsverhandlungen war der ehemalige estnische Justizminister Teemant, der Advokat geworden war, als Zuhörer anwesend. Als das Gericht sein Urteil verkündet hatte, meinte Teemant, der durch dieses Urteil bewirkte Prestigeverlust würde den Staat viel mehr kosten als die vielleicht 2-3 Millionen Eestikronen, die diese Mühlen darstellten.

In einer wesentlich besseren Lage in Bezug auf die Entschädigungen für ihre enteigneten Rittergüter befanden sich diejenigen Gutsbesitzer, die eine ausländische Staatsangehörigkeit angenommen hatten, weil sich ihre diplomatischen Vertreter für sie auf das Nachdrücklichste einsetzen konnten. Die Mehrzahl von ihnen waren deutsche Staatsangehörige geworden, aber es gab unter ihnen auch einige, meist neugebackene Finnländer, Engländer, Dänen, Schweden, Polen, Franzosen und drei Italiener. Je nach dem internationalen Gewicht des Staates, dem sie angehörten, waren die Vergünstigungen verschieden. Anwalt der etwa 200 Reichsdeutschen war der Berliner Rechtsanwalt Graf Medem, sein Revaler Vertreter mein Freund Berend von Wetter-Rosenthal. Durch sofortige Auszahlung der ganzen errechneten Entschädigungssumme in bar [...] bekamen die Ausländer statt der etwa 1,5% des Wertes, 5% bis 15% des Vorkriegswertes.

Wie schon erwähnt, hatte das Reichsgericht während der zehn ersten Jahre seinen Sitz in Dorpat. Da die Fahrt und Rückfahrt von und nach Reval etwa 8 Stunden dauerte, war es vielen der beschäftigten Revaler Anwälten nicht leicht, persönlich im Reichsgericht vorzutreten. Infolgedessen baten mich viele Revaler Kollegen, an ihrer Stelle im Reichsgericht vorzutreten. [...]

Im Jahre 1925 schied Werner Hasselblatt aus dem Büro aus. Er hatte schon immer ein starkes Interesse an Politik gehabt und ließ sich als Vertreter der estländischen Deutschen in das Parlament wählen, wo sein Fleiß, seine Arbeitskraft und seine Intelligenz eine gute Verwendung fanden. Er wurde u.a. einer der Hauptverfasser des vorbildlichen estländischen Minderheitenschutz-Gesetzes der Deutschen, Schweden, Russen und Juden, das weit über die Grenzen Estlands hinaus bekannt wurde. Dieses Gesetz war wohl auch der Grund, weshalb Hasselblatt in die neueste Auflage des Großen Brockhaus „kam".

Nach Hasselblatts Abgang arbeitete ich fast zwei Jahre lang mit dem Rechtsanwalt Baron Walter Stackelberg[142] als Gehilfen, der sich später selbständig machte und dem ich eine Reihe meiner Sachen übergab, weil mein Büro zu überlastet war. Auch mit Stackelberg arbeitete ich sehr freundschaftlich und gerne zusammen, wenngleich er als Jurist weniger kenntnisreich war wie Hasselblatt.

Im Jahre 1927 wandte sich der junge Jurist Erich von zur Mühlen[143] an mich mit der Bitte, ihn als Gehilfen anzunehmen. Ich tat es nicht ohne einige Bedenken, habe es aber nie zu bedauern gehabt, wenn wir charakterlich auch recht verschieden waren. Mühlen, der ebenfalls später mein Sozius wurde, war für alle wirtschaftlichen Fragen hervorragend begabt und hatte überhaupt mehr Geschäftssinn wie ich. Er war nicht nur fleißig, intelligent und ordentlich, sondern hatte auch ein gewisses wissenschaftliches Interesse für rechtliche Fragen. Mit Vergnügen übertrug ich ihm alle Sachen, die sich auf Valutageschäfte bezogen. Bis zu meiner Übersiedlung nach Jerwen im Jahre 1937 haben wir immer auf das kameradschaftlichste zusammengearbeitet. Im Jahre 1937 kehrte auch er der Anwaltstätigkeit den Rücken und bereitete sich in Berlin und in Reval für seine weitere Karriere im Versicherungswesen vor, wo ihm sehr günstige Angebote gemacht worden waren. [...]

Mein Verhältnis zu den estnischen Richtern und Kollegen war, bis auf wenige Ausnahmen, ein durchaus gutes. Allerdings beschränkte sich der Verkehr mit ihnen auf rein geschäftliche Beziehungen, da ein Verkehr mit ihnen für uns nicht in Frage kam. Ganz abgesehen davon, daß den meisten von ihnen ein gesellschaftlicher Schliff abging, würde es auch unserer Würde nicht entsprochen haben, mit denen freundschaftlich zu verkehren, die uns, wo sie konnten, schädigten.

Recht viel Zeit nahm mir auch meine Tätigkeit als Juriskonsult der Dorpater Bank, der ich im Jahre 1923 auch kurze Zeit als Direktor angehörte. Diese Bank war vor dem Ersten Weltkriege das größte Kreditinstitut Dorpats gewesen. Gleich nach der Gründung des estnischen Staates war in Dor-

---

142 Walter Bar. v. Stackelberg (1877-1957), Rechtsanwalt in Dorpat. Alb. Liv., Nr. 10.

143 Erich v. zur Mühlen (1894-1940), Rechtsanwalt in Dorpat. Alb. Liv., Nr. 1277.

pat eine Unmenge zum Teil ganz schlecht fundierter estnischer Banken entstanden, deren Zahl in Dorpat, wenn ich nicht irre, zwölf oder dreizehn betrug, während bis zum Kriege das damals sehr viel reichere Dorpat mit vier oder fünf Banken ausreichend versorgt gewesen war. Wenn auch nach dem Kriege fast das ganze estnische Geschäft an die estnischen Banken überging, so hatte die Dorpater Bank, dank ihrem alten und guten Ruf, doch noch mehrere estnische Großunternehmen in ihrer Kundschaft behalten und eine Reihe ausländischer Firmen hinzugewonnen. Sie hatte daher große Umsätze und verdiente gut. [...] Auch das Valutageschäft war vorteilhaft.

Dank dem Umstande, daß die bedeutende Dorpater Aktienbrauerei „A.Le Coq", deren größter Aktionär ein sehr sympathischer Engländer Mr. Sillen war, ihre ganzen Geschäfte durch die Dorpater Bank machte, hatte die Dorpater Bank freundschaftliche Beziehungen zu der Londoner Korrespondenzbank, der „British Overseas Bank" angeknüpft. Dadurch hatte die Dorpater Bank in England und, auf Grund ihrer früheren Beziehungen zu deutschen Großbanken, auch in Deutschland bedeutende Kredite.

Da die geschäftliche Basis in Dorpat für die Bank zu schmal wurde, beschloß die Generalversammlung, in Reval eine Filiale zu errichten, die allmählich das Dorpater Stammhaus stark überflügelte, sehr zur Unzufriedenheit der führenden deutschen Revaler Großbank „G. Scheel & Co.", die bis dahin in Reval fast eine Monopolstellung eingenommen hatte.

Zu dem Direktorium der Dorpater Bank gehörten, außer dem alten Herren Alfred Schulze, noch Alfred von zur Mühlen, von 1923 bis 1925 mein Vetter Woldemar von Roth-Tilsit, Ernst von Krause[144], später Rolf von Anrep[145] und endlich Arved von Brasch[146]. Geschäftsführender Direktor der Revaler Filiale war [...] mein Bruder Sascha, der dann leitender Direktor der ganzen Bank wurde. Leider hatte Sascha zu wenig Menschenkenntnis, war auch zu weich und vertrauensselig, ließ sich zu sehr von persönlichen Sympathien und Antipathien leiten. Nach mehreren sehr unglücklichen größeren Geschäften gab er seinen Posten auf und zog ganz nach Deutschland. Prokurist der Bank, zuerst in Dorpat, dann in Reval, war Herr Arthur Faure.

---

[144] Ernst v. Krause (1874-1948). Alb. Estonorum, Nr. 1049.

[145] Rudolph (Rolf) v. Anrep (1865-1945), auf Lauenhof, Bankdirektor. GHdA, B VI, 1964, S. 28.

[146] Arved von Brasch (1881-1953), Alb. Est., Nr. 1074.
Vgl.: Arved von Brasch: Frei wie nirgendwo in der Welt. Leben im alten Baltikum. Basel 1994.

Auch in Wenden, Fellin, Pernau, Werro und Wesenberg hatte die Dorpater Bank Abteilungen, die mit der Zeit aber alle aufgegeben wurden.

Die British Overseas Bank hatte die Dorpater Bank sehr stark bevorschußt. Allmählich hatte diese Bank durch Aufkauf der Aktien der Dorpater Bank den bestimmenden Einfluß erlangt. Rein geschäftlich war das für die Dorpater Bank fraglos von Vorteil, doch war diese Überfremdung Veranlassung dazu, daß eine Gruppe Aktionäre der Dorpater Bank, nicht ohne den Segen der Scheelschen Bank, gegen das Abhängigkeitsverhältnis von London Sturm lief. Es kam zu recht unerquicklichen Kämpfen, die natürlich mit dem Siege der Engländer endeten. Die Folge davon war das zum Teil ziemlich brutal durchgeführte Ausbooten der deutschen Direktoren und Angestellten und ihre Ersetzung durch Esten, so daß, etwa angefangen von 1935, dieses älteste deutsche Kreditinstitut Dorpats allmählich immer mehr zu einem estnischen Unternehmen wurde. Auch ich gab meinen Posten als Juriskonsult auf. [...]

Alle diese mit der Dorpater Bank zusammenhängenden Auseinandersetzungen und Kämpfe haben mich viel Ärger und Nerven gekostet, mich an manchen meiner Bekannten irre werden lassen und mich fast mit einigen meiner guten Freunde entzweit. Das Menschlich-Allzumenschliche an Nahestehenden zu entdecken, ist meist schmerzlich.

Meine Reineinnahmen nach der Stabilisierung der estnischen Valuta betrugen seit 1925 zwischen 25.000 und 40.000 estnischer Kronen jährlich. Vorher waren sie wesentlich höher gewesen, doch waren meine Ersparnisse, die ich, wie fast alle Balten, im Vertrauen auf Deutschlands Aufstieg und auf die Stabilität seiner Währung nach Deutschland übergeführt hatte, durch die Inflation restlos verloren gegangen. Zum Teil ist diese falsche Disposition in Bezug auf meine Kapitalien auch dadurch zu erklären, daß ich etwa bis zum Jahre 1926 derart mit beruflicher Arbeit für andere überlastet war, daß ich mich um meine eigenen Angelegenheiten kaum kümmern konnte.

Da es für Anwaltshonorare in Verwaltungssachen – und ich führte hauptsächlich gerade solche Sachen – keine festen Sätze gab, habe ich mir Honorare nur dann berechnet, wenn ich einen Bargewinn oder eine Bareinnahme erzielen konnte, meist in der Höhe von 5% des Erreichten. Wenn eine Sache kein greifbares Ergebnis ergab, ließ ich mir nur meine tatsächlichen Auslagen ersetzen und in den Fällen, wenn eine große Arbeit geleistet worden war, gewisse geringe Vortritts- und Verhandlungsgebühren zahlen. Bei vielen großen Sachen, die sich in Geld nicht bewerten ließen, habe ich ein Honorar überhaupt nicht berechnet, ebenso in allen Sachen, die sich auf mittellose Klienten oder Verwandte bezogen.

Obgleich wir keineswegs luxuriös lebten, waren wir doch eine der wenigen deutschen Familien, die in der Lage waren, „Haus“ zu machen. Das private Ausgabenbudget bewegte sich ungefähr im Rahmen von 10.000 bis 15.000 estnischer Kronen jährlich. Recht groß waren die Verluste durch Darlehen an Personen, denen ich sie schwer verweigern konnte. Ein großer Betrag ging auch durch den Zusammenbruch einer alten Berliner Privatbank „Bonte“ verloren.

Im Jahre 1936 kaufte ich in Reval ein ziemlich großes Zinshaus für etwa 60.000 Eestikronen, das mir keinen Kummer bereitet hat, und ein Jahr vorher den Hof Jerwen, der an das Villengrundstück von Tante Josi Moeller grenzte, für etwa 4.500 Kronen. Der amtliche Umrechnungskurs der Krone im Vergleich zur Reichsmark betrug ungefähr 1 Krone = 70 bis 75 Pfennige, doch war die Kaufkraft der Estnischen Krone viel höher, etwa 2 Reichsmark.

Sicherlich habe ich mich während meiner Tätigkeit als Anwalt nicht selten geirrt und manchen starken Bock geschossen, doch glaube ich sagen zu dürfen, daß ich immer bestrebt gewesen bin, mein Bestes zu tun – nur der irrt nie, der gar nichts tut. Im Allgemeinen habe ich in den Sachen immer eine glückliche Hand gehabt, bei denen ich ganz nach meinem Ermessen handeln durfte und bei denen meine meist auswärtigen Klienten mir nicht dreinredeten. Zu meinem Bedauern hatten viele von ihnen große Verluste, wenn sie selbständig und gegen meinen Rat disponierten.

Schule, Kirche und Gesellschaft in der Zwischenkriegszeit

Eine unserer Hauptsorgen war die Erhaltung unserer deutschen Schulen. Da ich Präses des Kuratoriums der deutschen Schule des Frl. Marie Rathlef, jetzigen Professorin Steinwand, und Mitglied des Kuratoriums des Walterschen deutschen Privatgymnasiums war, hatte ich oft Gelegenheit, mich von dem Idealismus und Opfermut der deutschen Lehrerinnen und Lehrer zu überzeugen, denen es in erster Linie zu verdanken ist, wenn unsere Jugend, aufs Ganze gesehen, gut deutsch blieb.

Es würde zu weit führen, wenn ich alle Kämpfe schildern sollte, die wir gegen feindliche oder, zum mindesten, übelwollende estnische Beamte und Behörden, leider nicht selten auch gegen Verständnislosigkeit und Sturheit einiger deutscher Männer auszufechten hatten. Zu diesen gehörte in erster Linie der von mir bereits erwähnte Professor Pantenius. Ohne Übertreibung darf man sagen, daß auf dem Gebiet des deutschen Schulwesens mit unwahrscheinlich geringen Mitteln und gegen zahllose Widerstände wirklich Großes geleistet wurde. Es ist erstaunlich, daß trotz mannigfaltiger schlechter Einflüsse verschiedenster Art, trotz der geringen Erwerbsaussichten für die deutsche Jugend und verschiedener unliebsamer Nachkriegserscheinungen, die deutsche Jugend sittlich nicht Schaden nahm.

Dies ist auch nicht zuletzt unserer hervorragenden deutschen Pastorenschaft zu verdanken, wenn auch ihre Berührungsmöglichkeiten mit der Jugend nicht so weitgehend waren wie die der Lehrer. Ich hatte Gelegenheit, die Entwicklung auf kirchlichem Gebiet aus nächster Nähe zu beobachten, weil ich im Jahre 1919 zum Mitglied des Kirchenrats der deutschen Universitätsgemeinde gewählt wurde. Als im Jahre 1920 die Universitätskirche auch einen estnischen Beichtkreis bekam und der estnische und der deutsche Beichtkreis einen gemeinsamen Kirchenrat erhielten, wurde ich Kassenwart dieses gemeinsamen Kirchenrates und blieb es bis zu unserer Übersiedlung nach Jerwen im Jahre 1937.

Nachfolger des im Januar 1919 von den Bolschewiken ermordeten Pastors der deutschen Universitätsgemeinde, Prof. Traugott Hahn, war Professor Seesemann[147] geworden, der mehr auf eigene Initiative eingerückt war, ohne amtlich berufen worden zu sein. Die deutsche Universitätsgemeinde oder richtiger Beichtkreis bestand hauptsächlich aus den in Dorpat zurück-

147 Otto Seesemann (1866-1945), Prof. d. Theologie in Dorpat. DBBL, S. 721.

gebliebenen Angehörigen des Adels und des Literatentums, die wohl alle wenig vermögend oder auch sehr arm waren. Ihre Mitgliederzahl schwankte zwischen 400 und 500 Seelen. Die wesentlich wohlhabendere deutsche Kaufmannschaft und der deutsche Handwerkerstand gehörten zur St. Johannisgemeinde. Trotz ihrer geringen zahlenmäßigen Stärke und ihrer Armut brachten die Deutschen des deutschen Beichtkreises der Universitätsgemeinde für das Gemeindewohlfahrtswesen und den Unterhalt des Pastors erstaunlich große Beträge auf, die für den viel größeren und reicheren estnischen Beichtkreis ein beschämender Vorwurf waren. Der Kassierer des estnischen Beichtkreises sagte mir einmal, daß seine Beichtkreismitglieder oft nur 1 Penni, d.h. nicht einmal einen Reichspfennig in die Sammelbüchse warfen, obgleich sie alle über recht gute Einkünfte verfügten.

Präses des gemeinsamen Kirchenrats war immer ein estnischer Professor, zuerst der Kurator der Universität Prof. Peter Põld[148], ein Mann von guten Formen und gutem Willen, nach seinem Tode Prof. Uluots[149]; Vizepräses ein Deutscher, anfangs mein Vetter Woldemar von Roth, später Dr. Johannes Meyer, von 1925 bis 1939. Die Glieder des gemeinsamen Kirchenrats waren zur Hälfte Esten und Deutsche. Trotz mancher sachlicher Meinungsverschiedenheiten wurde im Kirchenrat immer freundschaftlich und fruchtbar gearbeitet. Auch der mehr schlaue als kluge und uns Deutschen nicht sehr gewogene Professor Rahamägi[150], der später estnischer Bischof wurde, konnte daran nichts ändern. Im Gegensatz zu ihm hat sein Nachfolger, Prof. Köpp[151], sich immer bemüht, das gute Verhältnis zwischen den estnischen und deutschen Mitgliedern des Kirchenrats aufrechtzuerhalten. Ich habe durchaus gerne in diesem Gremium mitgearbeitet. Meine Arbeit war allerdings nur gering, da ich die Bücher und Rechungen immer meinen darin so viel geübteren und genaueren ersten Sekretärinnen überließ.

Im Jahre 1923 war durch die Wahl des Pastors Ralf Luther[152] der bis dahin nur interimistisch von Professor Seesemann versorgte Posten des deutschen Universitätspredigers besetzt worden. Wir konnten uns glücklich

---

148 Peter Pôld (1878-1930), Theologe. Alb. Acad. I, S. 75 (Nr. 16938).

149 Jüri Uluots (1890-1945), Prof. der Rechte, 1937-40 Vors. des Isamaaliit (Vaterländ. Bund). EE 10, S. 48.

150 Hugo Bernhard Rahamägi (1886-1941), Dr. theol., 1926-34 Prof. d. Theologie u. Pastor an der Universitätsgemeide, 1934 Bischof. EE 7, S. 670.

151 Juhan Kôpp (1874-1970), 1939-44 Bischof, 1941-44 Prof. d. Theologie in Dorpat. EE 5, S. 280.

152 Ralf Luther (1887-1931), Alb. Est., Nr. 1113.

schätzen, in ihm nicht nur einen wirklichen Seelsorger bekommen zu haben, sondern auch einen Geistlichen, der in seiner Predigt und in der liebevoll durchdachten Gestaltung des Gottesdienstes das gab, was seit der Ermordung des Professors Hahn schmerzlich vermißt worden war. Leider war auch Pastor Luther kein langes Leben beschieden. Er starb im Jahre 1932, tief betrauert von seiner Gemeinde und von allen, die ihm persönlich nahe gestanden hatten. Er war auch wissenschaftlich tätig, veröffentlichte während seiner Dorpater Amtszeit ein auch im Auslande von Fachkreisen sehr geschätztes „Neutestamentliches Wörterbuch". Bei der Neuwahl wurden zwei Kandidaten aufgestellt: Pastor Gunnar Knüpffer[153], der bis dahin zweiter Pastor an der estnischen Paulusgemeinde in Dorpat gewesen war, und Pastor Eduard Steinwand[154] , der die Direktrice des deutschen Mädchengymnasiums, Fräulein Rathlef, geheiratet hatte. Er war auch Lehrer an dieser Schule. Für Knüpffer fiel ins Gewicht, daß er als Geistlicher des Baltenregiments sich großer Beliebtheit erfreut, wegen seines Deutschtums seine Stelle an der Pauluskirche verloren hatte und daß seine Lage mit einer großen Familie ganz ungewiß geworden war. Als Prediger und Theologe war Steinwand Knüpffer weit überlegen, doch sprach gegen ihn, daß er nicht Balte, sondern Deutscher aus der Krim war. Bei der Wahl hatte Steinwand bloß meine Stimme für sich, so daß Knüpffer gewählt wurde, was viele Gemeindemitglieder später sehr bedauerten, obwohl anerkannt werden mußte, daß Knüpffer sich große Mühe gab.

Obgleich ich selbstverständlich allen Dorpater deutschen geselligen und anderen Vereinen angehörte: dem Gesang- und dem Turnverein, dem Ruderclub, der Ressource, dem Handwerkerverein, der Bürgermusse, der akademischen Musse, der Genealogischen Gesellschaft usw., habe ich ihre Veranstaltungen und Sitzungen nur ganz selten besuchen können, weil ich dazu keine Zeit hatte und den häuslichen Verkehr bei mir auch vorzog. Das Vereinsleben überließ ich gerne anderen, dafür auch geeigneteren Volksgenossen. Ein besonderes Talent für den Verkehr mit den sogenannten kleinen Deutschen hatte mein jovialer Kollege Baron Walter Stackelberg, dem das auch Spaß machte. Sehr gerne besuchte ich die Sitzungen des „Deutschen Dozentenabends", auf dem nicht selten interessante Vorträge gehalten wurden, die von meist noch interessanteren Diskussionen gefolgt waren.

---

153 Gunnar Knüpffer (1888-1963), Alb. Est., Nr. 1122.
154 Eduard Steinwand (1890-1960), DBBL, S. 764.

Gegen 1929 war in Berlin die sogenannte „Baltische Bruderschaft“ gegründet worden, die den ausgewanderten Balten eine neue geistige Heimat geben wollte. Der Gedanke der Baltischen Bruderschaft war von einem Vetter meines Schwagers Baron Friedel Ropp, Baron Bistram[155], gefaßt und in Zusammenarbeit mit Friedel ausgearbeitet worden. Zu diesem anfangs geheimen Bunde sollten nur sittlich einwandfreie, heimattreue und religiös positiv stehende Balten gehören. Das Zentrum war in Berlin. In Lettland und Estland gab es Abteilungen der Bruderschaft. Auch ich war von Friedel aufgefordert worden, der Bruderschaft beizutreten, und ich nahm diese Aufforderung auch an, obgleich ich der Ansicht war, daß sie im Baltikum selbst eigentlich keine Existenzberechtigung habe und innerhalb des Baltentums zu einer Spaltung führen könne. Leiter des estländischen Zweiges war mein Freund Alfred Walter. Etwa 1931 wurde die Bruderschaft in Deutschland registriert und allen ehemaligen Angehörigen freigestellt, in der Bruderschaft zu bleiben oder auszutreten. Ich und eine Reihe anderer Herren schieden daraufhin aus. Im Baltikum hat die Bruderschaft nie eine Rolle gespielt, während sie in Deutschland leider zu einer tiefen Spaltung, besonders innerhalb des Adels, führte und dort Gegensätze schuf, wo sie sachlich gar nicht nötig waren. Höchst fatal war es auch, daß einige Glieder der Bruderschaft in Berlin es unternahmen, die Politik im Baltikum zu beeinflussen, was ihnen aber nur zu einem ganz geringen Teil gelang. Die Politik der Emigranten hat ja bekanntlich immer den Hang, etwas phantastisch und unrealistisch zu sein. Das scheint immer und überall so zu sein.

Sehr angenehm wurde das etwas eintönige Leben in Dorpat durch die Zusammenkünfte des schon erwähnten Dorpater Deutschen Dozentenabends unterbrochen. Zum „Dozentenabend“ gehörten alle deutschen Dozenten der Universität und eine Reihe anderer deutscher Herren, die Interesse für wissenschaftliche und kulturelle Fragen hatten. Während der beiden Semester fanden alle 14 Tage sonnabends um 8 Uhr abends Sitzungen statt, auf denen alle Mitglieder in umgekehrter alphabetischer Reihenfolge über Fragen ihrer Fachgebiete Vorträge hielten. Ständiger Sekretär war etwa seit

[155] Rodrigo Bar. von Bistram (1886-1968), zusammen mit Friedrich Bar. v. der Ropp (vgl. Anm. 192), Herbert von Hahn, Arthur Schwarz und Harald von Rautenfeld, Begründer eines Ordens, aus dem bald darauf die Baltische Bruderschaft hervorging. Hierzu Bastian Filaretow, Die Baltische Bruderschaft. Wider den Zeitgeist. In: Deutschbalten, Weimarer Republik und Drittes Reich, hrsg. von Michael Garleff, Bd. 1, Köln, Weimar Wien S. 11-50.

1900 mein gelehrter Freund, der Professor für Alttestamentliche Theologie Alexander von Bulmerincq, der streng auf die genaueste Beobachtung aller Vorschriften des etwas veralteten Statuts hielt. Zum Dozentenabend gehörten etwa 35 in Dorpat wohnende und etwa 10 auswärtige Mitglieder, zum Teil Gelehrte von Weltruf. Wenn auch an die Vorträge, die satzungsgemäß nicht mehr wie 20 Minuten dauern sollten, kein allzu strenger wissenschaftlicher Maßstab gelegt werden konnte, so waren sie und die meist recht lange dauernden Diskussionen doch oft sehr interessant und belehrend. Alle Gebiete wurden behandelt, doch überwogen die naturwissenschaftlichen Themen, unter denen die medizinischen einen breiten Raum einnahmen. Den Schluß bildete ein geselliges Beisammensein, das etwa um 11 Uhr endete. Einer der treuesten Besucher der Abende war mein lieber Vetter Gregor, genannt Gori von Glasenapp, dessen erstaunliches Wissen und enormes Gedächtnis ihm die Möglichkeit gaben, sich auf fast allen Gebieten zu Hause zu fühlen. Er hatte drei Fakultäten beendet: vergleichende Sprachen, Mathematik und Rechtswissenschaften, und seit seiner Verabschiedung aus dem russischen Justizdienst, etwa im Jahre 1912, ohne Unterbrechung weitergearbeitet. Ihm verdankte ich auch meine Aufnahme in den „Dozentenabend“. Eigentlich immer meldete sich Gori sofort nach Beendigung des Vortrages zum Worte und wußte immer etwas Originelles oder Neues zum Thema zu sagen. So erinnere ich mich, wie er einmal nach einem Vortrage des etwas sentimentalen Oberlehrers Eduard Haller[156] über eine Frauengestalt aus der Odyssee – die Nymphe Kalypso – zum Beweise seiner von der Anschauung des Vortragenden abweichenden Meinung aus dem Gedächtnis zuerst ungefähr eine Seite lateinisch aus einem Gedicht von Ovid und dann, was noch eindrucksvoller war, eine Seite Prosa griechisch aus dem Werke eines spätgriechischen Schriftstellers zitierte. Haller hatte nämlich ausgeführt, Odysseus habe den Verführungskünsten der Nymphe siegreichen Widerstand geleistet, während die Gewährsleute von Gori ganz das Gegenteil behaupteten. Ich gehörte dem Dozentenabend bis zur Umsiedlung an.

Am politischen Leben beteiligte ich mich sowohl aus Zeitmangel, wie auch aus Abneigung eigentlich gar nicht oder doch nur soweit, als es gewissermaßen Pflicht eines jeden Deutschen war, auf politischen Versammlungen zu erscheinen.

---

156 Eduard Haller (1863-1936), Lehrer der alten Sprachen. Alb. Est., Nr. 907.

Schon vor der Machtergreifung durch die nationalsozialistische Partei in Deutschland im Jahre 1933 waren die Ideen des Nationalsozialismus auch ins Baltikum gedrungen. Einer der ersten, die die Bedeutung dieser Bewegung auch für Estland erkannten, war der allgemein sehr geachtete ehemalige Rittmeister des Baltenregiments Viktor von zur Mühlen[157] aus dem Hause Woiseck. Die von ihm ins Leben gerufene Bewegung fand bald, besonders bei der Jugend, lebhaften Anklang, von anderer Seite, hauptsächlich von den Älteren, ebenso lebhafte Ablehnung. Innerhalb der Bewegung entstanden in Estland mehrere Richtungen, die sich nicht selten untereinander befehdeten. Ich selbst schloß mich erst im Jahre 1937 dem sogenannten Volksdeutschen Verbande (VdV) an, dessen maßgebendes Vorstandsmitglied der Redakteur Sigmund Klau[158] war. Leider hatten die zum Nationalsozialismus neigenden Balten die mich abschreckenden Angewohnheiten und pöbelhaften Praktiken der deutschen NSDAP angenommen, die hier besonders neu und ungewohnt waren.

Die estnische Regierung, die sich in starker Abhängigkeit von den Ententemächten befand, verfolgte diese Entwicklung im Deutschtum mit feindlichen Augen, doch scheute sie sich zunächst, gegen die „bewegten“ Deutschen vorzugehen. Erst im Jahre 1936 kam es zu einigen gerichtlichen Prozessen und Verurteilungen, die aber im Gegensatz zu dem viel deutschfeindlicheren Lettland nur mit geringen Geld- oder Freiheitsstrafen endeten. Sie wollte offenbar keine Märtyrer schaffen.

Es muß überhaupt betont werden, daß die estnische Regierung, deren Haupt durch lange Jahre der schon mehrfach erwähnte Konstantin Päts, ein ebenso kluger wie gemäßigter und durchaus deutschenfreundlicher Mann war, sich ihren Minderheitsvölkern, in erster Linie den Deutschen gegenüber, wesentlich besser und gerechter verhielt wie die lettische.

Wenn auch die Esten, deren Zahl etwa eine Million betrug, während die Deutschen es auf etwa 15.000, die Schweden und Juden auf je gegen 4.000 und die Russen auf etwa 80.000 brachten, die überwiegende Mehrheit der Einwohner der kleinen Republik bildeten, so war doch das Verhältnis zu

---

157 Zu Victor von zur Mühlen und zur Bewegung in Estland s. Anm. 84.

158 Sigmund Klau (1890-1941), Lehrer, Redakteur. Gründer der Volksnationalen Vereinigung in Estland 1934. DBBL, S. 383. Georg von Rauch, Politische Gruppierungen im Estländischen Deutschtum der 30er Jahre. Die Volksnationale Vereinigung. In: JhbT 28, Bd. 1981, S. 135-155.

den Minderheitsvölkern im ganzen ein gutes und das Zusammenleben der verschiedenen Völkerschaften kein schlechtes.

Zwei Triennien war ich Mitglied der Dorpater Stadtverordneten-Versammlung. Die Tätigkeit dort behagte mir aber nicht, da diese Körperschaft, in der wir Deutschen von 50 Sitzen nur 3 hatten, ausgesprochen chauvinistisch eingestellt war und unsere Anträge und Anregungen fast grundsätzlich feindlich und ablehnend behandelte. Die Dorpater Esten waren überhaupt in allen völkischen Fragen viel radikaler wie die Revaler und erst recht die Esten auf dem flachen Lande.

Während bis zur Agrargesetzgebung des Jahres 1919 in Dorpat die deutsche Gesellschaft dank ihrer zahlenmäßigen Stärke, ihrer größeren Wohlhabenheit und ihrer Bildung tonangebend gewesen war, hatte sich dieses nach dem Entstehen des estnischen Staates grundlegend geändert. Die meisten adligen Familien hatten Dorpat zugleich mit den abziehenden deutschen Truppen verlassen. Viele hatten ihre Häuser verkauft oder taten es in den darauffolgenden Jahren. Durch die fast entschädigungslose Enteignung des gesamten Großgrundbesitzes, der sich fast nur in deutschen Händen befunden hatte, wurde nicht nur die verhältnismäßig kleine Schicht der Rittergutsbesitzer, sondern auch alle anderen deutschen Kreise, wie Juristen, Ärzte, Pastore, Lehrer, Beamte, Kaufleute und Handwerker wirtschaftlich auf das Empfindlichste getroffen, so daß nur wenige der in Dorpat gebliebenen deutschen Familien in der Lage waren, nach alter Weise Gastfreundschaft und Geselligkeit zu pflegen.

Durch die recht großen Einnahmen war ich imstande, die geräumige und gemütliche Wohnung meiner Schwiegermutter im Staëlschen Hause im Zentrum der Stadt zu behalten. Bis zum Mai 1920, als Wanda mit den Kindern und später meine liebe Schwiegermutter heimkehrten, hauste ich allein in den acht großen Zimmern, von denen ich allerdings einige mit mir bekannten Personen besetzt hatte, damit die Wohnung nicht beschlagnahmt werde. [...]

Nach Beendigung des estnischen Freiheitskrieges im Jahre 1920 kehrte auch die deutsche Jugend wieder an die Universität Dorpat zurück. Nach der Selbständigwerdung von Estland und Lettland und der Errichtung einer Universität in Riga schmolz die Zahl der deutschen Studenten in Dorpat stark zusammen und ihre Zahl nahm von Jahr zu Jahr ab. Von den alten Korporationen blühte eigentlich nur noch die Estonia. Die Livonia konnte nur dadurch erhalten werden, daß ehemalige Livonen, die in Lettland wohnten, ihre Söhne wenigstens einige Semester in Dorpat studieren ließen. Ziemlich zahlreich waren anfangs die Mitglieder der sog. jungen Korporationen der Neobaltia, der Akademica und Normannia. [...]

In das geistige Leben der Dorpater deutschen Oberschicht kam ein neuer frischer Wind, als gegen 1932 der Dr. med. Baron Roderich Engelhardt[159], ein Privatgelehrter von vielseitigen Interessen, aber leider etwas streitsüchtigem Charakter, seinen Wohnsitz aus Reval nach Dorpat verlegte. Er redigierte u.a. eine nicht unbedeutende Monatszeitschrift: „Aus deutscher Geistesarbeit“, in der die wichtigsten Neuerscheinungen, hauptsächlich auf philosophischem und religiösem Gebiet, besprochen wurden, wobei fast alle Artikel aus der Feder von Engelhardt stammten.

Schon etwa seit 1925 waren durch Vermittlung der Revaler deutschen Kulturverwaltung Vorträge und Darbietungen von bedeutenden ausländischen, besonders reichsdeutschen Gelehrten, Schriftstellern, Musikern und Schauspielern in Reval und Dorpat, manchmal auch in den kleineren estländischen Städten ins Leben gerufen worden. Da wir ein Fremdenzimmer hatten, konnten wir viele dieser besten Vertreter des deutschen Geistes- und Kunstlebens bei uns beherbergen. Ich will nur einige von ihnen nennen, die mir im Gedächtnis geblieben sind: Jung, der Verfasser des bekannten Buches „Wider die Herrschaft der Minderwertigen“, der weltberühmte Afrikaforscher Leo Frobenius, der General, später Professor Haushofer, der Thomas-Kantor aus Leipzig, die Haas-Berkow Gruppe, der Afrikakämpfer General Lettow-Vorbeck. [...]

Als unsere Töchter herangewachsen waren, gaben wir recht häufig im Winter für sie und ihre Freundinnen und Freunde kleine harmlose Tanzgesellschaften, zuerst mit Schülern, dann mit Studenten, Mitgliedern der Korporationen Estonia und Livonia. Obgleich mein Schwiegervater und mein Schwager Wolf Kessler Livonen gewesen waren, hatten wir doch eigentlich mehr Beziehungen zur Estonia, weil Wandas Neffe Andi Weiß[160], der wie ein Sohn des Hauses bei uns aus- und einging, Estone war. [...]

Da meine Vollmachtgeberin Marie Christine von Wulf, die das große an Dorpat angrenzende Gut Techelfer[161] besaß, katholisch und noch recht vermögend war, hatte sie mich gebeten, die durch den Abzug der Dorpater katholischen Polen und Litauer in ihre selbständig gewordenen Heimatstaa-

---

[159] Roderich Bar. v. Engelhardt (1862-1934), Arzt u. Schriftsteller. DBBL, S. 193.

[160] Andreas von Weiß (1910-1994), Dr. phil., Germanist. Alb. Est., Nr. 1252

[161] BHO, S. 586; GHbLivl. 1.

ten völlig verarmte katholische Kirche in Dorpat zu unterstützen, ja zeitweise ganz zu unterhalten. Dadurch wurde ich natürlich mit den katholischen Pfarrern, meist schlichten Menschen aus dem Bauernstande, gut bekannt. Unter den Pfarrern waren auch einige recht eigenartige Gestalten, so ein dem polnischen Kleinadel, der Schlachta, entstammender sehr vergnügter „Seelenhirte", der aber von der estnischen Polizei beim heimlichen Schnapsbrennen ertappt wurde und schleunigst verschwinden mußte. Diese Bekanntschaft mit dem römischen Klerus trug mir u. a. auch den Besuch des apostolischen Nuntius, Mrg. Zeccini, ein, der nach Dorpat gekommen war, um sich die Universität und die recht gute Universitätsbibliothek anzusehen. Der Pfarrer gab mir ein Mittagessen mit dem hohen Gast, der auch einmal bei uns speiste. Zeccini war übrigens ein ziemlich harmloser Mann, der aber in seiner roten Robe mit ebensolcher Kappe, Schuhen und Handschuhen, eine recht eindrucksvolle Figur machte. Wesentlich gefährlicher erschien mir Zeccinis Sekretär, ein Jesuit in Mönchstracht. Ungefähr im Jahre 1934 wurde in Dorpat in der katholischen Pfarrei ein Kloster eingerichtet, dessen Mönche zum Franziskanerorden gehörten. Es waren nur drei oder vier Mönche, Bayern mit großen Bärten, sehr vergnügte Leutchen. [...]

Die Dorpater Deutschen lehnten den Katholizismus ab, und die Esten waren im allgemeinen völlig unzugänglich. Ich habe mir sagen lassen, daß Rom es auch weniger auf die Balten abgesehen habe, vielmehr eine Art Vorkampffeld gegen den Bolschewismus aufrichten wollte. Als ich im Jahre 1923 Fräulein von Wulf in Rom besuchte, die durch ihre Mutter, eine geborene Herzogin Lante della Rovere, mit vielen Familien des päpstlichen Hochadels verwandt war, lernte ich bei ihr auch mehrere hochgestellte Geistliche kennen. Einer von ihnen fragte mich, ob ich glaube, daß der Katholizismus in Estland gute Entwicklungsaussichten habe. Ich verneinte das, da meiner Meinung nach die Esten sehr treue Lutheraner seien und wenig zum Mystizismus neigten. Er hörte mich mit einem freundlich-mitleidigen Lächeln an und sagte: „Wir können warten!" [...]

Schon bald nach Beendigung des Ersten Weltkrieges war Tante Josi Moeller wieder ganz in ihren Witwensitz, die Villa am schönen Jerwenschen See, 3 Kilometer von Sommerpahlen, gezogen. [...]

Im Unterschied zu den anderen Sommerpahlenschen Hoflagen (Vorwerken: Annenhof, Lühnen, Mustel und Petrimois) wurden Villa und Hoflage Jerwen 1912/13 nicht Bestandteil der mit deutschen Bauern aus Wolynien besiedelten Kolonie „Heimtal". Die im Privatbesitz der Familie verbliebene Villa lag am bewaldeten Ufer des Waggolasees, unweit der höchsten Erhebung im ganzen Baltikum, des Munnamäggi (Munamägi, 330 m hoch), mit Bahnverbindung nach Werro und über Walk nach Dorpat, guter örtlicher Versorgung durch Jagden, Fischerei und Einkaufsmöglichkeiten im Flecken Osola sowie Angeboten der Bauern. Das Vorwerk wurde später (1935) von Woldemar Hartmann käuflich erworben und zur Bewirtschaftung an einen Heimtaler Bauern verpachtet.

Da Tante Josis Mittel sehr gering waren, sie es auch in Jerwen zu einsam hatte, verfielen wir auf den Gedanken, in Jerwen [...] ein Erholungsheim zu eröffnen, das die Mittel zur Bestreitung von Tante Josis Lebensunterhalt und zur Instandsetzung der Villa liefern sollte, die durch den Krieg recht mitgenommen war. Das Klima von Jerwen war besonders günstig, da das Haus auf Sandboden gebaut war und schöner alter Kiefernwald es von zwei Seiten umgab. Die Umgebung war einzigartig schön und die um 1900 angelegten Alleen und Parkanlagen waren schon gut herangewachsen. Wir hatten uns in unseren Hoffnungen nicht getäuscht. Fast immer, besonders im Sommer, waren alle Zimmer besetzt. [...] Doch Tante Josi zog dann für einige Jahre nach Baden zu ihrer Tochter Nina Woll, um ihr in der Wirtschaft und bei den Kindern zu helfen.

Wir verbrachten meist den Sommer in Jerwen, nach Tante Josis Abzug nach Deutschland meist mit einer befreundeten Familie. Zwei Sommer wohnte in der unteren Etage ein Neffe von Wanda, Baron Wilhelm, genannt Willo, Wrangell[162] mit seiner sehr sympathischen jungen Frau, einer geborenen von Rennenkampff, und zwei kleinen Töchtern, Dora und Amy.

Jerwen hatte viele unschätzbare Vorzüge. Vor Nord- und Ostwinden wurde die Villa von einem sich viele Kilometer hinstreckenden Walde geschützt. Nur etwa 50 Schritte nach Süden zu lag der wundervolle, 6 Kilometer lange und an der breitesten Stelle etwa 3 Kilometer breite Waggolasee mit seinen meist bewaldeten Ufern. Hinter dem See und dem Walde erhob sich die höchste Hügelkette des Baltikums, ein Ausläufer des Waldaigebir-

---

162 Wilhelm Bar. von Wrangell (1894-1976), 1923 Stadtverordn. von Reval, Sekretär des Estl. Gemeinnützigen Verbandes (Estl. Ritterschaft), 1933-1938 Präs. d. Estländ. Deutschen Kulturverwaltung, Mitgl. d. Est. Staatsrates. Verf. der Geschichte des Baltenregiments u.a. Publikationen. Paul Kaegbein u. Wilhelm Lenz, 50er Jahre Baltische Geschichtsforschung 1947-1996, Köln 1997, S. 181.

ges, mit dem Munnamäggi und Wellamäggi (etwa 330 Meter) als höchsten Erhebungen. Die Villa lag auf einem Hügel aus sterilem Sand, so daß die Nebel des Sees nie bis zu ihr heranreichten. In dem breiten Schilfgürtel der flachen Seeufer nisteten Hunderte Stock-, Krick- und andere Enten, verschiedene Arten von Schnepfen, Kampfhähne, Bleßhühner, Rohrdommeln und kleine Singvögel, unter ihnen der unermüdliche Schilfrohrsänger. Der See lieferte in beliebigen Mengen die schönsten Fische: Brachse, Barsche, Schleien und – in den letzten Jahren Sandarte, natürlich auch Hechte und andere, weniger delikate Fische. [...]

Jagen konnte ich soviel ich wollte, was durch die freundschaftlichen Beziehungen zu dem Oberförster Bergmann, der auch Fritzens Förster gewesen war und von der estnischen Regierung nach der Agrarreform übernommen wurde, erleichtert wurde. Ein Jahresjagdschein kostete, wenn ich nicht irre, nicht mehr als 25 Kronen und berechtigte zum Abschuß von jeder Art Niederwild. Nur bei der Jagd auf Rehböcke und auf Auerhähne mußte eine Extragebühr von 10 bzw. 5 Kronen je Bock bzw. je Hahn entrichtet werden.

Wenn es mir auch in den ersten Jahren nach der „Agrarreform" des Jahres 1919 widerstrebte, in den enteigneten Wäldern zu jagen, so überwand ich doch bald, ebenso wie die meisten meiner Bekannten, diese Hemmungen und habe viele herrliche Stunden mit der Flinte auf dem Rücken in der freien Natur verbracht, die sich merkwürdig wenig um die Veränderungen in der politischen Sphäre kümmerte, was ich ihr etwas übel nahm.

Besonders schön war die Frühlingsjagd, sei es auf den sehr gut besetzten Auerhahnbalzplätzen oder auf dem Schnepfenstand. Das Auerwild war in schnellem Zunehmen begriffen, ebenso die Rehe, während die Birkhühner und Schnee- oder Morasthühner stark abnahmen. Rebhühner, bei uns Feldhühner genannt, hielten sich ungefähr auf der früheren Höhe.

Sommerpahlen hatte drei Auerhahnbalzplätze: einen in Waggola, auf dem der Villa Jerwen gegenüberliegenden waldigen Ufer des Waggolasees, wo meist nur 2 – 3 Hähne balzten, einen im Nursischen Walde, wo bis 5 Hähne waren, und einen in Kereti, an der Kerjellschen Grenze, auf dem sich bis zu 20 Hähne einfanden. Jedes Frühjahr schoß ich 2 – 3 Hähne. [...]

In dem bloß 5 Kilometer entfernten Flecken Osola konnten alle für die Wirtschaft und das Haus nötigen Dinge ohne Schwierigkeiten beschafft werden. Beeren, Milch, Sahne und Butter wurden von den Bauern ins Haus gebracht oder ohne jede Beschränkung und in vorzüglicher Qualität in der

Osolaschen Sammelmeierei gekauft. In Sommerpahlen wurde ganz besonders guter Schweizer und Edamer Käse fabriziert. [...]

Bei der allgemeinen Verarmung der estländischen Deutschen nach der Agrarreform, die allerdings in Reval, wo es noch recht viele wohlhabende, ja reiche Familien des estländischen Adels und der deutschen Kaufleute und Industriellen gab, weniger zu spüren war, bildete der Revaler „Aktienklub" eine der nicht zahlreichen Oasen aus verklungenen Zeiten, wo es noch fast wie vor dem Kriege herging. Die schönen hohen saalartigen Räume des ehemals Uexküllschen Hauses in der Breitstrasse waren mit wertvollen Möbeln, Bildern und Kronleuchtern aus verschiedenen von den Eigentümern verlassenen enteigneten Gütern wohnlich und herrschaftlich eingerichtet. Hervorragend war das Lesezimmer, in dem außer allen in Estland erscheinenden deutschen und russischen und den meisten estnischen Zeitschriften und Zeitungen auch noch viele ausländische: deutsche, französische, englische und lettländische, auch Schweizer Blätter auslagen und in dem auch eine, allerdings kleine, Handbibliothek war. Das Lesezimmer wurde im wesentlichen von dem Großindustriellen Martin Luther finanziert.

Angefangen von dem alten würdevollen Portier Sauks, einem typischen Kammerdiener aus der „guten alten Zeit", der von Baron Uexküll übernommen worden war, bis zu den Dienern und dem Küchenpersonal war alles wie früher. Die Bedienung kannte alle Angewohnheiten und Liebhabereien der Klubmitglieder, brachte die gewohnte Zeitung, temperierte wunschgemäß den Wein, bereitete den Tee stark oder schwach, ohne daß man es ihr zu sagen brauchte. Daß ich keine Butter aß, hatten die Diener sofort heraus und brachten mir immer „Butterbrote ohne Butter". Im Aktienklub verkehrten nur Herren aus der Gesellschaft. Unliebsame Elemente, denen es gelungen war, sich einzuschmuggeln, verschwanden schnell. Vorwiegend waren es die Kreise des estländischen Adels.

Der etwas rauhe Ton der Jugend, die aus den Schützengräben kam, fand im Aktienklub keine Resonanz und wandelte sich bald. Meist hörte man im Aktienklub auch das Neueste von Stadt und Land. Der Aktienklub hat fraglos im Leben der deutschen Oberschicht Estlands eine wichtige, nicht zu unterschätzende pädagogische Rolle gespielt.

Ein schöner Klub war auch das Schwarzhäupterhaus, das auf eine lange vielhundertjährige Geschichte zurückblicken konnte. Seine Mitglieder rekrutierten sich hauptsächlich aus den Kreisen der oberen Kaufmannschaft, der Industrie und des Literatentums. In den großen Sälen fanden häufig künstlerische und kulturelle Darbietungen statt. Da ich meist nur einen, höchstens zwei Tage in Reval zubrachte, konnte ich nur selten den Schwarzhäupterklub besuchen, wo das Leben vielleicht noch stärker pulsierte wie im Aktienklub. [...]

Der Umstand, daß viele meiner Klienten, die sich dauernd im Auslande niedergelassen hatten, nicht den Wunsch verspürten, nach Estland zu kommen, z. T. wohl auch keine Einreiseerlaubnis dazu bekommen hätten, veranlaßte mich zu fast jährlichen Fahrten nach Deutschland, zweimal nach Italien und zweimal nach Finnland. [...]

Um es meinen vielen Vollmachtgebern zu erleichtern, wurden meist in Berlin und in München Zusammenkünfte verabredet, wodurch viel Zeit erspart werden konnte. Bei diesen Sammelbesprechungen, auf denen auch die allgemeine Lage in Estland besprochen wurde, konnte ich feststellen, daß viele Estländer es sich angelegen sein ließen, bei ihren Besuchen in Deutschland die Zustände in Estland falsch, zum mindesten tendenziös und in einem für die Esten zu ungünstigen Licht zu schildern. Daher hatte ich die höchst fatale Aufgabe übernommen, dies bei den Zusammenkünften mit den Landsleuten zurechtzustellen, da ich immer der Meinung war, daß, ganz abgesehen davon, daß man sich immer an die Wahrheit halten sollte, es einer der größten Fehler ist, seinen Gegner – und das waren die Esten damals in bezug auf uns – zu unterschätzen. Diese Wahrheitsliebe trug mir nicht selten den Vorwurf einer estnischen Orientierung ein, was mich nur amüsieren konnte, war ich doch einer von denen, die in vorderster Linie die ungerechten Maßnahmen der Esten gegen uns Deutsche bekämpften und hatte ich doch nicht wenig deswegen von den Esten zu leiden gehabt. So war es z. B. sehr beliebt, die Esten als unfähig, faul und unehrlich darzustellen. Auch den tapferen Kampf der Esten gegen die Bolschewiken im Kriege 1918-1920 wollten unsere Landsleute im Auslande nicht recht anerkennen und schrieben das Hauptverdienst am Siege dem deutschen Baltenregiment zu. Ich entsinne mich einer Münchner Zusammenkunft, auf der ich erzählte, die Esten hätten ihren kleinen Staat mit größtem Fleiß, Gewissenhaftigkeit und Vaterlandsliebe, dabei sparsam bis zum äußersten aufgebaut. Das Baltenregiment habe fraglos heldenhaft gekämpft, wohl die größten Verluste gehabt, habe aber natürlich nicht den Ausschlag geben können, weil es zahlenmäßig viel zu klein gewesen sei. Eine meiner Zuhörerrinnen rief nach Beendigung meiner Ausführungen aus: „Aber Hartmann, sie sind ja ganz verestet!“ [...]

Es ist aber wohl immer so gewesen und wird es auch immer bleiben, daß der Objektive sich zwangsläufig zwischen die bekannten zwei Stühle setzt. So geschah es denn auch, daß meine lieben Landsleute in Deutschland mich für zu estenfreundlich, die Esten – für kraß estenfeindlich hielten.

Reisen, Liebhabereien und Familienleben

Mit Vergnügen entsinne ich mich zweier Fahrten nach Rom zu Fräulein von Wulf-Techelfer, die durch ihre italienische Mutter die italienische Staatsangehörigkeit bekommen hatte. Die Mutter, die im Jahre 1921 in Rom starb, war eine geborene Herzogin Lante della Rovere und mit vielen der ersten Familien des päpstlichen Hochadels, den Borghese, Chigi, Giusstiniani – Bandini und anderen verwandt. [...]

Marie-Christine führte mich in mehreren Häusern ihrer italienischen Verwandten ein, wo ich im Privatbesitz Kunstwerke von höchstem Range sah. [...]

Hartmann berichtet über sein Familienleben, die Vermählung der Tochter Alice mit dem Pastor der Revaler Domgemeinde Hans Schultz[163] *und der Tochter Helen mit dem Flieger Olaf Baron v. Wrangell*[164]*, über eine gemeinsame Fahrt mit Frau und Töchtern nach Deutschland und ausführlich über das Leben seines Schwagers Wolf Kessler.*

Da seit etwa 1934 seine berufliche Arbeit abnahm, weil die meisten Agrarsachen abgewickelt waren oder sich der Erledigung näherten, ist er in der Lage, sich seinen persönlichen Liebhabereien, vor allem der Genealogie zu widmen, und unternimmt zu diesem Zweck ausgedehnte Reisen, insbesondere nach Frankreich, der Heimat der Vorfahren seiner Schwiegermutter, einer geborenen Rossillon. In Deutschland werden zunächst Verwandte und Bekannte besucht.

Die nächste Station war Paris, das ich schon kannte, wenn auch natürlich bloß ganz oberflächlich, während es für Wanda ein neues Erlebnis war. [...] Wir waren ganz unter dem Eindruck der Schönheit dieser einzigartigen Stadt, neben der nicht nur Berlin, sondern sogar Wien vollkommen verblaßten. Herrlich waren auch die Blumenanlagen mit den gewagtesten Farbenzusammenstellungen. Wanda hatte die Empfindung, daß der französische Blutstropfen in ihr sich besonders freute.

In Paris hatte ich Gelegenheit zu beobachten, daß Deutschland kein Vertrauen genoß und man sich auf allerhand vorbereitete. Dennoch waren alle

---

163 Johannes (Hans) Schultz (1905-1941), Pastor. Alb. Est., Nr. 1234.

164 Olaf Bar. v. Wrangell (1906-1945), Flugkapitän, DBGG.

Franzosen, mit denen ich mich unterhielt und die an meiner keineswegs unverfälscht französischen Aussprache mich natürlich sofort als Deutschen erkannten, alle sehr höflich und freundlich. Wanda dagegen sprach ein so gutes Französisch und sieht ja auch so wenig deutsch aus, daß sie wohl immer für eine Französin gehalten worden ist. Ich hatte oft die Empfindung, daß für die Einstellung der meisten Franzosen ein schlechtes Gewissen Deutschland gegenüber maßgebend war. [...]

Auf der Rückfahrt machten wir noch in Petrikau und in Warschau kurz halt. [...] In Warschau waren wir mehrere Male mit meinem Bekannten, dem jetzt wohl erfolgreichsten Rechtsanwalt Warschaus, Adam Słominski, zusammen. Mit großer Offenheit entwarf er ein für Polen wenig schmeichelhaftes Bild der Zustände. Seiner Meinung nach herrschte eine große Korruption, die auch die höchsten Regierungsstellen kompromittierte. Die vielen Offiziere machten mit ihren bunten Uniformen einen recht operettenhaften Eindruck. Ich fand, daß das neue Warschau viel weniger elegant und gepflegt war als zu russischen Zeiten. [...]

Voll der interessantesten Eindrücke und dankbar für das Erleben kehrten wir Anfang November nach Dorpat zurück. Dorpat hatte für uns viel von seiner Anziehungskraft verloren. Unser Bekanntenkreis war sehr zusammengeschmolzen. Von den nächsten Verwandten und Freunden waren viele weggezogen. [...]

Die Zahl der erledigten Sachen meiner vielen Klienten überwog bei weitem die der noch anhängigen. Die wohl zeitraubendsten und auch größten Angelegenheiten [...] konnten auch von einem beliebigen zuverlässigen Anwalt ohne mich erledigt werden. Alles war gut eingefahren, und man brauchte nur im bewährten Geleise fortzufahren. So reifte denn in mir der auch von Wanda gebilligte Entschluß, ganz nach Jerwen überzusiedeln, und ich beschloß, ihn so bald wie möglich zu verwirklichen. [...] Nur ein Umstand machte mir den Entschluß schwer. Wanda war seit 1934 Vorsitzende des Dorpater Deutschen Frauenbundes, und die Arbeit machte ihr viel Freude. Andererseits war sie auch in der letzten Zeit recht oft ärgerlich über die rücksichtslosen Praktiken einiger wütender Anhänger der „Bewegung“, die ihr mit ihren taktlosen Machenschaften das Leben sauer machten. Erleichtert wurde unser Beschluß dadurch, daß unsere so liebe Tante Josi Moeller ganz in Jerwen wohnte.

[...] Im Frühjahr 1937 fingen wir an, unseren Hausstand aufzulösen, und ich mein Büro. Von unseren massenhaften Sachen wurde ein Teil, das Beste, ausgesucht, um den oberen Stock der Jerwenschen Villa, den wir gemietet hatten, zu möblieren. [...]

So nahmen wir denn Mitte Juli 1937 von unseren Dorpater Verwandten, Freunden und Bekannten, von unserer Tätigkeit, von unserer Wohnung und vom lieben alten Dorpat mit seinen vielen Erinnerungen nicht ohne Wehmut Abschied.

Wir waren uns klar, daß ein ganz neuer Abschnitt unseres Lebens begonnen hatte, unserer Meinung nach der letzte, und daß wir in gewisser Weise einen Sprung ins Ungewisse taten. Nie haben wir diesen Entschluß bedauert.

Jerwen – Ruhestand und Abschied (1937-1939)

Am 15. Juli 1937 brachen wir mit zwei hochbepackten Lastautos und meinem Ford aus Dorpat nach Jerwen auf. [...]

Schon im ersten Sommer hatten wir fast ununterbrochen Besuch. Zuerst kam mein lieber Vetter und Freund Fritz Moeller, der sich bisher nicht hatte entschließen können, sein liebes Sommerpahlen, an dem er mit seinem ganzen Herzen hing, unter so veränderten Verhältnissen wiederzusehen. Er machte große Gänge, die manchmal den ganzen Tag dauerten, um sich seinen ausgedehnten ehemaligen Besitz anzusehen. Fritz war felsenfest davon überzeugt, daß Deutschland sich einmal das Baltikum ganz einverleiben werde und daß dann er oder seine Nachkommen wieder Herren von Sommerpahlen sein würden. Obgleich ich anderer Ansicht war und glaubte, daß das politische Gesicht Europas auf lange Zeit dasselbe bleiben werde – worin ich mich allerdings auch täuschte – ‚hielt ich es nicht für nötig, ihm zu widersprechen. [...]

Nicht ohne Wehmut erinnerte ich mich an die früheren Verhältnisse, die ich selbst in der Stadt und auf dem Lande erlebt hatte und die nicht bloß in materieller, sondern fast mehr noch in geistiger Beziehung so grundverschieden von den jetzigen waren. Das sollte kein Vorwurf für die junge Generation unserer Kreise sein, erst recht nicht für die Jugend des Ersten Weltkrieges und der darauf folgenden Jahre. Die Abwanderung unserer führenden Persönlichkeiten, die allgemeine Verarmung, die Überbelastung mit physischer Arbeit, die Unmöglichkeit, sich durch Lektüre, Verkehr oder Reisen fortzubilden, und das Verschwinden der Dorpater Universität rächten sich nur zu rasch. Das Dorpat meiner Kindheit wies innerhalb unserer Kreise viele Männer von hoher Intelligenz und umfassender Bildung auf. [...] Jetzt hätte man vergeblich nach solchen Männern suchen können. Um so mehr war es zu begrüßen, daß viele unserer Bekannten mit rührendem Eifer und mit nicht geringen pekuniären Opfern bemüht waren, die Lücken in ihrer Bildung auszufüllen. [...]

Im allgemeinen waren die deutschen Bauern der Kolonie Heimtal ein guter Schlag, ehrlich und fleißig, von guten Sitten und kirchlich-fromm. Die meisten von ihnen stammten aus den deutschen Kolonien Wolyniens. Sie hatten sich völkisch ganz unvermischt erhalten. Unter sich sprachen sie eine Art pommerschen Platts, verstanden auch Hochdeutsch und meist ein wenig Russisch. An Intelligenz und Sparsamkeit, auch an Wendigkeit waren sie den Esten unterlegen und konnten mit ihnen nicht konkurrieren. Es ging ihnen daher auch, obwohl sie von Reval aus mit Rat und Tat sehr unterstützt wurden, bis auf einige Ausnahmen, meist wirtschaftlich nicht sehr gut. National waren sie wenig gefestigt und es bestand durchaus die Gefahr, daß sie ziemlich schnell, in höchstens zwei Generationen, vom Estentum aufgesogen werden würden. Besonders war natürlich die Jugend gefährdet, da sie schon gut Estnisch sprach, bei Festen und anderen Gelegenheiten mit Esten verkehrte und im estnischen Militär Dienst tun mußte. Die Anstrengungen der deutschen Kulturselbstverwaltung in Reval zur Stärkung des völkischen Bewußtseins bei den Kolonisten hatten nur wenig Erfolg. Ehen mit Esten oder Estinnen wurden immer häufiger. [...]

Als ich unseren Hof kaufte, lag die Landwirtschaft ziemlich im argen. Allerdings war der Boden sehr arm und auch nicht mehr in Kultur. Es machte mir Freude, dort Wandlung zu schaffen. Zunächst mußte ein neuer Brunnen gegraben werden; das Haus bedurfte einer gründlichen Remonte; das tote und lebende Inventar wurde durch besseres ersetzt; endlich ließ ich einen netten Obstgarten mit neuen Apfel- und Birnenbäumen anlegen. Am wichtigsten schien mir aber die Anlage einer ziemlich großen Kunstwiese von etwa 20 Hektar. Unser Pächter Rosin, der Sinn für Neuerungen hatte, war natürlich sehr einverstanden, da die Pachtzahlungen nicht gesteigert, wohl aber die Einnahmen erhöht werden konnten. Alles das kostete recht viel Geld, aber ich hatte die Empfindung, daß dies Geld gut angelegt sei.

Die Langeweile, vor der uns gute Freunde gewarnt hatten, traf nicht ein. Im Gegenteil - ein Tag war schöner und genußreicher als der andere und wurde von uns bewußt als unverdientes Gottesgeschenk begrüßt. Nur zu schnell verging die Zeit. Endlich kamen wir dazu, ungestört und ohne Hast große gemeinsame Spaziergänge zu machen, zu tun und zu lassen, wie es uns gefiel. [...]

Wie herrlich waren die so schönen Färbungen auf dem See, die Spiegelung der Wolken, die im Norden so besonders zarten Temperafarben. [...]

Jederzeit, natürlich unter Beobachtung der Schonzeiten, konnte ich auf die Jagd gehen, im Frühjahr auf die Auerhahnbalz oder auf den Schnepfenstrich, im Frühsommer auf den Bock, im Sommer auf Jungwild, Morast- oder Birkhühner, oder Wasserwild, im Herbst und im Winter auf Hasen und Füchse mit Brachen oder mit Treibern. Kesseltreiben kannte man bei uns nicht. [..]

Ungemein reich war in Jerwen die Vogelwelt. In dem sogenannten „alten Park“ am Seeufer zwischen der Villa und der Forstei waren in den vielen hohlen Bäumen und in dem dichten Faulbaum- und Himbeergebüsch herrliche Nistgelegenheiten für alle Arten kleiner und mittlerer Vögel – vom Zaunkönig bis zum großen Schwarzspecht. Im dichten Schilf vor der Villa und nach Werro zu nisteten Enten, Haubentaucher und Wasserhühner. Am südlichen Ufer, das kaum menschliche Siedlungen hatte, führten unzählige Scharen von Enten aller Arten, Bleßhühnern und großen und kleinen Schnepfen und Kiebitzen ein munteres und ungestörtes Leben. Am Abend hörte man das so reizende, gar nicht aufhören wollende Lied des Schilfrohrsängers, den dumpfen Schrei der Großen und Kleinen Rohrdommel und das gemütliche Schnarren des Wachtelkönigs, den wir Schnarrwachtel nannten. Wenn wir bei offenem Fenster schliefen, war das Schlagen der Nachtigallen so laut, daß wir nicht schlafen konnten. Sehr beliebt war Jerwen auch bei den Wildtauben. Fast jedes Jahr nisteten auf der sogenannten Roseninsel in der östlichen Ecke des Sees Seeadler, auch Schreiadler. Dort auch hatten die so graziösen Graureiher ihre Nesterkolonien. Einmal hatten wir in einem Wäldchen westlich der Villa sogar schwarze Störche. Im Frühjahr erschienen nicht selten auf dem See wilde Schwäne, die aber meist schon nach kurzer Rast ihren weiten Weg nach dem hohen Norden wieder aufnahmen. Einmal hatten wir so böses Wetter, daß zwölf schöne Wildschwäne über eine Woche fast vor der Villa verweilten. Sie waren gar nicht scheu. Wir haben sie oft vom Walde aus beobachtet.

Alles, was man in Jerwen sah, hörte oder erlebte, war irgendwie anziehend oder schön. Viele unserer Verwandten und Freunde, die weit gereist waren und viel von der Welt gesehen hatten, sagten, in Jerwen seien die Vorzüge der Natur und der Kultur in so einzigartiger Weise vereint, wie sie es sonst nie getroffen hätten. [...]

Nun war es nicht so, daß ich in Jerwen bloß ein untätiges Phäakenleben zu führen gedachte. Keineswegs, ich war sogar immer fleißig. Viel Zeit nahm mir das Sichten, Ergänzen und Aufarbeiten des gesammelten genealogischen Materials, Korrespondenzen mit Sippenforschern u. a. m. Im Winter 1938/39 hatte ich eine recht umfangreiche Arbeit in Angriff genommen, die sich auf eine teilweise Änderung und Besserung der Agrarreform des Jahres 1919 bezog. Dazu mußten Unterlagen und statistisches Material beschafft werden, was dadurch bedeutend erschwert wurde, daß meine Revaler Mitarbeiter [...] es nicht sehr eilig damit hatten. Es mag auch sein, daß sie an einen Erfolg dieser Arbeit nicht glaubten, was ich übrigens auch nur cum grano salis tat, aber ich sagte mir, daß oft Dinge unternommen werden, die anfangs hoffnungslos scheinen, dann aber doch nicht unnütz waren. Es mag auch sein, daß den Revaler Herren die Zeit fehlte.

Bald nach unserer Übersiedlung nach Jerwen fing es wieder an, am politischen Himmel zu wetterleuchten. [...] Für uns alle ganz unerwartet kam die Besetzung des Sudetenlandes, wenn auch schon lange vorher aus Berlin scharfe Propaganda gegen die Tschechei gemacht wurde.

Unser Jerwensches Idyll wurde allerdings durch diese Strumzeichen kaum berührt. Noch immer hoffte ich, daß wir aus diesem Paradies, in das wir endlich eingezogen waren, nicht wieder vertrieben werden würden. Um möglichst auf dem Laufenden zu sein, kaufte ich mir bei jeder Fahrt nach Werro, und ich fuhr wenigstens einmal wöchentlich hin, um für uns und Stackelbergs Einkäufe zu machen, die in Riga in russischer Sprache erscheinende und unter jüdischem Einfluß stehende Zeitung „Sewodnja", die merkwürdig gut orientiert und immer interessant war und ziemlich richtige Schlüsse zu ziehen erlaubte [...]

Während aus den in Estland erscheinenden deutschen, russischen und estnischen Zeitungen noch verhältnismäßig wenig zu ersehen war, wußte die „Sewodnja" schon von ganz deutlichen Anzeichen der unvermeidlichen Katastrophe zu berichten. Die Sender in Berlin, Rom, London und Paris waren noch ziemlich zurückhaltend, erst recht der Moskauer Sender. Was man aber aus Warschau zu hören bekam, überstieg alle Vorstellungen. Das Tollste, was ich hörte, war eine richtige Hetzrede eines polnischen Prälaten, die in Gegenwart des polnischen Primas Erzbischof Hlond in der Warschauer Kathedrale gehalten wurde. Ganz offen wurde zum Kriege gegen den Erbfeind Deutschland aufgerufen, der das „urpolnische" Danzig für sich verlange!

Kurz vorher war zwischen Deutschland und Sowjetrußland ein sogenannter „Freundschaftspakt" abgeschlossen worden, den wir alle als einen bedeutenden deutschen diplomatischen Sieg bewerteten, da Deutschland durch diesen Vertrag ganz freie Hand bekam. [...]

Eines Tages erfuhr ich, daß dem estnischen Gesandten in Moskau die ultimative Forderung gestellt worden sei, ebenfalls einen „Freundschaftsvertrag" mit Sowjetrußland abzuschließen, in dem dieses sich dafür verbürgte, daß Estlands Grenzen nicht verletzt werden dürften, dafür aber die Überlassung mehrerer Stützpunkte auf Ösel, in Pernau und noch anderen Häfen an der Ostsee verlangte.

Wie mir ein mir bekannter Professor des Völkerrechts an der Dorpater Universität namens Piip erzählte, hätte der estnische Gesandte zunächst abgelehnt, den ihm fertig vorgelegten Vertrag zu unterzeichnen, trotzdem Molotow ihn angeschrien habe. Schließlich wurde ihm erlaubt, nach Reval zu fliegen, um sich die Genehmigung seiner Regierung zu holen. Innerhalb der estnischen Regierung habe zunächst die Absicht bestanden, den allzu durchsichtigen Vertrag abzulehnen. Eine Anfrage bei den durch Verteidigungspakte mit Estland verbundenen Regierungen von Lettland und Litauen habe keinen Erfolg gehabt. Litauen habe gar nicht, Lettland unter Hinweis auf seine militärische Schwäche ablehnend geantwortet. Auch Finnland habe Estland die kalte Schulter gezeigt. Trotzdem soll General Laidoner gefordert haben, Estland solle mit der Waffe seine Unabhängigkeit verteidigen. Endlich habe Päts in seiner Verzweiflung sich an die deutschen Vertreter gewandt und sie gebeten, von Deutschland Hilfe zu verschaffen, das aber unter Berufung auf den eben mit Sowjetrußland abgeschlossenen Pakt erklärt habe, nicht intervenieren zu können. So kam denn der Vertrag zwischen Estland und Sowjetrußland zustande. Zur Redigierung des Textes flogen der estländische Gesandte und die Professoren Uluots und Piip[165] nach Moskau. Bei der Verhandlung, an der außer dem Außenkommissar Molotow auch Stalin selbst zugegen gewesen sein soll, hatte sich folgende bezeichnende Szene abgespielt. Die beiden estnischen Professoren verfaßten den Text in der ihnen tragbar erscheinenden Form, gegen die Molotow recht unfreundlich Einwendungen erhoben habe. Stalin, der im Zimmer auf und ab ging, habe den Esten über die Schulter geguckt und gesagt: „Schreibt, wie es Euch gefällt“. Dabei sei ihnen allen klar gewesen, daß diese liebenswürdige Aufforderung einen unausgesprochenen Nachsatz gehabt habe, nämlich: Aber wir werden machen, was uns gefällt.

Am 1. September 1939 brach der deutsch-polnische Krieg los, bald darauf erfolgten die Kriegserklärungen Englands und Frankreichs an Deutschland. [...]

Es erschien uns richtiger, Tante Josi nicht länger in Jerwen zu lassen, und ich brachte sie im Auto nach Dorpat, wo sie im „Friedheim“, einem guten Heim für ältere Damen aus der deutschen Gesellschaft, freundlich aufge-

---

[165] Ants Piip (1884-1942), 1919-40 Prof. der Rechte a. d. Universität Dorpat, Diplomat. EE 7, S. 210.

nommen wurde. […] Recht schweren Herzens kehrte ich über Elwa, wo ich Alice und Hans besuchte, nach Jerwen zurück, um der Dinge zu warten, die uns bevorstanden. Es war eine Zeit ungeheurer Nervenanspannung.

Fast stündlich brachte das Radio Nachrichten über das blitzartige Vordringen der deutschen Wehrmacht in Polen. Einige estnische höhere Beamte, die ich bei einer Fahrt nach Werro traf, waren geradezu geblendet von der Schlagkraft des deutschen Militärs. Merkwürdigerweise brachte aber auch Warschau Siegesnachrichten, denen ich, und wohl nicht nur ich, nicht den geringsten Glauben schenkte. Manchmal waren diese offensichtlich falschen Nachrichten aber auch geradezu kindisch und bewiesen, bis zu welchem Grade die Kritiklosigkeit der Polen gestiegen sein mußte. So ertappte ich den Sender Warschau einmal dabei, wie er aus einem mir bekannten historischen Roman von Henrik Sienkiewicz einen auf die vergebliche Belagerung der Stadt Czenstochau durch die Schweden im XVII. Jahrhundert bezüglichen langen Passus vorlas, der offenbar bei den polnischen Hörern die Meinung hervorrufen sollte, vor der bei allen Polen verehrten Stadt seien die Versuche der Deutschen, sie zu erobern, gescheitert.

Am 6. Oktober erfuhren wir, zunächst gerüchtweise, daß an alle Deutschen im Baltikum die Aufforderung der deutschen Regierung ergangen sei, geschlossen nach Deutschland umzusiedeln. Wir waren so völlig überrascht, daß wir anfangs der Nachricht keinen Glauben schenken wollten. Es war uns sofort klar, daß damit nicht nur in unserem kleinen Einzelschicksal, sondern in der über siebenhundertjährigen Geschichte des baltischen Deutschtums ein neues Kapitel angefangen habe. Alles Gewesene, Erlebte und Erkämpfte hatte damit wohl seinen endgültigen Abschluß gefunden. Hatte dieser fast ununterbrochene Kampf einen Sinn gehabt? Ich glaube es bejahen zu können. [...]

Es lag eine gewisse Tragik darin, daß auf vielen Gebieten gerade jetzt die schweren Wunden, die dem Deutschtum in Est- und Lettland durch den Krieg, die Abwanderung vieler unserer Besten und vor allem durch die Agrargesetzgebung geschlagen worden waren, anfingen zu vernarben und sich eine gewisse leise Hebung des Wohlstandes bemerkbar machte. In der Kolonie „Heimtal“ war die neue schmucke Kirche fast fertig geworden, die fleißige Arbeit auf den Restparzellen der Deutschbalten fing an, Früchte zu tragen, auf unserem Hofe begannen die mit großem Kostenaufwand angelegten Kunstwiesen und die besser bearbeiteten Felder gewinnbringend zu werden. […]

Einige Tage nach der ersten Nachricht erfuhren wir, daß es noch wenigstens eine Woche dauern werde, bis der Abtransport der Umsiedler in Fluß komme. Es sei sogar wahrscheinlich, daß man seine Möbel werde nachkommen lassen dürfen. [...]

Eines Tages hieß es, die zur Besetzung der Stützpunkte bestimmten Truppen der Sowjetunion kämen. In der Tat fuhren zwei Tage lang, vom Morgen bis zum Abend, auf der in der Nähe der Villa vorbeiführenden Hauptstraße ein Lastauto und ein schwerer Tank nach dem anderen, von Isborsk kommend in Richtung Walk an uns vorüber. Auf den Wagen saßen bolschewistische Soldaten. So unsympathisch mir auch ihr Anblick war, so konnte ich mich doch nicht enthalten, sie aus dem dichten Walde mir anzusehen. Die Soldaten selbst sahen nicht schlecht aus. Ihre Uniformen und das übrige Material aber waren unbeschreiblich dürftig. Auf dem vollkommen trockenen und ebenen Wege von etwa 3 Kilometern von Jerwen bis Sommerpahlen, blieben 7 bolschewistische Tanks liegen und konnten erst nach längerer Reparatur wieder in Gang gebracht werden. Jeder Verkehr mit den Soldaten war strengstens verboten. Soviel ich weiß, war die Disziplin bei den Bolschewiken ausgezeichnet, und es passierten keine Zwischenfälle. [...]

Die Umsiedlung nach Posen

Als wir im Herbst 1939 umgesiedelt wurden, schwebte uns älteren Balten das Bild des ehemaligen Deutschland und der früheren Deutschen vor, deren Pflichtgefühl und Pflichttreue vorbildlich und weltbekannt waren und deren Fleiß und Loyalität wohl von keinem Volk der Welt übertroffen wurden. Wohl wußten auch wir, daß mit dem steigenden Wohlstand der Materialismus um sich gegriffen hatte und in weiten Schichten statt der früheren Schlichtheit und Sittenreinheit das Streben nach raschem und mühelosem Reichwerden und Sichausleben sich breit machten. Wir alle im Baltikum waren aufs Tiefste beeindruckt, ja geblendet vom raschen Aufstieg Deutschlands, trotz dem verlorenen Weltkriege, besonders nach der Machtergreifung der Hitlerschen Partei. In weniger wie zwei Jahrzehnten hatte sich Deutschland aus tiefster Erniedrigung emporgearbeitet. [...] Das „Gift des Erfolges" trübte unser nüchternes Urteil. Diesem Gefühl der restlosen und kritiklosen Bewunderung war natürlicherweise unsere Jugend ganz preisgegeben, die keine politische Urteilskraft hatte. [...] Bis auf wenige Ausnahmen waren es im Baltikum eigentlich nur die Geistlichen, die von der Kirchen- und Religionsfeindlichkeit der Partei abgeschreckt waren, oder einige wenige ältere Menschen, die sich ablehnend oder reserviert verhielten.

So traf denn die Aufforderung an alle Deutsch-Balten, geschlossen Estland (und) Lettland zu verlassen und in den kürzlich eroberten Bezirk Posen überzusiedeln, auf eine fast einmütig günstige Aufnahme. [...] Welches Schicksal uns im Baltikum von Bolschewiken drohte, wenn sie das Baltikum besetzten, war uns allen klar.

Auch andere Gründe sprachen zugunsten der Umsiedlung. Die Aussichten, ordentliche Anstellungen und einen günstigen Verdienst zu bekommen, wurden für die heranwachsende deutsche Jugend in der alten Heimat von Jahr zu Jahr immer geringer. Durch die Enteignung des ganzen Großgrundbesitzes, [...] der ja bisher fast ausschließlich den Deutschen gehört hatte, war das wirtschaftliche Rückgrat des Deutschtums schon in den Jahren 1919 in Estland und 1920 in Lettland gebrochen worden. Staatliche oder kommunale Stellen wurden Deutschen grundsätzlich nicht mehr gegeben. Kaufmännische, gewerbliche oder landwirtschaftliche Unternehmungen der Deutschen wurden durch steuerliche Benachteiligungen, Kreditentziehung oder ähnliche Maßnahmen konkurrenzunfähig gemacht. Allerdings hatte das Deutsche Reich, sowohl vor als auch nach der Machtergreifung Hitlers uns auf das Freigiebigste mit Geld unterstützt, das besonders zu Kulturzwecken reichlich gegeben wurde. Auch die großen kirchlichen Organisationen Deutschlands, in erster Linie der „Gustav-Adolf-Verein“, traten oft helfend für uns ein.

Gegen die Umsiedlung sprach vor allem unsere enge Verbundenheit mit der seit fast achthundert Jahren behaupteten Heimat, bei den Älteren von uns das Bewußtsein, daß wir uns mit den Reichsdeutschen weitgehend auseinandergelebt hatten, und – endlich – auch der Umstand, daß auf einigen Gebieten trotz allem, besonders auf dem Lande, in nicht ganz wenigen Fällen ein gewisses wirtschaftliches Vorwärtskommen festzustellen war.

So war es denn auch nicht verwunderlich, daß, bis auf wenige Ausnahmen, das baltische Deutschtum sich geschlossen für die Umsiedlung nach Polen entschied. Obwohl mir keine genauen Zahlen zur Verfügung stehen, glaube ich die Zahl der Umsiedler aus Estland mit gegen 20.000, aus Lettland mit gegen 80.000 und aus Litauen mit gegen 4.000 annähernd richtig anzugeben. Zurück blieben vornehmlich diejenigen, die schon damals nicht an den Endsieg Deutschlands glaubten oder die befürchteten, in Deutschland Hunger und Mangel zu leiden, während im Baltikum noch alles reichlich und billig zu haben war, oder endlich diejenigen, die zu starke Bindungen an die bei der Umsiedlung nicht in Frage kommenden Esten, Letten oder Litauer hatten, die sogenannten peripheren Deutschen[166].

Für das Gepäck waren drei Kategorien vorgesehen: erstens das Handgepäck, das wir gleich mitnehmen sollten; zweitens die Sachen, die wir in Polen bald benötigen würden; und drittens alles übrige schwere Gepäck, besonders Möbel, Bücher usw. […] Zwischen Deutschland einerseits und Estland bzw. Lettland und später Litauen andrerseits, waren Verträge geschlossen worden, laut denen alles unbewegliche Eigentum der Umsiedler von den baltischen Staaten nach einer genauen Schätzung übernommen wurde. Der

---

[166] Zu den Motiven für oder gegen die Umsiedlung s. Lars Bosse, Vom Baltikum in den Reichsgau Wartheland. In: Deutschbalten, Weimarer Republik und Drittes Reich (wie Anm. 155), S. 297-388, hier S. 302 f. ; zur Umsieldung: Diktierte Option. Die Umsieldung der Deutsch-Balten aus Estland und Lettland 1939-1941. Dokumentation. Zusammengestellt und eingeleitet von Dietrich A. Loeber. Neumünster 1972; Jürgen von Hehn, Die Umsiedlung der baltischen Deutschen – das letzte Kapitel baltendeutscher Geschichte. Marburg 1982 (Marburger Ostforschungen, Bd. 40). 1939 siedelten aus Estland 13.700 Personen, aus Lettland 52.600 Personen um. 1941 kamen aus Estland rund 7.000, aus Lettland rund 10.500 Nachumsiedler. Hehn (s.o.) S. 122, 131 f., 189 f.; zusammenfassend H. v. zur Mühlen, Die baltischen Lande (wie Anm. 1), S. 14.

festgestellte Wert wurde vom Deutschen Reich den ehemaligen Eigentümern gutgeschrieben. Die Umsiedler sollten dann im Posenschen Gebiet, im Danziger Lande oder in Westpreußen entsprechend in natura entschädigt werden. Wo, wann und wie, war natürlich vorerst ganz unbekannt. Daß ein solcher Modus der Entschädigung vor Eintreten gesicherter Verhältnisse und vor Beendigung eines noch völlig unentschiedenen Krieges ein völkerrechtliches Unding sei, wurde nur von den wenigsten empfunden. Fast alle waren ja überzeugt, Deutschland werde als Sieger aus dem Ringen hervorgehen und dem unterliegenden Teil seine Bedingungen diktieren.

Das ganze bewegliche Eigentum wurde in sorgfältig ausgearbeitete Listen eingetragen, in Sammelpunkte geschickt und sollte von dort durch Vertrauensleute, die erst später das Baltikum verlassen würden, nach dem neuen Wohnort der Umsiedler nachgesandt werden. […]

Es begann ein fieberhaftes Packen. Was wir nicht mitnahmen, verschenkten oder verkauften wir – was besonders widerlich war – meistbietend an Esten, die in Scharen aus der Umgebung oder aus dem nahen Werro erschienen waren. Diese Versteigerung dauerte drei Tage und erbrachte, trotz der lächerlich geringen Preise, eine erkleckliche Endsumme. So verkaufte Wanda eine Menge Weckeinmachgläser mit den schönsten Beeren und Gemüse in Bausch und Bogen für eine estnische Krone (ca. 75 Pfennige) das Glas, gute Eschenholzbettstellen mit Sprungfedermatratzen für 20 Kronen.

In der zweiten Oktoberwoche fuhr ich in meinem Auto nach Dorpat, um einige besonders wertvolle Gemälde, einen Teil meines genealogischen Archivs, ein Album mit guten, kolorierten Reproduktionen von etwa 50 Ahnenbildern von Wandas und meinen Vorfahren, seltene Briefschaften und Akten im staatlichen Zentralarchiv oder in der Ratshofschen Gallerie bei Dorpat zu deponieren, deren Leiter, Dr. Liiv[167] und Direktor Tassa[168], ich persönlich gut kannte, weil ich es für ein zu großes Risiko hielt, diese für uns unersetzlichen Sachen den Gefahren des Umsiedlungstransportes auszusetzen. Die Bilder habe ich im Jahre 1943 […] nach unendlichen Korrespondenzen alle zurückbekommen. Die Herausgabe der Archivalien, Dokumente und Briefschaften wurde aber unter der ganz unbegründeten Behauptung verweigert, daß sie von großer historischer Bedeutung für Estland seien. […]

---

167 Otto Liiv (1905-1942), Historiker, Direktor des staatl. Zentralarchivs in Dorpat. BaBA.

168 Aleksander Tassa (1882-1955), Schriftsteller und Künstler, 1919-21 in der südestnischen Kunstschutzkommission. BBA.

Die Schuld an der Zurückhaltung der Papiere lag übrigens nicht nur an der estnischen Archivleitung, sondern auch an der deutschen Verwaltung der Jahre 1942-44, die die merkwürdige Tendenz verfolgte, nichts an Privatpersonen herauszugeben. Im Jahre 1948, als Estland schon eine Teilrepublik von Sowjetrußland bildete, stellte ich einen estnisch geschriebenen Antrag auf Herausgabe aller dieser Sachen an mich. Nach geraumer Zeit bekam ich eine sehr charakteristische russische Antwort; alle von Privatpersonen in staatlichen Institutionen deponierten Sachen seien laut Dekret Nummer so und soviel Eigentum des Staates geworden.

Bei diesem Besuch in Dorpat sah ich natürlich eine Menge Menschen und konnte feststellen, daß alle meine Bekannten, ohne Ausnahme, umsiedeln würden. Die deutsche Jugend war für den Nationalsozialismus restlos begeistert, was leider nicht immer schöne Blüten trieb. So erzählte mir der Herr von Wahl-Lustifer[169] mit Tränen der Wut in den Augen, er habe sich geweigert, einer Anordnung einer Jugendorganisation, die er für falsch hielt, Folge zu leisten. Darauf hätten einige Jungen ihn vor ein Jugendforum schleppen wollen, doch sei es ihm gelungen, sie abzuschütteln. So was wäre früher bei uns völlig undenkbar gewesen. Es war aber ein deutlicher Beweis, wie weit die in Deutschland so verbreitete Flegelhaftigkeit auch bei uns schon Fuß gefaßt hatte.

Endlich, endlich traf die Nachricht ein, wir sollten am 31. Oktober von der Station Sommerpahlen nach Reval abfahren, und zwar zusammen mit den deutschen Bauern der Kolonie Heimtal und den Deutschen aus Werro. Unser Reiseziel sei Posen. […]

Gegen 11 Uhr am 1. November fuhren wir unter den Segenswünschen der zurückbleibenden estnischen Nachbarn und Pächter, die fast alle laut schluchzten, auf den Bahnhof. Auf dem Bahnhof war schon eine große Menge Umsiedler und fast noch mehr sie begleitende Esten, viele von ihnen schwer betrunken. Die Esten waren zum Teil noch bewegter wie die Fortfahrenden, da sie die richtige Empfindung hatten, daß sie jetzt ohne Aussicht auf Hilfe der Willkür der Bolschewiken mit Haut und Haaren ausgeliefert seien, und was das bedeutete, das wußten sie alle nur zu gut. Beim Abschied umarmten sich die Deutschen und die Esten und wünschten sich gegenseitig alles Gute. […]

---

[169] Leo v. Wahl (1883-?). Gen. Hb. Livl.

Nicht uninteressant war es zu beobachten, was für einen Eindruck die Umsiedlung der Deutschbalten auf die Esten machte. [...] Jedem auch nur einigermaßen Einsichtsvollen war es natürlich klar, daß Estlands selbständige Staatlichkeit in ein kritisches Stadium eingetreten sei. [...] Daß England, Frankreich, Nordamerika oder gar Deutschland sich für die Randstaaten in einen bewaffneten Konflikt mit Sowjetrußland einlassen würden, lag außer dem Bereich der Möglichkeit. [...] Übrigens hatten die führenden estnischen Staatsmänner mit Konstantin Päts an der Spitze den Versuch gemacht, durch Vermittlung der Deutschbalten sich mit der Bitte um Hilfe an Deutschland zu wenden, natürlich ohne jeden Erfolg.

So sahen uns die Esten mit sehr geteilten Gefühlen abfahren[170]. Nicht ganz wenige von ihnen versuchten, zum Teil mit Erfolg, sich uns anzuschließen und mit uns umzusiedeln.

Unsere Beziehungen zu den Esten, besonders zu den schlichten Bauern, unseren Dienstboten und auch zu einigen Vertretern der Intelligenz waren keineswegs so oberflächlich oder feindlich, daß es uns leicht geworden wäre, für immer von ihnen zu scheiden.

Wir alle fragten uns, ob wir unsere liebe alte Heimat noch einmal wiedersehen würden; ich glaubte es nicht und habe damit auch recht gehabt. Ich sagte mir aber auch, daß in der Geschichte eigentlich nichts unmöglich sei.

Wenn ich unser Leben bis zur Umsiedlung überdenke, so darf ich nur mit Dank sagen, daß wir unverdient viel Liebe, Güte und Freundlichkeit erlebt haben, viel Schönes sahen und hörten und von den bösen Seiten des Lebens nur wenig zu leiden hatten.

Nach einer in fürchterlicher Enge ziemlich schlecht verbrachten Nacht kamen wir am frühen Morgen des 2. November im Revaler Hafen an. Die Kontrolle des Gepäcks war genau, aber nicht unfreundlich. Unser Schiff, das uns nach Stettin bringen sollte, war ein schöner großer Dampfer, „Der Deutsche", der früher als sogenanntes „Kraft durch Freude"– Schiff für verdiente Arbeiter und ihre Familien verwandt worden war. [...] Im Hafen (von Stettin) war eine Musikkapelle der SA aufmarschiert, die uns mit patriotischen Märschen und Melodien und einer gut gemeinten Ansprache begrüßte. Über Neubentschen an der früheren polnischen Grenze wurden wir nach

[170] Vgl. dazu aus estnischer Sicht Jüri Kivimäe, „Aus der Heimat ins Vaterland". Die Umsiedlung der Deutschbalten aus dem Blickwinkel estnischer nationaler Gruppierungen. In: Nordost-Archiv. N.F.4 (1995), S. 501-520.

Posen befördert, wo wir in mehreren Lagern sehr primitiv, aber sauber, auf Strohlagern untergebracht wurden. [...]

Unsere jungen Leute wurden entweder gleich gemustert oder von den Formationen, vornehmlich der SS, unter verlockenden Versprechungen angeworben. Die meisten Balten, die als Landwirte, Ärzte, Lehrer, Kaufleute, Gewerbetreibende, Handwerker oder Arbeiter im Erwerbsleben gestanden hatten, sahen ihren Weg klar vor sich. Ich aber wußte zunächst nicht, wofür ich mich entscheiden solle.

Erste Berufstätigkeit in Posen 1939/40

Meine Ungewißheit in Bezug auf die Berufswahl fand eine ebenso rasche wie unerwartete Lösung. Am 10. November bekam ich von meinem Bekannten, dem ehemaligen Rechtsanwalt in Walk, Guido Walter[171], der als Sekretär bei dem Leiter der Abteilung IV (Landwirtschaft) der Reichsstatthalterei, Pehle, angekommen war, die Aufforderung, baldmöglichst zu einem Gespräch mit Pehle in dessen Kanzlei zu kommen. Pehle[172] sei der Schwiegersohn meines langjährigen Klienten Heinrich v. Grote-Karolen und würde sich gerne mit mir über die Vermögensangelegenheiten seines Schwiegervaters unterhalten.

Im Folgenden wird Pehle, SS-Sturmbannführer und überzeugter Parteianhänger, Forstmann und Landwirt, charakterisiert.

Pehle erkundigte sich auf das Genaueste nach den Angelegenheiten seines Schwiegervaters, wobei er viel Sachkenntnis bewies. Nachdem unser etwa einstündiges Gespräch beendet war, fragte er mich, ob ich nicht als Jurist und sein Vertrauter in seine Abteilung einzutreten bereit wäre. Meine Tätigkeit würde hauptsächlich in dem Redigieren von Verordnungen bestehen, die sich auf die Marktordnung bezögen, und – in zweiter Linie – in Verhandlungen mit anderen Behörden. Er brauchte einen erfahrenen und absolut zuverlässigen und diskreten Juristen, der nicht unbedingt landwirtschaftlicher Fachmann sein müsse. Vor allem aber läge ihm viel daran, jemanden zu finden, mit dem er seine vielen Sorgen und Schwierigkeiten ganz offen besprechen könne. Nach einigem Zögern sagte ich zu, bat ihn aber zu bedenken, daß ich von allen diesen Dingen nur sehr wenig verstünde und ihn daher wahrscheinlich enttäuschen würde.

Hartmann geht nun auf die Aufgaben der Behörde ein sowie auf Pehles rechte Hand, einen umgänglichen, recht ungebildeten und primitiven Herrn und strammen SS-Mann. Alle Leiter der Abteilungen, die sich zweimal wöchentlich bei Pehle versammelten, waren natürlich Mitglieder der Partei.

---

[171] Guido Walter (1902-1942), 1940/41 Angestellter der Landesbauernschaft in Posen. Alb. Liv., Nr. 1379.

[172] Heinrich Pehle (1899-?), Landwirt, verheir. mit Elisabeth v. Grote. GHdA. B VI 1964, S. 145.

Als Juriskonsult oder Justitiar, wie der Titel amtlich hieß, hatte ich außer mit den Leitern der Abteilungen und Verbände vorzugsweise mit dem Hauptjuriskonsulten des Gauleiters, einem aus dem Rheinland stammenden, sehr kenntnisreichen Rechtsanwalt Dr. Leibrock zu tun, da alle Verordnungen und Verfügungen, bevor sie im Verordnungsblatt für den Warthegau veröffentlicht wurden, die Billigung des Gauleiters oder seines Chefs der Zivilverwaltung, Dr. Jäger, bekommen mußten. Ministerialrat Jäger war früher Kammerpräsident am Berliner Kammergericht gewesen. Seine kirchenfeindliche Tätigkeit hatte ihm die Bezeichnung „Kirchenjäger" eingetragen. Eine besonders unerfreuliche Erscheinung war der Reichsstatthalter und Gauleiter Greiser selbst. Sein Vater war Gerichtsvollzieher in einer kleinen Stadt in der Provinz Posen gewesen; dort hatte er auch die Schule besucht. Im Ersten Weltkriege hatte Greiser als Offizier mit Auszeichnung gekämpft. Nach Friedensschluß war er vorübergehend Kaufmann gewesen und dann, nach 1933, Senatspräsident in Danzig geworden. Sein Ehrgeiz war, den Warthegau in einen nationalsozialistischen Mustergau zu verwandeln. Infolgedessen wurde in diesem Gau auf alle vom Staat Abhängigen ein besonders starker Druck ausgeübt, um sie zum Beitritt zur Partei zu veranlassen. Wie so viele der leitenden Parteigrößen war Greiser recht ungebildet, hemmungslos, sehr dem Trunk ergeben und durch seinen raschen Aufstieg größenwahnsinnig. So wurde zum Beispiel das ehemalige kaiserliche Schloß in Posen, das unter Wilhelm II. in etwas überladenem romanischen Stil gebaut worden war, als Residenz für Herrn Hitler natürlich für viel zu bescheiden gehalten. Fast fünf Jahre haben Hunderte Arbeiter am Umbau gearbeitet. [...] Es seien für diesen Wahnsinn bis zum Herbst 1944 bereits gegen 160 Millionen Reichsmark ausgegeben worden. Für sich persönlich hatte Greiser in dem Posner Park, dem Unterberg, der gewissermaßen die Lunge Posens war, ein Areal von gegen vier Quadratkilometer mit einer hohen Ziegelsteinmauer umfrieden lassen, um ungestört zu sein. Dies zu einer Zeit [...], als Deutschland in einen Krieg auf Leben und Tod verwickelt war, als Baumaterialien dringend benötigt wurden und kaum zu haben waren.

Greiser ließ aus dem Posner „Kaiser-Friedrich-Museum" gegen 30 der schönsten Gemälde in seine Privatvilla schaffen, obwohl ein Erlaß Hitlers die Entnahme von Museumsstücken zu Privatzwecken direkt verbot. Als der Museumsdirektor unter Berufung auf diesen Erlaß Bedenken äußerte, teilte ihm Herr Greiser telefonisch mit, er hebe den Erlaß hiermit für den Warthegau auf. Und dabei blieb es auch.

Wir Balten lehnten Greiser fast ohne Ausnahme ab, was er natürlich bald merkte und Gleiches mit Gleichem vergalt. Er war in jeder Beziehung, was wir einen Knoten nennen. Sein wohlverdientes Schicksal hat ihn ja auch nach dem Zusammenbruch Deutschlands ereilt. [...]

Es muß zugegeben werden, daß im allgemeinen in der Reichsstatthalterei gut, fleißig und sachlich, mit großem Organisationstalent gearbeitet wurde. Es fiel mir aber bald auf, daß in vielen Behörden und Stellen parallel und sogar gegeneinander gearbeitet wurde. So hatte die allmächtige SS eine Stelle, in der die auf die vielen großen, kleinen und mittleren landwirtschaftlichen Betriebe Neueinzusetzenden auf ihre rassische, politische, weltanschauliche und – erst in letzter Linie – auf ihre wirtschaftliche Eignung geprüft wurden. Nicht selten griff der Gauleiter selbst in seiner Eigenschaft als Parteiführer ein, wenn er einem seiner Lieblinge was besonders Gutes zuwenden wollte. [...]

Außer mir und Guido Walter, den ich bereits erwähnte, war in der Abteilung IV nur noch ein Balte beschäftigt, und zwar Leo von Wahl-Lustifer, der wegen seines recht schweren Charakters eine sehr unangenehme Stellung hatte. Er, der ein ausgesprochener Herrenmensch, nicht immer im allerbesten Sinne, war, hatte das Pech, als Hausmeister anzukommen. Er wurde hin- und hergeschickt, mußte Botengänge machen, Kohlen und Möbel besorgen, lauter Dinge, die ihm sicherlich in der Seele zuwider waren. Obwohl ich ihn in Dorpat nur oberflächlich gekannt und nicht so sehr geschätzt hatte, versuchte ich, ihm das Leben soviel es mir möglich war, zu erleichtern und ihm Kränkungen und Herabsetzungen zu ersparen.

Alle Herren der Abeilung IV verhielten sich zu mir außerordentlich freundlich und regten sich über die Lücken in meinen Kenntnissen nicht weiter auf. Von allen hatte ich den Eindruck, daß sie mit ganzem Herzen bei der Sache waren, und nie wäre ich auf den Gedanken gekommen, daß auch nur einer von ihnen bestechlich sei. Dabei darf nicht vergessen werden, daß die Versuchung immer groß und das Risiko, bestraft zu werden, meist sehr gering waren. Nur einer der Herren konnte als wirklich untauglich bezeichnet werden, dafür war er aber auch Inhaber des goldenen Parteiabzeichens, das ja bekanntlich der Sünden viele deckte. [...]

Da Pehle ein gewichtiges Wort bei der Besetzung der durch die Beschlagnahme frei gewordenen Güter der Polen mitzusprechen hatte, erschienen bei ihm fast täglich die Leiter des Büros für den Einsatz baltischer Landwirte, Erich von Sivers- Gotthardsberg[173] und Herr von Hunnius-Habbat[174], die ich beide von früher her kannte. Auch viele der Anwärter kamen persönlich, um ihre Ansprüche zu vertreten. Meist hatten sie vorher mit mir eine kurze Unterhaltung. Pehle hatte ausgesprochen baltische Sympathien und ist vielen Landsleuten sehr behilflich gewesen.

Während so die sachliche Arbeit im ganzen normal verlief, fiel mir mehr die abgrundtiefe Verschiedenheit auf, die zwischen der baltischen Art, Fremdvölker zu behandeln, und der Art des Dritten Reiches bestand. In den Augen beinah aller Reichsdeutschen im Wartheland war der Pole nicht nur ein Mensch zweiter Gattung, sondern überhaupt Freiwild. Ich habe nicht auch nur eine Andeutung oder eine Äußerung des Bedauerns oder des Mitleidens mit dem harten Schicksal der völlig unschuldigen polnischen Privatpersonen – seien es nun Gutsbesitzer, Bauern, Kaufleute oder Wohnungsinhaber – gehört, die innerhalb einiger Stunden aus ihren Wohnungen verjagt wurden, einfach nur deswegen, weil sie Polen waren. [...]

Auf dem Lande traf die Aussiedlung zunächst hauptsächlich den Grundbesitz. Schon im Spätherbst 1939 waren anstelle der vertriebenen polnischen Eigentümer und Pächter reichsdeutsche sogenannte „Treuhänder“ eingesetzt worden, die die Güter für Rechnung des deutschen Reichs bewirtschafteten.

Bald nach Neujahr 1940 begann der Einsatz der baltischen Landwirte. Da die meisten von ihnen mich persönlich kannten, suchten sie mich, wenn sie in die Stadt kamen, auf, um mir von ihren ersten Erlebnissen zu berichten. Fast alle erzählten haarsträubende Geschichten von den reichsdeutschen Treuhändern, ihren Vorgängern oder Nachbarn. Die polnischen Gutsbesitzer, die meist ins Generalgouvernement abgeschoben wurden, durften nur ganz wenige persönliche Sachen mitnehmen, was sich die ungetreuen „Treuhänder“ sofort zunutze machten. Waggonweise schickten diese Kerle Möbel, Teppiche und Vorräte ins Altreich, verkauften Getreide und Fasel und veruntreuten den Erlös, mißhandelten polnische Arbeiter und Angestellte. Ich erzählte das natürlich Pehle weiter und bekam von ihm die Antwort, dafür sei nicht er zuständig, sondern ein ihm allerdings unterstellter Dr.

[173] Erich von Sivers (1896-1976), auf Restgut Gotthardsberg, 1935-45 beim Aussiedlungsstab des Reichskommissars für die Festigung des Volkstums in Polen. Alb. Liv., Nr. 1290.
[174] Hans von Hunnius (1902-1949). Referent für Estland in der Einwandererberatungsstelle in Posen (1939-41) Lars Bosse (wie Anm. 166), S. 342, 383, Anm. 424.

Friebe, der Leiter der Abteilung für Landbewirtschaftung, an den ich mich wenden möge. Friebe war keineswegs erstaunt. Er sagte, er sei am 1. Oktober 1939 in sein Amt eingesetzt worden und habe den Auftrag bekommen, in kürzester Zeit für gegen 2.500 Groß- und Mittelbetriebe Treuhänder gewissermaßen aus dem Boden zu stampfen. Zu diesem Zweck habe er sich an alle Landesbauernschaften Deutschlands mit der Bitte gewandt, ihm je nach der Größe je 100 – 200 geeignete Personen zu schicken. Verständlicherweise hätten die Landesbauernschaften ihm nicht ihre besten, sondern ihre schlechtesten Leute geschickt. Daher seien auch so viele düstere Ehrenmänner gekommen.

Um mich nicht dem Vorwurf auszusetzen, unrichtige Behauptungen aufzustellen, und auch, um mit diesem widerlichen Kapitel baldmöglichst abzuschließen, will ich einige Beispiele anführen, die ich auf ihre Glaubwürdigkeit nachprüfen konnte.

In Langenreut, einem im Kreise Kempen gelegenen Gut, das dem Vetter von Wanda, Baron Sascha Nolde[175], zugewiesen wurde, waren, wie aus dem Katalog nachzuweisen war, eine Masse wertvollster Bücher verschwunden. Auf dem Gute Szlonowo im Kreise Jarotschin, das mein Bekannter Ewert von Renteln[176] bekommen hatte, hatte der Treuhänder nach der Aussage der polnischen Angestellten und Leute wertvolle Lampen, Teppiche, silberne Bestecke, Tisch- und Bettwäsche u.a.m. gestohlen. Auf einem Gute im Kreise Inowraclaw (Hohensalza), dessen Inhaber mein Bekannter Baron Roman Tiesenhausen[177] geworden war, war dasselbe geschehen, und der Treuhänder stand im Verdacht, den polnischen Gutsbesitzer umgebracht, beraubt und im Walde verscharrt zu haben. Diese Beispiele könnte ich beliebig vermehren.

Unwahrscheinlich waren auch die Massen von Lebensmitteln, die die Treuhänder und ihre Familien verbrauchten. So erzählte mir Baron Kuno Grotthuss-Pusnieken[178], der ein Gut im Kreise Kosten bekommen hatte, sein reichsdeutscher Vorgänger habe mit seiner siebenköpfigen Familie monatlich 30 Kilo Butter und täglich 21 Liter Vollmilch vertilgt. Ein reichsdeutscher Treuhänder im Kreise Ostrowo war von seinen polnischen Angestell-

---

175 Alexander (Sascha) Nolde (1873-1919), 1917 Prof. für Römisches Recht. BaBA.

176 Ewert v. Renteln (1893-1947), Oberst der Wlassow-Armee. Gedenkbuch, S. 350.

177 Roman Bar. v. Tiesenhausen (1882-1944), auf Alt-Fennern. Gedenkbuch S. 444.

178 Kuno Bar. v. Grotthus (1879-1956), auf Pusseneken und Ammeln (Kurland), GhbA FA XII, 1980.

ten, die für sich selbst fürchteten, angezeigt worden, in großem Maßstabe Enten, Gänse und Puten mit Getreide, das dem Gute gehörte, zu mästen und dann ins Altreich zu verkaufen, wo man damals für eine fette Ente leicht bis 150 RM, für eine Gans bis 250 und für eine Pute 300 und mehr Mark bekam. Als ich diesem Manne nach seiner Vernehmung erklärte, ich würde Haftbefehl gegen ihn erlassen, wollte er es nicht glauben. Er sei doch alter Parteigenosse. Ich sagte ihm, daß Verdunkelungsgefahr vorläge und daß er, gerade als alter Parteigenosse eine besonders schwere Bestrafung verdiene. Seine Eignung als Bewirtschafter eines der größten Güter des Kreises bestand darin, daß er früher Schmied und dazu noch vorbestraft war. Der Leiter des Finanzamtes Ostrowo, Dr. Bellingrath, mit dem ich recht befreundet war, sagte mir, die größten Einnahmen würden im Finanzamt von den baltischen Gutsbesitzern angegeben, dann kämen die Volksdeutschen, nach ihnen die noch auf ihren Höfen sitzenden polnischen Bauern und, nach einem langen Abstand, die reichsdeutschen Treuhänder.

Ich will damit nicht behaupten, daß alle Treuhänder ohne Ausnahme Spitzbuben gewesen seien. Sicherlich gab es auch einige wenige ehrliche unter ihnen. Das Gros aber war ohne jede Frage unter aller Kritik.

Ähnlich mag das Bild auch im Handel und in der Industrie gewesen sein, da auch dort die Treuhänder sich in ein sehr warmes Nest setzten. Bei der blitzartigen Besetzung ganz Polens durch die deutsche Wehrmacht hatten die Kaufleute gar nicht die Zeit, ihre vollen Lager abzustoßen. In dem als Zentrum des sehr entwickelten Fellhandels bekannten Kalisch waren riesige Lager, ebenso in Lodz, wo vor allem Textilwaren in größtem Maßstabe erzeugt wurden.

Glaubwürdige Personen berichteten mir, daß es im Generalgouvernement noch toller hergegangen sein soll. Der erste deutsche Gouverneur von Warschau, dessen Name mir entfallen ist, schickte über zehn Eisenbahnwagen, angefüllt mit den wertvollsten Möbeln, Bildern und Teppichen ins Altreich. Schließlich trieb er es so weit, daß das Schicksal ihn erreichte. Er kam vor Gericht und wurde hingerichtet.

Das Merkwürdigste dabei war, daß trotz alledem der Verwaltungsapparat eigentlich gut funktionierte und man im privaten Leben von diesen unerfreulichen Sachen nichts hörte. Es müssen also doch noch viele ehrliche Beamte dagewesen sein und die alte vortreffliche deutsche Regierungsmaschine ein beträchtliches Maß des Beharrungsvermögens besessen haben.

Da ich in Posen anfangs den ganzen Tag von meiner Tätigkeit in Anspruch genommen war, hatte ich keine Zeit, die mir vom Wohnungsamt zugedachte Wohnung zu besehen, und hatte Wanda gebeten, es zu tun. Gegen Ende November sagte sie mir, ihr sei eine Wohnung gezeigt worden, die für uns geeignet sein könne. Leider nahm ich sie nicht vorher in Augenschein, sondern fuhr gleich mit Wanda und allem Gepäck hin. Ich war entsetzt. Sehr weit von meiner Behörde, mit einem schäbigen Aufgang, vier jämmerlich möblierte Zimmer hintereinander. Einfach grauenhaft!! Ich hatte eben ganz vergessen, daß Wanda für sich und für die Ihrigen immer viel zu bescheiden und anspruchslos ist. In der Behörde wird ihr Auftreten dementsprechend schüchtern gewesen sein, was natürlich eine niedrige Einschätzung ihrer Persönlichkeit zur Folge hatte.

Bedauerlicherweise fehlte mir die Energie, sofort mit allem Gepäck ins Lager zurückzufahren und die Wohnungsfrage selbst in die Hand zu nehmen. So richteten wir uns denn, so gut es ging, dort ein. [...]

In unserer winzigen Wohnung konnten wir natürlich keinen richtigen Verkehr pflegen. Diese fatale Wohnung war eine der Ursachen, weshalb ich aus Posen wegstrebte. Der Hauptgrund waren aber die wahrhaft schrecklichen Eindrücke, die ich von der Partei, ihrem Wesen und ihrer Tätigkeit empfing. Ich war darüber derart innerlich zerrissen und unglücklich, schämte und grämte mich so, daß ich, unübertrieben, manchmal dem Selbstmorde nah war. [...]

Der Verkehr mit Landsleuten war dadurch sehr erschwert, daß die Wohnung weit von dem Teil Posens lag, wo die meisten Balten untergebracht waren.

Ein Hauptzentrum der baltischen gebildeten Kreise bildete das Haus meines Freundes Alfred Walter, der in Dorpat Direktor des privaten klassischen Gymnasiums gewesen war. Für sich und seine ziemlich zahlreiche Familie hatte er die Villa eines reichen Textilhändlers bekommen, die recht hübsch und gemütlich eingerichtet war. Walter hatte das Glück, als Dozent für altgriechische und altrömische Kunstgeschichte an der neuen deutschen Universität Posen angestellt zu werden. Die akademische Tätigkeit lag ihm entschieden besser als die pädagogische. Er und seine liebenswürdige, intelligente und gesellige Frau Anita geb. Schmeling machten richtig Haus. Man konnte sicher sein, abends immer irgendwelche interessante Menschen bei ihnen anzutreffen, meist Balten, aber auch Reichsdeutsche, da Walter sich blutige Mühe gab, mit Reichsdeutschen warm zu werden, was ihm allerdings nur in beschränktem Maß gelang.

Unsere ältere Tochter, Alice Schultz, ihr Mann und ihre drei kleinen Kinder waren mit einem anderen Transport wie wir umgesiedelt. Ihre erste Station war die in Gotenhafen umbenannte Hafenstadt Gdingen bei Danzig. Sie hatten das Unglück, dort in eine ganz kalte, kaum beheizbare Wohnung eingewiesen zu werden. Sehr bald nach ihrem Einzug zeigten sich bei Hans wieder Anzeichen seiner tückischen Krankheit, der Tuberkulose. Offenbar hatte er sich eine neue Infektion zugezogen, denn er war einige Jahre früher als völlig geheilt aus einem Schweizer Sanatorium entlassen worden. Auf eine Aufforderung unserer Geschwister Ropp zogen Schultzens nach Grünheide bei Berlin, das inmitten großer Fichtenwaldungen liegt und ein besonders günstiges Klima hat. Als ich, bald nach Weihnachten 1939, einmal in Geschäften nach Berlin fahren mußte, besuchte ich sie alle in Grünheide. Einige Zeit später fuhr Hans allein in ein Sanatorium in der Lüneburger Heide, während Alice mit den Kindern zu ihrer Schwägerin Maja Schultz geb. v. Benkendorff[179] zog, deren Mann das Gut Netzgrund im Kreise Schubin bekommen hatte.

Meine Tätigkeit in Posen befriedigte mich auf die Dauer immer weniger. Da ich schon über 65 Jahre alt war, glaubte ich wenig Aussicht zu haben, in der Justiz eine Anstellung zu bekommen, obgleich eine richterliche Arbeit für mich natürlich das Gegebene gewesen wäre. Schließlich, im März, riet mir Pehle, mich der Landwirtschaft zuzuwenden. Ich hatte in Estland einen Hof von ungefähr 30 Hektar besessen, und Pehle war so freundlich, meine Arbeit bei ihm als Verdienst hinzustellen, woraufhin er mir eine Bescheinigung ausstellte, ich sei berechtigt, ein Gut von bis zu 500 Morgen zu bekommen. Das sollte ich mir jetzt aussuchen. So wenig sympathisch es mir war, mich in ein fremdes Nest zu setzen, so hoffte ich doch, es so einrichten zu können, daß ich als Sachwalter des herausgesetzten Polen gegolten hätte und nicht als Eigentümer. Allerdings verhehlte ich mir nicht, daß ich von Landwirtschaft blitzwenig verstand, doch machte ich mir deswegen keine Sorgen. Ich hätte mir jedenfalls einen erfahrenen polnischen Verwalter gesucht, und mit dem wäre es sicherlich ganz gut gegangen.

In derselben etwas unbequemen Lage wie ich damals waren übrigens sehr viele unserer Landsleute, die zwar einen Landanspruch hatten, selbst

---

179 Margarethe v. Benckendorff, verheir. mit Woldemar Schultz, Landwirt. Alb. Est., Nr. 1206.

aber keine Landwirte waren. Viele von diesen improvisierten Landwirten sind im Laufe der 4 ½ Jahre, die sie im Warthegau wirtschafteten, hervorragende Landwirte geworden. Auch viele, die, genau genommen, keinerlei Landanspruch hatten, wohl aber Verdienste um die Partei oder Beziehungen, machten sich später in ihrer neuen Rolle als Landwirte gar nicht schlecht. Scherzweise wurde behauptet, es seien aus Estland 400 Landwirte abgefahren und 1000 im Warthegau angekommen.

Mehrere der kleinen Güter, die ich im März und April 1940 in verschiedenen Kreisen besichtigte, waren in einem für uns unvorstellbar verwahrlosten Zustand. Ich konnte mir nicht vorstellen, daß Wanda und ich uns dort hätten einleben können. Eigentlich war es für eine Besichtigung noch zu früh. Teilweise lag auf den Feldern noch Schnee, und es war unmöglich, sich eine richtige Vorstellung von der Beschaffenheit des Bodens zu machen. Das lebende und tote Inventar war fast überall in sehr schlechtem Zustande, die Milchleistungen außerordentlich niedrig. Es hätte eine Riesenarbeit gekostet, das alles in Ordnung zu bringen.

Sehr enttäuscht kehrte ich von meinen Fahrten nach Posen zurück. Eine tiefe Depression hatte sich meiner bemächtigt. Auch eine vorübergehende „Schulung“ in der SA trug das Ihrige dazu bei. Einer meiner Freunde hatte mich überredet, dem Beispiel der meisten älteren Balten zu folgen und in die SA einzutreten. Daraufhin machte ich mehrere Übungsabende mit, auf denen wir etwa 35 – 50 ältere Balten von einem kleinen untersetzten SA-Mann von ungefähr 40 Jahren in die Geheimnisse des Marschierens, Grüßens usw. eingeführt wurden. Dagegen war weiter nichts einzuwenden, und ich gestehe, daß es mir sogar Spaß machte. Am vierten oder fünften Abend erklärte uns das Männchen, er wolle uns nun auch weltanschaulich unterrichten. Ich war gespannt, was nun kommen werde. In Ausdrücken, die er der Straße entlehnt hatte, unterwarf er das Neue, besonders aber das Alte Testament einer vernichtenden Kritik. Eben noch schäme ich mich, daß weder ich noch meine zahlreichen baltischen Bekannten, unter denen sich Professoren, Ärzte, ein Admiral, Lehrer, Rechtsanwälte, ja sogar ein Superintendent, befanden, denen allen es bestimmt nicht an moralischem Mut fehlte, sich so etwas bieten ließen. Es war offenbar eine Art massenpsychologischer Hemmung, die uns davon abhielt, dem Kerl ordentlich durch die Parade zu fahren. Da mir diese Umschulung nicht paßte, brach ich alle Verbindungen zu der SA ab und ging nicht mehr auf ihre Übungen.

Einmal wurden alle erwachsenen Deutschen zu einem großen Umzug mobilisiert. Nichtsahnend, ging ich auch hin. In langem Marsch begaben sich die etwa 1500 – 2000 Menschen zu der Hauptsynagoge, an deren Davidstern lange Seile angebracht waren. Nicht ohne Mühe wurde der Stern abgesägt und auf das Pflaster gezerrt. Darauf mußte ein besonders bevorzugter junger Mann Bibeln und Thorarollen auf einem Scheiterhaufen verbrennen.

Bei der schon geschilderten Einstellung der Deutschen zu den Polen hätte man annehmen können, daß es in den Läden, auf der Straße oder sonstwo zu Ausschreitungen und unangenehmen Auftritten kommen werde. Das war aber nicht der Fall. Auch die Soldaten betrugen sich durchaus gesittet, und nie habe ich gehört oder gesehen, daß sie Polinnen belästigt hätten.

Meine Stimmung wurde immer düsterer und Wanda hatte damals wohl eine sehr schwere Zeit.

Am Landgericht in Ostrowo 1940 – 1945

Im April 1940 beschloß ich, meine landwirtschaftlichen Pläne endgültig an den Nagel zu hängen. Ich wollte versuchen, doch wieder Richter zu werden. Maßgebend dabei war es, daß ich mir sagte, ich hätte vor allen anderen deutschen Richtern im Warthegau vieles voraus: Durch meine Tätigkeit in Russisch-Polen hatte ich die polnische Sprache erlernt, ich kannte die positiven und negativen Seiten der Polen, ihre Sitten und Gebräuche. Daher würde ich geeigneter sein als andere, vielleicht sogar kenntnisreichere Juristen, über die Polen zu Gericht zu sitzen, Mißgriffe zu vermeiden und dem Recht zum Siege zu verhelfen.

Der Oberlandesgerichtspräsident Froböss, ein typischer preußischer hoher Beamter, wohlgekleidet, mit etwas zu sehr unterstrichenen guten Formen und dem obligaten Monocle, empfing mich überaus huldvoll und stellte mir frei, das Landgericht zu wählen, an dem ich arbeiten wolle. Da im Kreise Ostrowo und den an diesen angrenzenden Kreisen Jarotschin und Kempen viele meiner besten Freunde und mehrere Verwandte Güter bekommen hatten – auch „unsere“ Stackelbergs – ,Otto Glasenapp in Ostrowo Rechtsanwalt werden wollte und der Ostrowoer Kreis als gute Jagdgegend galt, fiel meine Wahl auf Ostrowo, was ich nie bedauert habe.

Ende Mai siedelte ich zunächst allein über, bald folgte mir Wanda. Ostrowo war eine typische mittelgroße, deutsch-polnische Stadt. Juden gab es dort keine, soll es auch nie viel gegeben haben, weil die in der Provinz Posen ehemals führende polnische Partei, die sogenannten Endeki (nationaldemokratisch), unter der Leitung von Dmowski[180] ausgesprochen judenfeindlich gewesen war. Die Einwohnerschaft betrug etwa 30.000 Seelen. Die Stadt war in den letzten 20 Jahren sehr gewachsen. Noch vor etwa 60 Jahren hatte sie zu dem etwa 20 Kilometer entfernt gelegenen großen Majorat der Fürsten Radziwill-Antonin gehört. Das Zentrum der Stadt wies in der Hauptstraße, der Bahnhofstraße, eine Reihe stattlicher und recht hübscher Häuser auf. An der Peripherie der Stadt waren in der Zeit der polnischen Selbständigkeit, von 1919 bis 1939, viele kleine, aber nette Villen, meist Einfamilienhäuser mit dazu gehörenden Gärten, entstanden.

---

[180] Roman Dmowski (1864-1939) betonte im Gegensatz zu den Sozialisten das Allpolentum und bemühte sich, die im Volkstum ruhenden Kräfte zu mobilisieren. Er gründete in der Schweiz 1887 die „Polnische Liga“, 1894 die „Nationale Liga“. Rhode (wie Anm. 1), S. 408.f.

Herr Jasching, der Landgerichtspräsident, dem man den Offizier des Ersten Weltkrieges ansah, ein fraglos intelligenter, kenntnisreicher und auch allgemeingebildeter Mann, natürlich strammer Nationalsozialist, empfing mich auf das Freundlichste und machte mich mit den übrigen etwa acht Herren des Gerichts bekannt. Alle gefielen mir auf den ersten Eindruck eigentlich recht gut. Nur verstimmte es mich, daß der Verkehr mit dem Präsidenten nicht auf den Ton eines kollegialen Verhältnisses, sondern auf den der Untergebenen mit einem Vorgesetzten abgestimmt zu sein schien. Wie war das doch in den russischen Gerichten, auch im höchsten, dem Senat, so ganz anders und besser gewesen!

Zunächst galt es, umgeschult zu werden. Zu diesem Zweck hatte ich Sitzungen in Straf- und Zivilsachen beizuwohnen, Urteile zu schreiben und mich mit den Bestimmungen des Deutschen Rechts, das gleich nach der Besetzung im Bezirk Polen anstelle des polnischen Rechts eingeführt worden war, bekannt zu machen. [...]

Durch die Vermittlung eines polnischen Schreibers konnte ich schon wenige Tage nach meiner Ankunft eine recht nette Zweizimmerwohnung in einer Villa mieten, die als vorübergehender Aufenthalt für Wanda und mich durchaus geeignet war. Bis dahin hatte ich in dem zwar besten, aber ziemlich verwahrlosten Hotel gelebt. Die Eigentümerin der Villa, eine Polin, schien sehr erfreut, als ich sie in fließendem Polnisch begrüßte. Wir sind auch immer sehr gut ausgekommen.

Am Gericht arbeitete außer mir noch ein Balte, der ehemalige Rigaer Rechtsanwalt Kügler[181], der schon vor mir nach Ostrowo gekommen war. Sonst wimmelte es in der Stadt von näheren und weiteren Landsleuten, unter denen ich auch einige Dorpatenser begrüßen konnte. So hatte Harry Lieven, der mit meiner ersten Dorpater Sekretärin Erna Wegner verheiratet war, an der Kreissparkasse eine Anstellung bekommen. [...] Im allgemeinen überwogen die aus Lettland stammenden Balten. Leider war es den Balten versagt, sich zu organisieren oder sich in irgendeiner Weise zusammenzuschließen, wohl weil solche Unternehmungen sich nicht mit der vielgepriesenen „Volksgemeinschaft" vertrugen. [...]

Nach einigen Wochen wurden wir auch mit dem örtlichen evangelischen Pastor, dem Superintendenten Wagner und seiner feinen und mütterlichen Frau bekannt. Er stammte aus Galizien, sie aus Schleswig. Superintendent

---

[181] Rudolf Kügler (1886-1944). 1923-34 Rechtsanwalt in Riga; dann beim Rigaer Hypothekenverein, 1943 Beauftragter Richter in Neu-Stettin. Alb. F. Rig., Nr. 1116.

Wagner, dessen Gemeinde hauptsächlich aus Volksdeutschen bestand, hatte es manchmal mit den Behörden nicht leicht, die ihm, wo sie konnten, Hindernisse in den Weg legten. […] Die Gottesdienste in der recht großen und hellen Kirche verliefen aber ungestört, und auch der Religionsunterricht konnte durchgeführt werden, obgleich nicht selten die Kinder gerade zur Zeit der Gottesdienste und des Religionsunterrichts ohne zwingenden Grund woandershin dirigiert wurden.

Ganz schlimm stand es mit der kirchlichen Betreuung der fast durchweg katholischen Polen. Ob es in anderen Städten und auf dem flachen Lande ähnlich war, weiß ich nicht, nehme es aber wohl an. Ohne Frage war die polnische Geistlichkeit, die die einzige im Lande gelassene national bewußte Schicht war, durch und durch politisch und fanatisch polnisch orientiert oder, was dasselbe ist, deutschfeindlich. Daher war die deutsche Verwaltung voll berechtigt, gegen sie vorzugehen und sie ihrer Ämter zu entheben, wenn sie sich strafbar gemacht hatten. Leider kam aber der polnische Klerus nicht vor die ordentlichen Gerichte, sondern wurde auf administrativem Wege abgeurteilt und kam dann in die berüchtigten Konzentrationslager, wo viele von ihnen an Unterernährung, schlechter Behandlung und Überarbeitung umkamen.

Wenn auch die deutschfeindliche Einstellung des polnischen Klerus bekannt war, durfte dies doch nicht als Grund dazu dienen, in Ostrowo und wohl auch sonst im Warthegau den Polen den Zutritt zu den katholischen Kirchen überhaupt zu verbieten. Dies geschah in Ostrowo durch ein an der Kirchentüre in deutscher und polnischer Sprache angebrachtes Plakat, das ich jeden Tag lesen konnte und das den geschmackvollen Text „Eintritt für Polen verboten" hatte. Daß dies ebenso dumm wie abscheulich sei, schienen die NS-Machthaber nicht zu begreifen. Welche Gefühle dadurch bei allen Polen ausgelöst wurden, wäre ihnen übrigens auch völlig gleichgültig gewesen, da sie nicht gewohnt waren, auf die Empfindungen andersstämmiger Menschen Rücksicht zu nehmen. Auch wenn deutsche Pfarrer in katholischen Kirchen predigten, durften Polen die Gottesdienste nicht besuchen. Übertretungen wurden auf dem Verordnungswege mit 25 RM Geldstrafe oder einem kurzen Arrest geahndet.

Wie in vielen anderen katholischen Ländern bestand auch im Warthegau die Sitte, an Wegkreuzungen, neben Dorfeingängen und vor Gutshäusern hohe Kreuze oder Christus- oder Marienstatuen aufzustellen. Alle diese Symbole der Frömmigkeit mußten schleunigst entfernt werden oder wurden vernichtet. Die meisten baltischen Gutsbesitzer erlaubten aber ihren polnischen Arbeitern, die zu entfernenden Kreuze oder Statuen selbst wegzunehmen und an weniger sichtbaren Stellen, in Scheunen oder Schuppen, wieder aufzustellen. Der Ort, wo diese geheiligten Dinge gestanden hatten, wurde oft von den Leuten durch ein Sandkreuz gekennzeichnet, das mit bunten Steinen und Blumen umkränzt wurde. [...]

Bei den aus dem Baltikum, aus Wolynien, Bessarabien und anderswoher stammenden umgesiedelten deutschen Bauern erging es den Parteileuten mit ihren Aufklärungs- und Bekehrungsversuchen nicht immer gut. So hatte ein Amtsleiter im Kreise Ostrowo den jungen deutschen Bauern, die in die SA eingetreten waren, erklärt, sie müßten sich entscheiden: entweder sie seien SA-Leute, dann gingen sie aber nicht in die Kirche, oder – sie blieben der Kirche treu, dann müßten sie aber die schöne SA-Uniform ausziehen. Am folgenden Morgen fährt ein Wagen nach dem anderen bei dem Amtsleiter vor, denen die jungen SA-Leute entsteigen und dem Manne erklären, sie dächten auch nicht daran, der Kirche untreu zu werden und lieferten daher die Uniformen ab. „Um Gottes Willen", ruft der Amtsleiter, so habe er das ja gar nicht gemeint. Es sei bloß ein Scherz gewesen. Sie sollten ruhig heimfahren, die Uniform behalten und in die Kirche gehen. [...]

Ziemlich bald wurde ich von dem Superintendenten Wagner aufgefordert, Mitglied des inoffiziellen Kirchenrates zu werden, was ich gerne tat. Im Warthegau wurden die Rechte der Kirche auf alle Weise geschmälert. Durch ein Gesetz des Dritten Reiches war dem Reichsstatthalter nicht nur die ausübende, sondern auch die gesetzgebende Gewalt übertragen worden. Er durfte in seinem Gebiet „Recht setzen". Was das in den Händen von willkürlichen und meist ungebildeten Männern bedeutet, ist auch jedem Nicht-Juristen ohne weiteres klar.

Bis 1939 hatte die Posner Kirche, wie es in allen Kulturstaaten gebräuchlich ist, die Rechte einer öffentlich-rechtlichen Körperschaft genossen. Diese Eigenschaft wurde ihr von Greiser, dem der bisherige Zustand nicht paßte, oder richtiger von seinem Chef der Zivilverwaltung, dem unter dem Namen „Kirchenjäger" bekannten Dr. Jäger, genommen. Die Posner evangelische Kirche wurde kurzerhand zu einer Gesellschaft bürgerlichen Rechts degradiert. Dadurch verlor sie alle sogenannten Hoheitsrechte, z. B. das Recht der Besteuerung. Sie geriet dadurch auch in Gefahr, unter irgendeinem fadenscheinigen Vorwand, um den die Herren des Dritten Reiches nie verlegen waren, geschlossen zu werden. Sehr bald wurde der Evangelischen

Kirche überhaupt verboten, Steuern auszuschreiben und zu erheben oder Sammlungen zu veranstalten. Die unerwartete Folge war ein starkes Anschwellen der kirchlichen Einkünfte, alles aus freiwilligen Beiträgen.

Die Katholische Kirche wurde wesentlich rücksichtsvoller behandelt, weil die außenpolitische Bedeutung des Papstes nicht zu unterschätzen war. [...]

Die Besetzung des Landgerichts Ostrowo und der zu ihm gehörenden Amtsgerichte war eine durchaus gute. Die Posten der zwei Landgerichtsdirektoren wurden von einem Westfalen, Dr. Rüggeberg, und einem Holsteiner, Dr. Völker, eingenommen. Ersterer war ehemaliger Rechtsanwalt, grundanständig, aber stur, der zweite charakterlich minderwertig, Karrierist, beide glühende Polenhasser. Später stellte sich heraus, daß Völker dem berüchtigten SD (Sicherheitsdienst), angehörte und u. a. alle Richter bespitzeln mußte.

Hartmann nennt nun seine vier Richterkollegen, die fast alle Parteimitglieder waren, wohl eher gezwungenermaßen, sowie den Ersten Staatsanwalt, der sich nicht genug in der Herabsetzung und Verunglimpfung des Polentums tun konnte. Im Herbst 1940 trafen noch mehrere Juristen aus Lettland in Ostrowo ein, darunter Georges von Bulmerincq, den er schon 1893 in Warschau als Schüler kennengelernt hatte. Die baltischen Juristen wurden zunächst als beauftragte Richter eingestellt, Hartmann selbst bloß als wissenschaftlicher Mitarbeiter, weil seine Anstellung wegen Überschreitens der Altersgrenze erst vom Ministerium genehmigt werden mußte. Beinahe täglich mußte Hartmann als Zuhörer den Strafsitzungen des Landgerichts beiwohnen.

Ich war erstaunt und empört über die Unfreundlichkeit und Barschheit, mit der die Zeugen und die Angeklagten behandelt wurden, besonders wenn sie Polen waren.

Unsere theoretische Schulung beschränkte sich auf wenige Vorlesungen, die uns Dr. Völker hielt. Im Übrigen wurden wir ganz uns selbst überlassen. [...] Da ich das Polnische fließend beherrschte, bat mich Jasching, das Amt des Untersuchungsrichters zu übernehmen, das ich bereits fast vierzig Jahre früher in Russisch-Polen bekleidet hatte. Meine Haupttätigkeit bestand in der Vernehmung der verhafteten Beschuldigten und der Zeugen, die ich für wichtig hielt. Als Unterlage diente mir das Protokoll der Polizei. Ich hatte anschließend darüber zu befinden, ob der Angeschuldigte in Haft bleiben solle oder auf freien Fuß zu setzen sei. Auch Exhumierungen und Leichenöffnungen hatte ich beizuwohnen, was ich nicht leiden konnte.

Die meisten der Fälle, die ich in den Jahren 1940 bis 1944 zu bearbeiten hatte, waren Vergehen oder Verstöße gegen Wirtschaftsverordnungen, vor allem Schwarzschlachtungen und Diebstähle. Diesen Vergehen kam aber infolge des Krieges erhöhte Bedeutung zu, außerdem wurden sie mit unverhältnismäßig hohen Strafen geahndet. Kapitalverbrechen wie Mord, Totschlag oder Brandstiftung ereigneten sich kaum. Alle gegen die Wehrmacht gerichteten Straftaten wurden von Militärgerichten oder auf administrativem Wege bestraft. Da den Beschuldigten meist hohe Strafen drohten und Fluchtverdacht oder Verdunkelungsgefahr vorlag, konnte ich nur in den seltensten Fällen Haftentlassung verfügen. Sehr oft aber war es mir möglich, den Beschuldigten dadurch zu helfen, daß ich sie sorgfältig vernahm, sie auf entlastende Momente aufmerksam machte und ihnen riet, sich auf Zeugen oder andere Beweismittel zu berufen. Ich veranlaßte sie auch, offen und ohne Scheu zu sagen, wenn sie, und das war sehr oft der Fall, von der Polizei durch Mißhandlungen zu Geständnissen gezwungen worden waren. Zur Ehre der Gerichte muß ich bemerken, daß erzwungenen Geständnissen keine Bedeutung beigemessen wurde, daß vielmehr die Polizei immer wieder ermahnt wurde, sie möchte von solchen Gewaltmaßnahmen absehen, da sie keinerlei Wert hätten.

Um die Beschuldigten und die Zeugen zu freimütigen Aussagen zu veranlassen, entfernte ich immer schon vor der Vernehmung den begleitenden Polizisten aus meinem Kabinett, behandelte die zu Vernehmenden freundlich, hieß sie, sich hinzusetzen, und redete sie in ihrer Muttersprache an, und zwar nicht mit Du, wie es vorgeschrieben war, sondern mit Sie. […] Es gelang oft, gleich das Vertrauen der zu Vernehmenden zu gewinnen, was manchmal zu überraschenden Szenen führte. So forderte ich einmal ein altes Männlein auf, sich zu setzen. Statt Platz zu nehmen, ließ er, ehe ich es verhindern konnte, seine Hosen herunter und zeigte mir anstelle seines Gesäßes ein blutiges Beefsteak.

In etwa 20 bis 30 Fällen erstattete ich über die Brutalität und das gesetzwidrige Verhalten der Polizei an den Landgerichtspräsidenten Bericht. Nur in einem Falle wurden zwei Gendarmen zu mehreren Jahren Gefängnis verurteilt. Seit der Machtergreifung der Partei im Jahre 1933 hatte nämlich die deutsche Polizei ihr eigenes Polizeigericht, das für die Straftaten und Verfehlungen ihrer Leute natürlich weitgehendes Verständnis empfand. Zu meiner Überraschung war Herr Jasching immer bereit, solche Berichte weiterzuleiten, obwohl auch er ein strammer Polenhasser war.

Diese abscheuliche Behandlung der Polen fand ihre Unterstützung in verschiedenen Erlassen und Rundschreiben des Reichsstatthalters Greiser, in denen vertraulich oder auch nichtvertraulich empfohlen wurde, alle Polen grundsätzlich zu duzen, sie ja nicht mit Herr Sowieso oder Frau Sowieso anzureden. Dienstboten gegenüber solle man ruhig vom „Recht“ der häuslichen Züchtigung Gebrauch machen. Ich freue mich, feststellen zu können, daß die meisten meiner Kollegen diese Vorschriften nicht befolgten und empört waren.

Im Dezember 1941 trat ein Strafgesetz in Kraft, das sich ausschließlich auf Polen und Juden bezog. Nach diesem Gesetz gab es nur noch drei Strafarten: Geldstrafen, Straflager und Todesstrafe. Jede Berufung war ausgeschlossen. Die Urteile wurden gleich rechtskräftig und konnten nur auf dem Revisionswege angefochten werden. Dieses Recht war aber praktisch für alle Polen und Juden völlig wertlos. Erstens hatte das Gericht, dessen Urteil angefochten wurde, selbst zu entscheiden, ob die Revision zuzulassen oder nicht zuzulassen sei, zweitens gab es wohl keinen Juden und keinen Polen, der der deutschen Sprache soweit kundig war, um die Klage aufzusetzen, und drittens war es den Rechtsanwälten untersagt, für Polen oder Juden tätig zu sein. Ich habe auch nicht gehört, daß jemals eine Revision Erfolg gehabt hätte.

Dies Gesetz war so haarsträubend und unmenschlich, daß sich der damalige Justizminister Schlegelberger geweigert hatte, es gegenzuzeichnen, so daß es mit der Gegenzeichnung von Hermann Göring erschien.

Auf Juden konnte das Gesetz schon aus dem Grunde keine Anwendung finden, weil sie sich ja alle entweder in Ghettos oder in Konzentrationslagern befanden, wo sie keine Gelegenheit zu Straftaten hatten. Wohl aber bedeutete dieses Gesetz eine außerordentliche Verschlechterung der Lage aller polnischen Beschuldigten. Geldstrafen kamen kaum in Frage, da die Polen, genau genommen, kein Geld hatten. Die Straflager zeichneten sich dadurch aus, daß es sehr wenig zu essen, aber desto mehr zu arbeiten gab. Wie mir einmal der Erste Staatsanwalt Lamberti, dem man wahrhaftig Sentimentalität nicht vorwerfen konnte, sagte, konnten selbst die Kräftigsten ein Straflager von mehr wie zwei Jahren nicht überleben.

Ich hatte mich oft mit meinen baltischen und reichsdeutschen Kollegen über das Gesetz vom Dezember 1941 unterhalten; wir alle waren uns in seiner Verurteilung vollkommen einig. Wir sagten uns, daß wir jetzt vor unserem Gewissen eine noch größere Verantwortung trügen und daher noch mehr wie früher bestrebt sein müßten, das Strafmaß so niedrig als nur möglich zu halten. In dieser Ansicht wurden wir später noch durch einen uns bekannt gewordenen Geheimbefehl des Reichsführers der SS, d. h. Himmlers, bestärkt, laut dem alle zu mehr als 2 Jahren Verurteilten nach Verbüßung der Strafe nicht etwa auf freien Fuß gesetzt, sondern an die Gestapo zum Arbeitseinsatz in das Altreich „überstellt" werden sollten.

Überhaupt maßte sich die Verwaltung, vor allem die Partei, das Recht an, ohne daß sie dafür irgend einen Rechtsgrund anführen konnte, in noch schwebende Gerichtsverfahren einzugreifen und Personen, die sich in Untersuchungshaft befanden, zur Wahrung des deutschen Ansehens, so lautete die gebräuchliche Form, der Verfolgung zu entziehen. Ich habe selbst eine aus mehreren großen Konvoluten bestehende Akte durcharbeiten müssen, die sich auf Betrügereien, Unterschlagungen, Durchstechereien, aktive und passive Bestechungen bezog, die in den Jahren 1940-1941 in der Kreisstadt Wielunj in einem großen polnischen Warenlager vorgekommen waren. Zu den Beschuldigten gehörte der volksdeutsche Gutsbesitzer und Kreisjägermeister [...] von Meskewalde und eine Reihe deutscher und polnischer Angestellter. Da gemäß einer der vielen ganz unverständlichen Verordnungen nicht gleichzeitig gegen deutsche und polnische Angeklagte verhandelt werden durfte – wohl auch wegen des ominösen „deutschen Ansehens"–, waren die polnischen Angeklagten in einem abgetrennten Verfahren bereits zu hohen Freiheitsstrafen verurteilt worden. Die Voruntersuchung gegen die deutschen Angeklagten lief noch. […] In diesem Stadium nun wird die ganze Akte von dem Gauleiter Herrn Greiser angefordert, woraufhin ein Schreiben der Gauleitung an den Oberstaatsanwalt ergeht, es läge nicht im Interesse des deutschen Ansehens, diese Sache weiter zu verfolgen. Das ganze Verfahren sei sofort einzustellen und die in Haft Befindlichen auf freien Fuß zu setzten. Etwas Derartiges wäre in dem so verschrieenen zaristischen Rußland völlig ausgeschlossen gewesen. Wenigstens sah sich das Kalischer Sondergericht veranlaßt, beim Oberlandesgericht eine Herabsetzung der Strafen, die bereits gegen die polnischen Angeklagten verhängt worden waren, zu beantragen. […]

Mit dem „deutschen Ansehen“ wurde im Gericht überhaupt ein entsetzlicher Unfug getrieben. So durften Polen nicht in öffentlicher Sitzung als Zeugen gegen deutsche Angeklagte vernommen werden, Polen war der Besuch von „öffentlichen“ Gerichtsverhandlungen untersagt. Leider war es ganz unmöglich, gegen diese blödsinnigen und unwürdigen Bestimmungen anzukämpfen.

Mehr Erfolg aber hatte das geschlossene Auftreten der baltischen Richter gegen die unwürdige Behandlung der polnischen Angeklagten und Zeugen während der Gerichtssitzungen. Besonders der Landgerichtsdirektor Dr. Völker war der Meinung, daß er durch Einschüchterung der polnischen Angeklagten und Zeugen der Wahrheit zum Siege verhelfen könne. Das hieß Freisslersche Methode. Sehr beliebt war bei Völker auch, den schon sowieso verschüchterten Polen noch vor ihrer Vernehmung mitzuteilen, alles, was ein Pole aussage, sei immer erlogen. Ich sah fast, wie bei den mit erhobener Stimme Angebrüllten bei dieser freundlichen Charakterisierung der polnischen Aussagen eine innere Klappe zufiel. Allmählich änderte sich dies und die Gerichtsverhandlungen nahmen einen kultivierteren Verlauf. Von weniger Erfolg waren unsere Bemühungen im Kollegialgericht, das Strafmaß auf eine möglichst niedrige Stufe herabzudrücken. Unser baltischer Kollege Kügler, vielleicht der Unbeugsamste von uns, verstand sich schließlich mit den reichsdeutschen Kollegen so wenig, daß er auf Betreiben des Landgerichtspräsidenten nach Pommern versetzt wurde.

Fast noch schlimmer sah es für die Polen auf dem Gebiet des Bürgerlichen Rechts aus. Der Pole war nicht mehr Rechtssubjekt. Durch ein Gesetz war ihm die sogenannte Aktivlegitimation genommen worden. Ein Pole durfte vor Gericht weder als Kläger noch als Beklagter auftreten, er durfte keinen Vertrag schließen, keine einseitige Verfügung treffen, nicht testieren oder erben, nicht schenken oder beschenkt werden. Er durfte sich weder gerichtlich noch außergerichtlich vertreten lassen, keinen Anwalt oder Notar um Rat fragen. Oft fragte ich, aus welchem Grunde und mit welchem Recht solch ein Gesetz erlassen worden sei, und niemand konnte mir diese Frage beantworten. Die einzige Antwort hätte ja nur so lauten können, daß die Nationalsozialisten eben das Völkerrecht außer Kraft gesetzt hätten. An seiner Stelle herrschte echte NS-Willkür. Die rechtliche Stellung der Sklaven im alten Griechenland und in Rom war eine ähnliche gewesen, bloß mit dem kardinalen Unterschied, daß sie an ihren Herren oder Patronen wirkliche Beschützer fanden, die den Polen meist fehlten.

Das Leben im Warthegau: Polen und Reichsdeutsche, Balten und Westdeutsche

In kirchlicher Hinsicht waren die Balten in Posen gut versorgt. Sowohl der ehemalige estländische Propst, Konrad von zur Mühlen[182], wie auch der letzte amtierende Propst Waldemar Thomson[183], blieben in Posen.

Besonders viele Balten fanden als Lehrkräfte der neuen deutschen Posener Universität Verwendung. Allerdings war die Wahl nicht immer eine sehr glückliche, da weniger wissenschaftliche Verdienste, als die weltanschauliche Ausrichtung maßgebend war. Während bekannte Gelehrte, wie z.B. der Internist der Dorpater Hochschule, Prof. Dr. Masing[184], keinen Lehrauftrag erhielt, weil er nicht der Partei angehörte, wurden andere, die in Dorpat bloß Dozenten gewesen waren, so der freundlichen Philosoph Freymann, in Posen gleich Professoren[185]. Eine große Anzahl Ärzte hatte gleichfalls ihre Praxis in Posen eröffnet. So unwahrscheinlich es klingt, spielte auch hier die Zugehörigkeit zur Partei die ausschlaggebende Rolle. So bekam der im besten Alter stehende bekannte, um nicht zu sagen berühmte Rigaer Chirurg Fowelin[186] nicht die Erlaubnis, in Posen zu praktizieren; er wurde in ein ganz kleines Nest verbannt.

Auch alle früheren führenden baltischen Genealogen: Nikolai von Essen[187], Baron Walter Maydell[188], Dr. Speer[189], Oskar Koerber[190] und Erich Seuberlich[191] hatten Posen zu ihrem ständigen Wohnort erwählt, weil die

---

[182] Konrad v. zur Mühlen (1868-1945), 1921-39 Propst in Estland, Alb. Est., Nr. 970.

[183] Waldemar Thomson (1897-1945), Propst in Estland, 1939. Alb. Est., Nr. 1183.

[184] Ernst Masing (1879-1956), 1919-39 Prof. d. Inneren Medizin, 1941-45 Leiter des städt. Krankenhauses in Posen. BaBA; DBBL, S. 490.

[185] Walther Freymann (1883-1960), 1918-39 Privatdozent in Dorpat, 1942-45 außerplanm. Prof. der Philosophie und russischen Sprache und Geistesgeschichte in Posen. DBBL, S. 225; s. dazu Roland Gelocke, Deutschbalten an der Reichsuniversität Posen. In: Deutschbalten, Weimarer Republik u. Drittes Reich (wie Anm. 155), S. 389-426.

[186] Harald Fowelin (1881-1945), 1940-45 am Kreiskrankenhaus Kosten, Alb. Liv., Nr. 1136.

[187] Nikolai v. Essen (1885-1945), russ. Oberst, Genealoge. DBBL, S. 202

[188] Walter Bar. v. Maydell (1884-1954), Privatgelehrter, Genealoge. BBA.

[189] Helmut Speer (1906-1996). 1940-45 Leiter des Sippenamtes für Ostdeutsche Rückwanderer in Posen, Mitarbeiter des Einsatzstabes Rosenberg in Riga. Alb. Liv., Nr. 1405.

[190] Oskar Koerber (1874-1946), Landwirt und Genealoge. Gedenkbuch, S. 216.

[191] Erich Seuberlich (1882-1946), 1935-39 beim Büro für Familienforschung in Riga, 1940-45 Sippenforscher in Posen. DBBL, S. 727. f.

Archive aller der Länder, aus denen die Umsiedler stammten, aus dem ganzen Baltikum, aus Bessarabien, Wolynien usw. alle in Posen vereinigt worden waren. Das erleichterte natürlich das Arbeiten ungemein. Die Genealogie war eine Lieblingsbeschäftigung der Männer des Dritten Reiches, die ja dem reinen Blut eine erhöhte Bedeutung beimaßen.

Schon bald hatte sich zwischen den Balten und den Reichsdeutschen eine tiefe Kluft aufgetan, die bedauerlicherweise von Tag zu Tag immer tiefer wurde. Bis auf wenige schlugen wohl alle Versuche, eine gemeinsame Sprache zu finden, fehl. Ganz anders gestaltete sich das Verhältnis zu den sogenannten Volksdeutschen, d.h. denjenigen Deutschen, die die 20 Jahre der polnischen Herrschaft im Posener Bezirk ausgeharrt hatten. Sie erzählten, es sei ihnen unter den Polen nicht einmal so schlecht ergangen. Allerdings hätten sie nicht mehr, wie bis 1919, die erste, sondern die zweite Violine gespielt. Im Posener Bezirk waren diejenigen Deutschen geblieben, die besonders zäh an dem ererbten Boden hingen und überzeugt waren, daß Deutschland die Provinz Posen wieder nehmen werde, oder diejenigen, die zu indolent waren, um ihre alten Wohnsitze zu verlassen, oder mit Polen versippt waren. Es waren also die Besten und gewissermaßen die Schlechtesten, die das Hauptkontingent der Volksdeutschen ausmachten. Die Zwischenstufe fehlte beinahe ganz. Am sympathischsten waren uns die volksdeutschen Gutsbesitzer, die noch in großer Zahl auf ihren zum Teil ausgedehnten Besitzungen saßen. Ihrer Mentalität nach glichen sie den baltischen Landschen, wenn sie auch in der Bildung wohl etwas zurückstanden. Schon im ersten Jahre meines Aufenthaltes im Warthegau hörte ich den Ausspruch eines volksdeutschen Gutsbesitzers, es sei an der Zeit, daß die Volksdeutschen mit den Balten eine geeinte Front gegen die Reichsdeutschen bilden müßten. Das war natürlich abwegig und bedauerlich, wenn auch bei der sittlichen Minderwertigkeit vieler Reichsdeutscher begreiflich[192].

Als Entschädigung für unser Revaler Mietshaus hatte ich in Posen in der Schlüterstraße 7 ein großes ganz neues Mietshaus mit 14 Wohnungen von je drei oder vier Zimmern bekommen. Es geschah dies gegen meinen Willen; ich hatte sogar schriftlich gebeten, keinen Austausch vorzunehmen. Trotzdem wurde das Haus sogar grundbuchmäßig übertragen. Auch die grundbuchmäßige Eintragung der neuen Gutsbesitzer war schon ins Auge gefaßt worden, kam aber nicht mehr zustande. Wie sicher sich die neuen Eigentü-

---

[192] Unter "Reichsdeutschen" versteht der Verfasser hier die nationalsozialistischen deutschen Beamten und Funktionäre, die er als negative Auslese ansieht.

mer der Güter fühlten, ist u.a. daraus zu ersehen, daß in der im Jahre 1943 in Görlitz erschienenen Ergänzung zum „Handbuch der Kurländischen Ritterschaft“ (Verlag C.A. Starcke) einige Herren sich schon nach ihren neuen Gütern nannten [...].

Im September 1940 gelang es mir, in einem der evangelischen Gemeinde gehörenden Hause im Zentrum der Stadt eine recht hübsche Sechszimmerwohnung zu mieten, die sich leider später als sehr kalt erwies. Als unser großes Gepäck, ungefähr 75 zum Teil mächtige Kisten, ankam, zogen wir in die neue Wohnung und richteten uns mit Hilfe unseres sehr sympathischen polnischen Stubenmädchens Jascha Jakubowska, so gut es ging, ein.

Im ganzen hatten unsere Sachen den Transport nicht schlecht überstanden. Nur zwei allerdings hübsche Stücke fehlten: Ein Mahagonischrank und eine antike eingelegte Mahagonikommode, beide mit wertvollem Inhalt. Sie enthielten so ziemlich das ganze Silber, das uns die Bolschewiken im Jahre 1918 nicht geraubt hatten. Gewundert haben wir uns über diesen Verlust weiter nicht, denn den vielen schlechten Elementen in der SS, die ja mit dem „Schutz“ des Umsiedlerguts betreut waren, war es leicht gemacht worden, die richtigen Behältnisse aufzufinden, da von allen Sachen genaue Listen vorlagen. Bei der enormen Menge von Umsiedlergut, das aus dem Baltikum nach Polen transportiert worden war, – es sollen gegen eine Million Kisten gewesen sein –, ist es nur erstaunlich, daß nicht noch viel mehr gestohlen worden ist.

Übrigens sollen die SS-Leute, die es bei den Diebstählen schon zu toll getrieben hatten, schließlich doch belangt worden und viele von ihnen hingerichtet worden sein. Bei einigen von ihnen waren ganze Lager von Pelzen, Teppichen, Silber und Ähnlichem gefunden worden. Die meisten der Diebe dürften aber wohl ungestraft davongekommen sein.

Es folgt eine eingehende Beschreibung der Wohnung, in der bald auch die ersten Gäste empfangen werden. Auch mit reichsdeutschen Kollegen, die in der Wohnung darunter zur Miete wohnten, gebildeten und dem Nationalsozialismus gegenüber distanzierten Herren, wurde verkehrt.

Inhaberin der unter uns gelegenen Wohnung war eine polnische Dame, bei der zwei meiner Kollegen vom Landgericht, Dirska und Dr. Möhl, als Untermieter lebten. Dirska stammte aus Schlesien, Möhl aus Bayern. Ersterer war Schlesier, grundanständig, ein literarischer Feinschmecker und recht guter Kunstkenner, mit dem ich mich gerne unterhielt und immer vortrefflich verstand. Ich gab ihm sogar einige russische Stunden, doch schlief das bald wieder ein, wohl weil ihm die Aussprache, wie den meisten Reichsdeutschen, ein unüberwindliches Hindernis war. Mit Dr. Möhl, einem typischen Bayern, besprach ich oft und ganz offen alle in Verbindung mit dem Nationalsozialismus auftretenden Fragen und Bedenken, da ich auf seine Diskretion mich verlassen durfte. Er kannte die Partei seit ihrem Entstehen, gab ihre Vorzüge zu, sah aber auch ihre Schattenseite ganz klar. Er legte mir nah, keine Opposition zu treiben, da das keinen Erfolg haben könne und mich nur in unerfreuliche Situationen versetzen würde.

Eine eigenartige Erscheinung unter uns Richtern waren die sogenannten „Beauftragten Richter". Zu ihnen gehörten zwei reichsdeutsche Herren: ein Rechtsanwalt aus Hamburg, Paulsen, später ein Rechtsanwalt Dr. Köhler, und bis zu unserer Ernennung zu Landgerichts- bzw. Amtsgerichtsräten, alle baltischen Richter. Paulsen ging ganz seine eigenen Wege und gehörte auch nicht zur Partei. Aber auch er, der vielleicht am skeptischsten von allen dem Dritten Reich gegenüberstand, hielt sehr mit seiner Kritik zurück. Auch Paulsen war ein klassisch gut gebildeter Humanist. Er interessierte sich ebenfalls für Russisch und konnte sogar etwas russisch sprechen. Einmal konnten sich Dirska und Paulsen, der den Abend bei ihm verbrachte, nicht über die Betonung eines russischen Wortes einigen. In sehr vorgerückter Stunde, ich glaube es war gegen ein Uhr, klingelte der ziemlich angeheiterte Dirska bei mir so lange, bis ich aufwachte und ihn nach unten begleiten mußte, um den philologischen Streit zu schlichten. Paulsen, der die Wette verlor, revanchierte sich mit einem solennen und sehr feuchten Souper. [...]

Eine ziemlich grauenhafte Einrichtung waren die sogenannten „Kameradschaftsabende" des Landgerichts, die anfangs in dem recht passablen Hotel „Deutscher Hof", manchmal auch mit Damen gefeiert wurden. Auch die Staatsanwaltschaft und die sogenannten „gehobenen" Beamten nahmen daran teil. Wanda zog es meist vor, zu Hause zu bleiben. Wenn es auch nicht an Unterhaltungsstoff und an Alkohol gebrach, so wurde ein richtiger Kontakt zwischen den Anwesenden doch kaum hergestellt.

Es hat mich damals und auch später immer im höchsten Grade gewundert, daß über den Krieg, seinen voraussichtlichen Ausgang und seine Folgen fast nie gesprochen wurde. Beinah konnte es so scheinen, als ob die Reichsdeutschen sich für den Krieg nur wenig interessierten. Das wäre aber sicherlich keine richtige Annahme gewesen. Eher fürchtete sich ein jeder, seine wirkliche Meinung zu äußern, um nicht denunziert zu werden und Unannehmlichkeiten zu haben, wenn diese Meinung nicht mit der Propaganda übereinstimmte. Überhaupt war ich immer wieder erstaunt, daß die Deutschen, die als Soldaten den größten Mut und völlige Furchtlosigkeit bewiesen, gar keine Zivilcourage hatten und erstaunt waren, wenn sie diese bei anderen entdecken konnten.

Da ich der älteste von uns baltischen Richtern war, wurde ich mehrfach vom Landgerichtspräsidenten Jasching darüber belehrt, mit der Bitte um Weitergabe an meine Landsleute, was sich für einen deutschen Richter oder auch überhaupt schickte und was nicht. So sei es z.B. nach nationalsozialistischer Auffassung nicht angängig, Damen mit „gnädige Frau" oder „gnädiges Fräulein" anzureden, vielmehr laute die Anrede Frau oder Fräulein Sowieso. Der Handkuß sei absolut verpönt. Ein Richter dürfe nicht Dritter Klasse fahren, Päckchen oder gar Packen tragen, einen Kinderwagen schieben. Ich erwiderte Herrn Jasching, daß ich und wohl auch meine Landsleute sich sicherlich diesen uns in der Tat neuen Vorschriften in reichsdeutscher Umgebung fügen würden, unter uns sich aber so betragen würden, wie wir es von unserer Heimat her gewohnt seien. Bald darauf ereignete sich auf einem Kameradschaftsabend, den ein Oberst aus guter Familie als Gast mitmachte, etwas Überraschendes: als Jasching sah, daß der Oberst bei der Begrüßung der Damen ihnen die Hand küßte und sie mit „gnädige Frau" anredete, ging auch er sofort auf diese Anrede über und küßte ihnen beim Abschied die Hand. Ich muß wohl sagen, daß mich diese Dienerhaftigkeit bei einem so klugen Menschen, wie Jasching es ohne Zweifel war, erschütterte. Herr Jasching lud mich mehrfach ein, ihn allein oder mit Wanda in seinem Hause zu besuchen, was er anfangs in einer etwas eigenartigen Weise tat. Er ließ mich nämlich durch seine Sekretärin in sein Kabinett bitten und teilte mir dann die Einladung mit. Schließlich sagte ich ihm, ich fände es richtiger, wenn er in solchen Fällen mich in meinem Amtszimmer aufsuchen wolle, was er sich auch, nicht ohne einiges Erstaunen, merkte.

Ein besonderes Kapitel bildeten die sogenannten Richterbesprechungen, – in Rußland hatten sie allgemeine Versammlungen geheißen –, die zwanglos, etwa einmal im Monat im Kabinett des Präsidenten stattfanden. An ihnen nahmen auch alle Amtsrichter des Ostrower Bezirks, zu dem die Kreise Ostrowo, Kempen, Wielun und ein Teil des Kreises Jarotschin gehörten, teil. Im ganzen kamen im Anfang, als noch keine oder bloß wenige Richter eingezogen waren, etwa 25 Herren zusammen. Auf diesen Versammlungen wurden neue Gesetze, Verordnungen, Erlasse und Rundschreiben des Justizministeriums, der Partei, des Gauleiters und des Oberlandesgerichts Posen verlesen und besprochen, interessante und typische Fälle aus der Praxis kommentiert, insbesondere aber Strafurteile und ihre Begründungen kritisiert. Auch allgemeine Verhaltungsmaßnahmen und Empfehlungen wurden bekannt gegeben. Jasching verwahrte sich meistens, er wolle keineswegs auf die Richter einen Druck ausüben. Tatsächlich war es aber eine üble Beeinflussung. Wieder war ich erschüttert, in welchem Maß sich die Richter, die dem Gesetz nach ja auch im Dritten Reich unabhängig, unabsetzbar und unversetzbar waren, wie Schulbuben den Anordnungen, Verfügungen und sogar Winken ihrer sogenannten Vorgesetzten fügten. Eigentlich kam es nie vor, daß eine eigene Meinung ausgesprochen, geschweige denn verfochten wurde. Zu meiner Schande muß ich gestehen, daß auch wir baltischen Richter, ich nicht ausgenommen, denen es sonst an Zivilcourage wahrhaftig nicht mangelte, ebenfalls nicht wagten zu opponieren. Es muß schon eine eigenartige Atmosphäre gewesen sein, die uns den Atem verschlug. [...] Mit Wehmut gedachte ich der so viel würdigeren und freimütigeren Aussprache auf den allgemeinen Versammlungen, denen ich in den russischen Gerichten beigewohnt hatte.

Hartmann stellt Vergleiche an zwischen russischen und deutschen Bräuchen im amtlichen Verkehr, übt Kritik an der Fehleinschätzung des russischen Volkes und an der Unkenntnis bei der Partei, berichtet über den in der Öffentlichkeit verbreiteten Glauben an den Endsieg infolge der Propaganda und mangelhaften Unterrichtung über das wirkliche Geschehen und sieht einen krassen Widerspruch zwischen dem Fleiß und Aufwand für den Warthegau und den wirklichen Aussichten für die Zukunft.

Die größere Menge der Gebildeten und selbstverständlich alle wenig oder gar nicht Gebildeten ließen sich von der anscheinenden oder auch tatsächlichen Ruhe der Staatsführung und des täglichen Lebens derart in Sicherheit wiegen, daß der „Endsieg“ als gesichert angesehen wurde. Die Erfolge in den ersten drei Jahren waren ja auch imposant und nur durch wenige Rückschläge unterbrochen. Allerdings wußten nur ganz wenige von uns, in wie bedrohlichem Maß unterdessen in Rußland, in Frankreich und auf dem ganzen Balkan die Untergrundbewegungen und das Partisanenwesen angewachsen waren, und daß auch im Generalgouvernement, ja sogar im Wartheland diese bedenklichen Erscheinungen sich zeigten. Daß es auch in Deutschland eine nicht geringe Widerstandsbewegung bereits vor Kriegsanfang gab, habe ich erst nach dem 20. Juli 1944 erfahren. Wohl hörte ich Ende 1943 oder Anfang 1944, daß es in München zu großen Studentenunruhen gekommen sei und daß diese mit brutalsten Maßnahmen unterdrückt worden wären. In den deutschen Zeitungen stand natürlich davon keine Silbe. Was aber das Ziel dieser Unruhen war, konnte ich nicht herausbekommen.

Mit Polen, auch mit solchen, die ich recht gut zu kennen glaubte, habe ich mich selbstverständlich nie über Politik unterhalten. Da ich mit ihnen polnisch sprach, wäre es ein leichtes gewesen, von ihnen allerhand zu erfahren. Aber in dem wenigen, das sie äußerten, schien doch der Glaube an den deutschen Sieg zu überwiegen. Erst 1943 hörte ich aus zuverlässigen deutschen Quellen, daß im Warthegau nachts von alliierten Flugzeugen Spione, Waffen und Munition, Radiosender u.a. abgeworfen wurden. Das wurde aber nicht viel beachtet, da die deutsche Polizei und die Besatzung zu zahlreich und zu gut organisiert waren. Die polnische Bevölkerung auf dem Lande leistete diesen antideutschen Maßnahmen natürlich überall Vorschub. [...]

Der Herbst 1940, der Winter und das Frühjahr 1941 waren überschattet von der schweren Krankheit unseres lieben Schwiegersohnes Hans Schultz. Er war, [...] von der Brandenburgischen Fürsorgestelle in eine in der Lüneburger Heide gelegene Lungenheilanstalt eingewiesen worden. Das war leider ein großer Fehler gewesen; denn bei den früheren Erkrankungen hatte Hans nur in bedeutender Höhenlage Erleichterung und zuletzt Heilung gefunden. Statt besser zu werden, verschlimmerte sich sein Leiden schnell. Im November beschloß er, zu Alice und den drei Kindern, die wir aufgenommen hatten, zu ziehen. Die Hoffnung, eine eigne Gemeinde versorgen zu können, hatte er endgültig aufgegeben. [...]

Oft besprach ich mit ihm die kirchliche, politische und militärische Lage Deutschlands. Hans war wenig hoffnungsvoll und tief deprimiert. Besonders über die Vorkommnisse auf kirchlichem und religiösem Gebiet. Für die Bereitschaft einiger baltischer Geistlicher, den Staat zu bejahen, hatte er keinerlei Verständnis.

Nach Weihnachten [...] wurde beschlossen, Hans in die Lungenheilanstalt Tuschinek unweit Lodz' zu überführen. [...] Bald darauf fuhr Hans, von Alice begleitet, nach Tuschinek. Die Kinder blieben bis auf weiteres bei uns.

Anfang März [...] war in seinem Befinden eine plötzliche, sehr ernste Verschlechterung eingetreten. Am 1. April starb unser lieber Hans.

Erst jetzt, als er nicht mehr unter uns weilte, begriffen wir ganz, was wir alle an ihm gehabt hatten. Seine tiefe unaufdringliche Frömmigkeit verbunden mit dem ruhigen sittlichen Ernst, seine großen geistigen Gaben, sein Fleiß und seine hervorragenden charakterlichen Eigenschaften, die vorzüglichen Formen, sein festes und doch freundliches verbindliches Auftreten, das für sein Alter – er war erst 35 Jahre – große Wissen, seine Aufgeschlossenheit und sein entwickelter Sinn für alles Schöne und – nicht zuletzt – sein prächtiger Humor prädestinieren ihn dazu, einmal etwas Großes zu leisten. Er war eine selten in sich geschlossene Natur.

Es ist natürlich völlig müßig, sich auszumalen, was geschehen wäre, wenn gewisse Ereignisse nicht eingetreten wären. Dennoch möchte ich es nicht unterlassen, es auszusprechen, daß unser lieber Schwiegersohn Hans Schultz, falls er länger gelebt hätte, dank seiner großen Begabung [...], verbunden mit völliger Furchtlosigkeit, innerhalb der evangelischen Kirche bald eine führende Rolle gespielt hätte. Voraussichtlich wäre es zu schweren Konflikten mit der Partei gekommen, da er seine Meinung immer ganz offen sagte. Sicherlich hätte er viele Balten davon abgehalten, sich kritiklos den Grundsätzen der Partei anzuschließen. Selbst einige baltische Pastoren waren der Partei beigetreten – ein gutes Beispiel dafür, wie ahnungslos die meisten Balten über das wahre Wesen der Partei waren und wie sehr wir noch in dem Wahn befangen waren, das Programm der Partei sei bare Münze. Ich muß gestehen, daß auch ich, obwohl ich mehr wie kritisch zum Nationalsozialismus stand, noch sehr lange Hitler selbst nicht für den moralischen Lumpen hielt. Nur das Pöbelhafte an ihm stieß mich von Anfang an ab.

Feindmacht Sowjetunion

Im Sommer 1941 war der sich vorbereitende Krieg gegen Sowjetrußland auch für die Naivsten kein Geheimnis mehr. [...] Immer mehr und immer größere deutsche Truppenverbände zogen am hellichten Tage in östlicher Richtung durch Ostrowo. Sie machten einen vorzüglichen Eindruck, waren glänzend gekleidet und ausgerüstet und in gehobener, fast ausgelassener Stimmung. In den Zeitungen und Rundfunknachrichten und –reden war den Sowjets gegenüber eine deutliche Abkühlung nicht zu verkennen.

Und dann, eines guten oder vielmehr schlechten Tages, brach das Gewitter los. Der Krieg war Tatsache. Eine Siegesnachricht jagte die andere. [...] Wird Hitler so klug sein und wirklich alles tun, um das russische Volk, das anscheinend endlich die Möglichkeit sah, das verhaßte bolschewistische Joch abzuwerfen, für Deutschland günstig zu stimmen? Wird er in diesem für Deutschland so entscheidenden Augenblick die geeigneten Berater finden, die Rußland und die Russen, die Sowjets kennen? Wird er vor allem imstande sein, weise Mäßigung zu bewahren? Wird er jetzt endlich die bisher geübte abscheuliche Brutalisierung der Besiegten aufgeben? Was in der Presse und im Rundfunk für „ewige Zeiten“ oder „tausend Jahre“ in Aussicht gestellt wurde, fand bei mir keinen Glauben und keine Billigung. Der „Deutsche“ dem wir im Wartheland begegneten, war nicht mehr der, dem unsere frühere Vorstellung entsprach.

Nur im kleinen Kreise gleichgesinnter Balten atmeten wir auf, konnten wir sprechen, wie wir dachten. Im allgemeinen waren unsere baltischen Bekannten diskret, und wir brauchten nicht zu befürchten, angezeigt zu werden. Balten, denen wir nicht trauen konnten – natürlich gab es auch solche – waren bald bekannt und wurden mit Vorsicht genossen oder auch ganz gemieden. Dennoch glaube ich nicht zu übertreiben, wenn ich sage, daß wir Balten, obwohl nicht kritiklos und manchmal sogar sehr ablehnend, doch fast ausnahmslos dem Staat gegenüber in gutem Sinn loyal waren und Defätismus oder gar Sabotage für uns als nicht diskutabel nicht in Frage kamen. [...]

Als der Krieg gegen Sowjetrußland begann, hielt ich es für meine Pflicht, mich trotz meines hohen Alters von fast 67 Jahren als Dolmetscher oder Beamter der Militärregierung zur Verfügung zu stellen. Ich beherrschte das Russische in Wort und Schrift nicht schlechter wie das Deutsche, kannte die Russen und durfte daher auch hoffen, mit Nutzen meinen Mann zu stehen.

Die Dolmetscherprüfung bestand ich mit Leichtigkeit. Auf Grund meiner früheren Tätigkeit in russischen Diensten nahm ich an, ich würde meine Kenntnisse und Erfahrung in einer höheren Anstellung nutzbar machen. In der Tat trat denn auch im Frühjahr 1942 mein Freund, der Dozent der Posner Universität, Dr. Alfred Walter, mit der Anfrage an mich heran, ob ich denn bereit wäre, den Posten eines Leiters der Justiz im Moskauer Raum anzunehmen. Er selbst war vom Ostministerium als Chef des Moskauer Bildungswesens ausersehen worden. Obgleich mir etwas anderes vorgeschwebt hatte, etwa das Amt des Vorsitzenden einer Kunstschutzkommission oder Ähnliches, erklärte ich mich bereit. Allerdings stellte ich die Bedingung, daß mir einige noch näher zu bezeichnende Rechte gewährleistet würden, die ich in einer ausführlichen Denkschrift niederzulegen beabsichtigte. Ich wollte verlangen, daß

1. der Einfluß der Partei in dem mir unterliegenden Ressort ausgeschaltet würde;
2. für Deutsche und Russen das gleiche Recht zu gelten habe;
3. bei der Besetzung der Gerichte auch Russen mit entscheidender Stimme hinzugezogen würden;
4. alle Richter unabsetzbar und unversetzbar seien;
5. für die russische Zivilbevölkerung sogenannte Prokuratoren bestellt würden, bei denen jederzeit Klagen gegen deutsche Behörden, Amts- und Zivilpersonen eingereicht werden könnten, ohne schädliche Folgen für gutgläubige Kläger und endlich
6. mir vollkommen freie Hand gelassen würde, gegen jedermann, und sei es auch der höchste Parteifunktionär, nötigenfalls unerbittlich vorzugehen.

Als ich Walter diese Gedanken entwickelte, sah er mich mit einem mitleidig – wehmütigen Lächeln an und meinte, im besten Fall würde meine Denkschrift im Papierkorb oder in den wegzulegenden Akten verschwinden. Es könnten aber auch recht unliebsame Folgen, inklusive KZ eintreten. Der Kelch eines Zivildienstes in Sowjetrußland ist, Gottlob, an mir vorübergegangen.

Im Sommer 1942 fuhren Wanda und ich auf eine längere Ferienreise ins Altreich. Zuerst besuchten wir die Geschwister Ropp[193] in ihrer hübschen Villa in Grünheide in Berlin und wohnten anschließend bei unseren Kindern Wrangell in Klein-Machnow, einem Berliner Vorort, etwa eine Woche. Olaf hatte sich dort, wo auch seine Eltern lebten, mit den kolumbianischen Ersparnissen eine kleine, aber besonders wohnliche Villa gebaut. [...]

Noch glaubten fast alle, die wir sprachen, an den deutschen Sieg, bis auf Ropps, die ja sowohl England wie auch Nord-Amerika gut kannten und sich auch nicht an das Verbot des Abhörens fremder Sender hielten. Außerdem stand Friedel Ropp ja im kirchlichen Leben und lehnte auch schon aus diesem Grunde den Nationalsozialismus ab. [...]

Nach verschiedenen Besuchen bei Verwandten und Bekannten folgte ich einer Aufforderung meines Posner Chefs Pehle, auf dessen unweit Anklam gelegenes Gut. Er besaß zwei sogenannte Erbhöfe von je 250 Hektar, die er musterhaft bewirtschaftete. Er hatte die Höfe nach den livländischen Gütern seines Schwiegervaters, meines Klienten Heinrich von Grote, Karolenhof und Kawershof genannt. Beim Begehen der Güter zeigte mir Pehle einen stimmungsvollen Eichenhain, in dem er allen gefallenen Gefolgsleuten Gedenksteine errichten wollte. Dort wollte er, der ein begeisterter Anhänger des Nationalsozialismus war, auch dem deutschen Gott huldigen, „wenn das Christentum der Vergessenheit angehören würde". Ich war erschüttert über diesen völligen Mangel an geschichtlicher Perspektive, der es einem so klugen und nicht ungebildeten Mann, wie Pehle es war, erlaubte, einen derartigen Wahnsinn zu glauben, sich einzubilden, daß das Christentum, das schon seit bald zweitausend Jahren allen Stürmen mit Erfolg getrotzt hatte, von Herrn Hitler überwunden werden könnte. Auch Frau Pehle war ganz in den Ideen ihres Mannes befangen, obwohl sie im Baltikum geboren war. Es hatte gar keinen Zweck zu polemisieren und hätte bloß die freundliche Stimmung getrübt.

Von Anklam ging es auf eine Woche nach Ammerland am Starnberger See zu unseren lieben Verwandten Wentzels[194]. Sowohl unsere Kusine Egla, wie auch ihr Mann, der sich von seiner liebenswürdigsten Seite zeigte, waren erbitterte Gegner des Nationalsozialismus. Auf meine vielen Klagen

---

[193] Friedrich Bar. v. der Ropp (1879-1964), Bergingenieur, Mitbegründer und Leiter des geheimen „Baltischen Ordens" (1920), Evangelist; verheir. mit Elisabeth (Lilli) Stolle, gesch. Bar. v. Korff, Halbschwester von Woldemar Hartmann. DBBL, S. 640.

[194] Egla Wentzel, geb. v. Roth, verw. v. Kloth-Heydenfeldt, verh. mit Leo Wentzel.

über den Weg, den der Nationalsozialismus eingeschlagen hatte, die Übergriffe und Verbrechen der Parteileute, die grauenhafte Unbildung der maßgebenden Beamten u.a. hatte mir Wanda immer entgegengehalten, das sei nur im Bezirk Posen so, im Altreich sei alles ganz anders und viel besser. Sie wurde in Ammerland auf das Nachdrücklichste von diesen Illusionen geheilt. Leo Wentzel erzählte uns von einwandfrei belegten, geradezu unvorstellbaren Zuständen und Vorfällen in München und anderswo. [...]

Bald darauf machte ich in Berlin eine Sitzung bei dem zum Chef der deutschen Zivilverwaltung im Moskauer Raum vorgesehenen Dr. Maretzki mit, in dem ich einen gut gebildeten, kultivierten und anscheinend wohlwollenden Großkaufmann kennenlernte. Außer mir und Dr. Maretzki nahmen an dieser Versammlung noch Alfred Walter und einige Herren vom Ostministerium teil. Ich war tief enttäuscht darüber, wie wenig die bisherigen Ereignisse die Herren belehrt hatten. Auch Walter machte keine Ausnahme in der Unterschätzung und falschen Beurteilung des russischen Volkes. Nur waren die von ihnen vorgeschlagenen Methoden durchaus anständig und hoben sich vorteilhaft von dem ab, was ich bisher über die Behandlung des russischen Volkes gehört hatte. [...]

Die Besetzung des Baltikums durch die deutschen Truppen gegen Ende des Jahres 1941 hatte unter uns Balten im Wartheland eine große Unruhe hervorgerufen. Es wurde viel von einer Rücksiedlung in die alte Heimat gesprochen. Ich glaube nicht zu übertreiben, wenn ich sage, daß ein Großteil von uns, auch wir selbst, mit allen Fasern unseres Daseins zurückstrebten. Es hieß, Deutschland wolle, wie es ja schon im Jahre 1916 beabsichtigte, Estland, Livland, Kurland und Litauen mit dem Deutschen Reich vereinigen, und viel wurde in unseren Kreisen darüber debattiert, wie das wohl am besten geschehen könne, ob die estnische, lettische und litauische Bevölkerung dableiben (mit einer gewissen Autonomie natürlich) oder aber geschlossen in einem fruchtbaren Teil des weiten Rußland angesiedelt werden sollte. Ein großer Teil dieser Nationalen, besonders die Bauern und Handwerker, waren durchaus deutschfreundlich eingestellt, hatten sie doch die Segnungen des Bolschewismus am eigenen Leibe gespürt. Anders stand die nationale Intelligenz, die nicht an den deutschen Sieg glaubte und meist englisch orientiert war. Sowjetfreundliche Kreise und wohl auch nur wenige, gab es bloß unter der Arbeiterschaft, die aber nicht sehr zahlreich war. Natürlich gab es auch dort Ausnahmen.

Einigen der ehemaligen führenden Esten, so z.B. dem mir gut bekannten Professor Uluots, der früher in der Politik Estlands eine bedeutende Rolle gespielt hatte, so war er z.B. Präses des estnischen Parlaments gewesen, war es gelungen, sich während der Sowjetherrschaft zu verbergen und den Nachforschungen der sogenannten Vernichtungskommandos zu entziehen. Unmittelbar nach dem Einmarsch der Deutschen trat er an die Militärverwaltung mit dem Ansinnen heran, die ganze innere Verwaltung Estlands den Esten zu übergeben, was begreiflicherweise abgelehnt wurde.

In Reval, Riga und Kaunas waren Militärverwaltungen eingerichtet worden, bei denen auch estnische, lettische oder litauische Berater angestellt wurden. Leider waren die meisten deutschen Verwaltungschefs nicht sehr geeignet und unterlagen dem Einfluß ihrer nationalen Berater. Bald ließen sie die Zügel locker, um dann doch wieder in den so bedauerlichen brutalen Ton zu verfallen. Zum Erstaunen der deutschen Stellen mußten sie sich bald davon überzeugen, daß in den ehemaligen kleinen Randstaaten der Verwaltungsapparat verhältnismäßig gut funktioniert hatte, so z.B. die Tätigkeit der vielen Genossenschaften vorbildlich gewesen war, im allgemeinen sehr billig und produktiv gearbeitet wurde, ja daß die Deutschen so manches lernen konnten. Mir war das nicht neu.

Viele unserer Landsleute wurden damals als Dolmetscher, Kreislandwirte, Kunstsachverständige und in anderen Eigenschaften im Baltikum angestellt und leisteten gute Dienste. Ich selbst war für solche Anstellungen leider zu alt und konnte daher meine Kenntnisse und Erfahrungen nicht verwerten. Außerdem war ich auch nicht so fest wie die anderen davon überzeugt, daß dies alles von bleibender Dauer sein werde.

Sehr interessant war die Stellungnahme unserer im Bezirk Posen wieder bodenständig gewordener Großgrundbesitzer. Bei den anderen Berufen mag das ähnlich gewesen sein, doch habe ich das nicht erforscht. Den meisten von ihnen ging es auf ihren neuen Gütern weit besser wie auf den meist sehr kleinen Restgütern in der alten Heimat, um so mehr als sie von den staatlichen Stellen in jeder Weise unterstützt wurden. Die Estländer, die ja seit jeher immer praktischer gedacht und gehandelt hatten als ihre livländischen oder kurländischen Standes- und Berufsgenossen, waren zum größten Teil von einer Rücksiedlung ins Baltikum nicht restlos begeistert. Natürlich gab es auch da viel Ausnahmen und ich will niemandem Unrecht tun. Die Liv- und Kurländer wollten sich lieber heute als morgen in ihre Heimat aufmachen, selbst wenn sie, wie ein Bekannter von mir sagte, auf Knien hinrutschen müßten. Der ehemalige letzte stellvertretende Landmarschall der Livländischen Ritterschaft, Baron Hans Rosen[195], war so überzeugt gewesen, daß Deutschland das Baltikum nehmen und behalten werde, daß er seine in den Bezirk Posen gebrachten Möbel gar nicht ausgepackt hatte.

Sehr bald aber wurde allen diesen Wünschen und Hoffnungen ein Dämpfer aufgesetzt. Die deutschen Behörden erklärten, daß an eine Rücksiedlung der Balten ins Baltikum nicht zu denken sei, ebensowenig wie an eine Aussiedlung der bodenständigen estnischen, lettischen oder litauischen Bevölkerung. Man habe die Deutsch-Balten ja mit der Absicht umgesiedelt, um durch sie die unzuverlässigen polnischen Elemente zu ersetzen. Einzelpersonen würden vielleicht, ja sogar wahrscheinlich, zurückkehren dürfen, die Gesamtheit jedenfalls nicht.

Im Frühjahr 1940, als wir Posen noch nicht verlassen hatten, erschien eines Tages bei uns mein lieber Jugendgenosse, Freund und Vetter Fritz Moeller, dem ich geschrieben hatte, er könne wahrscheinlich mit Erfolg versuchen, für das in Estland enteignete Gut Sommerpahlen im Wartheland als Entschädigung ein Gut mittlerer Größe zu bekommen. Die Landzuteilung im Bezirk Posen sei nicht nur auf diejenigen Balten beschränkt, die im Zuge der Umsieldung gekommen seien. Damals gelang ihm der Versuch noch nicht, doch meldete er seine Ansprüche an und fuhr dann wieder nach Pförten in der Niederlausitz, wo er als Kulturtechniker eine Anstellung bekommen hatte, zurück. Ich war gerade damals, als Fritz uns besuchte, derart verzweifelt und deprimiert über alles, was ich sah und hörte, daß der gute Fritz für meinen Verstand fürchtete. Er teilte seine Beobachtungen auch Wanda mit, die sich aber nicht einschrecken ließ. Fritz war ein so begeisterter Anhänger des Nationalsozialismus im allgemeinen und Hitlers im speziellen und so wenig kritisch, daß er alle entsetzlichen Dinge und Scheußlichkeiten, die von der Partei und ihren Leuten verübt oder geduldet wurden, nicht sah und auch nicht wahrhaben wollte. Hitler selbst war für ihn schlechthin ein Genie. Er war felsenfest vom Endsieg der Deutschen überzeugt und hielt die Lage im Bezirk Posen für vollkommen stabil.

Fritzens Lieblingsautor war schon etwa seit 1895, als sein erstes großes Werk „Die Grundlagen des XIX. Jahrhunderts" erschien, H. St. Chamberlain gewesen, der jetzt von den Nationalsozialisten, nicht ohne einige Berechtigung, als ihr Ideologe beansprucht wurde. Auch Nietzsche und Moel-

---

[195] Johann (Hans) Bar. v. Rosen (1879-1945), auf Groß-Roop, 1907-12 Abgeordneter der 3. Duma, 1914-20 livländ. Landrat, 1920 stellv. Landmarschall. DBBL, S. 646.

ler van den Bruck, die ebenfalls, wenn auch in verschiedener Art, ähnliche Gedanken ausgesprochen hatten, hatte er viel gelesen. So waren Fritz die Lehren von der Überlegenheit der Germanen, von der deutschen Sendung, vom Übermenschtum, der Schädlichkeit des Christentums, von den „Umtrieben“ der Kirchenleute u.a. geläufig. Es mag auch sein, daß Fritz durch unsere nicht sehr guten Religionsstunden, durch eine leider ganz öde Konfirmationslehre, später auch durch das Studium der Naturwissenschaften eines Darvin, Häckel u.a. befangen waren, dem Christentum weitgehend entfremdet worden war. Alles dieses, zusammen mit der Trauer und der Erbitterung über die Deutschland durch das Versailler Diktat zugefügte Schmach und die Begeisterung über die anfänglich fraglos großen Errungenschaften Hitlers hatten Fritz schon früh in das Lager der Nationalsozialisten geführt. Dabei war er seinem gütigen und lauteren Charakter nach und bei seiner absoluten und kompromißlosen Wahrheitsliebe in keiner Weise geeignet, Nachfolger dieser neuen Ideen zu sein.

Ein Jahr später gelang es Fritz, seinen Ansprüchen Geltung zu verschaffen. So begab er sich denn, begleitet von Edith, auf die Suche eines Gutes. Das war keine leichte Sache, da er infolge seines schweren Asthmas nur in einem ganz trockenen, womöglich nicht steinernen Hause leben konnte, das zudem, wegen der großen Familie, nicht klein sein durfte. Da Fritz keine Begabung für Landwirtschaft hatte, mußte die Bewirtschaftung auch nicht zu kompliziert sein.

Auf dieser Suche nach einem geeigneten Gut kamen Fritz und Edith auch nach Ostrowo. Ich riet ihnen dringend, wenn irgend möglich, ein Gut im Westen, in den an Schlesien grenzenden Kreisen Ostrowo, Kampen oder, noch besser, in dem der Mark benachbarten Kreise Birnbaum zu suchen. Ich sagte mir schon damals, daß im Falle einer deutschen Niederlage die Flucht aus dem östlichen Teil des Bezirks Posen überaus schwer sein werde. Diese Erwägung konnte ich aber Fritz gar nicht sagen. Das hätte bloß seinen Widerspruch hervorgerufen und ihn erst recht veranlaßt, ein Gut im Osten zu wählen. Leider fand sich im Westen nichts Geeignetes, und so entschlossen sich denn nach vielem Suchen Moellers für ein Gut im Kreise Lentschitza, Wlostowice, das später gegen ein anderes Gut, Solec, eingetauscht wurde, das ebenfalls sehr nahe an der Ostgrenze zum Gouvernement lag. Hier verbrachten sie mehrere schöne und auch landwirtschaftlich erfolgreiche Jahre. Da Fritz wegen seines Asthmas oft in Posen sein mußte, vertrat ihn Edith und zeigte dabei eine gute Begabung für wirtschaftliche Fragen.

Als ich im Sommer 1943 bei Ropps in Grünheide war, rief ein mit Friedel weitläufig verwandter litauischer Vetter Baron Hanno Ropp telefonisch an und erzählte, daß er im Kreise Ostrowo ein Gut bekommen habe. Als er geendet hatte, sagte Lilli: „Übrigens steht eben neben mir mein in Ostrowo wohnender Bruder“ und übergab mir den Hörer. Wir machten mit Baron Ropp gleich eine Zusammenkunft bei mir ab. Später wurden wir gut bekannt, und Wanda und ich sind im Verlauf der folgenden 2 ½ Jahre oft und gerne in Ebenfelde bei Ropps gewesen. [...]

Hanno Ropps Geschichte ist so eigenartig, daß ich sie kurz erzählen möchte. Er hatte in Bonn Jura studiert und war dort Mitglied des sehr exklusiven Korps der Bonner Preußen gewesen. In seine Heimat Litauen zurückgekehrt, wurde er bald Staatsanwalt in Memel. Sein kleines Gut hatte er verpachtet. Wegen seiner politischen Tätigkeit im Verein mit einem Baron Sass und einem Herrn Neumann wurde er von den litauischen Behörden in einen Spionageprozeß verwickelt und zu sieben Jahren Zuchthaus verurteilt. Nach drei Jahren wurde er auf energische Vorstellungen Deutschlands hin aus dem Gefängnis entlassen und des Landes verwiesen. Diese Leidenszeit wurde Ropp als „Verdienst“ angerechnet und mit der Verleihung eines wesentlich größeren Gutes, als ihm auf Grund seines litauischen Landbesitzes zustand, belohnt. Da er sehr fleißig, tüchtig und geschäftsgewandt war, auch in seiner charmanten Frau, einer geborenen Baronesse Klopmann, eine tüchtige Gehilfin hatte, entwickelte er sich bald zu einem der besten und fortschrittlichsten Landwirte des Kreises Ostrowo.

Obwohl Ropp selbst kein großer Jäger und ein mittelmäßiger Schütze war, hatte er mit Hilfe eines erfahrenen Försters durch systematische Hege und Abschuß des Raubzeugs den Wildstand bald sehr heraufgebracht. Ich habe in Ebenfelde viele meist sehr ergiebige Niederwildjagden mitgemacht. Leider ließ es sich nicht vermeiden, auch einige Parteifunktionäre dazu einzuladen, worunter die Geselligkeit litt.

In der Zeit um Weihnachten 1942 besuchte uns Frau Potscheka, geb. Arzybaschow. Ihre Mutter war eine geborene Molas gewesen, die auch Wanda gekannt hatte. Frau Potscheka hatte mit ihrem Manne in Zarskoje Selo, dem von den Bolschewiken zuerst in Krasnoje, dann in Djetskoje Selo umgetauften Städtchen unweit Leningrad gewohnt. Von da war sie nach dem Einmarsch der deutschen Truppen nach Deutschland geflohen. Sie erzählte uns eine so unglaubliche Geschichte von der unsagbaren Borniertheit der deutschen Behörden und ihrer Grausamkeit bei der Behandlung der russischen

Zivilbevölkerung, daß ich nicht umhin kann, den Bericht zu wiederholen, da ich auch später von anderen Ähnliches hörte. Als Zarskoje Selo von den deutschen Truppen besetzt wurde, empfing sie die russische Zivilbevölkerung enthusiastisch als ihre Befreier vom verhaßten bolschewistischen Joch mit offenen Armen. Die waffenfähigen Männer stellten sich sofort zum Kampf gegen die Bolschewiken zur Verfügung. Sie wurden angewiesen, sich am nächsten Tage um 12 Uhr auf dem Marktplatz zu versammeln. Gegen 5.000 Mann traten an. Sie wurden in eine große leerstehende Kaserne geführt, deren Türen und Fenster mit schweren Bohlen verschlagen wurden. Dort ließ man sie alle verhungern. Bloß einigen wenigen gelang die Flucht.

Frau Potscheka machte einen ruhigen, durchaus zuverlässigen Eindruck. Es bestand kein Grund, an der Wahrheit des Berichtes zu zweifeln.

[...] Solche und ähnliche Entgleisungen waren natürlich Wasser auf die Mühle der russischen Propaganda. Vorfälle wie der Massenmord in Zarskoje Selo mögen Hunderttausende Russen, die bereit waren, sich den Deutschen zu ergeben und die Waffen gegen die Bolschewiken zu kehren, davon zurückgehalten und zu erbitterten Feinden alles Deutschen gemacht haben. Wieder einige schlagende Beispiele dafür, daß die falsche Behandlung der Fremdvölker sich in eine schreckliche Waffe gegen Deutschland wandelte.

Berichte über Persönliches wie Jagden, Beschäftigung mit Genealogie, Kartenabende, Reisen und Begegnungen mit Bekannten wechseln mit Betrachtungen über die Kriegslage ab.

Der Februar 1943 brachte den ersten ganz großen Rückschlag im Kriege - Stalingrad. Von diesem Augenblick an hatte ich keine Hoffnung mehr auf eine glückliche Beendigung des Völkerringens, um so weniger, als auch der Unterseebootkrieg immer weniger erfolgreich wurde. [...] In Posen machte ich als gewähltes Mitglied der Altherrenschaft, des Philisterverbandes, den Stiftungstag der Livonia mit. Am Vorabend des Stiftungstages war ich bei Alfred Walter in einem größeren Kreise von Livonen. Auf diesem Abend erzählte der in Danzig wohnende Dr. Walter von Holst[196] höchst interessant über die in ganz Deutschland sich immer mehr verbreitende Widerstandsbewegung. Auch die fast zehn Millionen ausländischen Arbeiter in Deutschland seien im Geheimen gut organisiert und verübten zahlreiche Sabotage-

---

196 Walter v. Holst (1872-1952), 1919-45 Nervenarzt in Danzig. Alb. Liv., Nr. 1068.

akte. Obgleich ich diesen Bericht für vielleicht zu pessimistisch hielt, gab er mir doch zu denken. [...]

Dann ging es auf das Gut Fischau, wo unsere lieben Dorpater Freunde, das Ehepaar Fadejeff[197], bei ihrer Tochter, Frau von Brevern, lebten. Fadejeff war im Weltkriege Oberst des berühmten russischen Semjonoffschen Garde-Infanterie- Regiments gewesen, hatte nach dem Ausbruch der russischen Revolution als Kommandeur eines Infanterie-Regiments unter dem General Judenitsch in Estland gegen die Bolschewiken gekämpft und war dann, ganz verarmt, in Dorpat hängengeblieben. [...]

Auf langen Spaziergängen unterhielt ich mich mit Fadejeff über die militärische Lage, die er als gewesener höherer Offizier natürlich viel besser wie ich beurteilen konnte. Fadejeff bezeichnete die Hoffnung auf einen deutschen Sieg als kindisch. Vor allem hätten die Deutschen alle großen Chancen, die sie anfangs in Rußland hatten, selbst verscherzt. Besonders verhängnisvoll sei es, daß sie als Ziel des Krieges gegen die Bolschewiken die Einverleibung großer russischer Gebiete in das Deutsche Reich offen zugäben. Unglaublich viel sei auch durch die abscheuliche Behandlung der Russen verschüttet worden, auch durch die so völlig abwegige und gar nicht auf die russische Mentalität eingehende Propaganda. Dadurch seien Patriotismus und die nationalen Gefühle im russischen Volk erwacht, die bis dahin geschlummert hätten. Wäre von Deutschland als Ziel des Krieges gegen Sowjetrußland die Befreiung vom bolschewistischen Joch genannt worden, so hätte Deutschland halb Rußland und noch mehr auf seiner Seite gehabt. Alles wäre leicht zu erreichen gewesen: Siedlungsland, die vorteilhaftesten Handelsverträge, Konzessionen und anderes, aber – keine Handbreit russischer Erde. [...]

Der Winter 1943 auf 1944 verlief ebenso wie der vorhergegangene in Ostrowo fast ohne besondere Ereignisse. Von den Töchtern und ihren Kindern hatten wir gute Nachrichten. Unser Bekanntenkreis wurde von Monat zu Monat immer kleiner, da immer mehr Jahrgänge eingezogen wurden. Die militärischen Aussichten Deutschlands verschlechterten sich zusehends, und auch der politische Himmel verdüsterte sich mehr und mehr. Den Feindmächten war die Landung in Marokko gelungen, in Italien sah es bös aus. Die Bündnistreue auch der Balkanstaaten schien ins Wanken geraten zu sein. Im Bezirk Posen begann die polnische Untergrundbewegung, sich

[197] Alexander Alexandrowitsch Fadejeff, verh. mit Natalie Viktorovna Fadejevna (russ. Adel), GHbA, B. XV 1984, S. 111.

recht bemerkbar zu machen. Feindliche Agenten versorgten die polnischen Partisanen mit Propagandamaterial, Geld, Waffen und Medikamenten, die von Flugzeugen nachts abgeworfen wurden. In Ostrowo selbst merkte man davon nur wenig, bloß daß einige mir bekannte Angestellte der Stadtverwaltung verschwanden. [...] Recht unbequem war es mir, daß bei mir, der ich von den Polen für polenfreundlich gehalten wurde, einige Male polnische Frauen, deren Männer verhaftet worden waren, in der Privatwohnung erschienen und mich baten, ihnen zu helfen. Es kostete mir einige Mühe, ihnen zu erklären, daß ich dazu weder imstande noch auch berechtigt sei. Ich mußte sie sehr energisch bitten, ihre Besuche bei mir zu unterlassen. [...]

Das Attentat auf Hitler am 20. Juli 1944 warf auf die Zustände im Heer und auf die Stimmung selbst in der nächsten Umgebung des "Führers“ einen grellen Schein. Daß fast nur verdiente Offiziere, Träger der höchsten Kriegsauszeichnungen, Männer mit bekannten Namen und Generalstäbler, auch Zivilisten von Rang daran beteiligt waren, war ein klarer Beweis dafür, daß sie alle einen deutschen Sieg für ausgeschlossen hielten und die einzige Rettung in der sofortigen und radikalen Beseitigung des nationalsozialistischen Regimes sahen. Die bei uns Balten so tief verankerte und uns anerzogene Loyalität zwang uns, die Tat vom 20. Juli als solche abzulehnen und zu verurteilen. Abscheulich war auch die Art, wie mit den Tätern abgerechnet wurde. Es blieb kaum mehr ein Zweifel, daß das bittere Ende nah bevorstände. [...]

Immer schlimmer und besorgniserregender wurden die Nachrichten von allen Kriegsschauplätzen. Eine Stellung nach der anderen mußte aufgegeben werden: Nordafrika, Italien, Frankreich, der ganze Balkan, das Baltikum, und immer näher rückte die Gefahr aus dem Osten auf uns zu, wo es den Bolschewiken gelungen war, tief nach Polen einzudringen.

Am 15. August 1944 Punkt 17 Uhr brach in Warschau ein Aufstand aus, der von den im schärfsten Gegensatz zu der kommunistischen polnischen Regierung in Lublin stehenden nationalpolnischen Kreisen getragen wurde. Die Aufständischen, gegen 60.000 Mann, hatten auf ein sofortiges Eingreifen der bereits in dem bloß 40 Kilometer von Warschau gelegenen Siedlez Gewehr bei Fuß stehenden bolschewistischen Truppen gerechnet. Wahrscheinlich hatten sie sich von den Bolschewiken auch gewisse Zusicherungen geben lassen. Sie wurden aber von den Sowjets auf das Schmählichste im Stich gelassen und unterlagen nach mehrwöchigem heroischen Ringen der ihnen zahlenmäßig bedeutend überlegenen deutschen Wehrmacht und

Polizei. Wahrscheinlich sind dabei alle 60.000 Polen, bis auf ganz wenige, ums Leben gekommen. Als das Ende nahte, flüchteten sich die Aufständischen in die ihnen bekannten unterirdischen Kanäle der Stadt, wo sie elendig ertranken oder verhungerten. Den Bolschewiken kam diese Vernichtung eines großen Teiles der polnischen Oberschicht durchaus zu Paß. Es ist unerklärlich, wie der Aufstand vorbereitet, die doch recht großen Kadres bewaffnet und einexerziert, verpflegt und mit Medikamenten versorgt werden konnten, ohne daß die deutsche Polizei, die natürlich auch hier über eine Menge polnischer Spione verfügte, davon etwas erfuhr. Tatsache ist, daß die Deutschen vom Ausbruch des Aufstandes vollkommen überrascht wurden und in den ersten Tagen in eine ziemlich bedrängte Lage kamen.

Übrigens war Warschau ein Kapitel für sich. Unter der ziemlich unkontrollierten Wirtschaft oder vielmehr Mißwirtschaft der Partei, der Waffen-SS, der korrupten Zivilverwaltung und der nicht weniger bestechlichen Polizei passierten geradezu unvorstellbare Dinge. Der schwarze Markt blühte. Es wurden astronomische Preise gezahlt. [...]

Ab und zu wurden von der SS ganze Straße abgesperrt. Wer gleich 1.000 Zloty = 50 RM zahlen konnte, durfte nach Hause gehen. Wer das nicht konnte, aber versprach, bis zum Abend von Bekannten 2.000 Zloty bringen zu lassen, wurde festgesetzt, bis das Geld eintraf. Wer nicht zahlen konnte, wanderte ins Arbeitslager. Trotzdem amüsierte man sich in Warschau königlich, und nicht nur die Deutschen, sondern auch die Polen. Theater und Restaurants waren brechend voll, es wurde getanzt und gejubelt.

Ich kann mir den Vorwurf nicht ersparen, Helen und andere Verwandte und Bekannte nicht schon im Herbst 1944 vor der unmittelbar bevorstehenden tödlichen Gefahr gewarnt und sie nicht veranlaßt zu haben, den bedrohten Bezirk Posen sofort zu verlassen und nach dem sicheren Westen zu ziehen. Selbst die von Tag zu Tag zunehmenden Luftangriffe auf Berlin hätten mich nicht davon abhalten sollen. Abgesehen von anderen Hemmungen und dem voraussichtlich starken Widerspruch Helens ließ ich mich wohl auch durch die umfangreichen Vorbereitungen täuschen, die an der östlichen Grenze von Danzig-Westpreußen und des Posener Bezirks für den Fall eines Vorrückens der Bolschewiken getroffen worden waren. Seit dem Frühjahr 1944 wurden mehrere parallel verlaufende mächtige Grabensysteme, verstärkt durch festungsartige Stellungen, gebaut. Hunderttausende polnischer Arbeiter und Arbeiterinnen aus Stadt und Land waren mobilisiert worden, Zehntausende von Pferden und Wagen, die unter der Aufsicht von deutschen Spezialisten Tag und Nacht schufteten. Ich haben diese Wälle, Gräben und Anlagen an mehreren Orten selbst gesehen. Auf mich, der ich allerdings von solchen Dingen nichts verstehe, machten sie einen tiefen Eindruck. Auch unser Stubenmädchen Jascha mußte an diesen Arbeiten teilnehmen.

Im November 1944 waren Alice und ihre drei kleinen Kinder ganz zu uns nach Ostrowo gezogen, was uns in Anbetracht der gefährdeten Lage sehr lieb war. Es wurde ein ganz besonders harmonisches und schönes Zusammensein. Alice konnte die fehlende Jascha ersetzen und Besorgungen machen. Die Kinder waren größer und manierlicher geworden und fielen mir nicht mehr durch Lärmmachen auf die Nerven.

Trotz der gespannten militärischen Lage und einer gewissen latenten Nervosität ging das Leben in Ostrowo seinen gewohnten Gang, und man merkte vom Kriege kaum etwas, außer, daß auch bei uns ein Luftschutz eingerichtet und wir manchmal, ganz selten, in den Keller gehen mußten. Nach wie vor fuhr ich häufig auf die Jagd, was ich umso leichter tun konnte, als ich im Frühjahr in den Ruhestand getreten war und ganz über meine Zeit verfügen durfte. Ich genoß die Freiheit ungemein, da ich nie Mangel an Beschäftigung hatte.

An einen für Deutschland glücklichen Ausgang des Krieges konnten wohl nur noch ganz törichte Fanatiker glauben. [...]

Der August brachte den Durchbruch bei Avranches in Frankreich, der dem Krieg eine entscheidende Wendung gab. Auch die Japaner mußten dem täglich stärker werdenden Druck der Amerikaner langsam aber sicher weichen. [...] Es war nicht mehr möglich, die Niederlage Japans aufzuhalten.

In Deutschland sank eine Großstadt nach der anderen in Schutt und Asche. Es war bewunderungswürdig, wie standhaft die Zivilbevölkerung dies alles erduldete und nicht die Nerven verlor.

Anfang Januar hielt ich es für richtig, bei meiner Schwester Lili v. d. Ropp anzufragen, ob sie uns beide und Alice mit den drei Kindern in Grünheide aufnehmen könnte, wenn wir gezwungen sein sollten zu fliehen. Daß wir die Bolschewiken in Ostrowo abwarten sollten, kam natürlich nicht in Frage. Das wäre gleichbedeutend mit dem Tode gewesen.

In den ersten Tagen des Januar 1945 fiel Warschau, doch waren alle, auch wir, davon überzeugt, der Ansturm der Sowjets würde spätestens bei der ersten neugebauten großen Verteidigungslinie wenigstens so lange aufgehalten werden, bis der Bezirk Posen von allen Deutschen unter Mitnahme ihrer wertvollsten Habe in Ruhe geräumt werden könne. Darin wurden wir ja auch die ganze Zeit durch die Presse und das Radio, auch durch mündliche Mitteilungen bestärkt.

Interessant war es zu beobachten, wie die polnische Bevölkerung auf die veränderte Lage reagierte. Sie ließ sich nichts anmerken. Trotzdem sie mir gegenüber recht aufgeschlossen war, habe ich von Polen auch nicht die leiseste Andeutung auf einen Umschwung gehört. Auch schadenfrohe Mienen habe ich nicht bemerkt. Einmal erzählte mir die Frau meines Kollegen Max Intelmann, ihre polnische Köchin, die ihr sehr ergeben war, hätte etwa im November 1944 ihr gegenüber geäußert, es tue ihr in der Seele leid, daß sie ihre geliebte panstwo (Herrschaft) umbringen müsse, wenn die Russen kämen, es sei aber leider der Befehl, und dagegen könne sie nichts tun. Die Balten hätten aber die Polen im allgemeinen so gut behandelt, daß man sie bloß schnell umbringen werde, den verhaßten Reichsdeutschen würde man aber bei lebendigem Leibe die Haut abziehen. Schöne Perspektive.

Flucht und Kriegsende

Am Sonnabend, den 14. Januar 1945, macht ich eine sehr gelungene Jagd bei Baron Hanno Ropp in Ebenfelde mit, von der ich am Abend desselben Tages heimkehrte. Am Donnerstag, den 19. Januar 1945, am frühen Morgen kam unser Mädchen Jascha, die die Nacht bei ihrer Tante verbracht hatte, in höchster Aufregung und erzählte, sie sei bald nach Mitternacht von einer Freundin geweckt worden, die zusammen mit ihr an den Schanzarbeiten im Kreise Wielun eingesetzt worden war und die direkt von dort gekommen sei. Sie habe berichtet, die Bolschewiken seien auf der ganzen Front in unaufhaltsamem Vormarsch. Die Stadt Tschenstochau im Generalgouvernement sei bereits in den Händen der Sowjets und brenne wie eine Fackel an allen Enden. Der Feind werde wohl schon in den nächsten Tagen in Ostrowo sein. Weit und breit sei nicht ein deutscher Soldat zu sehen und die großen Verteidigungsanlagen vollkommen ohne Schutz und leer.

Ich eilte sofort in die Stadt, um womöglich etwas Zuverlässiges über den Vormarsch der Bolschewiken zu erfahren. Ein mir entgegenkommender höherer SS-Offizier versicherte mir, es liege keinerlei Gefahr vor. Er lasse z.B. seine eben in Karlsbad zur Kur verweilende Frau in diesen Tagen herkommen. Ich solle doch keinen Panikgerüchten Glauben schenken, vor allem sie auch nicht weitererzählen. Gleich darauf traf ich den meist gut informierten Chef der Ostrower Geheimpolizei, der ebenfalls behauptete, alles stünde vorzüglich. Da wußte ich, daß höchste Eile geboten sei. Ohne nach Hause zurückzukehren, ging ich zunächst auf die Bahnstation, wo ich erfuhr, daß Expreßgut ins Altreich noch entgegengenommen und abgefertigt werde. Mit einen Spediteur machte ich ab, daß er unsere Sachen am nächsten Morgen bei uns abholen werde. Auf dem Rückwege hob ich auf der Bank fast mein ganzes Guthaben von etwa 10.000 RM ab, leider nicht das ganze. Ich war erstaunt, wie vollkommen ruhig noch alles auf den Straßen, in den Läden, sogar auf der Bank herging. Von einer Panikstimmung war nicht das geringste zu bemerken.

[...] Ich hätte nicht geglaubt, daß das Packen der Sachen, die wir mit Expreßgut absenden wollten, so viel Zeit nehmen werde. [...] Erst gegen 4 Uhr früh am Freitag, dem 20. Januar 1945, konnten wir uns zu einer kurzen Ruhe hinlegen. [...]

Alle Packen mit Expreßgut fertigte ich nach Grünheide zu Ropps ab. Wir haben auch sie nie wiedergesehen, obwohl sie von Ostrowo ordnungsgemäß abgingen. Wahrscheinlich sind sie hauptsächlich deswegen verloren gegangen, weil sie nicht über Lissa, sondern über Posen geleitet wurden, wo die Station bereits vollkommen verstopft war. Merkwürdigerweise war auf der Bahnstation Ostrowo noch kein besonderer Andrang zu merken. Wohl aber sah ich, als ich heimkehrte, mehrere Trecks, die von Osten kommend Ostrowo in Richtung Westen passierten. [...]

Erst gegen Mittag setzte in Ostrowo die Panik ein, ohne aber wirklich große Ausmaße anzunehmen. Die Polen, die natürlich glücklich über die Flucht der verhaßten Deutschen waren, verhielten sich ruhig und nicht herausfordernd.[...]

Wir beabsichtigten in der Nacht auf Sonnabend (20. Januar 1945) mit dem ersten Zuge, der gegen 2 Uhr in Richtung Lissa Ostrowo verlassen sollte, zu fahren. Gegen hohe Bezahlung, jeder bekam 50 RM, hatte ich zwei polnische Träger willig gemacht, uns beim Einsteigen in den Zug zu helfen. Wegen des ungeheueren Zudrangs gelang es beim ersten Versuch noch nicht, und erst beim zweiten Zug, der gegen 6 Uhr abgehen sollte, hatten wir mehr Glück. Wir hatten sogar alle Sitzplätze. [...]

Die Eisenbahnfahrt bis Grünheide dauerte bis Montag, 22. Januar früh, und verlief nicht ohne dramatische Zwischenfälle. Die Strecke von Lissa bis Glogau, die wir in der Nacht zurücklegten, fuhren wir in offenen Kohlenwagen, was bei der scharfen Kälte nicht schön war. Glücklicherweise waren wir mit Wintersachen gut versorgt. [...]

In Grünheide wurden wir von den Geschwistern mit offenen Armen aufgenommen. [...] Es begann eine schöne, stille und trotz der immer näher rückenden Gefahr gesegnete Zeit, die fast anderthalb Monate dauerte, bis wir wieder weiter nach Westen fliehen mußten. [...]

Lili und Friedel, die immer in schärfstem Gegensatz zum Nationalsozialismus gestanden hatten, sich auch nie an das Verbot des Abhörens fremder Sender hielten und daher auch nie an den deutschen Endsieg glaubten, in England, Frankreich und Nordamerika viele Freunde besaßen, waren leider in bezug auf die Sowjets von einer erschütternden Naivität. Sie meinten, die Amerikaner und Engländer würden in kürzester Zeit in Berlin sein, da sich der deutsche Widerstand an der Ostfront bedeutend verstärke. Die so grundfalsche Beurteilung der Bolschewiken war offensichtlich die Folge der anglo-amerikanischen Propaganda, der ja der ganze Westen verfallen war. Damals und auch nach Kriegsschluß durfte doch in Gegenwart von Amerikanern und Engländern nichts Abträgliches über die Sowjets auch nur angedeutet werden, waren sie doch als Retter der militärischen Lage über alles geschätzt und verehrt. [...] Aber die Ostfront rückte immer drohender und näher heran, immer schauerlichere Dinge wurden von den sowjetischen Truppen erzählt. Auch wir fingen an, uns an den Gedanken einer weiteren Flucht zu gewöhnen und täglich andere Pläne zu machen.

Noch am Tage unseres Eintreffens in Grünheide fragten wir natürlich bei den in der Berliner Vorstadt Kleinmachnow wohnenden Eltern von Olaf Wrangell telefonisch an, ob sie irgend etwas von Helen und ihren drei kleinen Söhnen wüßten. Sie wußten nichts. Wohl aber war eine Frau in Berlin angekommen, die an demselben Tage Elisenhof mit der Bahn verlassen hatte, an dem auch Dori[198] und Helen mit den Kindern im Treck weggefahren waren. Diese Frau erzählte, sie sei zusammen mit Helen und den kleinen Jungen auf die Bahnstation Schubin gefahren, um mit der Eisenbahn nach Berlin zurückzukehren. Nachdem sie vergeblich drei Stunden in der Kälte auf den Berliner Zug gewartet hätte, habe Helen [...] beschlossen, nach Elisenhof zurückzufahren, um mit Dori im Treck zu flüchten. Nach einigen Stunden sei der Berliner Zug schließlich eingetroffen und die Frau sei glücklich im Zuge nach Berlin gelangt.

Einige Tage darauf hörten wir durch einen Herrn von Bülow, einen Nachbarn von Elisenhof, der den Treck geführt hatte, zu dem auch Doris und Helens Zug gehörte, der Treck sei bis kurz vor die Pommerische Grenze, ohne auf Störungen zu treffen, gelangt. Dort hätten sie Halt machen müssen, da es hieß, eine Brücke, die sie passieren mußten, sei nicht in Ordnung. Als es Dori schien, ein weiteres Warten sei zu gefährlich, sei sie mit ihrem Wagen in nördlicher Richtung abgefahren in der Hoffnung, so schneller vorwärts zu kommen. Etwa eine Viertelstunde darauf, als Doris Wagen noch keinen Kilometer hätte zurücklegen können, habe sich erwiesen, daß das Gerücht von der unpassierbaren Brücke falsch war. Er, Bülow, habe sofort einen Mann auf einem Rade nachgeschickt, der aber bald zurückgekommen war, weil sein Rad entzweigegangen sei. Warum Bülow sich damit zufriedengab und nicht ein Pferd ausspannen ließ und einen Boten Dori nachjagte, ist mir unverständlich und unverantwortlich.

Einige Tage nach unserer Ankunft in Grünheide fuhr ich zu Wrangells nach Kleinmachnow. [...] Ich hatte das Glück, Olaf zu treffen, der bei seinen Eltern wohnte. Obgleich er tief deprimiert war, ließ sich Olaf nichts davon

[198] Dorothee v. Hirschheydt geb. v. Tideböhl.

anmerken. Es war schrecklich, sich sagen zu müssen, die Wahrscheinlichkeit sei groß, daß Dori, Helen und die drei Kleinen von bolschewistischen Panzern überrollt, alle in Gefangenschaft geraten und wohl nicht mehr am Leben seien. Bei dem Gedanken, was den Ärmsten alles zugestoßen sei, waren wir fast gebrochen, denn was man von der östlichen Front hörte, war voll von Schilderungen unvorstellbarer Grausamkeiten und Scheußlichkeiten der bolschewistischen Soldateska, was sich denn auch als keine Übertreibung erwies. [...] Eine Woche nach der anderen verging in angstvollem Warten, ohne daß ein Lebenszeichen von Dori oder Helen zu uns drang. [...]

Schrecklich quälend war die Ungewißheit über die Schicksale unserer vielen Verwandten, Freunde und Bekannten im Wartheland. Dann kamen immer mehr Berichte von zum Teil fürchterlichen Erlebnissen. So waren der Propst von zur Mühlen und der Propst Thomson, Frau von Walter, die Mutter des Rechtsanwalts Hermann Walter[199], und ihre Schwester, Fräulein von Sivers, in Posen umgekommen Professor Ucke[200], die Schwiegereltern von Rechtsanwalt Guido Walter, hatten sich in Bromberg das Leben genommen. Grauenhaft sollen die Marter gewesen sein, die die Polen an den nicht rechtzeitig entkommenen Deutschen, wohl auch von den Sowjets dazu ermutigt, verübt haben sollen, so daß man fast geneigt war, das Schicksal derjenigen zu preisen, die den Tod gefunden hatten. [...]

Aus Posen seien etwa 2.000 sogenannter Volkssturmleute, von denen die meisten im Gebrauch der Waffen ganz ungeübt waren, alles ältere Menschen: Lehrer, Beamte, Kaufleute, unter ihnen auch Alfred Walter und unsere gemeinsamen Bekannten Arnulf von
Mühlendahl[201], Wolfgang von Colongue[202] und andere, nur mit einem Militärkarabiner und - sag und schreibe - je sieben Patronen ausgerüstet, in letzter Stunde aus Posen ausgeschickt worden, um die etwa 150 Kilometer betragende Strecke von Posen bis Ostrowo gegen die anrückenden bolschewistischen Panzer und Elitetruppen zu halten. Von diesen 2.000 Mann sei wohl keiner mehr am Leben, um so mehr als die Bolschewiken, wenigstens

---

199 Hermann Walters Mutter Alice geb. v. Sivers. Alb. Liv., Nr. 1387.

200 Alexander Ucke (1890-1945), Prof. f. patholog. Anatomie in Dorpat, zuletzt in Thorn, DBBL, S. 814.

201 Arnulf v. Mühlendahl (1890-1945), Dr. jur., Heraldiker. Gedenkbuch, S. 292.

202 Wolfgang v. Clapiers de Colungues (1885-46), 1946 Dolmetscher in Greifswald, Alb. Liv., Nr. 1161.

anfangs, den Volkssturm nicht als militärische Formation anerkannten und als Partisanen ohne Pardon umbrachten. [...]

Am 17. Februar war ich wieder schon ganz früh zu Wrangells nach Kleinmachnow gefahren. Vielleicht hatten sie doch irgendwas von Dori oder Helen erfahren. Olaf war auch gerade dort. Von Helen wieder nichts! Als ich mich gegen 11 Uhr auf den Heimweg machen wollte, erschallen Alarmsignale, und unmittelbar darauf waren gewaltige Detonationen aus der Gegend von Berlin zu hören.

Gegen12 Uhr wurde entwarnt, und ich eilte zum Bahnhof. Bis zum Potsdamer Platz konnte ich die Stadtbahn benutzen. Von dort an aber mußte ich fast durch die ganze Stadt zu Fuß gehen, denn alle Verkehrsmittel waren stillgelegt.

Hartmann berichtet über seinen 15 km langen Fußmarsch durch die brennenden Straßen von Berlin, bis er in Karlshorst einen Zug nach Erkner besteigen kann.

Gegen Ende Februar geschah etwas Merkwürdiges. Friedel war der Partei als ziemlich schwarzes Schaf bekannt. Umso erstaunter waren wir, als eines Abends ein höherer SS-Offizier erschien und sich bei Friedel anmelden ließ, da er eine Verhandlung mit ihm zu führen habe. Nicht sehr erbaut zog sich Friedel mit dem Mann ins Schreibzimmer zurück, wo sich die Herren fast eine Stunde lang unterhielten. Als er gegangen war, erzählte Friedel, Himmler habe anfragen wollen, ob Friedel, der ja gute Beziehungen zu Engländern habe, bereit wäre, wegen eines sofort abzuschließenden Übereinkommens oder Waffenstillstandes mit den Westmächten, mit Genehmigung der deutschen Regierung vorzufühlen. Er, Friedel, habe zuerst geglaubt, es würde ihm eine Falle gestellt, dann aber sei er doch belehrt worden, daß es sich um eine wirklich ernstzunehmende Sache handle. Friedel habe aber endgültig abgelehnt, weil er es für zu spät gehalten habe. Himmler habe vor allem betont, es käme jetzt vor allem darauf an, die Westmächte gegen die Sowjets auszuspielen. Wir waren heilfroh, daß Friedel sich nicht auf diese immerhin ziemlich phantastische Angelegenheit eingelassen hatte, so verführerisch sie auch für ihn war, der immer eine Vorliebe für große Politik gehabt hatte.

Die Atmosphäre im Roppschen Hause war eine tief religiöse. Jeden Abend versammelten sich alle Erwachsenen in der hübschen, von Lilo Korff ausgemalten Hauskapelle, wo Friedel die Andacht hielt. Sonntags fanden dort richtige, von Friedel gehaltene Gottesdienste statt, an denen außer unserer Hausgemeinschaft auch noch andere Personen aus Grünheide teilnahmen. [...]

Nicht ganz leicht war die Frage zu beantworten, wohin wir beide und Alice mit ihren Kleinen sich wenden sollten, wenn die Bolschewiken Berlin unmittelbar bedrohten. Auf eine Anfrage bei unseren in Hannover wohnenden Dorpater Freunden Steinwand – er war schon seit 1940 Pfarrer an der Markuskirche – erhielten wir bald eine Zusage. Friedel und Lili konnten auch nicht länger in Grünheide bleiben, weil er durch seine frühere antikommunistische Tätigkeit exponiert war. Friedel meinte, ich sei wesentlich weniger gefährdet, da ich russisch gut spräche. Außerdem seien doch die Sowjetrussen, wie er aus den Londoner und nordamerikanischen Sendungen ganz genau wisse, gar nicht mehr so schlimm. Er bat mich, als sein Bevollmächtigter mit Wanda in der Villa zu bleiben und sie vor Plünderung und Zerstörung zu bewahren. Ropps hatten sehr viele schöne Sachen, die sie natürlich alle in Grünheide lassen mußten: die Andenken an seine Reisen in Afrika, gute Bilder u.a. Da ich meinte, die Bolschewiken besser und richtiger wie Friedel beurteilen zu können, lehnte ich ab, um so mehr als ich mit meinen 70 Jahren niemals in der Lage gewesen wäre, den Lebensunterhalt für uns beide zu verdienen. Es wäre also so oder so ein glatter Selbstmord gewesen.[...]

Ende Februar brachte ich Alice und die Kinder nach Berlin, von wo aus sie nach Hannover weiterfahren wollten. [...] Nach einem Fliegeralarm [...] kamen sie alle gut in den nach Hannover fahrenden Zug.

Flucht nach Bayern

In den ersten Tagen des März kam auch an uns die Reihe. Da Hannover in der letzten Zeit ganz besonders häufig von Fliegern angegriffen worden war, beschlossen wir in Ammerland bei unseren Verwandten Wentzels anzufragen. Fast eine Woche dauerte es, bis wir endlich die telegrafische Zusage bekamen. Dann ging alles schnell und ohne Störung. Ein Auto der Grünheidener Fahrbereitschaft brachte uns bis zu einem noch wenig verbombten Hotel am Anhalter Bahnhof. [...]

Gegen 4 Uhr kamen Amy und Otto Wrangell, mit denen wir uns einige Zeit unterhielten. [...] Bei allem, was wir sprachen, standen im Hintergrunde Helen und ihre drei kleinen Söhne.

Bald nachdem Amy und Otto gegangen waren, kam Olaf. Es war herzzerreißend zu beobachten, wie dieser liebe, immer so ruhige und harmonische Mensch, innerlich verkrampft und wie versteinert war, wenn ihm auch äußerlich nichts anzumerken war. Er war vollkommen überzeugt, daß Helen und die Kinder nicht mehr am Leben seien, und hatte selbst allen Lebenswillen verloren. [...]

[...] Gegen 8 Uhr Abends ging der Zug ab. Fast in demselben Augenblick erschallten wieder die Alarmsirenen, und bald flammten am Himmel die abscheulichen „Weihnachtsbäume" auf. Vor und hinter uns, rechts und links von uns krepierten mit Getöse die Bomben. Dennoch bewegte sich der Zug im Schneckentempo weiter. Ich wunderte mich über die vorbildliche Haltung unserer Mitreisenden und über ihre Disziplin. Alle blieben ganz ruhig, man hörte weder Angstrufe noch Weinen.

Die Reise ging über Leipzig und Eger nach München, wo wir nach 36 stündiger Fahrt am frühen Morgen auf einem Vorstadtbahnhof eintrafen. [...]

Beim Umsteigen in den bereits uns erwartenden Starnberger Zug [...] war uns ein emsiger Jüngling behilflich, der aber plötzlich mit einem großen Koffer verschwunden war. Ich fragte nach ihm, rief – alles vergebens. Kurz entschlossen eilte ich, mit der Taschenlampe nach allen Seiten leuchtend, durch den Zug. Siehe da, dort saß in einer dunklen Ecke mein über das Wiedersehen mit mir sicherlich nicht erfreuter junger Freund und über ihm, im Gepäcknetz, mein vermißter Koffer. Ich bat ihn, meinen Koffer zu mir zu tragen.

In Starnberg, das unter dem Kriege kaum gelitten hatte, mußten wir auf das Auslaufen des Dampfers nach Ammerland bis gegen 5 Uhr abends warten. [...]

In Ammerland empfingen uns Wentzels mit großem Hallo. In Ammerland befanden sich nur ganz wenig Arbeiter aus den besetzten Gebieten: Franzosen, Polen und Russen, zusammen etwa 7 Mann. Alle standen sich mit der Bevölkerung gut und wurden nicht schlechter behandelt wie deutsche Arbeiter. Es machte mir Spaß, sie in ihren Sprachen anzureden.

Um Ammerland vor dunklen Elementen, die nachts gesehen worden waren, zu schützen, war eine Einwohnermiliz ins Leben gerufen worden, die vom Dunkelwerden bis gegen 5 Uhr früh in kleinen Patrouillen von 2 – 3 Mann Gänge durchs Dorf machte. Eines Nachts, gegen Ende April, war ich mit einem Herrn Duensing, der eben von der Front heimgekehrt war und dessen Frau und Söhnchen in dem Wentzelschen Chauffeurzimmer wohnten, auf Wache. Plötzlich, bald nach Mitternacht, vernahmen wir, zuerst ganz leise, dann immer vernehmlicher anschwellend, vom anderen Ufer ununterbrochenes dumpfes Rasseln, das nicht aufhören wollte. Duensing horchte gespannt hin und sagte dann, er kenne diesen Ton von der Front nur zu gut. Das seien ohne Zweifel Hunderte, wenn nicht Tausende amerikanischer schwerer Panzer, die von Tirol kommend nach München strebten. Da wußte ich, daß für uns das Ende des Krieges gekommen sei. Und in der Tat: als ich am nächsten Morgen wie gewöhnlich zur Milchbude ging, stand vor der Kanzlei des Bürgermeisters ein amerikanisches Militärauto, ein sogenannter Jeep, und neben ihm mehrere schwer bewaffnete, nicht sehr militärisch aussehende amerikanische Soldaten.

Leben in der Nachkriegszeit

Am Tage drauf mußten alle Waffen abgeliefert werden. Nicht ohne Wehmut trennte ich mich von meinem braven Drilling, der mich jahrzehntelang durch Wald und Flur begleitet hatte – auf Nimmerwiedersehen.

Hartmann lernt mit der Zeit interessante und sympathische Leute kennen, mit denen er sich täglich beim Abendessen im Gasthaus trifft. Von der Außenwelt isoliert und auf Gerüchte angewiesen, bildet sich ein wöchentlich zusammentretender Gesprächskreis, um die Lage zu erörtern, doch löst er sich mit der allmählichen Normalisierung der Verkehrsverhältnisse wieder auf.

Endlich, es muß wohl Anfang Juni gewesen sein, als die Post wieder arbeitete, bekamen wir von Alice Nachrichten. Sie war mit den Kindern aus Hannover, das fast jede Nacht von Feindfliegern heimgesucht wurde, zu ihrer Freundin Hilde Lauer nach Wimpfen am Neckar gezogen, einer kleinen idyllischen, altertümlichen Stadt, die für die Amerikaner nicht von Interesse war. [...]

In unserem Leben in Ammerland änderte sich nach dem Einmarsch der Amerikaner, allgemein Amis genannt, nichts. Wanda und ich arbeiteten im Garten, wir machten neue Bekanntschaften. [...] Wentzels hatten eigenes Gemüse und Obst in reichlichen Mengen, auch Kartoffeln, so daß wir nie wirklich gehungert haben. Ich hatte sogar die Empfindung, daß diese erzwungene Entfettungskur mir sehr gut bekam. So ging es einigermaßen. Auch die herrliche Gegend, der schöne, über 20 Kilometer lange und an den breiten Stellen etwa fünf Kilometer breite Starnberger See, die Hügellandschaft mit dem Hochgebirge am Horizont, trugen dazu bei, daß wir uns in Ammerland bald wohl fühlten.

Hartmanns werden vom Besuch von Bekannten überrascht und erhalten Nachrichten vom Schicksal anderer:

Endlich bekamen wir von Olafs Eltern die ersten Nachrichten über Helen und die Großkinder. Nach einer abenteuerlichen Flucht von ihrem letzten Arbeitsplatz in Pommern nach Berlin waren Dori, Helen und die beiden älteren Jungen in Berlin eingetroffen. Ihr kleiner Reinhard, der ja noch kein Jahr alt war, hatte die Entbehrungen nicht überstanden.

Eines Tages, es war wohl schon Ende September, werden wir zu meinem Ärger durch sehr energisches Klopfen an unserer Schlafzimmertür aus dem schönsten Nachmittagsschlaf gejagt, und als ich öffnete - steht Helen vor uns. Aber in welcher Verfassung! In einer schäbigen Trainingshose und einer alten Windjacke von Olaf, auf dem Rücken ein gewaltiger Rucksack. Wir konnten zuerst unseren Augen nicht trauen. Alles was wir dann hören mußten, war grauenhaft! [...] Nachdem sie sich von dem von Herrn von Bülow geführten Treck leider getrennt hatten, waren sie in nördlicher Richtung weitergefahren und gegen Abend schon in Pommern auf dem Gut eines Herrn von Borsig angelangt. [...] Am nächsten Morgen waren die sowjetischen Panzer da, und an eine weitere Flucht war nicht mehr zu denken. Zunächst ging es noch einigermaßen, aber je mehr bolschewistische Truppen. eintrafen, desto mehr lockerten sich Zucht und Disziplin.

Es folgt ein Bericht über Helens und Doris Arbeitseinsatz.

Sehr eigenartig soll das maßlose Erstaunen der sowjetischen Offiziere und Soldaten über die guten Wohnungen und Möbel der deutschen Bauern und Landarbeiter gewesen sein. Immer wieder hätten sie ausgerufen: „Hier haben doch keine Bauern gewohnt, das sind doch alles Bourgeois gewesen“. Auch hatten die Bolschewiken oft die Behauptung wiederholt, alle diese schönen Sachen seien von den deutschen Truppen aus Sowjetrußland geraubt worden. Als Helen einmal darauf erwiderte, das stimme keineswegs, vielmehr hätten in Deutschland auch die kleinen Leute schon seit langen Jahren so gute Möbel gehabt, habe der Bolschewik auf einen Stuhlboden gewiesen, in dem aus Löchern ein Stern dargestellt war, wie er bei sogenannten „Wiener Stühlen“ allgemein üblich war, und gesagt: „Da siehst du aber doch den Sowjetstern, das ist ja ein klarer Beweis dafür, daß der Stuhl aus Sowjetrußland stammt“. Die Behandlung der deutschen Arbeiterschaft sei absolut unberechenbar und willkürlich und je nach dem Kommandanten abscheulich oder auch gut gewesen.[...] Helen konnte leider natürlich nur wenige Tage in Ammerland bleiben und verließ uns, von Wentzels mit allerhand Eßbarem, von mir mit Geld ausgestattet und gut erholt.

Ende Oktober wurden auf Anregung von Graf Stackelberg in München einige Balten zusammengerufen, um eine gegenseitige Fühlungnahme und eine gewisse baltische Organisation ins Leben zu rufen. Auf der ersten Versammlung waren bloß drei Balten anwesend: Graf Stackelberg, der bekannte Revaler Großindustrielle Martin Luther und meine Wenigkeit. Später fanden diese Versammlungen großen Anklang. Sie wurden meist in der ersten Woche eines jeden Monats am Sonnabend in einer Münchner Gaststätte abgehalten. Gewöhnlich fand unmittelbar vorher ein von einem baltischen Pastor gehaltener Gottesdienst in einer Kirche oder einem zu diesem Zweck geeigneten großen Saal statt. Im Frühjahr 1946 fanden sich zu diesen Zusammenkünften schon gegen und über hundert baltische Damen und Herren zusammen. Und wen traf man dort nicht alles! Auch in den anderen Großstädten der drei Westzonen bildeten sich solche Baltenverbände, die viel zum Zusammenschluß beitrugen. [...]

Unsagbar ist die Schuld, die die Engländer und Amerikaner auf sich geladen haben, indem sie die in ihre Gefangenschaft geratenen russischen Formationen, die auf deutscher Seite kämpften, und die ganze Wlassow-Armee den Bolschewiken auslieferten. Es handelte sich um viele Hunderttausende – allein die Wlassow-Armee war gegen 300.000 Mann stark, die zum größten Teil nach entsetzlichen Torturen umgebracht wurden. Ein guter Bekannter noch aus der estländischen Zeit, Ewert von Renteln, hatte als Oberst einer russischen Division in Frankreich gegen die Amerikaner und Engländer gekämpft. Es war ihm gelungen, seine Division mit verhältnismäßig geringen Verlusten nach Deutschland zu führen. Er ergab sich den Amerikanern. Nach mehrtägiger Verhandlung wurde ihm mitgeteilt, alle seine Soldaten und Offiziere würden den Bolschewiken übergeben werden, ihm als Deutschen stehe aber frei zu wählen, entweder in Deutschland in amerikanischer Gefangenschaft zu bleiben, oder das Los seiner Kameraden zu teilen. Obwohl Renteln ganz genau wußte, daß ihm der Tod bevorstehe, wählte er das Letztere. Wir Balten können stolz auf diesen Landsmann sein.[...]

Hartmann berichtet über das Leben und Befinden der Töchter und Enkelkinder in Wimpfen (Bayern) und bei Kassel und über Besuche bei verstreut lebenden Verwandten und Bekannten, über ihre Lebensverhältnisse als Flüchtlinge.

Es war mir eine Genugtuung zu sehen, wie alle diese Menschen, die früher fast ausnahmslos wohlhabend, ja zum Teil sehr reich gewesen waren, sich in das Unabänderliche fügten, ihre Verluste und Entbehrungen trugen und eigentlich nie davon redeten. Wohl aber wurde in unseren Gesprächen oft der alten Heimat mit Wehmut und Liebe gedacht. Manche von ihnen, die früher Hitlers Anhänger gewesen waren, hatten den Schock wegen des völligen Versagens und der jetzt vor aller Augen liegenden Verbrechen der Partei noch nicht ganz überwunden.

Lebhaft wurde von den Balten das damals aufkommende Problem der Auswanderung nach Übersee besprochen. Ein recht beträchtlicher Teil der Balten sprach sich für eine Auswanderung, in erster Linie nach Kanada, aus, obwohl es damals noch ganz ungewiß war, ob wir überhaupt Aus- und Einreisevisa bekommen würden. Maßgebend für diese Haltung war in Sonderheit die geringe Wahrscheinlichkeit, in dem so verarmten und übervölkerten Westdeutschland eine lohnende und aussichtsreiche Anstellung zu bekommen. Die Angst vor den Bolschewiken, die später so viele Gemüter beherrschte, gab es in der Zeit eigentlich noch nicht. Ein zweites Thema, das oft behandelt wurde, war die Frage, wie wir unsere Jugend davor bewahren könnten, zu proletarisieren. Uns allen war klar, daß ein Erhalten des Baltentums im früheren Stil nicht möglich sei, vielleicht auch nicht einmal erstrebenswert, da das mit einer zu großen Abkapselung gleichbedeutend wäre. Wir siedelten ja nicht geschlossen, sondern als kleine Minderheiten und waren fast ohne Ausnahme ganz verarmt. Wir müßten bestrebt sein, das Schwergewicht auf die Erhaltung der sittlichen und geistigen Werte und der wirklich guten Tradition zu verlegen. Wie hinderlich dabei die Verarmung, die primitiven Wohnverhältnisse, die ungewohnte physische Arbeit und der harte Kampf ums Dasein waren, das spürten wir jetzt am eigenen Leibe.

Mein nächstes Reiseziel war Hannover, wo ich bei unseren lieben Steinwands fast eine Woche verbrachte. Steinwand hatte bereits um 1941 die Anstellung als Pfarrer an der großen St. Markusgemeinde bekommen. [...]

Da es mir bisher nicht gelungen war, eine lohnende Arbeit zu finden, und die Gerüchte über eine baldige und sehr radikale Währungsreform sich immer mehr verdichteten, hatte ich beschlossen, den Versuch zu machen, aus sowjetrussischen theologischen, philosophischen und juristischen Broschüren und Zeitschriften Aufsätze, die für den Westen von Interesse sein könnten, in der deutschen Fachpresse zu besprechen oder auch Übersetzungen von ihnen zu veröffentlichen. Mein Ammerländer Bekannter Prof. Riezler und Pastor Steinwand, der Spezialist in russischen Fragen ist, fanden meine Gedanken durchaus richtig und begrüßenswert, wenn sie auch nicht allzuviel von der sowjetischen Wissenschaft hielten, da sie zu sehr ideologisch ausgerichtet sei. Auf der Rückfahrt nach Bayern verhandelte ich in Heidelberg mit den Schriftleitern einiger akademischer Blätter. [...] Sie alle, ohne Ausnahme, verhielten sich zu meinen Plänen positiv. Allerdings meinten sie, würde es schwer sein, an die Quellen heranzukommen. Nicht ohne Mühe stellte ich fest, daß es in München eine sowjetische Militärmission gab, die vielleicht imstande wäre, mir weiterzuhelfen. Nach stundenlangem Suchen gelang es mir, diese Mission in einer Villa außerhalb Münchens, inmitten eines parkartigen Gartens zu entdecken. Es war gegen Mittag, als ich anlangte. Die Villa schien ausgestorben, nur ein stämmiger Hausmeister in hohen Stiefeln und in Hemdsärmeln fegte den Hof. Es entspann sich ein russisches Gespräch, bei dem sich erwies, daß der Mann ein sowjetischer Offizier war, der mich auch für einen Russen hielt. Nach einer halben Stunde bog plötzlich in schneller Fahrt ein sehr eleganter schwarzer Wagen in den Hof, dem ein überlebensgroßer Oberst mit gutmütigem breiten Gesicht und ein wesentlich weniger sympathischer Oberstleutnant entstiegen. Beide trugen schmucke, fast prächtige Uniformen, die ganz denen der ehemaligen zaristischen Offiziere glichen und auch die früheren Rangabzeichen trugen. Die recht große Villa schien beinah unbewohnt und nur ganz wenig möbliert. Das Schreibzimmer, in das mich der Oberst unter Beobachtung aller Formen einließ, hatte außer einem großen Schreibtisch und einigen recht einfachen Sesseln nur noch ein lebensgroßes fotografisches Bild von Stalin. Der Oberstleutnant, wohl ein Kommissar, folgte uns. Der höfliche Oberst bedauerte, mir selbst nicht helfen zu können, meinte, meine Absicht scheine auch ihm lobenswert, und riet mir, mich an eine von ihm näher bezeichnete Stelle bei dem sowjetischen Oberkommissar in Karlshorst bei Berlin zu wenden. Ich würde bestimmt eine bejahende Antwort bekommen.

Nach meiner Rückkehr nach Ammerland schrieb ich denn auch ein viel zu schmeichelhaftes Gesuch an die mir genannte Stelle, von der ich aber nie Antwort bekommen habe. Ich nehme an, daß die über mich eingesammelten Auskünfte nicht nach ihrem Wunsche ausfielen.

Ohne auf eigenes Erleben Bezug zu nehmen, vergleicht Hartmann die allgemeinen Lebensverhältnisse in den vier Besatzungszonen. In der amerikanischen Zone waren sie am günstigsten, doch auch hier war die Ernährungslage auf äußerst niedrigem Niveau, gemildert nur durch die sogenannten Care-Pakete, die in großer Zahl aus den Vereinigten Staaten nach

Deutschland geschickt wurden. Allerdings waren sie in erster Linie für die vielen DP's (allein in Bayern gegen 500.000), im Kriege von den Nazis Verschleppte (displaced persons) bestimmt, die in Lagern gewissermaßen exterritorial untergebracht waren und nur der Besatzungspolizei unterstanden. Da sie ohnehin gut versorgt waren, wanderten die Pakete großenteils auf den blühenden Schwarzen Markt in den Städten. Von der deutschen Polizei und Justiz unbehelligt, bildeten DP's verschiedenster Nationalitäten, besonders auf dem Lande, ein oft gefährliches und unruhiges Element.

Hartmann beklagt ferner den allgemeinen Sittenverfall, den anfangs nur mühsam realisierten Schulbetrieb und die herabsetzende Behandlung und Beschmähung alles Deutschen durch die Alliierten, woran sich zum Teil auch die deutsche Presse beteiligte. Als besonders verfehlt bezeichnet Hartmann die Entnazifizierungsmaßnahmen der Alliierten und insbesondere die sogenannten Spruchkammern.

Von Ammerland nach Gaildorf (1946)

Eines bösen Tages erschien ein Angestellter des Wolfratshausener Wohnungsamtes und teilte Leo Wentzel mit, er müsse in Ammerland Quartier für einen amerikanischen Offizier und dessen Familie machen. Er fände, daß dazu die Wentzelsche Villa am geeignetsten sei. Leider war doch durchgesickert, daß diese Villa, trotz ihrer so überaus anspruchslosen Außenseite, die beste Inneneinrichtung und Möblierung besaß. Da war nun nichts mehr zu machen. Wentzels mußten der höheren Gewalt weichen und in ihrem Gefolge natürlich auch wir. Sie mieteten sich zunächst in einer Pension ein. Aber was sollten wir armen Hascherl tun?

Es fand sich bald ein Ausweg in der Miete eines Wochenendhauses, das sich jedoch nicht als endgültige Lösung erweisen sollte. Beim Ehepaar Hartmann stellten sich nacheinander Krankheiten mit längeren Krankenhausaufenthalten ein. In Ammerland hätten Hartmanns unter den obwaltenden Verhältnissen, wie man ihnen sagte, weder eine passende Wohnung noch eine geeignete ständige Hausgehilfin finden können. In dieser Zeit wurde Woldemar Hartmann einmal durch ein Sirenengeheul alarmiert. Maskierte, fremdländisch redende Räuber hatten eine benachbarte Villa am Abend überfallen und ausgeraubt. Hartmanns beabsichtigte Hilfeleistung kam ebenso zu spät wie die amerikanischer Soldaten und die herbeigeeilten deutschen Polizisten. Der Raub wurde nie aufgeklärt.

Den endgültigen Abschied von Ammerland brachte schließlich die Möglichkeit der Einquartierung in einem eben eröffneten Altersheim in Gaildorf in Württemberg. Die Leitung des Heims, das in einem verhältnismäßig modernen Schloß untergebracht sei, so wurde berichtet, läge in den Händen erfahrener schlesischer Diakonissen. Im Heim seien schon mehrere Personen angemeldet, die sich wahrscheinlich gut als Umgang für Hartmanns eignen würden:

So ein ehemaliger österreichischer Oberst mit seiner Frau, eine Frau L... aus Dorpat, ein früherer ostpreußischer Rittergutsbesitzer mit Frau, eine Kurländerin, Baronesse H..., eine Lehrerin mit umfassender Bildung, die an einem französisch-englischen Lexikon arbeite, eine Malerin und andere Trümpfe mehr.

Nicht ohne tiefes Bedauern sahen wir den Tag unserer Abfahrt nach Gaildorf näher rücken. Die Fahrt verlief glatt und ohne Zwischenfälle. [...]

Gegen acht Uhr früh fuhren wir (mit einem Wolfratshausener Autovermieter) ab. Gegen drei Uhr trafen wir in Gaildorf ein und fanden ohne Schwierigkeiten das in einem schloßartigen Gebäude untergebrachte Altersheim. Da ich uns telegrafisch angemeldet hatte, wurden wir erwartet. [...] Aber, aber – wie sahen unsere „Heimgenossen" aus, du meine Güte! Abgerissene Bettlergestalten, den traurigen Figuren aus Caillots berühmten Illustrationen zu „Les misérables de la guerre" nicht unähnlich.

Zum Abendessen um sechs Uhr gingen wir in den aus einem großen und einem kleinen Raum bestehenden Gemeinschaftsaufenthalt. [...] Im kleineren, das einen Kamin hatte, war für die „Besseren" gedeckt. [...] An einem runden Ecktisch waren die Plätze für uns beide. Außer uns waren an diesem Tisch die uns bereits avisierte Baronesse, ein Herr mit Frau, früher Rittergutsbesitzer in Ostpreußen und noch einige andere. [...]

Die als Trümpfe gepriesenen Personen erwiesen sich leider fast alle als Nieten. Die Baronesse war etwas durchgedreht, Herr N. ein Doppelknot, der Oberst taub und fast blind, die bedeutende Lehrerin mit dem Lexikon schwachsinnig, die arme Frau L. zwar aus Dorpat, aber an schwerer Zitterlähmung leidend, und die Malerin war Urheberin wahrhaft grauenhafter „Gemälde", sonst allerdings harmlos.

Von einem Verkehr konnten für uns unter diesen Bedingungen nicht die Rede sein, da die Voraussetzungen für eine innere Verständigung oder auch bloß eine Fühlungnahme fehlten. Wir beide, besonders ich, waren vom ersten Eindruck derart erschüttert, daß wir beschlossen, gleich, womöglich schon nach einigen Tagen, nach Ammerland zurückzukehren. Das war aber nicht so einfach, denn wir hatten nicht nur alle Brücken in Ammerland abgebrochen, sondern es war nicht leicht, eine Rückfahrgelegenheit zu finden, und endlich scheute ich auch die großen, für meinen nicht zu prallen Beutel zu großen Ausgaben.

Nach dem Ausdruck der Enttäuschung, aber auch angenehmen Eindrücken von Prominenten aus dem Ort findet Hartmann auch andere tröstliche Seiten des Daseins in Gaildorf.

Ein großer, nicht zu unterschätzender Trost war uns auch die schöne Lage um Gaildorf, inmitten großer Fichten- und Buchenwaldungen, umgeben von lieblichen Wiesen mit Obstbäumen und einigen Feldern. Die ganze Gegend ist hügelig. [...]

Auch andere Lichtblicke blieben nicht aus. Sascha hatte mir durch einen in London wohnenden Freund eine Schreibmaschine besorgen lassen, was für mich einer Art Lebensrettung gleichkam. [...] Endlich kam sie nach Überwindung vieler Zoll- und anderer Schwierigkeiten an. Aber wie erschrak ich, als ein Riesenkasten von gegen 50 Kilo Gewicht anlangte! Es war ein Monstrum von einer mir ganz unbekannten Konstruktion. Der Mechaniker, der die etwa 30 Pfund wiegende Maschine montierte, meinte, ihr Geburtsjahr läge wohl nicht sehr entfernt von dem meinigen, mit anderen Worten, sie sei wohl an die 75 Jahre alt und stellte die ersten Typen solcher Wunderdinge dar. Aber in etwa zwei Wochen hatte ich mich an den Verkehr mit dieser eigenartigen Altersgenossin gewöhnt. [...]

Dann kamen unsere lieben alten, rechtzeitig verlagerten Sachen aus Homburg, aus Holstein und schließlich aus Tirol an. Nur dank der großen Freundlichkeit und Gewandtheit meines in Kitzbühel wohnenden Bekannten Arved von Brasch gelang es, die großen Hindernisse, die damals noch im Warenverkehr zwischen Österreich und der Bundesrepublik bestanden, zu besiegen. Unser ödes Zimmer im Heim bekam ein immer heimischeres und freundlicheres Gesicht. [...]

Jetzt sehe ich doch, daß die positiven Seiten des Gaildorfer Aufenthaltes die negativen übertreffen. Von Ammerland bis nach Stuttgart, wo Alice und ihre drei Kinder wohnen, ebenso auch bis Kleinern bei Bad Wildungen, wo Helen und ihre Söhne leben, war es mehr als vier Reisestunden weiter wie von Gaildorf.

Es wird nun über das Ergehen der beiden Töchter und ihrer Kinder berichtet, die ihr nicht leichtes Leben zu meistern wissen.

Noch immer klammerte sich Helen an die Hoffnung, Olaf sei nicht gefallen, sondern befände sich in bolschewistischer Gefangenschaft. Sie konnte die Hoffnung, er werde wiederkehren, nicht aufgeben. Erst als sich die Beweise mehrten und allmählich zur völligen Gewißheit seines Todes führten, konnte sie nicht mehr an diesem Gedanken festhalten. Mehrere glaubwürdige Zeugen hatten Olaf sagen hören, er werde sich unter keiner Bedingung von den Bolschewiken gefangen nehmen lassen. Er hatte auch nicht mehr den Wunsch, am Leben zu bleiben, weil er nach wie vor überzeugt war, Helen und die drei Jungen seien elendig umgekommen. Als Olaf am Morgen des 24. April 1945 mit anderen Volkssturmleuten, bewaffnet mit Handgranaten, einer Panzerfaust und einer Pistole Kleinmachnow in Richtung Teltow ausgezogen war, hatte er von mehreren Personen auf immer Abschied genommen. Hinzu kommt, daß damals die Bolschewiken Volkssturmleuten grundsätzlich keinen Pardon gaben.

Hartmann berichtet weiter über das Leben im Altersheim, wo es ihm gelingt, sich vom Betrieb im Heim und von seinen Insassen zu lösen und den Verkehr mit sympathischen Menschen aus der Nachbarschaft zu pflegen. Außer Besuchsreisen zu Verwandten und Bekannten gehört die Beschäftigung mit Genealogie zu seinem Lebensinhalt in Gaildorf, daneben auch eine ausgiebige Korrespondenz.

In Gaildorf hatte ich auch das Glück einer späten, oder richtiger verspäteten Freundschaft. Das kam so: als ich beim Rücktransport meiner nach Tirol verlagerten Sachen auf große Schwierigkeiten stieß, machte mich mein Bekannter Baron Axel Nolcken, dem ich den Fall erzählte, auf Herrn Arved von Brasch aufmerksam, der in Kitzbühel in Tirol lebte und bestimmt bereit sein werde, mir behilflich zu sein. In den Jahren von 1925 bis 1930 etwa hatte ich Brasch, der damals an der Dorpater Bank in leitender Stellung tätig war, als Mensch und Arbeiter kennen und sehr schätzen gelernt. Er war auch einige Male bei uns zu Besuch gewesen. Da er aber in Dorpat ein sehr zurückgezogenes Leben führte, waren wir uns nicht nähergetreten. Ich folgte Nolckens Rat und f and bei Brasch eine überaus freundliche Bereitwilligkeit. Allmählich entwickelte sich zwischen uns eine lebhafte Korrespondenz, bei der sich eine vollständige Übereinstimmung unserer Einstellung zu fast allen wesentlichen Fragen des Lebens ergab. Auch er hing mit glühender, fast krankhafter Liebe an der verlorenen Heimat, aber nicht ohne Kritik in Bezug auf das Verhalten der Deutschen im Baltikum. Auch er hatte dieselbe Auffassung von den Problemen der Ethik und, in gewisser Weise, dem Christentum, dasselbe fast zu allgemeine Interesse für Wissenschaften, Kunst, Literatur und Politik. Vor allem aber zogen mich an ihm seine absolute Lauterkeit und Anständigkeit und, last but not least, sein herrlicher, etwas sarkastischer Humor an. Wie lebhaft bedauerte ich, diesen so klugen und liebenswerten Menschen nicht schon in Dorpat entdeckt zu haben, der vielleicht mein bester Freund geworden wäre. Der Briefwechsel mit ihm hat mir viele reine Freuden geschenkt. [...]

Trotz der vielfach widrigen Verhältnisse war es auch in Gaildorf ein in seiner Art reiches und angefülltes Leben, weniger reich an äußeren Ereignissen, wie an innerem Erwerb. Damit bin ich am Ende meiner Aufzeichnungen. [...]

Wenn ich auf mein langes Leben zurückblicke, so muß ich sagen, es ist alles so ganz anders gekommen, wie ich es mir beim Eintritt ins bewußte Leben gedacht hatte. Statt einer ruhigen, auf bequemen Wegen verlaufenden Fahrt ist es eine stürmische Odyssee geworden, bei der dreimal das anscheinend so Gesicherte in die Brüche ging: in den Jahren 1917/18, 1939 und 1945. Fast ist es als ein Wunder anzusehen, daß wir unser Leben jetzt wieder in fast normalen Verhältnissen verbringen. Nur zu danken, und immer wieder zu danken haben wir.

Gaildorf im Herbst 1950.

Nach einem Nachtrag über die drei folgenden Jahre in Gaildorf folgt noch ein letzter Rückblick des fast Achtzigjährigen:

Viel habe ich in meinem langen Leben gedacht und gefühlt, gesehen und gehört. Mich erfüllt eine tiefe Dankbarkeit für all das Gute, Edle und Schöne, das ich erleben durfte. Aber auch für das Leid bin ich dankbar, das nicht fehlte, und das mich erst die Höhe und die Tiefe des Menschenloses erkennen ließ.

Wanda Hartmann geb. Kessler verstarb im Alter von 75 Jahren am 25. Januar 1956, Woldemar Hartmann überlebte sie um mehr als sechs Jahre. Er starb am 22. September 1962 in Bad Boll, Württemberg, im Alter von fast 88 Jahren. Beide fanden ihre letzte Ruhestätte auf dem Friedhof in Gaildorf.

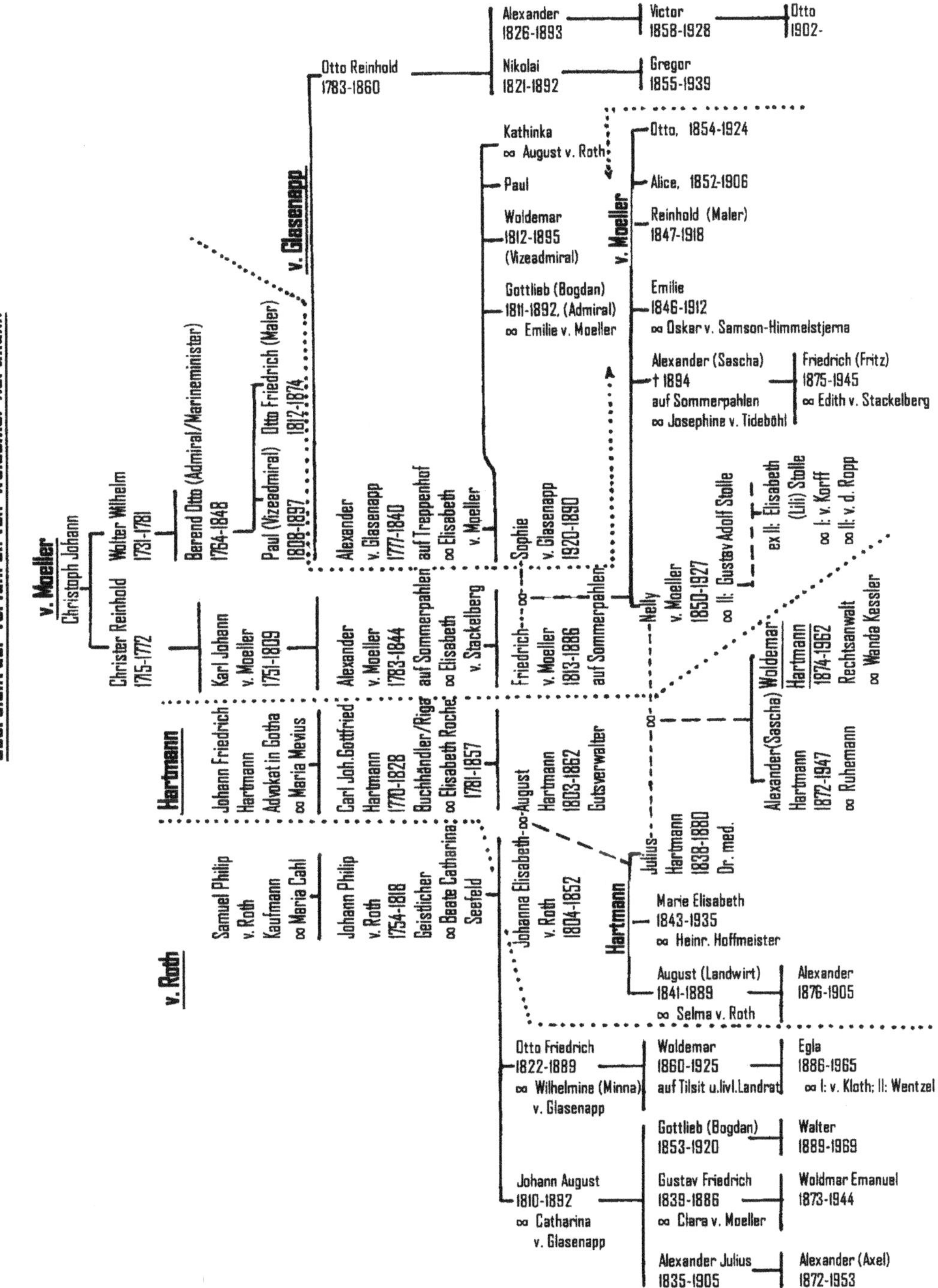

Übersicht der Vorfahren von Woldemar Hartmann
v. Moeller
Christoph Johann
Christer Reinhold 1715-1772
Walter Wilhelm 1731-1781
Karl Johann v. Moeller 1751-1809
Berend Otto (Admiral/Marineminister) 1764-1848
Paul (Vizeadmiral) 1808-1897
Otto Friedrich (Maler) 1812-1874
v. Glasenapp
Otto Reinhold 1783-1860
Alexander 1826-1893
Nikolai 1821-1892
Victor 1858-1928
Gregor 1855-1939
Otto 1902-
Alexander v. Glasenapp 1777-1840 auf Treppenhof ∞ Elisabeth v. Moeller
Alexander v. Moeller 1783-1844 auf Sommerpahlen ∞ Elisabeth v. Stackelberg
Kathinka ∞ August v. Roth
Paul
Woldemar 1812-1895 (Vizeadmiral)
Gottlieb (Bogdan) 1811-1892, (Admiral) ∞ Emilie v. Moeller
Sophie v. Glasenapp 1920-1890
Friedrich v. Moeller 1813-1886 auf Sommerpahlen
v. Moeller
Otto, 1854-1924
Alice, 1852-1906
Reinhold (Maler) 1847-1918
Emilie 1846-1912 ∞ Oskar v. Samson-Himmelstjerna
Alexander (Sascha) † 1894 auf Sommerpahlen ∞ Josephine v. Tideböhl
Friedrich (Fritz) 1875-1945 ∞ Edith v. Stackelberg
Nelly v. Moeller 1850-1927 ∞ II: Gustav Adolf Stolle
Elisabeth (Lili) Stolle ∞ I: v. Korff ∞ II: v. d. Ropp
ex II:
Hartmann
Johann Friedrich Hartmann Advokat in Gotha ∞ Maria Mevius
Carl Joh. Gottfried Hartmann 1770-1828 Buchhändler/Riga ∞ Elisabeth Roche 1781-1857
August Hartmann 1803-1862 Gutsverwalter
Woldemar Hartmann 1874-1962 Rechtsanwalt ∞ Wanda Kessler
Alexander (Sascha) Hartmann 1872-1947 ∞ Ruhemann
v. Roth
Samuel Philip v. Roth Kaufmann ∞ Maria Cahl
Johann Philip v. Roth 1754-1818 Geistlicher ∞ Beate Catharina Seefeld
Johanna Elisabeth v. Roth 1804-1852
Julius Hartmann 1838-1880 Dr. med.
Hartmann
Marie Elisabeth 1843-1935 ∞ Heinr. Hoffmeister
August (Landwirt) 1841-1889 ∞ Selma v. Roth
Alexander 1876-1905
Otto Friedrich 1822-1889 ∞ Wilhelmine (Minna) v. Glasenapp
Woldemar 1860-1925 auf Tilsit u. livl. Landrat
Egla 1886-1965 ∞ I: v. Kloth; II: Wentzel
Gottlieb (Bogdan) 1853-1920
Walter 1889-1969
Johann August 1810-1892 ∞ Catharina v. Glasenapp
Gustav Friedrich 1839-1886 ∞ Clara v. Moeller
Woldmar Emanuel 1873-1944
Alexander Julius 1835-1905
Alexander (Axel) 1872-1953

Abbildungen

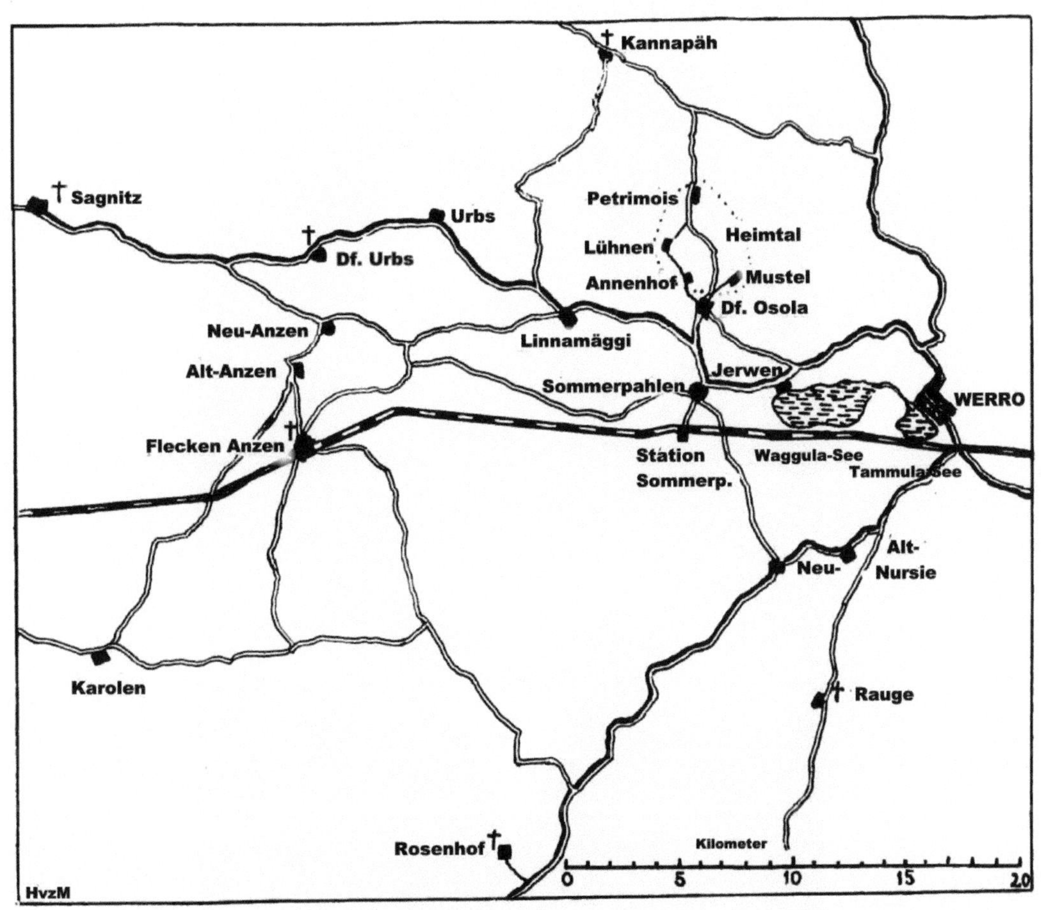

Ausschnitt aus dem Kreis Werro: Sommerpahlen und Umgebung

Abbildung zum Kapitel:
„Einführung des Herausgebers: Vorgeschichte und Umfeld“

Dr. med. Julius Hartmann
* 1838 Werro, † 1880 Dorpat. Aufn. ca. 1873

Abbildung zum Kapitel
„Einführung des Herausgebers: Vorgeschichte und Umfeld“

Nelly Hartmann geb. v. Möller
* 1850 Jewen b. Sommerpahlen, 1889 verheir. Stolle, † 1927 Grünheide b. Berlin

Abbildung zum Kapitel
„Kindheit im alten Livland“

Friedrich v. Moeller
* 1813 Gut Mustel, † 1886 Dorpat
Nach einem Ölgemälde von Rudolf von zur Mühlen
ca. 1864

Abbildung zum Kapitel
„Kindheit im alten Livland“

Sophie v. Möller geb. v. Glasenapp
* 1820 Schloss Marienburg, Kr. Walk, † 1890 Dorpat
Ca. 1900 von Frl. v. Bredow gemaltes Portrait,
nach einer Aufnahme von 1885

Abbildung zum Kapitel
„Kindheit im alten Livland“

Schloss Sommerpahlen
ca.1869 gemalt von Reinhold v. Moeller

Abbildung zum Kapitel
"Schulzeit in Dorpat"

Tante Alice v. Moeller
* 1852 Jerwen b. Sommerpahlen, † 1906 Dorpat
Schwester von Nelly Hartmann
Aufn. ca. 1888

Abbildung zum Kapitel
"Schulzeit in Dorpat"

Woldemar Hartmann
* 1874 , † 1962
1893 als Abiturient in Gymnasiastenuniform

Abbildung zum Kapitel
“Anwalt in Dorpat“

Im Saal in Schloß Sommerpahlen, Frühjahr 1905
Von links Alice v. Moeller, Woldemar Hartmann, Edith v. Moeller
geb. Baronesse v.Stackelberg

Abbildung zum Kapitel
"Anwalt in Dorpat"

Vor der Villa Jerwen bei Sommerpahlen, Sommer1922
Stehend: Woldemar Hartmann, Alice Hartmann, Wanda Hartmann geb. Kessler
Sitzend: Helen Hartmann, Eglantine Kessler geb. Baronesse Rossilon
(Wanda Hartmanns Mutter)

Abbildung zum Kapitel
"Anwalt in Dorpat"

Woldemar Hartmann
* 1874 auf Gut Bolschoi Burtow/Russland, † 1962 Bad Boll/Württemberg
Aufn. 1937

Abbildung zum Kapitel
“Anwalt in Dorpat“

Wanda Hartmann geb. Kessler
* 1880, † 1956
Aufn. 1937

Abbildung zum Kapitel
"Jerwen – Ruhestand und Abschied"

Sommerhaus Jerwen
Aufnahme 1995

Abbildung zum Kapitel
“Jerwen – Ruhestand und Abschied“

Alice Schultz geb. Hartmann
* 1908 Dorpat, † 1997 Bansing-Lausen bei Hannover
Aufn. 1930 Dorpat

Abbildung zum Kapitel
"Jerwen – Ruhestand und Abschied"

Hans Schultz
* 1905 Jacobi/Estland, † 1941 Lodz
Pastor an der Domgemeinde in Reval
Aufn. 1938

Abbildung zum Kapitel
"Jerwen – Ruhestand und Abschied"

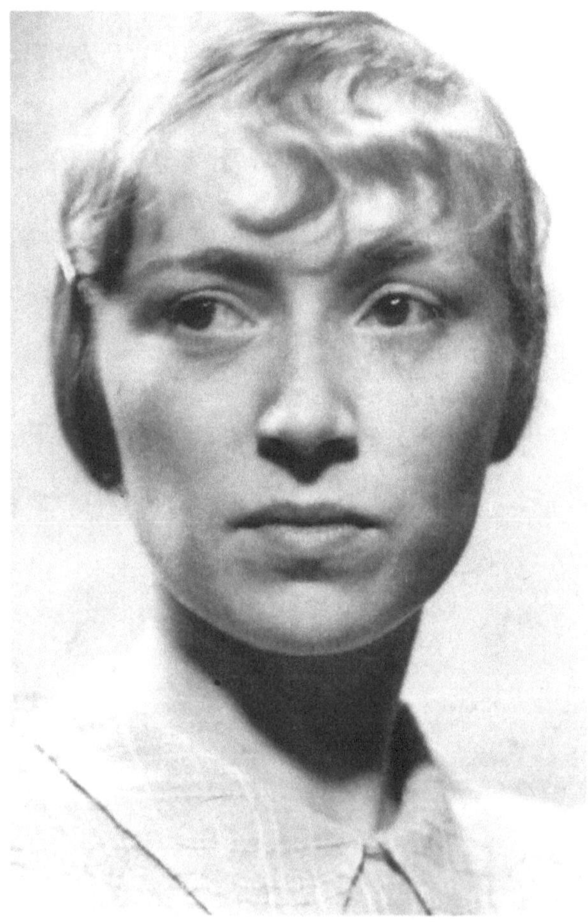

Helen Baronin v. Wrangel geb. Hartmann
* 1911 Petrikau b. Lodz, † 1978 Warnbronn b. Stuttgart
(verheir. II. Dette)

Abbildung zum Kapitel
"Jerwen – Ruhestand und Abschied"
Olaf Baron v. Wrangel

* 1906 Weissenstein/Estland, † 1945 gefallen im Kampf um Berlin
Flugkapitän, Aufnahme 1934

Abgekürzt zitierte Quellen

Aik	Aikalaiskirja Henkilötietoja Nykypolven Suomalaistista.Helsinki 1920, 1941.
Alb. Acad. I, II	Tartu Ülikooli Üliôpilaskonna Teatmik. Album Academicum Universitatis Tartuensis 1889-1918, Tartu 1986.
Alb. Est.	Album Estonorum 1821-1939. 4. Aufl. Tallinn 1939.
Alb. F. Rig.	Album Fratrum Rigensium 1823-1939. Hamburg 1939.
Alb. Liv.	Album Livonorum, Lübeck 1972.
BaBA	Baltisches Biographisches Archiv. Mikrofiche-Edition.
BHO	Baltisches Historisches Ortslexikon, Teil I, Estland (einschl. Nordlivland). Köln, Wien 1985.
DBBL	Deutsch-Baltisches Biographisches Lexikon 1710-1960. Köln, Wien 1970.
DBGG	Deutsch-Baltische Genealogische Gesellschaft. Darmstadt.
EE	Eesti Entsyklopeedia. Tallinn 1985-1999.
GHbA	Genealogisches Handbuch des Adels. Adelige Häuser B. Bd. VI 1964, Bd. XV 1984, Freiherrl. Häuser FA, Bd. XII, 1980.
GHbLivl.	Genealogisches Handbuch der baltischen Ritterschaften, Teil Livland. Görlitz 1929-1942.
GHbÖsel	Genealogisches Handbuch der baltischen Ritterschaften, Teil Ösel. Tartu 1935.
Gedenkbuch	Deutsch-baltisches Gedenkbuch. Unsere Toten der Jahre 1939-1947. Hrsg. von der Deutsch-Baltischen Genealogischen Gesellschaft. Darmstadt 1991.
JhbD	Jahrbuch des baltischen Deutschtums. Hrsg. von der Carl-Schirren-Gesellschaft, Lüneburg.
PoBA	Polnisches Biographisches Archiv. Mikrofiche-Edition.
RuBA	Russisches Biographisches Archiv. Mikrofiche-Edition.

Personenregister

Zur Unterscheidung gleichnamiger Personen und zur Einordnung in die Verwandtschaft sind jeweils Lebensdaten angegeben, die bei anderen Personen, soweit bekannt, in den Anmerkungen zu finden sind.
Vgl. dazu auch die Verwandtschaftsübersicht S. 271
Personen aus Kreisen der polnischen, russischen, estnischen und deutschen Justiz sind mit einem * gekennzeichnet. Die Transskription der russischen Namen entspricht der Schreibweise des Verfassers.

Konkordanz der Ortsnamen

I. Estland - Eesti (Staat), Eestimaa (Gouvernement)

Abia / Kreis Penau - Abja
Allatzkiwi / Dorpat - Alatskivi
Antzen, Neu- / Werro - Vastse Antsla
Arensburg / Ösel - Kuressaare

Dorpat - Tartu

Echmes / Wiek - Ehmja
Elwa / Dorpat - Elva
Embach - Emajôgi

Fellin - Viljandi
Fennern / Pernau - Vändra

Habbat / Harrien - Habaja
Hapsal - Haapsalu
Heimtal / Werro - Heimtali

Jama / Dorpat - Jaama
Jerwen, Kreis - Järvamaa
Jerwen / Werro - Järvere

Kabbina / Dorpat - Kabina
Kardis / Dorpat - Kärde
Karolen / Werro - Karula
Karraski / Werro - Karaski
Kawelecht / Dorpat - Kavilda
Kerrafer / Dorpat - Kärevere
Kulli / Dorpat - Kulli
Kurküll / Wierland - Küti

Laaksberg / bei Reval - Lasnamägi
Laiwa / Dorpat - Laeva
Linnamäggi / Werro - Linnamägi

Lühnen / Werro - Lilli-Anne
Lustifer / Fellin - Lustivere

Matzi / Werro - Matsi
Moiseküll / Pernau - Môisaküla
Münkenhof / Wierland - Muuga
Munnamäggi / Werro - Munamägi
Mustel / Werro - Mustja

Narva - Narva
Nursi, Alt- und Neu- / Werro - Vana-Nursi, Vastse-Nursi

Ösel - Saaremaa
Osola / Werro - Osula

Palloper / Dorpat - Palupera
Pastfer / Wierland - Paasvere
Peipus - Peipsi järv
Pernau- Pärnu
Petrimois / Werro - Peetrimôisa

Quellenstein / Pernau - Voltveti
Quistenthal / Dorpat - Kvistentali

Rathshof / Dorpat - Raadi
Rauge / Werro - Rôuge
Reval - Tallinn
Rosenhof / Werro - Vana Roosa
Ruil / Wierland - Roela

Saarahof / Pernau - Jäärja
Schwarzbach / Werro - Mustjôgi
Sommerpahlen / Werro - Sômerpalu
Sontack / Dorpat - Soontaga

Taps / Jerwen - Tapa
Techelfer / Dorpat - Tähtvere
Tignitz / Pernau - Voltveti
Tilsit / Werro - Tilsi

Uelzen / Werro - Vaabina

Waggula-See / Werro - Vagula järv
Waldhof / Werro - Vana Saaluse
Wällamäggi / Werro - Vällamägi
Warbus / Werro - Varbuse
Weißensee / Werro - Valgjärve
Weißenstein - Paide
Wennefer / Wierland - Venevere
Wesenberg - Rakvere
Woiseck / Fellin - Vôisiku
Woo-Fluß / Werro - Vôhandu jôgi

II. Lettland - Latvija

Gotthardsberg / Kreis Wenden - Gatarta

Lemsal / Wolmar – Limbaži
Libau - Liepaja

Mitau - Jelgava

Serbigal / Walk - Aumeisteri

Wenden - Cēsis
Wolmar - Valmiera